LE CANADA

ET LES

ZOUAVES PONTIFICAUX

MEMOIRES

SUR L'ORIGINE, L'ENRÔLEMENT ET L'EXPÉDITION DU CONTINGENT
CANADIEN A ROME, PENDANT L'ANNÉE 1868

Compilés par ordre du Comité Canadien des Zouaves Pontificaux

PAR

E. LEF. DE BELLEFEUILLE

MEMBRE DU COMITÉ.

MONTRÉAL

TYPOGRAPHIE DU JOURNAL «LE NOUVEAU MONDE»

No. 23, Rue St. Vincent.

1868

EN VENTE:—A l'Evêché de Montréal et chez tous les Libraires catholiques de la
Province de Québec.—Prix : UN ECU.

LE CANADA

ET LES

ZOUAVES PONTIFICAUX

LE CANADA

ET LES

ZOUAVES PONTIFICAUX

MEMOIRES

SUR L'ORIGINE, L'ENRÔLEMENT ET L'EXPÉDITION DU CONTINGENT
CANADIEN A ROME, PENDANT L'ANNÉE 1868

Compilés par ordre du Comité Canadien des Zouaves Pontificaux

PAR

E. LEF. DE BELLEFEUILLE

MEMBRE DU COMITÉ.

MONTRÉAL

TYPOGRAPHIE DU JOURNAL ‹LE NOUVEAU MONDE›

No. 23, Rue St. Vincent.

1868

INTRODUCTION.

Le dévouement du Bas-Canada au Saint Siége s'est plu sieurs fois manifesté par d'éclatantes démonstrations qui ont rempli de joie, au milieu de toutes les douleurs dont il était accablé, le cœur du Père Commun des fidèles. Ainsi, lorsqu'en 1860, il s'est agi de protester contre les annexions piémontaises qui venaient d'enlever au Souverain Pontife quinze de ses provinces, le Bas-Canada tout entier se leva comme un seul homme pour affirmer son attachement au pouvoir temporel, et opposer à la force brutale du fait accompli, l'expression de son amour et de sa vénération pour le St. Père. Un cri d'enthousiasme parcourut le pays et de toutes parts le peuple canadien protesta des sentiments de condoléance et de douleur qui l'animaient à la vue des maux dont était affligé le Vicaire de Jésus-Christ. Il y eut à Montréal, dans l'église de Notre-Dame, une assemblée immense, telle que cette ville catholique n'en avait encore jamais vue et qui n'a été surpassée en solennité et en succès que par la grande démonstration dont nous avons été témoin, le 18 février dernier. Là, en présence de quinze à dix-huit mille hommes, les orateurs les plus distingués du Bas-Canada exprimèrent au nom du peuple de Montréal, les sentiments du dévouement le plus pur et le plus ardent pour le Saint Siége. Comme on se le rappelle, sans doute, le résultat de ces unanimes démonstrations fut l'envoi à Rome d'une adresse au St. Père couverte de plus de 100,000 signatures, dans laquelle le peuple canadien protestait avec force contre les violences dont le Souverain Pontife venait d'être l'objet.

Plus tard, après la glorieuse défaite de Castelfidardo, lorsque le monde catholique fut appelé à prier pour les âmes des jeunes héros qui avaient péri dans cette mémorable journée, les Canadiens, tout en remplissant leur devoir de catholiques, profitèrent de cette nouvelle circonstance pour exprimer les sentiments qui les animaient à l'égard du Saint Siége, et ils le firent avec un éclat dont le souvenir est encore vivant partout, mais surtout dans la grande ville catholique de Montréal.

Nous ne dirons rien du Denier de St. Pierre, œuvre nouvelle dans le pays, et qui, cependant, aussitôt qu'elle eût été recommandée par les Evêques, devint populaire et prit des proportions qui ont valu au peuple canadien la reconnaissance honorable du St. Père.

C'est ainsi que le Canada, par l'expression de ses sentiments de dévouement au Saint Siége, par l'holocauste de ses prières, par le sacrifice de son argent, s'est préparé à faire un autre sacrifice, le sacrifice du sang, et nos yeux viennent d'en être les heureux témoins. Remercions Dieu de nous avoir permis de vivre pour voir ce spectacle ; car l'événement qui vient de s'accomplir parmi nous sera un des souvenirs les plus beaux de notre vie ; il sera un des faits importants de l'histoire de notre pays, dont nous aimerons à parler lorsque les années se seront accumulées sur nos têtes. Ce départ de 250 jeunes gens, dont plusieurs appartiennent à des familles riches et pouvaient espérer dans leur patrie les jouissances de la fortune et de la considération, s'en allant volontairement, combattre à dix-huit cents lieues de leur pays, les combats de la vérité et de la justice, sans aucun intérêt personnel, sans aucune espérance de gain, ne peut être attribué qu'au plus pur dévouement religieux.

On ne saurait parler de cet événement sans réveiller le souvenir des croisades, auquel il ressemble par plus d'un trait. Tous l'ont considéré de cette manière, et les journaux protestants même ne s'y sont pas trompés. L'un d'eux, pour décrire l'enthousiasme qui régnait à Montréal au premier départ de nos nouveaux croisés, n'a pas cru pouvoir mieux faire que d'emprunter les vers d'un ancien poëte racontant le retour d'une de ces troupes héroïques du Moyen-Age. Ce point de vue est juste, il définit bien la nature du mouvement qui vient de s'opérer dans le Bas-Canada. Ce mouvement, en effet, est la plus forte démonstration de foi religieuse que notre pays ait donnée, de même que les croisades furent, au Moyen-Age, la plus célèbre manifestation de la foi et de la piété de l'Europe.

C'est ce mouvement dont on a bien voulu nous charger de raconter l'origine, les développements et la conclusion glorieuse, qui va faire le sujet de cet ouvrage.

LE CANADA

ET LES

ZOUAVES PONTIFICAUX.

MEMOIRES

Sur l'origine, l'enrôlement et l'expédition du Contingent Canadien
à Rome, pendant l'année 1868.

I

ORIGINE DU MOUVEMENT.

Les événements mémorables de Bagnorea, de Subiaco, de Monte-Libretti ; la capitulation de Monte Rotondo et la victoire décisive de Mentana, au mois de novembre dernier ; la part honorable prise dans ce combat par les deux seuls Canadiens qu'il y eut alors dans l'armée pontificale, MM. Hugh Murray et Alfred LaRocque, qui tous deux furent blessés ; l'appel fait au monde catholique par le St. Père afin de réorganiser et augmenter son armée, en vue de l'agitation qui se préparait : toutes ces circonstances produisirent une commotion profonde dans la jeunesse canadienne, et excitèrent chez un grand nombre de jeunes gens un vif désir de répondre à la voix du Saint-Père et d'aller s'enrôler dans son armée. Ce désir, d'abord vague et indéterminé, par le manque de direction, se manifestait partout auprès de ceux que l'on pensait capables de les favoriser. Les curés recevaient une foule de demandes ; les évêques étaient assiégés d'offres de service ; les journaux catholiques, même, ne pouvaient se dispenser de signaler cet admirable empressement, et déjà l'on pouvait prévoir que le mouvement bien régularisé et sagement conduit ne manquerait pas de devenir sérieux, et de produire d'admirables résultats. Mgr. Bourget, évêque de Montréal, comprit bien la situation, et sans sortir de son caractère épiscopal, il fit ce que le public et tous ces jeunes gens, qui avaient les yeux tournés vers lui, attendaient de son zèle et de son amour pour Rome.

Le 17 novembre 1867, en recommandant aux prières des fidèles le zouave pontifical, Alfred LaRocque, qui avait été gravement blessé à l'affaire de Mentana, Sa Grandeur s'exprimait ainsi :

« On recommande à vos prières, M. Alfred LaRocque, fils, qu'un télégramme reçu hier de Rome nous apprend avoir été gravement blessé, en combattant parmi les zouaves pontificaux, pour la défense du Saint-Siége.

« Tous les bons catholiques comprendront sans peine que c'est pour notre ville et pour tout notre pays, un grand bonheur d'avoir, dans la personne de ce jeune compatriote, combattu, sous l'étendard pontifical, pour le soutien de l'Eglise, avec tant de jeunes héros qui ont, par des prodiges de valeur, empêché l'invasion du Patrimoine de St. Pierre, en repoussant les hommes impies qui voulaient s'en emparer.

« Chacun de nous ne manquera pas de payer un juste tribut d'admiration au dévouement de ce concitoyen, qui, de l'agrément de sa respectable famille, s'est ainsi enrôlé au service du Roi-Pontife, au lieu de jouir tranquillement, au sein de sa patrie, de tous les plaisirs que sa belle fortune lui aurait permis de se donner. Mais il a préféré s'exposer aux fatigues et aux dangers de la guerre, avec les soldats du Pape, que de vivre dans les délices et l'opulence avec des amis qui l'auraient peut-être entraîné dans quelques écarts qu'il aurait eus plus tard à déplorer.

« Ces raisons et autres nous doivent engager à prier avec ferveur pour ce brave soldat du St. Siége et pour tous les autres qui auraient été tués ou blessés dans les engagsments qui viennent d'avoir lieu, et qui se sont terminés par de vrais triomphes et d'éclatantes victoires.

« Il y a, nous le savons, dans cette ville et dans toute l'étendue du pays, beaucoup de jeunes gens qui brûlent du désir d'aller aussi eux s'immoler pour la défense de notre Père commun, de l'immortel Pie IX. Nous devons prier pour qu'il plaise à la divine Providence de leur mé nager les ressources nécessaires, pour les frais d'une expédition si glorieuse. Car il est à croire que, malgré le malheur des temps, il y a dans notre jeune Canada, aussi bien que dans les vieux pays, assez de richesses pour équiper un bataillon canadien qui prouverait, en combattant sous le drapeau de la foi, que le courage que nous ont légué nos pères n'est point éteint dans le cœur de leurs enfants.

« Il se fait en France et ailleurs des recrues de soldats pontificaux et ce sont les villes et les campagnes qui se mettent à contribution, pour faire toutes les dépenses de ces armements de nouvelles espèces, parce que tout le monde comprend que le trésor pontifical est épuisé depuis l'invasion des Provinces ecclésiastiques par les ennemis de la religion. Bien plus, l'on fait des souscriptions pour le soulagement des zouaves blessés dans les derniers combats. Ce sont là des exemples mémorables qui trouveront, il n'y a pas à en douter, des imitateurs parmi nous. »

Peu de temps après cette annonce, une circonstance plus solennelle permit à Mgr. de Montréal de renouveler cet appel avec plus de force, dans une lettre pastorale dont nous parlerons après une courte digression sur MM. La-Rocque et Murray.

II

MM. LAROCQUE ET MURRAY.

En même temps que M. Alfred LaRocque recevait des blessures qui faisaient craindre pour sa vie, M. Hugh Murray, zouave pontifical comme lui, était aussi atteint par les balles garibaldiennes. C'est peut-être le lieu de raconter ces événements, par lesquels ces deux Canadiens ont su si bien mériter les sympathies universelles de leurs compatriotes. Nous pourrons le faire, sans trop nous écarter de notre sujet ; car, pour être juste et vrai, l'on doit dire que MM. Murray, LaRocque et Benjamin Testhard de Montigny, depuis revenu au pays, ont été les pionniers de l'œuvre des zouaves pontificaux en Canada, et leur noble exemple n'a pas peu contribué à exciter l'ardeur religieuse et le courage militaire d'un grand nombre de leurs compatriotes.

Ce ne sera donc pas sortir du cadre qui nous a été

tracé, que d'emprunter à un journal catholique (1) le récit
de ces faits glorieux :

« L'histoire de deux sujets britanniques à Mentana reste
encore à être écrite.

« Alfred LaRocque, natif de Montréal, en Canada, avait
terminé ses études il y a quelques sept mois à Stonyhurst,
lorsque, peu soucieux de la brillante perspective que lui
offraient la richesse et l'influence de sa famille, il se laissa
entraîner par le désir de venir au secours de l'Eglise, au
moment du danger. Encouragé par la générosité de tant
de jeunes gens de naissance et de fortune, il n'hésita pas
à s'enrôler comme simple soldat dans les zouaves, mais sa
faible santé le rendant inepte aux rudes devoirs militaires,
le terme de son engagement étant fini, il se disposait à
retourner dans son pays natal, lorsque la dernière bataille
décisive lui offrit une occasion de se distinguer et d'ajouter aux sacrifices journaliers de près de six mois, des blessures qui recevront plus tard leur récompense. Dimanche,
3 novembre, il se dirigeait vers l'ennemi, plein d'allégresse. Il fut bientôt emporté au plus fort de l'engagement entre la Vigne Santucci et Mentana. Il se battait
depuis deux heures, quand remontant un étroit sentier qui
conduisait à une petite éminence occupée par les garibaldiens, il reçut une balle de l'ennemi qui entra par la lèvre
supérieure, suivit la gencive, brisa la mâchoire et se logea
du côté gauche. Il retourna de nouveau avec sa compagnie au milieu de la fumée et des grondements du tonnerre, quand les Français, ayant ouvert le feu par derrière, une de leurs balles lui entra dans l'épaule droite et
lui effleura la clavicule à sa sortie.

« Cette balle a dû être tirée du bas, où étaient les Français, et les chirurgiens s'accordent à dire que c'est une de
leurs balles. Ce dernier coup le renversa ; mais aussitôt
qu'il fut revenu de la secousse, il essaya de se relever,
quoiqu'à ce moment la fusillade autour de lui était terrible. Un brave soldat français qui se trouvait auprès
lui dit qu'il était inutile de se relever et lui conseilla de
s'effacer, sans quoi il serait probablement atteint de nouveau ; et en disant cela, il s'arrêta, prit son mouchoir, le
lui attacha sous le menton, pour supporter la mâchoire
ensanglantée. Mais ce devoir de charité était à peine
terminé qu'une balle atteignit ce pauvre soldat et l'écrasa
près de lui ; et les douleurs qu'il endurait peu de temps

____

(1) *London Weekly Register* du 15 décembre 1867.

avant d'expirer, étaient si vives, qu'il priait LaRocque de tirer sur lui.

« Quand le feu se fut un peu modéré, LaRocque se leva au milieu des blessés et des morts, et se traîna à l'ambulance, qui n'était rien autre chose qu'une couche de paille répandue à la hâte autour d'une petite chapelle adossée sur la route de Rome. Les forces s'étaient toutes dirigées à l'attaque du village et du château, et pendant toute la nuit postèrent des gardes autour des murs élevés de Mentana. L'aumônier et les chirurgiens étaient occupés sur le champ de bataille, et quand LaRocque atteignit la chapelle dans l'obscurité, c'était seulement pour y passer la nuit. Il n'y avait pas d'eau dans les environs plus près que Mentana. Les souffrances atroces qu'il a dû endurer cette nuit-là, par suite de la perte du sang et de la fièvre brûlante causée par ses blessures, devaient être suffisantes pour lui ôter la vie. Dans la matinée, il fut transporté à Rome, où il resta trois semaines à l'hôpital, d'où il fut transporté à la fin de novembre au Collége Américain : c'est là que je le visitai le 1er décembre.

« Le jour précédent, il avait reçu la visite du Cardinal Reisach et de Mgr. Nardi. Quand j'entrai dans la chambre, il me représentait l'image de la mort. Il n'y avait pas un sourire de contentement ; mais la barbe à demi croissante de sa figure, le visage pâle et amaigri, l'œil hagard et fatigué, laissaient une expression de douleur dans l'esprit, qui rappelait Gethsémanie.

« C'était peu de jours avant la douloureuse opération qu'il avait subie, où trois morceaux des os brisés du cou avaient été extraits de l'épaule, laissant une large blessure que le moindre mouvement du corps ouvrait. Il me montra son bras droit qu'il tenait étendu sur un coussin, et en le soulevant, je me suis aperçu des souffrances atroces que lui causait le moindre changement de position.

« Après avoir respiré l'air de la nuit, le soir de la bataille, il avait contracté une irritation de poumons qui ne fit que s'aggraver et causait beaucoup d'inquiétude aux médecins, alors que les plaies du visage se cicatrisaient promptement. Depuis ma visite, il est constaté qu'il a pris du mieux ; mais ceux qui l'entourent ne conservent que peu d'espérance de lui conserver la vie. Je dois ajouter que son esprit fut quelque peu troublé à la nouvelle du départ des trois chirurgiens français qui le soignaient et que le comité de secours de Paris avait envoyé le lendemain de la bataille. Il avait grande confiance dans ces trois médecins,—ce qui y contribua encore, fut le départ de plusieurs de ses amis pour le Canada.

« Nous ne pouvons que penser qu'un tel courage sera récompensé en cette vie par des grâces abondantes qui le préserveront du mal, et qu'un tel dévouement à l'Eglise sera couronné par une mort digne d'un héros martyr de la cause sainte.

« Hugh Murray vient aussi de Montréal ; il a fait son éducation à Québec ; il y a six ans et demi qu'il est zouave ; il est sergent dans la première compagnie du premier bataillon de ce corps, l'un de ceux par conséquent qui commença le premier l'attaque à Mentana, et qui eut le plus à souffrir. Il a été blessé au commencement même de l'action.

« Là où la monotonie de la campagne cesse et que les broussailles et les coudriers font sentir l'approche des collines, là fut le lieu où les dragons furent envoyés en éclaireurs, où ils aperçurent l'ennemi, et revinrent à bride abattue. Quand la première compagnie arriva au sommet de la colline, au détour d'un angle de celle-ci, elle aperçut l'ennemi en position au-delà d'un vaste espace, du centre duquel se trouvait une chapelle. Elle résolut d'empêcher l'ennemi de s'avancer plus loin sur le chemin. Autour s'étendaient d'épais taillis où se cachaient les tirailleurs de Garibaldi et le chemin qui conduisait à Mentana, suivant la pente de la colline, se trouvait exposé au feu des éminences voisines. L'endroit était bien choisi. Les zouaves ne s'avancèrent au milieu du terrain et n'arrivèrent à la chapelle, qui devait bientôt leur servir d'ambulance, que sous les feux croisés de l'ennemi. La moitié de la compagnie se mit à l'abri derrière la muraille, pour former une réserve et conserver un point de communication avec l'armée. Durant ce temps-là, l'autre partie de la compagnie, sous les ordres du sergent Murray, après avoir fait feu, reçut ordre de charger à la baïonnette et de balayer l'ennemi du chemin, de la côte et des broussailles ; ce qu'ils firent en deux charges ; le lieutenant commandant une division et Murray l'autre. Ils chassèrent l'ennemi deux fois de sa position ; puis ils reçurent ordre de se séparer et de repousser l'ennemi sur la droite et sur le chemin, puis de faire halte.

« Ceci fait, le brave Murray se trouve séparé de ses soldats et resta avec quatre hommes au milieu d'un taillis, à gauche du chemin. Les garibaldiens voyant la poursuite suspendue, revinrent à la charge, et l'un de leurs offi ciers, à la tête d'un corps, traversa de nouveau le chemin, et vint prendre position sur une hauteur justement opposée en droite ligne au lieu où se trouvaient Murray et ses quatre hommes.

« L'officier garibaldien, voyant de sa position que Murray était le commandant, le coucha en joue, fit feu, le manqua et tua un homme qui se trouva derrière lui ; un second coup de feu de cet officier atteignit cette fois Murray et la balle lui pénétra dans les chairs du bras droit, juste au-dessus du coude ; elle glissa sous la peau et sortit vis-à-vis le poignet, sans endommager les os.

« Le mousquet lui tomba des mains, le bras étant paralysé. Les soldats voulurent escorter leur sergent mis hors de combat jusqu'à l'ambulance ; mais il leur ordonna de rester à leur poste. Les compagnies s'avancèrent, et quand il les vit si pleines d'ardeur, il eut de la difficulté à s'empêcher de se traîner pour les suivre. La lutte devint animée et les fusillades succédaient aux fusillades jusqu'à ce que la mêlée se fut concentrée à Vigna Santucci, le point décisif du jour.

« Dans l'ambulance, un médecin pansa sa blessure ; mais quelques instants après, des bandes garibaldiennes, qui étaient restées, environnèrent presque la petite chapelle et se mirent à faire siffler les balles aux oreilles des blessés, quoiqu'il y eut un pavillon noir arboré sur l'ambulance. Murray, qui avait encore l'usage d'une jambes se traîna dans un coin derrière l'autel et échappa ainsi au danger d'être blessé une seconde fois, quoiqu'il fut retiré de la lutte. Carey dit aussi que les garibaldiens ont tiré sur lui chaque fois qu'il reconduisait un camarade blessé à l'ambulance.

« Le lendemain, Murray fut conduit à Rome, où il resta quatre semaines dans les hôpitaux du St. Esprit et de Ste. Agate ; mais depuis le mois de décembre, il est au Quirinal où sont logés les convalescents dans de belles et grandes salles où ils ont accès au jardin du Pape qui couvrent l'éminence, jardins tant admirés des visiteurs en hiver par la richesse et la variété de son contenu. »

Il est à propos d'ajouter que depuis que ces lignes ont été écrites dans le journal anglais, MM. Murray et LaRocque sont tous deux revenus à la santé, quoique ce dernier ne soit pas encore complètement guéri. Tous deux ont été décorés et faits chevaliers de Pie IX ; M. Murray a été promu au grade de lieutenant. M. LaRocque, au moment où nous écrivons, n'a pas encore été trouvé assez fort pour reprendre le service ; il a dû revenir au Canada se reposer dans le sein de sa famille. Arrivé à Montréal le 24 juin, jour de la fête de St Jean Baptiste, il a assisté à la messe et à la procession, et a été l'objet d'une démonstration très-sympathique de la part de la population canadienne.

III

LETTRE PASTORALE DE MGR. DE MONTRÉAL.

Peu de temps après l'annonce faite par Mgr. de Montréal au sujet de M. La Rocque, une circonstance plus solennelle vint donner à l'évêque l'occasion de parler à tout son diocèse et de lui faire un appel en faveur d'un projet qui s'affirmait de plus en plus. Cette circonstance fut l'Encyclique de Sa Sainteté du 17 octobre 1867.

Dans la lettre pastorale que publia Sa Grandeur pour faire connaître cette Encyclique, Mgr. de Montréal trouva une occasion favorable, de répondre aux aspirations du public, et de parler des moyens propres à régulariser et à assurer la réussite du mouvement commencé.

Dans cette lettre, en date du 8 décembre 1867, le vénérable évêque, après avoir cité et commenté les principaux passages de l'Encyclique, rapporte ces paroles du Souverain Pontife dans la même Encyclique :

« Nous ne pouvons Nous empêcher, Vénérables Frères,
« de dénoncer à vous d'abord et à tous les fidèles confiés
« à vos soins, la situation extrêmement triste et les dangers
« graves où Nous nous trouvons aujourd'hui par le fait du
« gouvernement Piémontais particulièrement. En effet,
« quoique nous soyons défendu par la bravoure et le
« dévouement de notre très-fidèle armée, qui, par ses
« exploits, à fait preuve d'un courage que Nous pouvons
« appeler héroïque, il est évident néanmoins qu'elle ne
« résistera plus longtemps au nombre beaucoup plus consi-
« dérable de ses très-iniques agresseurs. Et, bien que
« Nous ressentions une grande consolation par suite de la
« piété filiale que Nous témoigne le reste de Nos sujets,
« réduits à un petit nombre par de criminels usurpateurs,
« toutefois, Nous sommes réduits à gémir profondément
« de ce qu'eux-mêmes ressentent nécessairement les très-
« graves dangers dont viennent les assiéger ces bataillons
« farouches d'hommes criminels, qui les épouvantent con-

« tinuellement, par toutes sortes de menaces, les dépouil-
« lent et les tourmentent de toutes manières. »

L'évêque commenta ae la manière suivante l'appel indi-
rect que fait le Souverain Pontife par ces touchantes
paroles :

« Comme vous le voyez, N. T. C. F., Notre Saint Père le
Pape compte, pour sa défense, sur le dévouement de ses
troupes ; et avec raison, puisqu'elles ont fait des prodiges
de valeur et remporté d'éclatantes victoires. Aussi, ont-
elles mérité les magnifiques éloges qu'il en fait dans le
passage de la Lettre que nous venons de rapporter. Quelle
gloire donc, pour ces héros chrétiens, d'avoir pour pané-
gyriste Pie IX, et d'être loués dans un document religieux
qui doit faire le tour du monde et être publié du levant
au couchant, et demeurer dans les Annales de l'Eglise
jusqu'à la fin des siècles !

« Il ne faut donc pas s'étonner si le Pontife-Roi porte
ainsi des regards de si grande complaisance sur la petite
armée, qui vient de se couvrir de gloire dans les combats
du Seigneur. Car il y avait réunis des divers pays de la
chrétienté, des nobles et des riches, des enfants de famille
et des hommes haut placés dans la société, qui ont mis au
service de la cause sacrée qu'il soutient avec tant de
magnanimité, leurs biens et leurs personnes, leurs forces
et leur jeunesse, et qui, pour preuve de leur généreux
dévouement, renoncent aux douceurs de la famille, aux
jouissances de la patrie et aux caresses de leurs tendres
mères ; qui sacrifient de bon cœur les espérances les plus
flatteuses de leur avenir, pour se faire simples soldats du
Pape, pour mener la vie dure des camps, s'exposer à tous
les dangers de la guerre et affronter la mort dans les combats.

« Nouveaux Machabées, ils s'écrient avec un vif enthousiasme : «Allons à l'ennemi et s'il le faut, mourons pour
le Pape et pour la cause du peuple chrétien. *Surgamus et
eamus ad adversarios nostros...... et si appropinquavit tem-
pus nostrum, moriamur in virtute propter fratres nostros, et
non inferamus crimen gloriæ nostræ......erigamus dejectionem
populi nostri et pugnemus pro populo nostro, et sanctis nostris..*
1 Mach. c. 3 et 9.

« Vous avez aussi remarqué sans doute, N. T. C. F., que
le Saint-Père, à la vue du petit nombre de ses soldats,
émet la crainte bien digne de son cœur paternel, que son
armée ne succombe enfin sous le poids énorme du grand
nombre.

« A ce cri de douleur, le monde s'est déjà ému ; car il se fait, dans divers pays catholiques, un heureux mouvement pour enrôler de nouveaux soldats sous l'étendard Pontifical, et faire de généreuses souscriptions, afin de faire les frais d'équipement, de voyage et d'entretien, qui ne pourraient être supportés par le trésor pontifical. Ce sont des villes et des campagnes, des diocèses, des paroisses, des communes et des familles, qui se mettent ainsi à contribution, pour envoyer de nouveaux renforts à l'armée du Saint-Père. Ce sont de riches particuliers enfin, qui veulent avoir le mérite et la gloire d'avoir des soldats à leur solde, dans cette armée du Seigneur. L'enthousiasme, au service du Pontife Roi, est tel que le soldat en recevant quelque blessure s'écrie : *Comme mon père et ma mère seront contents quand ils sauront que j'ai été blessé pour le Pape !* et que la mère qui apprend que son mari a été tué, dit à un jeune enfant qui est l'espoir de sa famille : *Toi aussi tu seras soldat du Pape.*

« Ce beau mouvement se fait aussi sentir dans cet heureux pays. Déjà, à plusieurs reprises de jeunes Canadiens se sont enrôlés dans les Zouaves Pontificaux. A l'heure qu'il est, il en est deux qui montrent les glorieuses blessures dont ils sont couverts et qu'ils ont reçues en repoussant victorieusement les ennemis qui cherchaient à s'emparer de la ville sainte.

« Beaucoup d'autres brûlent d'ardeur de partager la gloire de leurs jeunes compatriotes, et viennent de l'avant, pour essayer à former un bataillon de zouaves canadiéns. Ils cherchent à s'organiser afin de mettre à exécution leur noble projet, et ils croient trouver de l'écho chez leurs compatriotes. L'on parle de ce projet dans les villes et les campagnes, et il sourit à beaucoup de jeunes gens qui sont impatients de pouvoir l'exécuter.

« Des souscriptions ont été faites spontanément par des enfarts de l'un ou de l'autre sexe, dans les colléges et les couvents, et ces tendres enfants ont l'air de recevoir, les premiers, le souffle d'en haut, pour donner l'élan à leurs parents et à leurs concitoyens ; car c'est de la bouche des enfants que sort la louange parfaite. L'argent toutefois paraît être la grande difficulté, et l'on fait des calculs pour s'assurer que ce n'en est pas une sérieuse. Ainsi, par exemple, que les quatre cent mille catholiques environ qui sont dans ce diocèse donnent chacun trente sols par an, on aura, annuellement, \$100,000 ; car on suppose qu'il y a un assez grand nombre de riches pour suppléer à ce qui pourrait manquer du côté des pauvres. On présume que chaque paroisse pourrait aisément fournir un soldat au Pape. Les villes en donneraient davantage. Il est à croire, selon eux, qu'une organisation de comités pourrait facilement s'opérer dans les villes et à la campagne. Ils prétendent qu'une telle expédition aurait un excellent effet, même pour notre armée coloniale, parce que ceux qui reviendraient dans leur patrie, chargés de lauriers, aimeraient à continuer leur carrière militaire, et que le prestige attaché à leur nom ne manquerait pas de donner un heureux élan à l'armée canadienne quand il s'agira de l'organiser.

« Quoiqu'il en soit, N. T. C. F., nous demeurons étranger à ce mouvement laïque ; mais, Nous vous l'avouerons, Nous le bénissons de tout notre cœur et nous lui souhaitons un plein succès. Car, Nous le considérons comme une gloire pour notre religieux pays, et comme une bénédiction pour ses habitants. Nous pensons qu'en effet, un bataillon de zouaves canadiens prouverait au monde entier que l'extrême occident se joint à toutes les autres parties du monde, pour épouser la cause sacrée à laquelle se dévouent aujourd'hui tant de cœurs généreux, et montrer que le nom de l'immortel Pie IX est grand et béni dans les froides contrées du nord. Ce bataillon, en combattant pour le grand principe sur lequel seul peuvent reposer solidement les sociétés humaines donnerait un admirable exemple de dévouement pour la cause catholique, et chacun lui consacrerait, avec une nouvelle ardeur, sa plume, sa parole, et surtout son cœur. Mais tout le monde comprend que pour cela, il faudrait que les hommes qui se dévoueraient pour l'Eglise et pour son auguste Chef, fussent des hommes de foi, de principes et de pratique ; car autrement, ils ne pourraient que faire tort à cette cause sacrée, et faire honte au pays qui les aurait députés. Mais encore une fois, Nous laissons à ceux qui ont conçu ce projet la noble tâche de l'exécuter. Pour Nous, Nous allons faire ce que nous demande notre Saint-Père le Pape.»

L'appel fait au monde catholique par le Souverain Pontife, la peinture de ses souffrances, le tableau de ses craintes et des dangers auxquels étaient exposée la Ville Eternelle, furent comme un choc électrique sur la population catholique du diocèse de Montréal. Elle répondit immédiatement par de nombreuses offres de service et de généreuses souscriptions. De toutes parts on s'agita ; les villes et les campagnes s'unirent dans une même pensée de dévouement.

2

Presqu'en même temps, les autres Evêques du Bas-Canada parlèrent aussi à leurs ouailles ; l'enthousiasme gagna de proche en proche ; il se repandit de paroisse en paroisse, et bientôt il n'y eut plus dans le Bas-Canada qu'un cri, une aspiration, un désir, celui d'aller combattre pour le St. Père, ou d'aider ceux qui voulaient bien s'imposer cette glorieuse tâche.

IV.

FORMATION DU COMITÉ CANADIEN DES ZOUAVES PONTIFICAUX.

C'est peu de temps après la publication de la lettre de Mgr. de Montréal, et soutenus par l'autorité de ces paroles vénérées, que plusieurs citoyens de cette ville se réunirent pour aviser aux moyens d'imprimer une direction commune et de régulariser les aspirations ardentes que nous venons de signaler.

En effet, malgré toute la bonne volonté, l'excellent esprit et les efforts des personnes qui s'y étaient dévouées, en essayant de le diriger et de le mener à bonne fin, ce mouvement n'aurait pu, probablement, obtenir le succès qu'il a eu depuis, sans des influences plus puissantes, une action sagement combinée, et surtout sans une organisation forte et bien centralisée.

En conséquence, le 19 décembre 1867, l'Hon. J. L. Beaudry, MM. Olivier Berthelet, Louis Beaudry, Alfred LaRocque, Narcisse Valois, Dr. Trudel, Edmund Barnard, E. Lef. de Bellefeuille, F. X. St. Charles, Sévère Rivard, etc., etc., se réunirent dans une des salles de l'Institut-Canadien-Français, et s'étant constitués en assemblée régulière, ils nommèrent un comité qui fut chargé de prendre les moyens propres à assurer la formation d'un contingent canadien pour l'armée pontificale.

Les officiers suivants furent élus à l'unanimité :

Président—M. Olivier Berthelet.
Vices-Présidents—M. Ls. Beaudry, Dr. Hingston. (1)
Trésorier—M. Alfred Larocque.
Secrétaires—MM. Joseph Royal et Sévère Rivard.

A l'assemblée suivante, le 26 décembre, un comité exécutif fut formé, chargé de diriger efficacement le mouve-

(1) Voir la note ci-après p. 30.

ment et d'organiser le détachement canadien. Ce comité fut composé des officiers que nous venons de nommer et de MM. C. A. Leblanc, F. X. A. Trudel, E. Lef. de Bellefeuille, etc., et il fut résolu d'informer immédiatement les évêques et les curés du Bas Canada de la formation de ce comité et de son but, et de les prier de vouloir bien lui donner le concours de leur active coopération.

Déjà, Sa Grandeur Mgr. de Montréal avait pris l'initiative et invité tous les fidèles de son diocese à contribuer de leurs deniers à l'œuvre de la défense du St. Siége. Pendant les quelques jours qui s'étaient écoulés entre la première et la seconde assemblée du Comité, le 22 décembre, le vénérable évêque avait adressé à ses curés une lettre accompagnée d'une invitation à se mettre généreusement à contribution pour porter secours à N. S. P. le Pape.

Voici cette lettre et cette invitation :

Montréal, le 22 décembre 1867.

Monsieur,

Vous recevrez avec la présente, une copie de l'*Invitation*, qui sera faite aujourd'hui au prône de la Cathédrale, à l'ouverture du Triduum qui s'y fait, et qui est comme l'ouverture de tous ceux qui vont se célébrer dans ce diocèse.

Votre dévouement à la *Cause Pontificale* vous inspirera tout ce que vous aurez à dire et à faire, pour que cette *Invitation* soit bien comprise et mise au plus tôt à exécution ; car il n'y a pas de temps à perdre, si nous voulons que le secours, qu'il s'agit d'envoyer au St. Père, arrive à temps.

Vous reviendrez si souvent et si fortement sur l'indécence qu'il y aurait, pour les enfants de l'Eglise, de se livrer aux divertissements du carnaval, pendant que le Père commun est dans le deuil, que vous réussirez à les en détourner, du moins en grande partie.

Avec les économies que vous ferez faire par là à vos paroissiens, il ne sera pas difficile de les amener à payer chacun un trente sous ; de manière qu'une paroisse de 1,600 âmes, par exemple, aurait à déposer, dans la Caisse Pontificale, 400 piastres, c'est-à-dire, autant qu'il en faudrait pour faire les frais d'un soldat, qu'il ne serait pas difficile, je pense, de trouver dans la paroisse même. Si c'était le cas, il pourrait être invité à faire lui-même la quête à l'église, et à vous accompagner chez ceux de vos paroissiens à qui vous jugeriez à propos de faire un appel particulier, pour atteindre le chiffre de souscription demandé. Pour fournir à tous le moyen de donner sa contribution, il faudrait faire quêter aux messes basses, et inviter ceux qui ne peuvent venir ni à la grand'messe ni à la messe basse, les jours fixés pour la quête, à vous envoyer leur souscription.

Au reste, je pense que le *Nouveau Monde* vous donnera d'utiles renseignements, dont vous pourrez vous servir avec avantage, pour enflammer tous les cœurs de ce généreux dévouement, dont tous les enfants de l'Eglise doivent faire ouvertement profession, dans cette solennelle circonstance, qui sera peut-être la seule de ce genre à enregistrer dans les annales de l'Eglise.

Aujourd'hui, 46me anniversaire de mon diaconat, je suis heureux d'avoir occasion de montrer au digne successeur de St. Xiste II quelque chose du dévouement de St. Laurent pour son Pontife et Père chéri et vénéré. Aussi, ai-je tâché de me bien pénétrer de ces sentiments affectueux qui animaient le Père et le Fils, et que nous a conservés la légende de ces deux Saints. *Quo progrederis sine filio, pater ? Quo, sacerdos sancte, sine ministro properas ?......Non ego te desero, fili : majora te manent pro Christi fide certamina.*

Au reste, n'oublions pas que le nom de *Montréal* fut gravé, en 1854, sur une des colonnes de St. Pierre, et enrégistré au Capitole, en 1862. Puisse-t-il aussi figurer, avec honneur, dans les rangs de l'armée pontificale, dans le temps présent et à venir ! Cette gloire nous est déjà acquise, comme vous le savez ; il n'est plus question que de la soutenir.

Je suis bien cordialement,

Monsieur,

Votre très-humble et dévoué serviteur,

† Ig., Ev. DE MONTRÉAL.

INVITATION DE MGR. L'EVEQUE DE MONTREAL A SE METTRE GENEREUSEMENT A CONTRIBUTION POUR PORTER SECOURS A N. S. P. LE PAPE.

Le Souverain Pontife est assiégé de mille angoisses et exposé à d'imminents dangers, pour l'amour de l'Eglise.

L'Univers Catholique en est vivement ému et profondément affligé. De là ce dévouement inouï et inconnu aux siècles passés, qui, comme un courant irrésistible, entraîne les cœurs des vrais enfants de l'Eglise vers les collines de la Ville Eternelle... Tous se rallient autour de la Chaire Apostolique, pour la défendre, selon la mesure de leurs moyens, parce qu'ils comprennent que l'union de la famille chrétienne fait sa force.

Ce dévouement a créé ici, comme ailleurs, un mouvement de patriotisme religieux parmi nos jeunes gens, qui veulent à tout prix s'enrôler sous l'Etendard Pontifical, afin de combattre les combats du Seigneur, pour la défense du St. Siége et de l'Eglise toute entière, qui n'ont qu'un seul et même intérêt. Car qui attaque la tête attaque tout le corps, toute la famille chrétienne.

Or, pour que les aumônes puissent se recueillir plus facilement, voici quelques suggestions que nous abandonnons à vos bons cœurs.

1° Il se fera dans chaque église trois quêtes, à chacune desquelles chacun donnera dix sous, pour former plus facilement les trente sous qu'il faudrait donner pour atteindre le chiffre de 100,000 piastres, mentionné plus haut.

2° Chaque curé est invité à faire un appel particulier, et à domicile, à ceux de ses paroissiens qui étant avantagés des biens de la fortune, ne voudraient pas se contenter de cette modique somme

3º Les parents sont invités à exhorter leurs petits enfants à faire le sacrifice de ce qu'ils ont coutume de leur donner pour étrennes, jeux, toilettes, etc., afin que leur offrande au Père commun, étant le prix d'un sacrifice, leur soit plus méritoire.

4º Les entrepreneurs, chefs d'ateliers et bourgeois feraient très bien d'engager leurs compagnons, apprentis et autres sous leur domination à se mettre ainsi à contribution, suivant leurs moyens.

Dans notre Lettre Pastorale du huit courant, Nous vous parlions, N. T. C. F., de ce mouvement laïque, tout en vous faisant observer que nous y demeurions étranger, mais que Nous le bénissions de tout notre cœur.

Dans cette même Lettre, Nous vous disions que la population de ce diocèse étant environ de 400,000 âmes, nous pourrions réaliser 100,000 piastres, si l'on prélevait seulement trente sous par tête. Or, la présente *Invitation* est pour en venir à l'exécution; et à cette fin, nous allons tous, riches et pauvres, grands et petits, nous exécuter généreusement, et prouver une fois de plus que quand il s'agit des intérêts de la Sainte Eglise, notre Mère, et de son Auguste Chef, nous savons faire des sacrifices. Voici entr'autres ceux qui se présentent d'eux-mêmes à notre dévouement filial.

1º Faisons avec une vraie ferveur, le *Triduum* de prières demandé par le Saint-Père, en assistant fidèlement aux exercices du matin ou du soir, en faisant de bonnes confessions et de ferventes communions, et en priant aux intentions du Souverain Pontife, pour gagner, pour nous et pour les saintes âmes du purgatoire, les indulgences qu'il a bien voulu accorder. La bonne prière, ne l'oublions pas, est *toute-puissante*.

2º Ajoutons la mortification à la prière. Or, qu'une des mortifications et pénitences que nous nous imposerons, soit de nous priver des plaisirs du carnaval, qui malheureusement a coutume de commencer quand se termine la grande solennité de la Naissance du Sauveur, et qui d'ordinaire se prolonge jusqu'au saint temps du Carême. D'ailleurs, tous les bons enfants de l'Eglise n'auront pas de peine à comprendre qu'il serait honteux pour eux de fréquenter les bals, les soirées, les partis de plaisirs, les maisons de jeux, les auberges et autres où l'on a coutume de faire tant de folles dépenses, pendant que notre Père, le meilleur de tous les Pères, est dans une profonde affliction. Car enfin, tous les enfants qui ont un bon naturel doivent partager le deuil de leur père. Donnons au Pape le fruit de nos épargnes, pendant ces jours de carnaval, et nous nous trouverons plus riches et plus heureux.

3º A la prière et à la mortification, joignons l'aumône qui est toujours si efficace, surtout quand elle a un objet grand, noble et saint, tel qu'est celui dont il est ici question, puisqu'il comprend les intérêts religieux de l'univers entier.

Souvenons-nous, N. T. C. F., de ce bel adage: *Le jeu et la débauche ont ruiné des milliers de familles, l'aumône n'en a pas appauvri une seule* ; ou cet autre: *En donnant au Vicaire de Jésus-Christ, c'est à Jésus-Christ lui-même que l'on donne.*

Daigne le Seigneur répandre sa bénédiction sur cette *Invitation*, et lui faire produire des fruits de charité, de zèle et de dévouement.

Daigne aussi la Divine Providence rendre le centuple aux bons enfants de l'Eglise qui, en donnant au Père commun, prêteront à Dieu lui-même!

V.

COMMENCEMENT DES TRAVAUX DU COMITÉ.

Immédiatement après la publication de ces lettres, le Comité se mit à l'œuvre et commença à poser les bases de l'organisation qu'il voulait former. Le 26 décembre, la lettre suivante fut adressée aux évêques du Canada pour les informer de l'existence du Comité :

Montréal, 26 décembre 1867.

Monseigneur,

Nous sommes chargés d'annoncer à Votre Grandeur qu'il s'est formé à Montréal, de l'assentiment de notre évêque, un Comité dont le but est de régulariser le mouvement de la jeunesse catholique du pays, qui demande à voler à la défense du Saint-Siége menacé, et de sauvegarder les intérêts de ceux qui partiront.

Ce Comité a, pour président, M. Olivier Berthelet, pour vice-président, M. Louis Beaudry, pour trésorier, M. Alfred LaRocque, et compte parmi ses membres plusieurs des principaux citoyens de Montréal.

Vous nous permettrez, Monseigneur, d'ajouter que tout en favorisant de notre mieux les jeunes gens prêts à faire les sacrifices que comporte un pareil acte de dévouement et qui offrent des garanties de l'accomplissement de leurs devoirs, nous nous abstenons avec soin d'engager personne à s'enrôler.

De plus, nous devons dire, d'après des renseignements recueillis aux meilleures sources, que personne ne saurait soulever d'objections valides contre les démarches que nous voulons faire. Notre but est de protéger et aider ceux qui sont disposés à partir.

Voici de quelle façon nous comptons y arriver :

1° Faire des arrangements pour diminuer considérablement les frais de voyage ;

2° Faire partir ensuite les jeunes gens sous un chef qui pourra utiliser leurs loisirs en les préparant aux devoirs de leur nouvelle carrière ;

3° Leur assurer les services d'un prêtre aumônier qui les guidera et les encouragera à remplir leurs devoirs ;

4° Veiller aux intérêts de ceux qui s'absentent ainsi, et à leur retour assurer à tous ceux qui s'en seront rendus dignes une certaine protection.

Il y a déjà deux cents hommes qui ont inscrit leurs noms en se déclarant prêts à marcher immédiatement ; un plus grand nombre encore offre ses services ; il est donc de la plus haute importance de prendre les moyens d'induire tous les catholiques du Canada à se cotiser légèrement pour mettre de si belles dispositions à profit. Sans compter que l'on entend n'envoyer que le chiffre d'hommes que l'on pourra supporter pendant le temps de leur service avec les contributions du Canada.

Nous sommes convaincus que si la population répond à notre appel, ce pays pourra sans trop de sacrifices particuliers, prouver d'une manière éclatante et pratique son attachement à la cause du Saint-Siége, qui est la cause universelle de l'ordre et de la civilisation.

Ne serait-ce pas, Monseigneur, une chose très-louable et très-désirable que chaque diocèse fut représenté dans la petite troupe de ces croisés du Canada?

Tel est, Monseigneur, le projet que nous nous sommes chargés ie soumettre à Votre Grandeur, dans l'espoir que vous voudrez bien y donner votre approbation, nous flattant, dans ce cas, qu'il sera facile de former un comité dans votre diocèse qui aura le même but et travaillera de concert avec nous à le réaliser.

Agréez, Monseigneur, les profonds hommages de respect et de dévouement dont nous prions Votre Grandeur de vouloir bien accepter l'expression.

Vos très-humbles et très-soumis serviteurs,

JOSEPH ROYAL,
SÉVÈRE RIVARD.

Cette lettre, tout en annonçant à Leurs Grandeurs la formation du Comité, leur demandait aussi le puissant concours de leurs paroles et de leurs encouragements. Une action commune dans tout le pays, centralisée par une organisation identique, était essentielle, en effet, pour donner au mouvement l'ampleur et la force dont il avait besoin et pour assurer son succès. Bien plus, c'est en vain que le Comité aurait travaillé, s'il n'avait pu, dans ses efforts, s'appuyer sur l'autorité des Evêques et invoquer le secours de leur voix. Le Comité est heureux de reconnaître ici que ses intentions ont été parfaitement comprises et que ses vœux ont été complètement exaucés. Il reçut à sa lettre les réponses auxquelles il s'attendait. On accueillit partout avec la plus vive sympathie l'action du Comité de Montréal, et on lui promit le concours le plus complet. Ce concours n'a pas fait défaut.

Voici quelques-unes des réponses reçues par le Comité et les lettres-circulaires publiées par les Evêques :

LETTRE DE MGR. DES TROIS-RIVIÈRES.

Evêché des Trois-Rivières,
7 janvier 1868.

Messieurs,

J'ai reçu aujourd'hui la lettre et les pièces que vous avez eu la bienveillance de m'adresser au sujet de l'organisation des zouaves pontificaux.

Le bon Dieu bénira sans aucun doute les efforts que vous faites pour mener à bonne fin cette œuvre de dévouement à la cause qui la provoque. Pour ma part, je vous félicite de tout mon cœur du zèle que vous déployez, et c'est un bonheur pour moi que de le seconder dans la mesure de mes forces.

Je m'en vais adresser de suite à nos Curés les documents que vous m'avez envoyés, afin qu'ils puissent donner une direction convenable aux jeunes gens de leurs paroisses respectives, dûment qualifiés, qui désireront prendre part à ce beau mouvement, et mettre leur personne au service du St. Père pour le défendre contre les nouveaux Sarrasins.

Quant aux collectes à faire, Mgr. Cook, dans son Mandement du 21 décembre dernier, en a réglé le mode en prescrivant trois quêtes à faire dans tout le diocèse pendant le *Triduum* de prières publiques qu'il a ordonnées pour les besoins de l'Eglise.

Agréez, messieurs, les sentiments d'estime avec lesquels je demeure bien cordialement,

Votre tout dévoué serviteur,

† L. F., Ev. D'ANTHÉDON.

MM. J. Royal,
S. Rivard,
Membres du Comité des Zouaves Pontificaux.

LETTRE DE MGR. D'OTTAWA

Ottawa, le 10 janvier 1868.

Monsieur,

J'ai reçu la lettre que vous m'avez adressée concernant l'œuvre des zouaves pontificaux. Les occupations accablantes des fêtes m'ont seules empêché de vous exprimer de suite mes bien sincères félicitations pour le zèle que vous déployez pour l'une des œuvres les plus grandes et les plus nobles des temps modernes. Soyez persuadés qu'en la poursuivant encore avec le même zèle, vous pouvez compter sur l'approbation et la reconnaissance de tous les vrais catholiques. Déjà une vingtaine de nos jeunes gens, obéissant à vos généreuses inspirations, sont venus demander au R. P. Dandurand des certificats de bonne conduite pour pouvoir s'engager dans cette sainte milice ; bien d'autres seront satisfaits de suivre leur exemple. Malheureusement, dans un diocèse nouveau comme celui d'Ottawa, les ressources pécuniaires ne sont pas au niveau de la pureté et de la noblesse des sentiments.

J'ai l'honneur d'être,

Messieurs,

Votre très-humble et obéissant serviteur,

J. E., Ev. D'OTTAWA.

MM. J. Royal,
S. Rivard,
Membres du Comité des Zouaves Pontificaux.

CIRCULAIRE.

Archevêché de Québec,
11 janvier 1868.

Monsieur le Curé,

Vous connaissez les services éminents rendus récemment à la cause de l'Eglise par les braves volontaires de tous les pays qui, au moment du danger, étaient allés s'enrôler dans les troupes pontificales. Le Canada avait l'honneur de compter deux de ses nobles enfants parmi ces jeunes héros ; et ce n'est pas sans un légitime orgueil que vous avez appris combien ils se sont distingués sur le champ de bataille, où ils ont recueilli de glorieuses blessures.

Un grand nombre de ces courageux soldats ont trouvé la mort en combattant contre les ennemis de l'Eglise ; mais un nombre plus considérable encore s'offre pour aller les remplacer, et brûlent du désir de sacrifier leur vie pour opposer une barrière aux nouvelles invasions dont on menace le St. Siége.

Le Canada ne veut pas demeurer en arrière dans cette manifestation de dévouement à l'égard du Chef de l'Eglise. Vous avez appris par les journaux le mouvement qui se fait à ce sujet à Montréal. Quant au diocèse de Québec, trois de ses enfants sont déjà partis pour se joindre aux défenseurs du Vicaire de Jésus-Christ. Un grand nombre d'autres, animés de la même ambition, parmi ceux surtout qui ont suivi les exercices militaires, viennent chaque jour offrir leurs services, et seraient prêts à partir immédiatement pour Rome, s'ils avaient les moyens de s'y rendre.

J'ai lieu de croire que les fidèles du diocèse, tiendront à honneur de se faire représenter en proportion de leurs ressources, dans les rangs de cette milice sacrée. Ils s'estimeront heureux de faire les sacrifices nécessaires pour obtenir ce privilège, car il s'agit non-seulement de payer les frais de voyage (d'aller et de retour) des jeunes gens qui seront choisis pour grossir de la sorte les phalanges des soldats de l'Eglise, mais encore ceux de leur équipement et de leur soutien, pendant les deux années qu'ils sont supposés devoir être attachés à l'armée pontificale.

A cette fin, je vous prie d'annoncer qu'une collecte sera faite dans votre paroisse d'ici au 3 février prochain. Cette collecte faite à domicile aurait sans doute plus de succès ; mais si les circonstances empêchaient qu'elle eût lieu de cette manière, vous la remplaceriez par une collecte dans l'église, annoncée au prône huit jours d'avance.

Il se trouve dans chaque paroisse des personnes que la divine Providence a favorisées davantage des dons de la fortune. Vous jugerez peut-être à propos de les inviter à encourager d'une manière spéciale la bonne œuvre proposée à tous. Vous pourriez leur citer l'exemple de tant de familles chrétiennes en Europe qui ont réclamé la faveur d'entretenir, chacune à leurs frais, un des généreux volontaires de la milice du St. Siége.

Dans tous les cas vous voudrez bien envoyer le produit de votre collecte à l'Archevêché, à l'adresse de M. Gauvreau, d'ici au 15 du dit mois de février, au plus tard.

Je prie le Dieu des armées qu'il bénisse les paroles que vous adresserez à votre peuple, pour l'inviter à favoriser par de généreuses contributions la plus noble et la plus sainte des causes.

Je demeure avec un bien sincère attachement,

Monsieur le Curé,

Votre très-humble et très-obéissant serviteur,

† C. F., Archevêque de Québec.

LETTRE CIRCULAIRE.

Evêché de St. Hyacinthe,
11 janvier 1868.

Monsieur le Curé,

J'éprouve un véritable bonheur à vous transmettre les documents qui accompagnent la présente, et qui vous mettront en rapport avec le Comité formé à Montréal, sous l'inspiration et les auspices du vénérable évêque de cette ville, dans le but de procurer au Canada l'insigne honneur d'envoyer quelques-uns de ses enfants au secours du Père commun de la grande famille catholique, qui vient de faire entendre un appel qui a retenti jusqu'aux extrémités du monde. Déjà cet appel a réveillé dans un très-grand nombre de cœurs le sentiment du dévouement le plus chrétien comme le plus héroïque. Tous les journaux nous ont appris le mouvement digne des plus beaux âges de la Foi qui se fait en ce moment en Europe, et qui pousse vers la Ville Éternelle, pour y défendre son Pontife-Roi, l'élite de la jeunesse de toutes les classes de la société. Quel honneur et quel bonheur pour nous, s'il peut nous être donné de nous associer à ce sublime élan, qui vient en plein dix-neuvième siècle manifester et prouver encore une fois au monde étonné toute la vitalité du principe catholique, qui n'a tant de force et de puissance que parce qu'il est la vérité! Quelle noble satisfaction pour nos cœurs de Canadiens-Français, de savoir que les enfants de la Nouvelle-France se trouveraient ainsi réunis sur le champ de bataille avec les preux et vaillants fils de la Vieille-France, la patrie de nos ancêtres, pour y combattre côte à côte et y verser leur sang avec eux pour la plus juste et la plus sainte des causes, la cause de Dieu lui-même, puisque c'est celle de son Église! Quelle gloire pour nous, si notre nom allait quelque jour se trouver inscrit aux plus glorieuses annales du monde, celle des Faits de Dieu par ces Francs (*Gesta Dei per Francos*), dont nous sommes fiers d'être les descendants! Les quelques gouttes de notre sang qui ont coulé comme contribution au beau fait d'armes de Mentana, ont suffi pour réveiller en nos âmes le feu de cette ardeur militaire qui a dans tous les temps et tous les âges caractérisé nos ancêtres! Il est permis d'espérer que ce noble feu ne manquera pas de produire une plus large immolation ; et que bientôt notre religieux Canada aura le mérite et la gloire d'avoir ajouté des hécatombes aux deux intéressantes victimes dont le souvenir est désormais impérissable parmi leurs compatriotes. Les noms des courageux Larocque et Murray sont gravés au Temple de Mémoire en lettres dorées ou plutôt empourprées du sang du martyre !

Je n'ai aucun doute, M. le Curé, que parmi la belle jeunesse de votre paroisse il ne se trouve plus d'un émule de ces dignes et valeureux champions de l'honneur et de la Foi, à qui Dieu inspirera la pensée et donnera le courage de quitter patrie, parents et amis, pour s'aller enrôler dans cette armée de nouveaux Machabées, qui, sous le nom de Zouaves Pontificaux, combat aujourd'hui les combats du Seigneur, aussi vaillamment que les héros qui, autrefois, versaient courageusement et joyeusement leur sang pour leurs autels et leur patrie. *Pro legibus et patriâ mori parati !* (2 Mac., 8, 21.)

Votre zèle s'évertuera sans doute, M. le Curé, à pousser vos jeunes gens à imiter de si beaux exemples, et naturellement vous aimeriez à diriger vers Montréal des imitateurs aussi nombreux que possible. Je me permettrai néanmoins de conseiller à votre prudence de bien faire attention que le Comité me paraît avec raison désirer qu'il ne lui soit adressé que des hommes choisis sous tous les rapports. Pour en être convaincu, il vous suffira de lire attentivement la lettre, dont copie ci-jointe, adressée par les membres du Comité à Messieurs les Curés, auxquels ils font appel, pour les intéresser dans leur grand et catholique projet.

J'ai la confiance que le Comité n'aura pas vainement compté sur votre concours ; et autant qu'il peut m'être permis de le faire, je vous exhorte, M. le Curé, à déployer tous les efforts de votre bonne volonté en faveur d'une œuvre évidemment chère au cœur de tous les catholiques ; mais qui doit l'être surtout aux ministres de la religion, parce qu'il est de leur état de sympathiser plus vivement aux douleurs et aux besoins de l'Eglise !—Grâce donc à votre dévouement et à celui des catholiques du monde entier, l'auguste Pie IX n'aura point à répéter la plainte que le prophète Isaïe mettait à la bouche de la grande victime du Calvaire : *Torcular calcavi solus, et de gentibus non est vir mecum.* (Isaïe, 63-9.) J'ai été seul à fouler le pressoir, sans que personne soit venu à mon secours : c'est-à-dire, j'ai combattu seul les ennemis du Christ et de son Eglise ! Non ! Non ! Pie IX ne sera pas seul ! Déjà tous les esprits et les cœurs vraiment catholiques sont avec lui : et les bras ne lui feront point défaut !

Et puis un autre devoir que nous avons à remplir, c'est que l'association au Denier de St. Pierre n'étant pas régulièrement établie dans le diocèse, il serait plus convenable que nous profitassions de cette occasion pour faire aux besoins du St. Père une offrande spéciale. Si légère qu'elle soit, cette offrande lui sera agréable ; et Dieu la bénira, si elle est proportionnée à nos moyens, et si nous la faisons de bon cœur : *Hilarem datorem diligit Deus.* L'histoire de la pauvre veuve qui dépose avec foi son obole au tronc du temple, et que Jésus loue et bénit, parce que ayant donné de son indigence elle a donné plus que tous les autres, rappelée au souvenir de nos bons peuples, les portera à ne pas rougir du peu qu'ils pourraient faire ; et le sou du pauvre joint à l'écu du riche, pourrait encore former un tribut de respect, d'amour et de piété filiale, que le cœur si bon et si paternel de Pie IX agréera, en versant sur nous l'une de ces bénédictions qui enfantent des miracles !

Un moyen facile de collecter dans le diocèse ce tribut que chacun se fera sans doute un devoir de payer à Dieu en le payant à son Représentant, serait de faire une quête à chacun des exercices du *Triduum* que nous nous préparons à célébrer ; et je crois vraiment, M. le Curé, qu'il vous suffira d'un mot d'exhortation pour intéresser vos paroissiens à cette belle œuvre, et les porter à y contribuer de grand cœur !

Je profiterai de cette occasion pour vous dire que bien que j'aie accordé l'année qu'accordait l'Encyclique elle-même pour la célébration du *Triduum*, je désire cependant qu'il soit célébré aussitôt qu'il sera po ssible de le faire commodément.

Vous remarquerez que le Comité des zouaves pontificaux avec lequel vous aurez à vous mettre en correspondance en vous adressant aux Secrétaires, MM. Royal et Rivard, demandait une réponse pour le 15 courant. Je dois vous dire que j'ai écrit à ce sujet au Comité, et il m'a été répondu que la date du 15 n'est point absolue. Il suffira que vous fassiez votre rapport avant la fin du mois. Les fonds collectés pendant le *Triduum* devront être déposés entre les mains de M. le Secrétaire de l'Evêché, aussitôt que possible après le *Triduum*.

Agréez, M. le Curé, que je renouvelle l'assurance de l'estime et de l'affection que je vous porte, et que je me souscrive en toute sincérité

Votre très-humble serviteur,

† C. Evêque de St. Hyacinthe.

Le 28 décembre 1867, la circulaire suivante fut adressée par le Comité à tous les curés du Bas-Canada, avec deux rôles en blanc, l'un marqué A (1) pour les noms des hommes offrant leurs services, et l'autre marqué B (2) pour y inscrire le chiffre des souscriptions. Dans le diocèse de Montréal, ces circulaires furent envoyées directement aux curés ; dans les diocèses étrangers, elles leur furent communiquées par la bienveillante entremise des évêques.

Montréal, 28 décembre 1867.
Rue St. Vincent, No. 41.

Monsieur le Curé,

Le Comité de Montréal, formé dans le but de régulariser et protéger le mouvement des jeunes gens qui veulent aller à Rome se joindre aux troupes pontificales pour défendre le Saint-Siège menacé, nous charge de vous prier de vouloir bien unir vos efforts aux siens pour assurer la réussite d'un si noble projet.

Ne serait-il pas très-désirable que chaque paroisse du Canada fût représentée dans le corps qui est en voie de formation, et qui probablement partira vers la fin de janvier prochain.

Si l'on ne peut fournir des hommes, on peut toujours contribuer à la même œuvre par sa souscription ; et de fait les hommes ne manquent pas. Il s'en est déjà offert plus de deux cents dans les environs

(1) Voir à l'Appendice le document No. 1.
(2) Voir à l'Appendice le document No. 2

de Montréal, et si le mouvement devient général dans le pays, nous ne croyons rien exagérer en disant que plus de mille hommes sont prêts à offrir leurs services. Ces excellentes dispositions permettront de faire un choix judicieux ; car il est de la plus haute importance que tous ceux qui partiront soient en tous points propres à faire honneur à la cause qu'ils veulent défendre et à la nation qu'ils représenteront.

C'est pourquoi nul ne sera admis dans les Zouaves Canadiens sans les meilleures recommandations ; et toutes les demandes de service devront être faites par l'entremise du Curé de la Paroisse où est domicilié le candidat.

Nous osons donc vous prier, Monsieur, de faire connaitre les conditions du service à qui de droit, et surtout de bien faire comprendre aux candidats les sacrifices qu'ils auront à faire et les risques inséparables d'une expédition aussi lointaine que pénible.

Ces conditions sont :

1º Un engagement d'un an qui pourra se renouveler au besoin ; cependant, ceux dont le pays requierrait les services, soit pour l'organisation de la milice, soit pour la défense du sol, seraient libres de revenir, au gré du Comité

2º Se contenter du plus strict nécessaire. Les Zouaves Canadiens devront être à tous égards sur le même pied que les autres Troupes Pontificales.

3º S'obliger à remplir fidèlement ses devoirs religieux et obéir *aveuglément* à ses chefs.

4º S'attendre à des privations, à des déceptions et misères imprévues considérables.

5º Etre prêts à partir sous quelques heures d'avis.

6º Commencer de suite en particulier, si les circonstances ne s'y opposent pas, les exercices militaires, afin de se mieux préparer au service. Il va sans dire que les cadets et les hommes déjà exercés devront avoir la préférence, toutes choses égales d'ailleurs.

On assurera à ceux qui partiront, le retour au pays après la durée du service. Un prêtre accompagnera le corps, et le Comité ainsi que tous les bons catholique ne manqueront pas d'encourager de toutes les manières, au retour, ceux qui s'en seront rendus dignes.

Permettez-nous, Monsieur, de vous prier instamment d'inscrire sur le Rôle marqué A ci-inclus, et d'après les instructions qui y sont détaillées, les noms de tous ceux qui s'offriront. Ce rôle devra nous être renvoyé le 15 janvier prochain. Veuillez également nous renvoyer au plus tôt l'estimation, marquée B, du nombre d'hommes et de contributions que votre paroisse pourra probablement fournir au mouvement

Nous avons l'honneur d'être,

Monsieur le Curé,

Vos très-humbles et obéissants serviteurs,

JOSEPH ROYAL,

SÉVÈRE RIVARD,

Secrétaires du Comité Canadien des Zouaves Pontificaux.

En même temps que la circulaire aux curés le Comité adressa aux évêques des diocèse de la Confédération, situés hors le Bas-Canada, la lettre suivante, afin de leur faire connaître l'existence, le but et les opérations du Comité jusqu'à cette date.

Montreal, 28th December, 1867,
44, St. Vincent Street.

Right Reverend Sir,

We, the undersigned, have been instructed to inform Your Lordship, that at a meeting of Catholic citizens of Montreal, convened for the purpose of giving pecuniary assistance to those who are anxious to form a military corps, for the defence of the Holy See, a Committee was formed with Mr. Olivier Berthelet as President, Messrs. Louis Beaudry and Dr. Hingston, (1) Vice-Presidents, Mr. Alfred LaRocque, Treasurer, and the most influential Catholics of this City as members.

Although the aim and object of the said Committee is to give all the assistance in its power to those who have determined to make the necessary sacrifices, to carry out their religious object, and whose character is a guarantee that they will fulfil, in an honorable way, their self-imposed duties, yet it is not our intention to sollicit enrolments in this movement. Our aim is to further, to our utmost, the interests of those who have decided to leave, by securing for them the following advantages, viz:

1° The greatest economy as to the expenses to Rome and back to Canada, by making proper arrangements to that effect.

2° Sending them together, under a carefully selected chief, who could, during their voyage, take the advantage of their leisure moments to prepare them for their military duties.

3° Obtaining the services of a Canadian Chaplain who would guide them and encourage the full performance of their obligations.

4° By watching their interest during their absence, and securing for those who deserve it, a certain protection on their return to this country.

More than two hundred young men, from the vicinity of Montreal, have already expressed their willigness to leave immediately, to join in this holy cause ; and we may with safety count on many more offers of services ; so that what we desire to do, without loss of time, is to interest the whole catholic element of Canada in favor of the movement, and to make every possible effort to obtain, from every catholic, a small sum for its encouragement. The aggregate amount thus secured would allow the realization of a demonstration which, if generally supported, must be useful to the Holy See, as well as prove of advantage to Religion and be glorious for Canada.

It is also intended to send the number of men only who could be supported entirely, during their service, with the means collected in this country. We estimate that all the expenses for one year's service, voyages, etc., included, need not cost more than $400 per man.

(1) Le Dr. Hingston, pour des raisons personnelles, résigna son titre de vice-président du Comité et n'a jamais agi comme tel.

Is it not desirable that each Diocese in our New Dominion, be represented in the corps which we have every reason to expect, will soon leave this country for the Eternal City, to defend Our Holy Father's possessions?

We have been directed to submit this project, with the hope that Your Lordship will kindly approve it; in which case we flatter ourselves, it should be comparatively easy to form a committee, in Your Lordship's Diocese, which would help to promote the object we have in view; and should our humble services be of some use, they will be given most cheerfully.

We also beg leave to inclose a few papers which further explain our project, and we also beg to add, that we have good reason to believe, that no legal objection can be or will be taken to our proceedings.

We have the honor to subscribe surselves

Your Lordship's most obedient, humble rervants,

(Signed,   J. Royal,

S. Rivard,

Secretaries to the Montreal Committee

to assist the Canadian Papal Zouaves.

Vers le même temps la circulaire suivante fut adressée aux Evêques des Etats-Unis, pour répondre à la multitude des questions que recevait le Comité.

Montreal, décember 1867.

Right Reverend Sir,

As we have already received, from different parts of the States, several offers of service for the Corps which the Catholics of Canada will send, about the end of January next, to assist in the Defense of the Holy See, we beg leave to inclose, for Your Lordship's information and that of the Catholics of the States, different papers which fully explain our project.

It will be easily seen that our object is to give facilities to young men desirous of joining the noble defenders of Our Common Father, but that we by no means insist on their being recognized as a distinct Corps in the Papal Troops, although should our organisation be sufficiently numerous, we would consider it a particular favor if His Holiness would allow it to serve as such. But in all cases it is intented to put these men under the command of the officers whom His Holiness will recommend as most useful. Your Lordship will also remark one of the essential conditions of service is the performance of all religious duties and also *entire obedience* to superior authority.

We moreover expect to arm, equip and support these men, during the whole of their service, with funds raised here for that purpose.

We are convinced that our means will not allow us to send more than about one third of those who will press for the acceptance of their services; so that the answer to all american applicants, is that, unless they are supplied with the necessary means (about $400 in gold) and *with the very best recommendations*, they cannot be admitted.

We of course would feel very happy to give to all those so provided, all the advantages of our organization and they would be sure of a welcome amongst our friends.

We have the honor to be,

Your Lordship's most obedient humble servants,

JOSEPH ROYAL.

SEVERE RIVARD.

We inclose 1o a copy of a letter addressed to the Bishops of Canada ;
2o   "   "   "   to the *Curés* of the Diocese of Montreal;
3o a copy of a Pastoral Letter of the Bishop of Montreal, specially recommending our project to the faithful;
4o a copy of a circular letter of the same, giving advice as to the *mode* of obtaining necessary means ;
5o a copy of *The Gazette*, a protestant paper, in which favorable notice is taken of our proposed organization.

VI.

DÉPART DE MM. PRENDERGAST, DÉSILETS ET HAINAULT.

MM. Alfred Prendergast, avocat, Gédéon Désilets, étudiant en notariat et H. Gaspard Hainault, étudiant en médecine, enflammés du désir de s'enrôler dans l'armée pontificale, ne voulurent pas attendre l'envoi du détachement que préparait le Comité, dans la crainte, disaient-ils, d'arriver trop pour prendre part aux luttes qui semblaient alors se préparer. C'était au milieu de décembre. Tous trois possédaient peu de moyens pécuniaires ; mais en quelques jours, ils recueillirent chez leurs amis et chez des personnes qui voulurent bien favoriser leur excellent dessein, la somme d'argent nécessaire à leur frais de voyage. Pour y parvenir, ils vendirent même leurs livres, des hardes et d'autres objets, tant était vif leur désir de partir. Jeudi, le 12 décembre, M. l'abbé Chandonnet, principal de l'Ecole Normal-Laval, présenta M. Prendergast à Sa Grâce Mgr. l'Archevêque de Québec. Sa Grâce accueillit ce jeune brave avec amour et le félicita de sa généreuse détermination.

« Allez, mon enfant, dit-elle avec cet accent de dignité paternelle qui la distingue ; je vous bénis, que ma bénédiction vous accompagne jusqu'aux pieds du Saint-Père. Là, vous recevrez la sienne. »

Avant de laisser le Canada, M. Prendergast et l'un de ses compagnons, M. Désilets, allèrent ensemble faire leurs adieux au collége de Nicolet, dans lequel ils avaient reçu leur instruction classique. Ils y furent l'objet d'une touchante démonstration, et le 19 décembre 1867, ces deux jeunes gens et leur compagnon, M. Hainault, laissèrent Montréal pour se rendre à Portland où ils prirent le vaisseau qui devait les transporter en Europe. Après un heureux et prompt voyage, ils arrivèrent à Rome, où ils furent parfaitement accueillis par leur compatriotes, le sergent Murray, M. le chanoine Hicks et Mgr. Desautels. Le Saint-Père, lui-même, daigna leur accorder une audience, et voici en quels termes l'un d'eux, M. Désilets, raconte cet événement dans une lettre adressée à son frère, et qui a été publiée dans le *Journal des Trois-Rivières* (1) :

« Monseigneur de Montréal, dit-il, nous avait donné une lettre de recommandation pour le Cardinal Barnabo, que nous allâmes, mes deux amis et moi, lui présenter vendredi dernier. Nous fûmes reçus à bras ouverts par le Cardinal. Il nous assura que nous verrions le St. Père le plutôt possible. Dimanche après vêpres nous trouvions notre lettre d'admission à la caserne ; je te laisse à penser quelle joie elle nous causa. Nous devions voir le St. Père le lendemain. Lundi à 11½ h. du matin, nous montions les degrés du Vatican d'un pied joliment leste, je t'assure. Cent livres ne nous auraient pas pesé sur les épaules. Après une heure d'attente passée avec Monseigneur Pacca qui nous demanda mille choses de notre pays, nous nous jettions aux pieds du St. Père...... Il nous fit relever et placer tous les trois en face de son bureau.

« Après nous avoir regardé quelques instants, il nous demanda depuis quand nous étions partis, si nous étions l'avant-garde des Canadiens....Il nous dit qu'il avait été lui-même en Amérique, mais qu'alors il fallait trois grands mois pour s'y rendre. Ensuite il étendit la main et prit trois petites boîtes qu'il nous donna, en disant qu'il nous faisait à chacun un petit cadeau, et il souriait. Il en ouvrit une lui-même pour nous en montrer le contenu. C'était trois médaillons faits d'une espèce de coquille,

(1) 25 février 1868.

enchassée en or, et sur lequel est sculptée une figure de la Ste. Vierge. Nous étions *hors de nous-mêmes.* Il bénit ensuite nos familles et les petits objets que nous lui présentions. « Tout est béni, dit-il, je bénis tout, vous, vos familles et vos objets.» Notre audience étant terminée, il fallait nous retirer. Alors pour te dire toute la vérité, je me précipitai à ses pieds au risque d'emporter son pupitre que je heurtai un peu du coude. Il me donna sa main droite à baiser et m'enveloppa avec force les épaules, de son bras gauche. Il en fit autant à mes deux amis. Nous sortimes fous de joie, pleurant, riant, etc. T'exprimer les émotions que j'ai éprouvées est tout-à-fait impossible. Tout ce que je puis te dire, c'est qu'après l'avoir vu, on peut se faire tuer cinq cent fois pour lui. Tous les portraits que tu vois ne donnent pas l'ombre de l'expression de sa figure : il faut le voir. Il y a quelque chose d'une mélancolie douce et calme dans son regard qui fait pleurer malgré soi.

« Je m'arrête, car je ne finirais plus sur ce sujet si je m'écoutais. »

VII.

PREMIÈRE CIRCULAIRE DU COMITÉ.

A la séance du 10 janvier 1868, il fut résolu d'accepter la proposition de M. A. J. Boucher, de donner une grande démonstration à l'église de Notre-Dame, peu de temps avant le départ des zouaves pontificaux ; et MM. E. Lef. de Bellefeuille, A. J. Boucher, F. X. A. Trudel furent chargés d'organiser cette fête, dont nous donnerons plus loin le programme et les détails. Le 12 janvier, l'on adopta un exposé officiel des opérations du Comité, destiné à être livré à la presse pour faire connaître au public la nature de l'action du Comité. Voici le texte de ce document :

LE COMITÉ CANADIEN DES ZOUAVES PONTIFICAUX.

Exposé officiel.

Le Comité Canadien des Zouaves Pontificaux croit devoir résumer tous les renseignements et communiqués qu'il a donnés jusqu'ici aux autorités ecclésiastiques et à la presse sur ses actes, et publie aujourd'hui un exposé de son but et des conditions auxquelles devront se soumettre tous ceux dont les offres de départ et de service seront acceptées.

Ces conditions, le Comité n'hésite pas, pour les formuler, à faire usage de tous les renseignements qu'il a pu se procurer d'Europe, et prend même à tâche de les présenter sous leur jour le plus défavorable afin de bien fixer sa responsabilité et n'exposer personne à de cruels désappointements.

1o Le Comité n'enrôle, ni ne recrute personne pour le compte d'une puissance en guerre avec un pouvoir ami de la Grande Bretagne ; son but est de régulariser et consolider le mouvement qui se fait parmi les catholiques du Canada en faveur de la cause du Souverain-Pontife. Il n'accepte, de ceux qui se présentent pour offrir leurs services, que les personnes les mieux recommandées au double point de vue de la moralité et de la vigueur physique. Il se charge de défrayer leur voyage jusqu'à Rome, et prendra les moyens d'assurer leur retour, à tous ceux qui auront rempli leurs devoirs durant la période de leur service.

2o Le Comité ne fait et ne peut faire de promesses à qui que ce soit; par conséquent, il ne saurait assurer aux engagés si, à Rome, ils formeront un corps distinct commandé par leurs propres officiers, ni s'ils pourront revenir avant l'expiration de leur engagement pour quelque cause que ce soit. Le Canada fait un don au Saint-Père, il ne saurait y mettre de conditions.

3o Cependant, afin de sauvegarder les intérêts de ceux qui partent, le Comité s'engage à faire tout en son pouvoir pour obtenir ces deux choses du Ministre des armes de Sa Sainteté, à savoir que les Canadiens soient tous réunis dans un même corps, et que ceux qui parmi eux auraient des chances d'avancement dans l'organisation militaire du Canada puissent revenir quand il le faudra. Le Comité attend d'ailleurs de Rome de nouveaux détails à ce sujet et les publiera au plus tôt.

4o Le Comité, d'après les renseignements qui lui sont parvenus, croit que l'engagement dans l'armée pontificale est de deux ans; il pourrait être d'une moindre durée ; cependant, les candidats devront être prêts à faire ce sacrifice de deux ans, afin de n'être pas désappointés.

5o Le Comité n'accepte les noms que de ceux qui sont franchement et parfaitement décidés à servir comme simples soldats, et à obéir *aveuglément* à leurs chefs. L'affaire est et doit demeurer de dévouement tout pur. Cette condition est essentielle et doit être bien mûrie par les candidats avant de se présenter.

6o Le corps sera composé de catholiques ; et le Comité en le composant ne fait pas de distinctions nationales entre ceux qui se présentent. Il accepte les hommes appartenant aux diocèses, autres que celui de Montréal, surtout, si, aux certificats exigés, ils joignent de quoi subvenir aux premiers frais du voyage.

7o Les demandes d'admission pour les personnes demeurant à Montréal doivent être faites en personne au bureau du Comité établi au No. 38 de la rue St. Vincent.

La demande doit se faire le plus tôt possible, avant le 1er février, et être accompagnée de certificats de moralité et de vigueur physique. Ces deux certificats doivent être datés et signés, l'un par le curé ou le confesseur, et l'autre par un médecin connu. Le Comité se réserve en outre de faire, quand il en sera temps, une dernière inspection médicale des hommes.

8o. Les demandes d'admission pour les personnes domiciliées ailleurs qu'à Montréal, doivent être faites sous le plus bref délai avant le 1er février, par l'entremise du curé, et adressées à Montréal aux Secrétaires du Comité.

9o. Chaque candidat, dont le nom sera accepté, recevra une lettre qui l'en informera ; il devra aussitôt que possible se présenter au bureau du Comité pour rendre sa démarche finale et complète.

10o. Les candidats qui auront ainsi rendu leur démarche finale et complète, devront se tenir aux ordres du Comité qui en disposera, jusqu'à leur départ, pour la plus grande efficacité de la cause qu'ils vont servir.

11o. Le départ s'effectuera en corps discipliné, sous les ordres d'un aumônier et de chefs choisis par le Comité et dignes de la confiance et du respect de tous.

Le Comité, soucieux de sa responsabilité, prend en ce moment tous les moyens suggérés par la prudence pour rendre le trajet jusqu'à Rome aussi sûr, aussi bien organisé, aussi exempt de dangers et de difficultés que possible.

12o. Le nombre d'hommes qui partiront n'est pas fixé ; le comité a reçu plus de 350 demandes positives, et peut compter sur un chiffre plus que double de celui-là, si la souscription des fonds nécessaires le lui permet.

De fait, l'importance du corps dépend entièrement de la question d'argent. C'est pourquoi, le Comité rappelle respectueusement la cause à tous les catholiques du Canada et sollicite leur coopération la plus active.

Les souscriptions de fonds doivent se faire au plus tôt entre les mains du Trésorier du comité, M. Alfred LaRocque, à Montréal.

Le Comité ne saurait terminer cet exposé sans rappeler aux catholiques combien, dans les circonstances actuelles, il importe que tous les pays du monde soient représentés dans la phalange de soldats chrétiens autour du chef de l'Eglise. L'effet moral qui en résultera et qui en est même déjà résulté, devra produire un bien incalculable. C'est un exemple salutaire d'unité dans la foi donné à l'univers entier ; c'est l'éclatante démonstration que les liens entre chaque fidèle et le Vicaire de Jésus-Christ sont réels, indissolubles et plus forts même que la vie. Les simples dons d'argent n'ont pas, ne peuvent pas avoir une telle signification. Il en coûte sans doute de sacrifier son superflu ; mais quand on voit les populations ne pas se contenter de ce sacrifice, se lever partout au cri de détresse poussé par le chef auguste de l'Eglise, et envoyer à son secours l'élite de leurs fils, la fleur de leur jeunesse, ce spectacle prouve plus que tous les arguments possibles la divinité de la croyance qui suscite de l'Orient à l'Occident, du Midi au Septentrional, des dévouements aussi unanimes et aussi absolus.

D'un autre côté, quand un peuple sait que son honheur et sa foi sont engagés dans une grande cause, qu'il verse son sang pour la faire triompher, aucun sacrifice ne lui coûte plus, et son attachement à cette cause n'en est que plus solide et plus inébranlable. Encore une fois, les simples dons d'argent envoyés directement à Rome ne sauraient avoir ni cette portée, ni cet enseignement catholique et si salutaire dans les temps où nous vivons.

(Signé,) O. BERTHELET,
Président du Comité des Zouaves Pontificaux.

JOSEPH ROYAL,
SÉVÈRE RIVARD,

Secrétaires du Comité.

Montréal, ce 14 janvier 1868.

A partir du 12 janvier 1868, le Comité ouvrit un bureau au No. 38, rue St. Vincent, pour la réception et l'examen des candidats et l'expédition des affaires et des détails de l'organisation en général. Ce bureau était sous la surveillance et le contrôle des Secrétaires et de l'un des membres du Comité ; de plus, deux zouaves, MM. Adolphe Forget et Toussaint Labelle, avec un dévouement bien digne d'éloges, n'ont cessé, depuis le 12 janvier jusqu'au départ du premier détachement, dont ils formaient partie, de se tenir au bureau à la disposition du Comité. Ce bureau, à partir du 15 février, date du rendez-vous des zouaves à Montréal, fut transporté dans les salles de l'Institut-Canadien-Français, où le Comité se tint en permanence jusqu'au départ du premier détachement.

VIII.

TRAVAUX DU COMITÉ.

Le Comité avait envoyé un de ses membres à New-York, pour s'enquérir des conditions les plus avantageuses dans lesquelles pourrait se faire la traversée des zouaves canadiens. Plusieurs offres furent faites ; le Comité se décida à accepter celle de la Compagnie Générale Transatlantique, qui parut présenter, avec une économie égale, les plus grandes garanties de comfort, de sûreté et de protection. Les agents de cette ligne s'engagèrent à réduire, pour un nombre d'hommes qui ne devait pas être moindre de 50, ni plus de 150, les prix de leur seconde classe, qui sont ordinairement de $88, à $40, et même de conduire les Canadiens pour cette somme jusqu'à Paris. Le baron Gauldrée-Boilleau, de New-York, contribua beaucoup sans doute à obtenir des conditions aussi favorables ; du reste, cet honorable monsieur s'est montré d'une bienveillance extrême chaque fois que le Comité eut besoin de recourir à son expérience ou à son autorité. C'est pour nous un devoir bien doux que de lui offrir ici l'expression sincère de notre reconnaissance.

M. l'abbé Rousselot, curé de Notre-Dame de Montréal, avait généreusement offert de donner lui-même un drapeau au premier détachement des zouaves pontificaux du Canada, laissant, du reste, avec une abnégation parfaite, au Comité, le droit de régler tous les détails de ce drapeau. Le Comité chargea M. Napoléon Bourassa de préparer un dessin approprié. Cet artiste donna celui que l'on a pu admirer sur le drapeau béni par Mgr. de Montréal le 18 février dernier, et qui se trouve reproduit en tête de cette brochure.

L'idée de ce dessin est empruntée à un jeune zouave qui, blessé à mort dans un des derniers combats contre les garibaldiens, trempa son doigt dans le sang qui coulait à gros bouillons de sa blessure, et écrivit sur un mur ces paroles si catholiques, et dont sa mort était une frappante réalisation : « *Aime Dieu et va ton chemin.* » M. Bourassa a été heureusement inspiré en s'emparant de cette pensée, qui exprime si bien le dévouement dont sont remplis ceux à qui ce drapeau a été donné. Cette devise est écrite en lettres rouges sur le fond de l'écu qui est au champ d'azur, traversé d'un chevron d'argent sur lequel on voit deux feuilles d'érable, et au milieu un castor, emblèmes canadiens. Supportée par l'écu est une croix d'argent entourée de feuilles de lauriers ; c'est la croix dans la gloire. Derrière l'écu se croisent deux haches d'armes, dont les bouts dépassent de chaque côté. Tel est l'écusson des zouaves pontificaux du Canada, qui est placé sur une soie blanche très-forte, entourée d'une frange en or. De l'autre côté, se trouvent les armes du Souverain Pontife, la tiare et les clefs, le tout brodé en or et d'une grande richesse. Ce drapeau est de la grandeur des drapeaux militaires ordinaires, de trois pieds neuf pouces par trois pieds. Il a été brodé par les Dames de l'Hôpital-Général de Montréal, et particulièrement par la Révérende Sœur Mayler ; il n'est que juste de rendre ici hommage au talent artistique déployé par ces excellentes religieuses.

IX.

ORGANISATION DU PREMIER DÉTACHEMENT.

A partir de la publication du premier avis officiel du Comité, savoir, du 14 janvier, le Comité put commencer à travailler avec l'espérance d'obtenir un résultat favorable. Chaque soir, il y avait réunion à la résidence de M. Alfred LaRocque, trésorier du Comité, pour vaquer à l'expédition et au réglement de tous les détails que présentait l'organisation d'une œuvre aussi considérable en elle-même, et d'une nature entièrement nouvelle pour tous. Depuis le 10 janvier 1868, il y eut plus de trente-cinq séances ordinaires du Comité, pour préparer le premier détachement des zouaves pontificaux. C'est dans ces assemblées que se faisait le dépouillement de la correspondance ; que l'on arrêtait les réponses à faire à la multitude de questions posées au Comité, tant verbalement que par écrit ; que l'on réglait tous les détails du mouvement, voyage, transport des hommes, costumes, nourriture, questions financières, et particulièrement l'organisation des fêtes qui devaient avoir lieu lors du départ du premier détachement. Enfin, c'est dans ces assemblées qu'avait lieu le choix des hommes.

Peu de temps après la publication de sa première circulaire, le Comité eut bientôt sur ses listes les noms de plus de cinq cents jeunes gens désirant tous ardemment s'enrôler dans les troupes pontificales. Sur ces cinq cents noms, plusieurs n'étaient pas acceptables pour diverses considérations ; il fallait donc faire une première élimination. Parmi ceux qui restaient, tous ne pouvaient pas être acceptés ; d'abord, parce que les moyens dont disposait le Comité ne le permettaient pas, et ensuite, raison péremptoire, parce que M. McKenzie, l'agent de la ligne française à New-York, avait déclaré ne pas pouvoir prendre plus de 150 hommes à la fois, et avait même désiré en prendre un peu moins. Un choix, et un choix important, devait donc être fait, et c'était ici la partie la plus difficile et la plus délicate des attributions du Comité. Trois considérations devaient guider ce dernier dans ses opérations :

1o. La qualification morale du candidat ;
2o. Sa qualification physique ;
3o. Sa qualification financière.

Le *New-York Herald*, parlant des zouaves canadiens, lors de leur passage dans la grande cité, a fait la remarque suivante au sujet de leur organisation : « Les règlements qui gouvernent les membres de ce corps sont en quelque sorte particuliers et nouveaux. Partout, dans le choix des soldats, on ne regarde guère au caractère moral des recrues. La dissolution et le vice dans ses formes les plus hideuses et les plus révoltantes peuvent obtenir admission dans n'importe quelle organisation militaire, pourvu que la santé physique et le développement musculaire des recrues soient passables. Mais pour se procurer une place dans les rangs des zouaves du Pape, la règle a été changée, et personne, à moins qu'il ne produise une excellente recommandation quant au caractère et à la réputation, par le curé de la paroisse où il réside, ne peut être reçu dans ce corps. »

Cette remarque du grand journal de New-York est très-vraie.

En procédant au choix des hommes, en effet, le Comité examinait tout d'abord le certificat donné au candidat par son curé ou son confesseur. Pour qu'un jeune homme fut accepté, il fallait invariablement que ce certificat fut des plus favorables ; car on voulait former un corps d'élite, non-seulement sous le rapport des forces physiques, mais aussi et primordialement quant aux mœurs et à la moralité de ses membres. Le Comité, satisfait sur ce point, passait à l'examen du certificat du médecin produit par le candidat, et constatait ainsi si l'homme était propre au service militaire. Sur toutes ces diverses questions, le Comité délibérait consciencieusement, ayant toujours présent à l'esprit cette grande pensée, qu'il choisissait les hommes qui allaient être chargés de défendre la plus noble et la plus sainte des causes, la cause de la Papauté, la cause de l'Eglise catholique. Quel honneur pour ces hommes et quelles qualités ne leur fallait-il pas pour être dignes de faire partie de cette phalange d'élite ! Cette pensée soutenait le Comité dans la tâche difficile qu'il s'était imposée ; bien plus, elle jetait une vive lumière sur la nature et l'importance de ses devoirs.

Le Comité satisfait sur les qualifications morales et physiques du candidat, n'avait pas encore fini l'exercice de sa discrétion et de sa prudence ; une dernière considération restait à examiner, la plus délicate, peut-être, celle sur laquelle il était le plus difficile de satisfaire tout le monde. Il fallait que le nombre des hommes acceptés fut en proportion avec le chiffre des argents reçus, en prenant pour base la somme de $100 par homme ; bien plus, la paroisse, qui envoyait une souscription et offrait plusieurs hommes, semblait avoir le droit de demander que l'un d'eux fut accepté. Souvent même, en envoyant sa somme d'argent, le curé exprimait le désir que cette somme fut affectée aux dépenses d'un jeune homme en particulier, qu'il indiquait comme le candidat de la paroisse. D'un autre côté, parmi les candidats, plusieurs offraient le chiffre fixé par le Comité pour les dépenses du voyage, savoir $100, et un grand nombre en offraient une partie. Enfin, il fallait garder une proportion exacte entre les souscriptions envoyées par chaque diocèse, et les hommes de chaque diocèse acceptés par le Comité. C'est au milieu de toutes ces difficultés, et entre le conflit de toutes ces exigences, justes en elles-mêmes, que le Comité dut procéder au choix de ceux qui devaient avoir l'honneur de former partie du premier détachement. Dès le 28 janvier, vingt hommes furent acceptés, et à chaque séance subséquente le Comité continua à en accepter d'autres, jusqu'à ce qu'il fut arrivé au chiffre de 145, auquel il crut devoir arrêter, afin de se conformer aux désirs des agents de la Compagnie Générale Transatlantique. Sur ce nombre, comme on le verra par la liste corrigée qui se trouve plus loin, quelques-uns ont fait défaut, sans avertir le Comité de leur changement de décision. Plusieurs ont été remplacés par des hommes recommandés qui ont été acceptés à la dernière heure, lorsqu'on a vu que les autres n'arrivaient pas ; cependant, dix n'ont pas été remplacés, et le premier détachement ne s'est composé que de 135 hommes, outre les aumôniers.

X.

NOUVELLES DE ROME.   ON DEMANDE DES HOMMES.

Dès l'origine de l'organisation du Comité, Mgr. de Montréal avait écrit à Rome, à Mgr. Desautels, qui s'y trouvait momentanément, pour l'informer du mouvement qui s'opérait en Canada. Il le chargeait en même temps de constater auprès des autorités romaines si on recevrait volontiers un contingent d'hommes envoyés de cette distance, ou si l'on préfèrerait plutôt les sommes d'argent que coûterait leur expédition. Le Comité prévoyait bien le réponse que recevrait Sa Grandeur ; car il avait appris que l'enrôlement pour l'armée du Saint Père avait été prohibé en Autriche, et il avait remarqué ces paroles du Souverain Pontife adressées à l'Evêque de Nîmes : « Ce sont surtout des hommes qu'il me faut. » Toutefois la démarche de Sa Grandeur constituait un sur croît de prudence, qu'il était bon de ne pas négliger dans une entreprise aussi délicate, alors qu'il s'agissait d'expédier plusieurs centaines de jeunes gens à dix-huit cents lieues de leur pays, avec l'intention d'entrer immédiatement dans les rangs de l'armée pontificale. Quelle déception pour ces hommes et quelle douleur pour le Canada tout entier, si, arrivés à Rome, les autorités leur eussent annoncé qu'elles ne pouvaient les recevoir ! Ce

seul motif était suffisant pour rendre extrêmement oppor-
tune la démarche de Mgr. de Montréal ; mais d'autres
considérations la rendaient presque nécessaire pour coor
donner, dans ce pays, toutes les bonnes intentions qui y
existaient, et leur imprimer une direction uniforme, seule
capable de donner au mouvement cet ensemble, cette
ampleur qui ont si bien couronné les efforts du Comité.
Quelques personnes, en effet, en Canada, et des mieux
inspirées, croyaient sincèrement être plus utiles au Saint-
Siège, mieux remplir ses secrets désirs, en envoyant à
Rome les sommes considérables que coûteraient l'équipement et le voyage des Canadiens qu'en expédiant ces
hommes eux-mêmes. Une dépêche télégraphique de
Mgr. Desautels vint, le 24 janvier, trancher la question en
faveur de l'action du Comité, et en même temps mettre
fin à toutes ces pénibles incertitudes.

Cette dépêche modifiait aussi légèrement le projet du
Comité quant au terme d'engagement qu'on avait fixé
à un an, suivant les anciens règlements connus de l'armée
pontificale. Mgr. Desautels annonçait que les hommes
devraient s'enrôler pour deux ans. Appuyé sur cette
autorité, le Comité se sentit plus fort et put travailler avec
une plus grande assurance. Désormais, rien d'essentiel ne
retardait l'organisation définitive, et, heureux de répondre
enfin d'une manière complète et pleinement satisfaisante
aux aspirations impatientes qui dévoraient notre jeunesse,
le Comité publia dans tous les journaux, le 29 janvier,
l'avis officiel qui suit :

LE COMITÉ CANADIEN DES ZOUAVES PONTIFICAUX

Avis Officiel.

Le Comité Canadien des Zouaves Pontificaux ayant décidé d'effectuer
mercredi, le 19 février prochain, le départ du premier détachement des
volontaires pontificaux, publie l'avis suivant que tous les journaux
favorables à la cause sont priés d'insérer dans leur plus prochain
numéro :

1o En outre du choix fait par le Comité d'un certain nombre d'hommes qu'il expédie à ses frais dans le premier détachement, tout
catholique parfaitement recommandé et propre au service qui, avec
ses certificats, se présentera avant le 15 (samedi matin) au bureau No.
38, Rue St. Vincent, à Montréal, et remettra la somme de $100 entre
les mains du trésorier, fera partie de ce premier détachement.

2o. Cette somme de $100 est destinée à couvrir les frais de voyage
de Montréal jusqu'à Rome, ainsi que certaines autres dépenses nécessaires.

Le voyage s'effectuera dans les meilleures conditions possibles de sûreté et de nécessaire. La traversée de New-York au Hâvre aura lieu par les steamers de la ligne française de New-York, deuxièmes cabines.

3o. Le rendez-vous est fixé à Montréal pour le 18 février prochain au matin, au No. 38 de la rue St. Vincent. Les candidats viendront prendre là les ordres du Comité.

4o. Les candidats qui ont déjà transmis leurs noms, certificats et offres de cent piastres, recevront incessamment la réponse du Comité.

5o. Les autres candidats expédiés entièrement ou en partie aux frais du Comité recevront également ces jours-ci avis de la décision du Comité à leur égard.

6o. Le Comité avertit les personnes qui ont donné leurs noms sans fournir les certificats et autres renseignements, de le faire sous le plus bref délai.

7o. Toute paroisse désirant être représentée dans le corps des volontaires pontificaux, devra compléter, autant que possible, la somme de $100 et indiquer son candidat au Comité.

8o. Les zouaves des diocèses autres que celui de Montréal devront payer chacun, au plus tôt, avant le 15 février prochain, la somme de $100 entre les mains du trésorier du Comité.

9o. Tout catholique averti officiellement de son acceptation par le Comité, devra se pourvoir de son extrait de baptême.

10o. Mgr. de Montréal a reçu le 24 après-midi, le télégramme suivant daté de Rome, le même jour, en réponse aux demandes que Sa Grandeur avait faites au sujet du besoin de soldats et de la durée de service dans les armées pontificales :

(Par le Câble Transatlantique)

Rome, 24 janvier 1867.

A Mgr. DE MONTRÉAL,

Envoyez vos hommes pour deux ans de service.

(Signé,)   DESAUTELS, Ptre.

11o. Le Comité insiste respectueusement sur l'urgence qu'il y a pour les diocèses, les paroisses et les particuliers de transmettre au plus tôt le montant de leurs souscriptions au trésorier du Comité, M. Alfred LaRocque.

O. BERTHELET,
Président.

JOSEPH ROYAL,

SÉVÈRE RIVARD,

      Secrétaires du Comité Canadien des Zouaves Pontificaux.

Montréal, 28 janvier 1868.

Voilà où en était rendu le Comité dans ses opérations, à la date du 28 janvier. La base de ses travaux étant maintenant bien fermement assise, tous les détails importants, étant réglés, il pouvait commencer à notifier aux hommes leur acceptation pour le premier détachement. C'est ce que les Secrétaires firent immédiatemet, en adressant personnellement à chacun des candidats heureux la circulaire suivante :

COMITÉ EXÉCUTIF DES ZOUAVES PONTIFICAUX.

Montréal, ce   février 1868,
Rue St. Vincent, No. 38.

Monsieur,

Nous vous annonçons que le Comité des Zouaves Pontificaux agrée la demande que vous lui avez faite de vous incorporer dans le détachement de Zouaves Pontificaux qu'il se prépare à envoyer à N. S. P. le Pape Pie IX.

Cependant, comme le Comité a recueilli moins de fonds qu'il s'attendait, il est extrêmement important que vous réalisiez la plus forte somme possible pour l'aider à défrayer votre équipement et votre voyage depuis Montréal jusqu'à Rome. (1)

Tâchez de recueillir cette somme par tous les bons moyens que vous pourrez, et hâtez-vous d'informer le Comité du montant que vous remettrez au trésorier en arrivant ici.

Le rendez-vous est fixé à Montréal, au No. 38 de la rue St. Vincent, pour le 18 février courant ; mais soyez prêt à venir dès le 15, au cas où vous seriez mandé.

Le départ s'effectuera le 19 courant.

N'apportez en fait de surtouts, gilets, pantalons, casque et bottines que l'indispensable et strict nécessaire. Mais il est important que vous ayiez au moins plusieurs chemises, plusieurs caleçons, plusieurs paires de bas, plusieurs mouchoirs, plusieurs faux-cols, outre quelques serviettes, un morceau de savon, une brosse à hardes, brosse à chaussures et une boîte de noir, une brosse à cheveux et un peigne.

Le Comité donne un costume complet à chaque homme.

Tout Zouave mineur devra obtenir, à l'égard de sa démarche, l'approbation écrite de ses parents ou de son tuteur.

Afin de ne pas encombrer la marche, ni exposer le détachement à des retards, chaque zouave devra porter avec lui tout son bagage. C'est pourquoi, il ne sera permis à personne d'emporter plus qu'un porte-manteau ou un sac de voyage.

Tout zouave qui ne l'a pas déjà fait devra se munir de son extrait de baptême.

On permet à ceux qui jouent de quelque instrument de musique, soit violon, flûte, fifre, clarinette, etc., de l'emporter avec soi.

---

(1) Cette lettre contenait à cet endroit une légère variante, suivant que ceux à qui elle était adressée s'étaient obligés de fournir $100, pour leurs frais de voyage, ou une somme moindre. A l'égard des premiers la recommandation générale était remplacée par celle-ci : "La somme de $100 que vous vous êtes engagé à fournir devra être remise au Comité sous le plus bref délai possible." A l'égard des seconds, par cette autre phrase : "Vous devez faire tout en votre pouvoir pour porter jusqu'au chiffre de $100 la somme de que vous avez promise au Comité." La circulaire publiée ci-dessus est celle que le Comité adressait aux hommes acceptés sans condition d'argent.

Le Comité espère, Monsieur, que vous vous conformerez strictement aux instructions ci-dessus qui lui ont été dictées par la sagesse et la prudence, et que vous conserverez toujours l'idée de votre dévouement et de l'obéissance aveugle avec laquelle vous le faites.

Agréez, Monsieur, l'expression de notre considération, et veuillez bien nous croire

Vos très-humbles et obéissants serviteurs,

Les Secrétaires du Comité Canadien des Zouaves Pontificaux,

JOSEPH ROYAL,
SÉVÈRE RIVARD.

A. M.

(Canada) Province de Québec,
Amérique du Nord.

XI.

CONTINUATION DE L'ORGANISATION.

A la séance du 1 février, il fut décidé de donner à nos zouaves pontificaux, un costume provisoire pour le voyage. Il y a, dans un habillement uniforme, quelque chose qui inspire aux hommes l'idée de la discipline et leur imprime l'esprit de corps. Le costume qui a été donné consiste en une tunique ample de drap gris, se boutonnant au pantalon un peu large et de même couleur; des parements bleu foncé, au collet et aux manches, tranchaient bien sur la couleur de l'uniforme. Des guêtres blanches et un petit turban en feutre, de même nuance, complétaient le costume et donnaient un air tout à fait dégagé aux hommes. Une couverte bleu roulée, attachée au dos par des courroies de cuir jaune, qui servaient en même temps de bretelles pour soutenir les pantalons; un sac à provision en toile blanche, complétaient l'uniforme, qui a coûté au Comité, en tout, $8 par homme. Le drap qui a servi à confectionner les tuniques et les pantalons est un drap léger, quoique fort, de facture canadienne.

Il est juste d'ajouter que ces habillements n'ont pu être fournis à aussi bas prix, que parce que le Comité n'a pas eu à en payer la couture. Le fournisseur dont la soumission avait été acceptée, M. Patton, ne faisait que tailler les uniformes et donner les fournitures nécessaires pour les compléter ; les différentes communautés de femmes de Montréal, à la demande de l'évêque, avaient bien voulu se charger de les coudre. Dès le 8 décembre, Sa Grandeur, qui prévoyait que ces religieuses seraient heureuses de contribuer de cette manière à l'œuvre des zouaves pontificaux, leur avait adressé les belles paroles suivantes.

Après avoir parlé de tous les sacrifices que suscite dans le monde la cause pontificale, Sa Grandeur ajoutait :

« Il va sans dire que vous voudrez ajouter votre obole à toutes les oblations du monde entier, et faire couler vos petits ruisseaux de charité dans ce vaste océan de contributions volontaires, qui alimentent le trésor pontifical. Si vos ressources pécuniaires ne vous permettent pas d'offrir tout ce que vos cœurs voudraient déposer aux pieds de votre vénérable Père, peut-être que vos mains et celles de vos élèves, orphelins et infirmes, y pourront suppléer, en travaillant à faire quelques habits aux zouaves canadiens, qui se préparent à partir, pour aller représenter leur pays dans l'armée pontificale. Vous serez sans doute heureuses plus tard d'avoir ainsi contribué à équiper ces généreux soldats du Pape, si l'on avait à vous apprendre un jour qu'ils ont honoré et respecté, par la pureté de leurs mœurs, des habits et des linges qui leur auraient été préparés par des mains vierges, par leurs sœurs en Jésus Christ, par des concitoyennes qui, en religion, sont des héroïnes, comme ils pourront être des héros dans l'armée du Seigneur. Vous seriez de même heureuses d'apprendre que, sous ces habits, ils ont vaillamment combattu pour le triomphe de la Foi, pour l'honneur de la Religion, pour la gloire du St. Siége ; et qu'ils les ont même teints et arrosés de leurs sueurs et de leur sang. Dans ce cas, vous aimeriez à imiter une glorieuse vierge, Ste. Praxède, qui est représentée dans son église à Rome, tordant de ses mains pures et innocentes les habits des martyrs qu'elle avait encouragés à la mort, pour en faire couler le sang dans un puits, qui se voit encore. »

XII

CONVOCATION DES ZOUAVES PONTIFICAUX.

Les lettres d'acceptation envoyées aux Zouaves, fixait le rendez-vous pour le 18 février, tout en les avertissant de se tenir prêts à venir le 15, s'ils en recevaient avis. La réunion devait avoir lieu le 15, dans le cas où il y aurait possibilité de leur faire suivre une retraite préparatoire à une communion générale. Ce projet put se réaliser, grâce aux RR. PP. Jésuites, qui mirent généreusement, pour cet effet, leur église et une de leurs plus grandes salles, à la disposition du Comité. En conséquence, l'avis suivant fut publié dans les journaux de Montréal, le 10 février :

AVIS SPÉCIAL.

Le Comité des Zouaves Pontificaux fait savoir que le rendez-vous des Zouaves qui doivent partir pour Rome le 19 courant, avec le premier détachement, se fera à Montréal, au bureau du Comité, No. 38, rue St. Vincent, samedi prochain, le 15.

Sa Grandeur Mgr. de Montréal a l'intention de leur faire suivre ensemble des exercices religieux pour les préparer au départ. Il y aura aussi sans doute d'autres exercices préparatoires qu'il importera pour les Zouaves de suivre.

O. Berthelet,
Président.

J. Royal,

S. Rivard,

    Secrétaires.

En conséquence, le 15 février, les Zouaves commencèrent à arriver de toutes les parties du pays ; chaque train des chemins de fer en amenait à la ville un grand nombre. En arrivant, ils allaient se présenter au bureau du Comité, qui avait été transporté, pour la réception des Zouaves, dans les salles de l'Institut-Canadien-Français. Quatre-vingt-huit se présentèrent, le 15 février, au Comité. Les uniformes leur furent distribués dans la soirée, et le lendemain, dimanche, ils assistèrent en corps à la grand'-messe dans l'église du Gesù, où ils firent, par leur bonne tenue et leur piété, l'édification de toute l'assistance. Deux d'entre eux, M. le capitaine Taillefer et M. Edmond Fréchette, firent la quête pendant la messe.

Le même dimanche, 16 février, on lut dans toutes les églises de la ville de Montréal et de la banlieue, l'annonce suivante :

Mardi prochain, à sept heures et demie du soir, il se fera à l'église de Notre-Dame un office tout spécial et très-solennel auquel vous êtes invité d'assister.

Il y aura un discours donné par un des évêques assistants, bénédiction d'un drapeau pour les Zouaves Canadiens et bénédiction solennelle du St. Sacrement, le tout entremêlé ou accompagné de chant ou de musique.

Il s'agit, dans cette religieuse cérémonie, de témoigner de notre profonde vénération, de notre vive sympathie et de notre piété filiale envers l'auguste personne de N. S. P. le Pape, que nous savons être navré de douleurs, au milieu des commotions qui agitent la malheureuse Italie, et apporter ainsi quelque consolation à son cœur affligé.

Comme de bons enfants, nous voulons montrer à ce bon Père que notre piété filiale ne se borne pas à des démonstrations en paroles, mais qu'elle en vient aux actions qui sont toujours la meilleure preuve de dévouement. Car l'objet de cette grande réunion est de faire des prières publiques et solennelles, pour attirer les bénédictions du ciel sur environ 150 jeunes gens qui partiront le lendemain (mercredi) pour aller s'enrôler à Rome comme soldats du Pape. C'est un secours dont il a un puissant besoin, et nous sommes heureux de pouvoir le lui procurer.

Au secours de la prière et des hommes, nous joindrons celui de l'argent, qui est un troisième moyen, pour nous, de montrer notre attachement à notre immortel Pontife et à la noble cause qu'il soutient avec une vigueur toute apostolique.

Pour atteindre plus facilement ce but, le Comité des Zouaves Canadiens, qui a bien voulu se charger de préparer cette grande expédition, et qui s'en est acquitté avec un zèle digne de tout éloge, doit inviter des personnes respectables à se tenir en dedans de l'église, auprès des portes, avant et pendant l'Office, afin de pouvoir recueillir plus facilement les offrandes de tous ceux et celles qui entreront ; car la foule ne leur permettrait pas d'aller, selon l'usage, de banc en banc ; et pour empêcher l'encombrement, chacun est prié de tenir à la main son offrande, en entrant dans l'église, pour la donner de suite sans qu'il soit nécessaire de s'arrêter.

Le produit de cette quête, aussi bien que le montant des souscriptions, doit être appliqué à l'œuvre des Zouaves, c'est-à-dire doit servir à aider le Souverain Pontife à augmenter son armée, pour mettre les Etats Pontificaux à l'abri des incursions des ennemis de la Religion, qui veulent s'en emparer à main armée. A la vue de cette nombreuse troupe de jeunes gens qui vont offrir à N. S. P. le Pape leurs services comme simples soldats, pour travailler, souffrir et peut-être mourir, en combattant sous son étendard, il n'est personne parmi nous qui puisse contenir ses profondes émotions. Aussi, chacun de nous se dira-t-il intérieurement : *Pourrais-je ménager mon argent pendant que tant de mes frères, de mes amis et de mes concitoyens sont décidés à ne ménager ni leurs forces, ni leur santé, ni leur vie même pour la défense de notre Père commun ?* Aussi, a-t-on droit d'espérer que cette quête sera très-abondante, malgré la misère des temps ; et que chacun donnera librement, plus qu'il n'eût donné s'il lui eût fallu payer pour être admis.

Comme cette démonstration n'est point un spectacle profane, mais une cérémonie toute religieuse, on se fera un devoir de conscience de s'y comporter, comme on doit toujours le faire dans la maison du Seigneur, et d'y observer l'ordre, la paix et un religieux silence, avant comme pendant tout l'Office, dans la pensée qu'il s'agit tout le temps de prier avec ferveur pour le succès d'un voyage qui doit nous intéresser au plus haut degré, et pour la conservation et le bonheur de tant de jeunes gens qui nous doivent être si chers.

Il y aura dans différentes parties de l'église des personnes respectables chargées de maintenir l'ordre, avec l'autorité nécessaire pour placer aussi convenablement que possible ceux qui n'auraient point de bancs dans l'église. Ceux qui en auront ne manqueront pas, sans doute, d'inviter les étrangers à venir s'asseoir avec eux, s'ils peuvent le faire commodément.

En vous faisant ces recommandations, nous ne faisons que prévenir vos désirs et rencontrer vos vues. Car il n'est personne qui ne désire sincèrement que cette démonstration religieuse soit vraiment splendide, et tout-à-fait digne du Souverain Pontife. qui nous représente Notre-Seigneur Jésus-Christ ; digne de la foi catholique, qui domine en cette ville, et enfin digne du beau et noble dévouement de nos jeunes guerriers, qui s'en vont nous représenter dans la capitale du monde chrétien.

Le lendemain, mercredi, à 2 heures de l'après-midi, c'est-à-dire une heure et demie avant leur départ, qui aura lieu à trois heures et demie, les Zouaves Canadiens se rendront à l'Eglise Cathédrale, pour faire avec les évêques, les prêtres et les fidèles qui s'y trouveront réunis, les prières de l'Eglise, pour obtenir la grâce de faire un bon et heureux voyage, y entendre les dernières recommandations qu'aura à leur faire Mgr. l'Evêque de Montréal et se consacrer tous ensemble au *Très-Saint et Immaculé Cœur de Marie*, secours des chrétiens dans le voyage de la vie. A trois heures, tous quitteront la Cathédrale au son de toutes les cloches de la ville, pour se rendre à la gare du chemin de fer. C'est là que se feront les derniers adieux.

Pendant cette journée, 16 février, le Comité s'occupa de procurer des logements aux Zouaves. Plusieurs institutions et plusieurs familles avaient offert d'en recevoir quelques-uns, et le Comité accepta avec bonheur leur bienveillante invitation. On a retrouvé dans cette occasion la généreuse hospitalité des familles canadiennes. Il nous est impossible de donner ici une liste exacte des maisons qui voulurent bien recevoir des Zouaves ; mais voici quelques noms qui se présentent à notre mémoire :

Dr. Schmidt, F. X. A. Trudel, Sévère Rivard, A. J. Boucher, Amable Prévost, R. Bellemare, J. Royal, Mme. veuve Montmarquet, Mme. Saucier (*Hôtel du Canada*), H. Hogan (*St. Lawrence Hall*), J. Beliveau (à prix réduit), Hiram Du clos (*Montreal House*), etc.

Nous avons dit que les compagnies de chemins de fer avaient bien voulu consentir à réduire leurs prix de passage en faveur des Zouaves ; en vertu d'arrangements spéciaux faits avec la Compagnie du Grand Tronc, tout Zouave, se rendant à Montréal le 15, avait droit, en présentant sa feuille d'acceptation, à un billet à moitié prix.

4

La même faveur avait aussi été accordée aux personnes allant à Montréal, soit pour accompagner des Zouaves, soit pour assister à la grande démonstration du 18.

A mesure que les Zouaves venaient s'inscrire au bureau, ils étaient dirigés chez M. Archambault, artiste photographe, qui prenait leurs portraits en costume. Ces portraits, pris d'abord un par un, ont été ensuite réunis sur un carton et copiés pour en faire un seul groupe, contenant tous les Zouaves. Malheureusement, quelques-uns d'entre eux, arrivés trop tard, n'ont pas pu poser devant l'artiste; aussi le groupe, tel que mis en vente, le 5 mars, ne contient, avec l'aumônier, que 109 portraits.

Nous avons déjà dit que tous les jeunes gens, désireux d'entrer dans les zouaves pontificaux, avaient dû fournir au Comité un certificat de médecin, constatant que le porteur jouissait d'une bonne santé, était fort et n'était affecté d'aucune maladie de nature à le rendre impropre au service militaire. Cette formalité fut toujours exactement remplie par les candidats. Cependant le Comité, par surcroît de prudence, crut ne pas devoir se contenter de ces certificats, et, en conséquence, une commission médicale fut organisée, composée du Dr. Pierre Beaubien, du Dr. Pierre A. C. Munro et du Dr. E. H. Trudel.

Les Zouaves, en arrivant à Montréal, furent attentivement examinés par ces trois médecins, et ceux qui en furent trouvés dignes reçurent le certificat suivant:

Montréal, février 1868.

Les soussignés, médecins pratiquant de la cité de Montréal (Canada), certifient qu'ils ont examiné aujourd'hui   .

M.

Sa hauteur est de

Développement de la poitrine

Ce monsieur jouit d'une bonne santé. Il n'est affecté d'aucune infirmité et il est propre au service militaire.

PIERRE BEAUBIEN,

Professeur de Pathologie interne et de Clinique médicale à la Faculté de Médecine de l'Université Victoria, à Montréal, Médecin de l'Hôtel-Dieu.

P. A. C. MUNRO,

Professeur de Pathologie interne et de Clinique chirurgicale à la Faculté de Médecine de l'Université Victoria, à Montréal, Médecin de l'Hôtel-Dieu.

E. H. TRUDEL,

Professeur d'Obstétrie à la Faculté de Médecine de l'Université Victoria, et Président de la même Faculté, à Montréal, Médecin de l'Hôtel-Dieu.

XIII.

LA RETRAITE DES ZOUAVES.

Dimanche et lundi, 16 et 17 février, eurent lieu à l'église
du Gésù, annexée au collége Ste. Marie, les exercices du
triduum que les RR. PP. Jésuites avaient bien voulu faire
coïncider avec la présence des Zouaves à Montréal. Le R.
P. Schneider, outre les exercices publics en commun avec
les autres fidèles, leur donna, dans la chapelle intérieure
du collége, des instructions appropriées à la circonstance
et capables d'inculquer plus fortement encore, dans les
cœurs de tous ces braves jeunes gens, les idées de dévouement, de courage et d'abnégation, dont leur conduite
était déjà une si généreuse manifestation. Ces exercices
se terminèrent le mardi matin, 18, à huit heures, par une
messe à laquelle tous les Zouaves présents, en costume, au
nombre de 120 environ, reçurent la communion des mains
de Mgr. de Montréal.

L'infatigable prélat, préludant à la démonstration qui
devait couronner la journée, dans une pieuse, mais chaleureuse exhortation, fit briller à leur yeux la croix, ce
symbole de force et de victoire, mais aussi de sacrifice et
de dévouement, comme le puissant levier sur lequel désormais devaient s'appuyer chacun de leurs pas.

Pendant la messe les élèves, mariant leurs voix au son
de l'orgue et alternant avec les fanfares de leur musique
militaire, avaient tenu en éveil les échos de la vaste et
belle église. Au moment de la communion, ils s'unirent aux Zouaves dans un silence solennel. Une belle
tenue, ajoutait le *Nouveau Monde*, un recueillement plein
d'aisance et de naturel, donnait à ce grave préliminaire
d'une démarche si solennelle elle-même, un air de grandeur et de simplicité tout à la fois, qu'il est plus facile de
comprendre que d'expliquer. Les spectateurs eux-mêmes
se sont trouvés visiblement émus, en voyant de grosses
larmes dans les yeux et sur les mâles figures de plusieurs
de nos guerriers se relevant de la table sainte.

Après la communion, les agapes : un petit banquet
attendait nos Zouaves dans une des salles du Collége. C'est
là surtout, au milieu des épanchements d'une franche
gaieté, au moment où le ciel semblait encore rayonner
dans leurs yeux et animer leurs nobles traits, que le
Comité, en fraternisant avec eux, à pu juger de la trempe

de caractère, de l'esprit de foi, de la gravité et du dévouement sans arrière-pensée des hommes qu'il a choisis, et de l'admirable entrain avec lequel ils partent. C'était un beau spectacle.

Quelques adresses furent présentées, parmi lesquelles, la plus substantielle, est celle qui conclut par une offrande de $100, fruit de souscriptions faites parmi les élèves du Collége, en faveur du Comité. La parole est à M. Grondin, élève de philosophie :

Monseigneur,

Si l'âge, si nos parents, si la volonté de Dieu l'eût permis, plus d'un parmi nous, et j'en sais quelque chose, compterait en ce moment dans les rangs et sous le noble uniforme des Zouaves.

N'ayant point eu la liberté de payer de nos personnes, nous avons voulu, du moins, payer de nos bourses.

C'est, Monseigneur, notre premier contingent, il n'y a que $100; mais ce ne sera pas le dernier.

Outre ce que nous nous proposons de faire encore par nous mêmes, nous comptons surtout, prochainement, sur une soirée publique que nous avons organisée pour mardi prochain, et à laquelle, Monseigneur, votre présence donnerait certainement son plus beau, comme son plus utile relief.

Si donc nos Zouaves, dans leur ardeur belliqueuse, ne vont pas trop vite en besogne, nous nous proposons de les devancer à Rome, et là de leur donner par l'entremise du Comité, *une dernière poignée de mains.*

J. GRONDIN.

L'un des Zouaves se lève alors : c'est M. Ed. Hurtubise, que le désir de servir la cause du Pape vient d'arracher aux bancs du collége ; il profite de la circonstance pour faire à tous ses amis des adieux tout à la fois simples et solennels :

Monseigneur,

On dit que le militaire a la parole brève; il aime mieux agir que parler.

A ce compte, il me semble, je dois l'avouer, que je commence à me sentir un peu militaire.

Qu'il me soit donc permis, sur le point de dire adieu à mes parents, à mes amis, de dire simplement aussi adieu à des condisciples chéris, à des maîtres bienveillants, et à celui, Monseigneur, qui a bien voulu si souvent, m'accueillir sous son propre toit.

Ce que vous avez fait pour nous, Monseigneur, car je partage ici ce sentiment avec mes compagnons d'armes, nous tâcherons de le rendre à Dieu sur le champ de bataille.

Puis, M. Alph. Bellemare, aussi élève de philosophie, lit, au milieu d'un silence plus d'une fois interrompu par des applaudissements, une pièce où des faits réels se cachent sous de fines et poétiques allusions :

AUX ZOUAVES CANADIENS.

Salut, honneur, à la troupe de braves
Qui des saints lieux va garder le rempart !
Salut, triomphe et gloire aux courageux zouaves
Dont nos cœurs palpitants célèbrent le départ !
Le départ ! mais..... c'est déjà la victoire !
Car, pour y parvenir, à ce terrible jour,
N'avez-vous pas, cueillant ici la gloire,
Fils pieux, triomphé du maternel amour ?
Douce comme une lyre,
Dans les fibres de vos cœurs
Sa voix glissait en pleurs :
Tel le tendre zéphyre
Dans le chêne plein de vigueur
A l'Aurore soupire
Des accents de douleur :

*

« Hélas ! vous disait-elle, et qu'a donc fait ta mère,
Enfant, pour l'abreuver de cette coupe amère ?
Que te manquait-il donc, mon fils, auprès de nous,
Pour t'en aller ailleurs chercher un sort plus doux ?
Assis, parmi les tiens, au foyer domestique,
N'avais-tu pas assez de ce trésor antique
De foi, d'honneur, d'orgueil et de simplicité,
Et de noble énergie, et de franche gaiété,
Et de tant de vertus, trésors héréditaires,
Transmis, avec le sang, à leurs fils par nos pères ?

*

« Ce fleuve, ces forêts, cet air pur, ce beau ciel :
Veux-tu les échanger pour un plus chaud soleil ?
Parle, que te faut-il ? Ebloui par la gloire,
As-tu soif de combats, as-tu soif de victoire ?
Mon fils, attends un peu, bientôt peut-être, hélas !
Ton pays pour lui-même invoquera ton bras.
Jusque-là, cher enfant, reste près de ta mère ;
Ferme l'œil et l'oreille à la plage étrangère.
Ah ! toi qui, dès l'enfance, aux soins accoutumé,
Près de nous assidus, sous ce toit embaumé,
Dans la joie as coulé des heures fortunées,
Pourras-tu supporter de si lourdes journées ?
A la dure consigne être toujours soumis,
Sans cesse redouter de traîtres ennemis ?
Après avoir, le jour, manié la carabine,
Passer la nuit à l'air, au pied d'une colline,
Sans avoir d'oreiller que l'humide gazon,

Ni, contre les gros temps, d'abri que l'horizon ;
Enfin, le jour, la nuit, n'avoir repos ni trève,
Ni d'autre point d'arrêt que le tranchant du glaive :
Enfant si délicat, pour ce sublime effort,
Penses-tu, réponds-moi, mon fils, être assez fort ?...

*

« Mère, regarde-moi, lis dans mes yeux, écoute :
Un seul mot va suffire à dissiper ton doute :
Je suis fils des Croisés ; ce que Dieu, pour la foi,
Jadis a fait par eux, mère, il le peut par moi ! »

*

« Viens m'embrasser, mon fils, et pardonne à la mère
D'avoir osé tenter une vertu si fière.
Pardonne, j'ai voulu que, dans la noble ardeur,
De ton hardi projet tu saches la hauteur.
Maintenant, ô mon fils, à la voix qui t'appelle,
Puisqu'en brave, en héros, tu veux être fidèle,
Puisque, loin de les fuir, tu cherches les labeurs,
Va, pars, et ton retour viendra sécher mes pleurs. »

*

Je n'ai fait qu'affaiblir, en les rendant publiques,
Les sublimes beautés de scènes domestiques ;
Mais pour vous, pour vous tous, braves qui nous quittez,
Cette mère, elle existe, elle est à vos côtés :
Cette mère, messieurs,......soldats ! c'est la patrie,
Qui, d'abord triste et froide, aujourd'hui vous convie,
L'Etendard à la main, d'aller lui faire honneur,
Et commence à mêler sa joie à sa douleur.

*

Mais, si plus d'une mère, en son deuil magnanime,
De la patrie en pleurs offre un type sublime,
Plus d'un père, souvent, n'a dit que quelques mots,
Du cœur d'un grand prélat énergiques échos :

*

« Va, pars, si Dieu t'appelle. Ah ! si j'avais ton âge,
Nul ne me ravirait ton glorieux partage.
Pour son pays, mon fils, il est beau de mourir ;
Pour la cause de Dieu plus beau d'être martyr !
Quand notre père à tous, jette un cri par le monde,
Ne faut-il pas qu'au moins chaque foyer réponde?
Réponds pour nous, mon fils, réponds ! et, fier chrétien,
Va dire au monde entier ce qu'est un Canadien. »

*

Partez donc, amis, partez !
A l'ombre de vos lauriers
Grandiront vos jeunes frères :
Et, quand vous reviendrez,
Tous vous nous trouverez
Dignes de vous et dignes de vos pères.

L'auditoire était encore sous l'émotion, et une dernière salve d'applaudissements venait de couronner ces beaux vers, lorsqu'un jeune enfant s'avance et remet entre les mains de Monseigneur un petit paquet : le vénérable prélat l'ouvre, et, de ce sourire qu'on lui connait, il impose silence, et lit lui-même à haute voix :

> Trop jeunes pour compter dans les rangs des Zouaves,.
> Agréez, Monseigneur, qu'en faveur de ces braves,
> Un léger sacrifice en nos menus plaisirs,
> De votre noble cœur exauce les désirs.

Et le joli quatrain était accompagné d'un billet de vingt-cinq piastres. C'était la souscription de la classe de versification qui, après avoir contribué à la première offrande, avait voulu en faire une seconde pour son compte particulier.

La plupart de nos Zouaves sont des jeunes gens lettrés, et il leur restait quelques instants ; nous ne sommes donc pas étonnés de trouver dans nos matériaux, quelle que soit la main qui l'ait ainsi signée, cette gracieuse réponse :

> Merci, gentils enfants, merci !
> Que Dieu, mes fils, vous récompense ;
> Qu'il vous donne, en retour, science,
> Gaiété, candeur, et la valeur aussi !
>
> Qu'il ceigne, en juin, vos blonds cheveux,
> De couronnes au front légères ;
> Que, vainqueurs, aux yeux de vos mères
> Vous paraissiez fiers et joyeux.
>
> Qu'il vous donne, en tout de grandir :
> En taille, en grâce, en prouesse ;
> Et, pour la patrie en détresse,
> Un jour aussi sachez mourir !

UN ZOUAVE.

Enchantés de ces scènes touchantes, les Zouaves se séparèrent, après avoir fait honneur à la généreuse hospitalité des RR. PP Jésuites. Ils avaient la journée pour se reposer et se préparer à la grande démonstration qui devait avoir lieu le soir même, à l'église de Notre-Dame.

XIV.

LA DÉMONSTRATION A L'EGLISE NOTRE-DAME.

Nous sommes enfin arrivés au moment de décrire cette brillante démonstration, dont le souvenir vivra éternellement dans la mémoire de ceux qui en ont été témoins ; fête qui occupera la première place parmi toutes celles que Montréal a vues dans son enceinte. Jamais, en effet, objet semblable n'avait réuni la population catholique de cette grande cité, jamais enthousiasme pareil ne s'était emparé des quinze à dix-huit mille pesonnes présentes à cette démonstration grandiose.

Quelques uns ont peut-être douté, dans le commencement, de la popularité du mouvement des Zouaves Pontificaux en Canada ; mais à la vue de l'empressement avec lequel la foule des villes et des campagnes s'est portée à Montréal, afin d'assister aux fêtes préparées à l'occasion du départ des nouveaux croisés ; à la vue du zèle et de la bonne volonté avec lesquels tous, citoyens, familles, institutions, musiciens, chantres, compagnies de chemin de fer, autorités, etc., se sont mis à contribution pour favoriser l'organisation de l'œuvre et assurer son succès ; en présence d'un sentiment aussi unanime, la plus légère hésitation n'est pas possible en affirmant qu'une même pensée bienveillante, une union admirable, a animé le peuple canadien tout entier à l'égard des Zouaves Pontificaux. On verra particulièrement briller l'étonnante popularité dont a joui cette œuvre, dans la démonstration à l'église de Notre-Dame.

Cette fête qui avait été proposée au Comité par M. A. J. Boucher, fut décidée dès le 10 janvier, et un comité composé de MM. E. Lef. de Bellefeuille, A. J. Boucher, F. X. A. Trudel, et Alphonse Desjardins, fut chargé de l'organiser. Ce comité procéda sans délai à préparer les différents détails de la démonstration. M. le curé de Notre-Dame, dont nous ne saurions trop louer la générosité et la complaisance, voulut bien charger lui-même les Dames de l'Hôpital-Général de Montréal de surveiller les décorations de l'église. Ces bonnes religieuses, sous la direction de la Révérende Sœur Youville, y travaillèrent pendant près de trois semaines avec un zèle, un dévouement et une habilité admirables. Elles étaient si heureuses de contribuer de cette manière à l'œuvre des Zouaves, défenseurs de l'Eglise ! Du reste, tout le monde a admiré ces décorations, le bon goût qui avait présidé à leur exécution, et l'idée religieuse qui les animait dans toutes leurs parties.

L'autel avait été élevé de plusieurs pieds, de manière à le mettre presqu'au niveau de la première galerie. A cette hauteur, chargé de jets de gaz et de lampes de couleur, l'autel était éblouissant. Au-dessus de la statue de la Ste. Vierge, on lisait ces mots en lettres brillantes : « Vive Pie IX ! ». Plus haut, était une couronne du Prince de Galles, avec les plumes emblématiques, représentées en traits de feu. Tout le long des stalles du chœur couraient des jets de gaz, s'élevant de chaque côté de l'autel en deux clochetons élancés, et se terminant, à une élévation de près de cinquante pieds, par des feux représentant les armes du Pape avec la tiare et les clefs. Au-dessus du centre du chœur était suspendue une couronne royale en verdure, ornée de fleurs et d'or, de laquelle pendaient quatre banderolles blanches mêlées de feuillages de sapin. Relevées au milieu de leur course, elles allaient se rattacher gracieusement aux galeries supérieures du chœur. Auprès de l'autel était suspendue cette sentence en lettres d'or : « Christum Regem adoremus dominantem gentibus. »

Au centre de la nef, à l'endroit où se croisent les deux allées, on avait élevé un majestueux trophée, en forme pyramidale, tout chargé de verdures, de drapeaux, d'oriflammes, et du sommet duquel tombaient deux banderolles, sur lesquelles étaient écrits ces mots : « Amour, Fidélité, Dévouement. Générosité. »

Au haut du trophée, à la place d'honneur, et dans l'endroit le plus proéminent, était fixé le drapeau des Zouaves, dont les vives couleurs brillaient sous l'éclat des milliers de lumières qui l'entouraient. A ses pieds, on lisait encore cette sentence : « Vive Pie IX ! » Ce drapeau était peut-être le plus petit de tous ceux qui ornaient la pyramide, cependant il attirait tous les regards, et semblait de beaucoup le plus important. Au-dessus du trophée, était suspendue à la voûte une couronne royale de laquelle pendaient quatre immenses banderolles de couleurs blanche, rouge et bleu entremêlées. Dans la moitié de leur longueur, elles se relevaient élégamment, et allaient finir à quatre des gros piliers du temple, à la hauteur des secondes galeries. Les bannières et les drapeaux des Sociétés religieuses et industrielles, suspendus à chaque colonne tout autour de l'église, les fleurs, les oriflammes, les verdures, gracieusement disposées sur l'autel au milieu des flots de lumière, complétaient l'ornementation, et donnaient vraiment à l'immense basilique un aspect de fête.

Un triple rang de chaises avait été placé devant les balustres; les Zouaves devaient s'y asseoir, ayant au milieu d'eux le Président et le Vice Président du Comité Canadien des Zouaves Pontificaux, MM. Olivier Berthelet et Louis Beaudry, et le Président de l'Association St. Jean-Baptiste, M. C. A. Leblanc, qui comptait, dans les rangs de ces nouveaux défenseurs de la papauté, un fils et un neveu. (1)

D'un bout à l'autre de la grande allée était disposé un double rang de bancs pour l'usage des membres de l'Association St. Jean-Baptiste, et des Présidents et Vice-Présidents des Sociétés religieuses, industrielles, littéraires et autres, qui avaient été invités à assister à la démonstration. Ces bancs étaient placés de manière à laisser entre eux un passage libre par lequel le clergé devait défiler.

Pendant toute la journée du mercredi, on travailla à placer les dernières décorations. C'est le lieu de dire que les diverses Sociétés de Montréal et les Frères des Ecoles Chrétiennes, ont mis généreusement à la disposition du Comité les drapeaux et les bannières qu'ils possèdent, et ils ont ainsi contribué efficacement à la beauté et à la richesse des décors. Une foule considérable ne cessa pendant tout le jour de visiter l'église. A 4½ h., les agents des différentes compagnies d'assurance, intéressées dans l'église de Notre-Dame, vinrent la visiter, et on fit devant eux l'essai des lumières qui devaient être allumées dans la soirée, afin de constater qu'aucun danger d'incendie ne pourrait venir changer une si belle fête en une catastrophe terrible. Ces messieurs furent satisfaits des dispositions et des mesures de prudence prises par le Comité.

A 5 h., on fit vider l'église et les portes en furent fermées. Une foule considérable stationnait déjà au dehors, impatiente de s'emparer de places pour la soirée. A 6 h., l'église fut ouverte au public, et depuis ce moment les douze portes de l'immense basilique ne cessèrent, jusqu'après huit heures, de laisser couler un torrent de peuple

(1) Ce jeune homme, Joseph Leblanc, a eu le malheur de se noyer dans le Tibre le 7 juin, en se baignant avec huit de ses compagnons. Il avait communié le matin même. Le 7 juillet, un service solennel a été chanté pour le repos de son âme, dans la chapelle de Notre-Dame de Pitié, à Montréal. Mgr. Vinet officia en présence d'une foule sympathique et recueillie.

qui semblait ne devoir jamais tarir. Bientôt tous les bancs furent remplis, toutes les places furent prises, les allées elles-mêmes furent encombrées, et en peu de temps la circulation, exceptée dans la grande allée qui avait été conservée libre, devint complètement impossible. C'est avec la plus grande difficulté même que le clergé, lorsqu'il sortit de la porte du Séminaire, put se frayer un passage jusqu'au chœur. Nous ne pensons pas exagérer les chiffres en disant qu'au moins 15,000 personnes se pressaient dans l'église de Notre Dame. (1)

Avant l'ouverture des portes de l'église, à 6 h., seize Zouaves avaient été placés, deux par deux, aux différentes issues du temple, pour recueillir l'offrande que chaque personne était appelée à faire en entrant : $763 furent le résultat de la générosité spontanée des citoyens.

Le rendez-vous des Zouaves pour la démonstration avait été fixé à l'Institut-Canadien-Français. Comme nous l'avons déjà dit, quatre-vingt-huit Zouaves étaient arrivés à la ville le samedi, 15 février ; d'autres arrivèrent le dimanche et le lundi, et quelques-uns enfin le mardi. A part un petit nombre, tous avaient eu le temps de se présenter devant le Comité et de recevoir leurs costumes ; aussi, bien peu manquaient au rendez-vous à l'Institut Canadien-Français le mardi soir. Le corps de musique des *Chasseurs Canadiens* s'était aussi rendu au même endroit, ainsi que les officiers de l'Association St. Jean-Baptiste, les Présidents et les Vice-Présidents des Sociétés de bienfaisance et littéraires. A 7 h., tous se formèrent en procession pour se rendre solennellement à l'église, la musique ouvrant la marche, suivis immédiatement des Zouaves, en tête desquels marchait le capitaine Taillefer.

Aux premiers accents de la musique, lorsque la procession arriva au péristyle du temple, la grande porte de l'église fut ouverte à deux battants, et toute l'assistance se leva respectueusement. Les Zouaves, précédés de la musique, qui jouait les *Refrains d'Italie*, entrèrent par quatre, se rendirent au pas militaire jusqu'aux marches du chœur, et se séparèrent en deux rangs, de manière à former une double haie, entre laquelle le clergé, arrivant par la porte latérale du côté de l'Épitre, passa pour se rendre au chœur. C'est à ce moment que commença l'exécution du pro-

(1) Il peut être utile de remarquer ici, pour que nos lecteurs européens puissent comprendre comment il semble possible à l'église Notre-Dame de contenir 15,000 personnes, qu'un double rang de galeries, de chaque côté de l'immense basilique, augmentent de beaucoup l'espace livré au peuple.

gramme, par la *Grande Marche du Sacre*, tirée du *Prophète*.

L'orchestre et le chœur, organisés pour cette circonstance, se composaient d'un grand nombre d'amateurs et de la plupart des professeurs de musique de la ville, (1)

(1) Liste alphabétique des amateurs, instrumentistes et chantres qui ont pris part à la grande Démonstration.

CONDUCTEURS.

M. L'ABBÉ BARBARIN.   M. A. J. BOUCHER.

SOLI.

Melle. Marie-Anne Joly, *Soprano.*
MM. Napoléon Beaudry, *Ténor.*
  "   Joseph Hudon,   "
  "   François Lavoie, *Baryton.*

1ers VIOLONS.

MM. Cowan Robert L.
  " Lavigne, Arthur
  " Martel, Oscar
  " Stratton, J. C.
  " Torrington, F. H.
  " Warnock, Wm.
  " Woods, Ed.

2ds VIOLONS.

MM. Bienvenu,
  " Christin,
  " Monsel,
  " Mount,
  " Wilson.

ALTOS.

MM. McInnis,
  " Saucier, Guillaume.

VIOLONCELLES.

M. l'abbé Barbarin,
Dr. Leclerc.

CONTRE-BASSES.

MM. Boucher, A. J.
  " Foster,
  " Varnecke.

FLUTE.

M. M. Hurst.

  " Prévost, L. C.

HAUTBOIS.

Signor Baricelli.

CLARINETTE.

M. McInnis.

BASSON.

M. Dewey.

CORNETS.

MM. Barwick,

  " Côté.

TROMBONE.

M. Hastie.

OPHICLÉIDE.

M. Villeneuve.

ORGUE.

M. Jean-Bte. Labelle.

CHŒUR.

SOPRANOS ET ALTOS.

Mesdames Bourdon,
  "   Dépati,
  "   Duquet,
  "   Laplante,
  "   Pigeon,
  "   Roy,
  "   Trudel.

Melles. Arcand, Hélène
  " Aubertin, DeLima
  " Aubertin, Delphine,
  " Aubertin, Eliza
  " Beauchamp, Cordelia
  " Beauchamp, Rose Anne
  " Beausoleil, Elizabeth
  " Bélanger, Adéline
  " Bélanger, Hosanna

sous la direction de M. l'abbé Barbarin, du Séminaire de St. Sulpice, et de M. A. J. Boucher ; ce dernier s'était chargé de faire exécuter le programme depuis le commencement jusqu'à la Bénédiction du T. S. Sacrement, et M. Barbarin dirigea cette dernière partie. Les plus grands éloges sont dûs à ces deux messieurs pour le zèle, plein d'abnégation, avec lequel ils ont organisé un chœur et un

Melles.Bibaud, DeLima
" Boucher, Philomène
" Brosseau,——
" Caron, Caroline
" Caron, Elvina
" Champoux, DeLima
" Charest, Flore,
" Charest, Hélène
" Choquet, Julie
" Choquet, Sophie
" Clermont, Delphine
" Couture, Rose-Anne
" Daoust, Julie
" DeMontigny, Charlotte
" Denis,——
" Deslaurier, Edwidge
" Desmarais, Marceline
" Drolet, Adéline
" Duquet, Poméla
" Ferland, Hermine
" Ferland, Virginie
" Fortin, Louise
" Fournel, Marie-Louise
" Galipeau, Aglaé
" Huberdeault, Alexine
" Huberdeault, Mathilde
" Jacques, Délia
" Jacques Joséphine
" Jourdain, Joséphine
" L'abbé,——
" L'abbé,——
" Lacroix, Louise
" Lanctôt Césarine,
" Lanctôt, Hermine
" Larivée, Philomène
" Lauriot, Adèle
" Lauriot, Azilda
" Lauriot, Justine
" Marchand, Albina
" Michaud, Marie,
" Morache, Julie
" Morin, Joséphine
" Morin, Lumina
" Paquin, Eliza
" Parent, Rosalie
" Petit, Mélina
" Provancher, Marie
" Quintal, Azilda
" Quintal, Joséphine
" Racicot,——
" Racicot,——
" Racicot,——
" Riopel, H.
" Roch,——
" Rousseau, Lida
" Rousseau, Zoé
" Saucier, Victoria
" St. Jean, Alphonsine

Melles. Talham, Eugénie
" Thériault, Adèle
" Thériault, Virginie

TÉNORS ET BASSES.

MM. Allard, Jean
" Archambault, Onésime
" Beauchamp, Honoré
" Benoit, François
" Bertrand, Arsène
" Bertrand, Théophane
" Bérubé, Joseph
" Bérubé, Louis
" Bourdon,——
" Bourgeau,——
" Bourguignon, Isidore
" Caron,——
" Chalifoux, Alfred
" Chalifoux, F. X.
" Charest,——
" Cholette, Adolphe
" Corbeil, Joseph
" Denis, Augustin
" Denis,——
" Dépati, Napoléon
" Ducharme, Timoléon
" Duquet, F. X.
" Duplessis, Marc
" Duval, Honoré
" Fortier, Alphonse
" Galipeau, J.-Bte.
" Germain, H.
" Giard, T
" Giguière, Joseph
" Grant, A.
" Hébert, Louis
" Homier, F. X.
" Homier,——
" Joubert, Léon
" L'abbé,——
" Lanctôt, J.-Bte.
" Lanctôt, J. M.
" Lamothe, Philéas
" Lanctôt,——
" Lanctôt, Zéphirin
" Laforest, J. L.
" Larivée, Louis
" Laverrière,——
" Laplante, Charles
" Laplante,——
" Larin, Alphonse
" Lauriot, Joseph
" Leclair, J. N.
" Legendre, Louis
" Loiselle, F. X.
" Marois, George
" Mazurette, Salomon

orchestre qui se composaient de près de trois cents chantres et instrumentistes. Tous se sont parfaitement acquittés de leurs parties ; mais on a surtout favorablement remarqué les soli de Mademoiselle Marie Anne Joly, de M. Napoléon Beaudry, de M. Joseph Hudon et de M. François Lavoie.

Nous croyons intéresser nos lecteurs en donnant ici le programme détaillé de la soirée, avec le texte des morceaux de chant moins connus que les autres :

III. *Veni Creator* ....Lambillotte.

Chœur avec accompagnement d'Orchestre.

IV. Ouverture : *Italiana in Algeri* ....Rossini.

Orgue et Orchestre.

V. *Le Pape-Roi*, ou l'Univers Catholique..................Gustave Smith

Chœur, avec soli et duo,—accompagnement d'Orchestre.

Chœur.—Triomphe ! Victoire ! à l'Eglise immortelle !
Que peuvent tes efforts, ô ligue criminelle ?
Il règnera toujours sur nous, le Pape-Roi,
Et l'univers entier reconnaîtra sa loi !

MM. McMahon, Arthur	MM. Rochon,———
" Ménard, J.-Bte.	" Rousseau, Honoré
" Ménard,———	" Roussel, Henri
" Millette, Emile	" Roy, Benjamin
" Millette, Louis	" Sicard, Alaric
" Paquet, Norbert	" Sicard, Moïse
" Paquin, J.-Bte.	" Simard, Joseph
" Pauzé, Alfred	" Teulon———
" Phaneuf, Eusèbe	" Thériault, Frs.
" Pichette, Amédée	" Thériault, Victor
" Renaud, Arthur	" Trudel, Alexandre
" Rivet, Narcisse	" Valois, Pierre.

MUSIQUE DES CHASSEURS CANADIENS.

Maître de Bande : M. Hardy, Guillaume.
Sergent de Bande : M. Huette.
Sergent Commandant de la Bande : M. Rousseau, Joseph.

MM. Baribeault,———	MM. Nantelle, Edouard
" Boucher, François	" Pagé, Albert
" Dansereau, Edouard	" Pagé, Evariste
" Faucher, Alexis	" Pagé, Zotique
" Faucher, Charles	" Perrault,———
" Hardy, Edmond	" Renaud, Richard
" Jetté, Joseph	" Rochon, Jérémie
" Lapierre, Adolphe	" Rochon, Stanislas
" Lavallée, Charles	" Thomas, Zéphirin
" Lebeau,———	" Véroneault, Denis.
" Lepage, Alfred	

Note.—Tous les membres de la Musique des Chasseurs Canadiens, les amateurs, chantres, et la plupart des membres de l'orchestre ont bien voulu donner *gratuitement* leurs services pour cette démonstration.

RÉCITATIF—M. Joseph Hudon.

Illustre Charlemagne,
Apparais en vainqueur !
Délivre la Romagne
D'un fourbe usurpateur !
Sa perfide ambition ne craint pas d'attenter
A des droits que mille ans avaient su respecter.

SOPRANO SOLO—Melle. M. A. Joly.

O Dieu, confonds la rage
D'impies audacieux ;
Conserve l'héritage
Des envoyés des cieux.

Des méchants conjurés
Dissipe les complots,
Toi, qui calme la mer
Et commande à ses flots !

Ah ! leur fureur altière
En vain veut engloutir
Cette barque de Pierre
Qui ne saurait périr.

Conduite par ta main,
Dieu puissant d'Israël,
L'Eglise aura toujours
Un triomphe éternel !

Chœur.—Triomphe ! Victoire ! etc.

DUO—MM. N. Beaudry et F. Lavoie.

Signe de la victoire,
La croix sera toujours
La source de la gloire,
Le trophée de l'amour.

A son divin ombrage,
Le suprême Pasteur
A l'abri de l'orage
Sera toujours vainqueur.

Chœur.—Triomphe ! Victoire ! etc.

C'est à cette partie du programme que fut prononcé le
remarquable discours de Sa Grandeur Mgr. Laflèche,
évêque d'Anthédon. On a regretté que les forces n'aient
pas permis à l'illustre orateur de développer tout son sujet.
Du reste, il n'y a rien d'étonnant dans cette défaillance

inattendue. La foule énorme qui encombrait toutes les parties de l'église, nefs, allées, galleries, avait rapidement fait atteindre à la température ambiante un degré de chaleur très-élevé, qui était particulièrement fatiguant pour le prédicateur à la hauteur où il était placé. Ajoutez à cela ce murmure sourd qui s'élevait de cette foule, comme d'un océan mal appaisé, le vent qui s'engouffrait par la grande porte, restée ouverte à deux battants pour donner un peu d'air à ces quinze mille poitrines haletantes, et vous comprendrez que les forces aient pu manquer même à l'ancien et infatigable missionnaire de la Rivière Rouge. Cependant, malgré l'interruption, Mgr. Laflèche a su tenir, pendant près d'une heure, suspendu à ses lèvres éloquentes, l'immense auditoire qui recevait avec une attention respectueuse toutes les paroles qui en tombaient.

Nous sommes en état, grâce à la bienveillance de Sa Grandeur, de donner ici à nos lecteurs le texte complet et exact du beau discours qu'Elle avait préparé.

DISCOURS DE MONSEIGNEUR D'ANTHÉDON.

Estote fortes in bello et pugnate cum antiquo serpente (Liturg. cath.)

Soyez forts dans la guerre et combattez l'ancien serpent.

I.

L'ÉGLISE CATHOLIQUE EST UNE SOCIÉTÉ MILITANTE, CHAQUE CHRÉTIEN EST UN SOLDAT.

Monseigneur, Mes chers frères,

La terre entière est un vaste champ de bataille, et la vie de l'homme y est une guerre continuelle. C'est là une vérité que le saint homme Job proclamait solennellement il y a déjà plus de trois mille ans. Or s'il est vrai de dire de l'homme en général que son passage ici-bas n'est qu'une suite de combats, c'est surtout du chrétien qu'il faut affirmer cette vérité. La lutte est tellement essentielle à sa condition de membre de l'Eglise, que l'idée de lutte vient tout naturellement à la pensée, quand on veut le définir. *Un chrétien, le chrétien complet, le chrétien parfait, c'est un soldat.* Tel est l'enseignement du catéchisme catholique. Telle est la vérité que chaque pasteur s'efforce de graver en caractères ineffaçables dans l'âme du fidèle, lorsqu'il le prépare à la réception du grand sacrement qui développe et perfectionne la vie surnaturelle, par une communication plus abondante des dons de l'Esprit-Saint. Il lui enseigne avec soin que la confirmation, en le rendant *parfait chrétien*, le fait en même temps *soldat de Jésus-Christ*, et l'oblige, par conséquent, à confesser le nom et à soutenir les intérêts sacrés de son divin Maître, même au prix de sa vie. Aussi le grand Apôtre des nations, arrivant à la fin de sa course, résume-t-il l'ensemble de sa vie par ce mot bien connu : *Bonum certamen certavi,* « J'ai combattu le bon combat. » (2 Tim. 4-7.) Le même apôtre écrivant à son cher disciple Timothée, lui dit : *Labora sicut bonus miles Christi,* « Soutiens le dur labeur d'un bon soldat de Jésus-Christ. » Il lui rappelle dans le même endroit qu'il n'y aura de couronné que celui qui aura légitimement combattu. *Non coronatur nisi legitime certaverit* (2 Tim. 2-6). Cette doctrine du grand apôtre n'est que le commentaire des paroles du Sauveur. *Nolite arbitrari quia pacem venerim mittere in terram : non veni pacem mittere, sed gladium.* « Ne pensez pas que je sois venu apporter la paix sur la terre ; je ne suis pas venu apporter la paix, mais l'épée. » (Math. 10, 14).

Il n'est donc pas étonnant qu'une société dont tous les membres sont soldats, qui a reçu de son Fondateur le glaive pour combattre, soit essentiellement une société militante ; et tel est le nom de l'Eglise Catholique ici-bas, l'église militante.

Disons de suite comment elle fait la guerre, sur quels champs de bataille ses enfants sont appelés à combattre.

II.

COMMENT L'ÉGLISE FAIT LA GUERRE ET QUEL EST LE CHAMP DE BATAILLE DU CHRÉTIEN.

Le chrétien, ce soldat de Jésus-Christ, doit, comme tout bon et fidèle soldat, combattre pour les intérêts de son roi ; et il y a surtout trois champs de bataille, où il doit s'avancer et combattre vaillamment.

Le premier est en lui-même, en son âme. C'est là d'abord qu'il aura à soutenir la guerre, pour y établir le règne de Dieu, son Souverain Maître ; guerre pénible, guerre sans trève, mais guerre nécessaire. En vain aurait-il la prétention d'étendre le royaume de Dieu à l'extérieur, et de le défendre contre les ennemis qui l'y attaquent, si son âme était captive, ou en la puissance de ses ennemis ; cela va de soi.

Les deux autres champs de bataille sont à l'extérieur. Dans le second, le soldat doit combattre pour établir et étendre le royaume de Dieu, c'est-à-dire l'église catholique, à laquelle toutes les nations ont été données en héritage. C'est ce combat que livrèrent les Apôtres et que soutiennent encore les pasteurs régulièrement constitués chez les nations chrétiennes, et les missionnaires légitimement envoyés chez les peuples infidèles ; combat bien douloureux quelquefois, dans lequel le sang chrétien a coulé en abondance ; mais aussi combat bien glorieux pour l'Eglise, par les éclatants triomphes qui l'ont couronné, et les millions de ses enfants qu'il a fait monter au ciel, la palme à la main et la tête ceinte de la couronne de l'immortalité.

Enfin le dernier champ de bataille est celui où le royaume de Dieu, attaqué par un injuste agresseur, doit être défendu les armes à la main. C'est celui où viennent de s'immortaliser les glorieux vainqueurs de Mentana et de Monte-Rotondo ; c'est celui où les victimes du guet-apens de Castelfidardo ont cueilli la gloire des héros et le mérite des martyrs.

C'est celui où les valeureux croisés, nos ancêtres, allaient défendre la civilisation chrétienne de l'Europe, en refoulant vers l'Asie et l'Afrique la barbarie musulmane ; c'est celui enfin, Monseigneur et mes chers frères, vers lequel l'élite de la jeunesse du Canada catholique ici présente, est poussée en ce moment, par une ardeur digne de tout éloge, par un dévouement admirable, à voler, les armes à la main, à la défense de la cause de Dieu personnifiée dans le chef vénérable de la catholicité, Notre Saint Père le Pape, le glorieux Pie IX. Etablir dans son âme le règne de Dieu, l'étendre et le propager avec zèle au dehors et dans le monde entier, le défendre avec un courage indomptable lorsqu'il est attaqué, voilà en trois mots et la tâche du soldat chrétien, et les champs où doit se faire la lutte.

La circonstance à jamais mémorable de ce jour me semble bien propre à vous parler de cette remarquable vérité, à vous l'exposer sous ce dernier point de vue, surtout, sous lequel nous avons assez rarement l'occasion de l'envisager. Car ce n'est pas seulement dans l'ordre purement spirituel et invisible que le chrétien est soldat de Jésus-Christ ; que l'Eglise est comme une armée rangée en bataille : non, ceux qui l'entendraient ainsi, n'auraient de la vérité qu'une idée incomplète et seraient certainement dans une bien grande erreur.

L'Eglise catholique, qui est le royaume de Dieu ici-bas, est nécessairement une société visible ; *Non potest abscondi civitas supra montem posita*, et les chrétiens, membres de cette société, doivent aussi, même dans l'ordre visible et temporel, soutenir ses intérêts au prix des plus grands sacrifices et de la vie même, et défendre son existence et son intégrité contre tout injuste agresseur. C'est ainsi que l'ont toujours compris nos pères dans la foi, depuis les temps apostoliques jusqu'à nos jours.

Etudiée à ce point de vue, cette vérité jettera une grande lumière sur l'époque où nous sommes, et nous aidera à apprécier, à leur juste valeur, les événements du jour. Mais avant de commencer à développer ce sujet, j'aime à vous faire remarquer que l'Eglise n'attaque jamais ; mais qu'elle peut se défendre quand elle est attaquée, qu'elle peut réclamer en effet ses droits, quand on les a usurpés. Dans la défense que l'Eglise est obligée de faire de ses droits, elle ne sait guère opposer en général qu'une résistance passive, si l'agression ou l'usurpation vient d'un pouvoir légitiment constitué ; mais elle ne craint pas d'opposer une résistance active, elle repousse la violence et l'usurpation par la force, si l'agression vient d'un pouvoir usurpateur et illégitimement constitué ; à plus forte raison, si l'agression vient d'un pouvoir révolutionnaire et qui n'a aucune apparence de légitimité, comme dans le cas présent, en Italie. C'est ce qui sera démontré clairement dans la suite de ce discours.

J'aime encore à vous faire remarquer en passant, ce que je considère comme un devoir, mes chers frères ; c'est que nous devons rendre au Seigneur les plus vives et les plus sincères actions de grâces pour la longue paix qu'il a daigné accorder à notre chère patrie, et pour la liberté dont il a plû à sa divine miséricorde de nous faire jouir dans l'exercice de notre sainte religion. Laissez-moi vous le dire en quelques instants, puis nous continuerons notre étude.

III.

LES CANADIENS DOIVENT REMERCIER DIEU DE LA LONGUE PAIX DONT
ILS ONT JOUI.

Depuis plus d'un demi-siècle nous avons été, sous le double rapport
de la paix et de la liberté, le peuple le plus favorisé de la terre, je
n'hésite pas un moment à le dire. Pendant que la guerre déchaînait
ses fureurs chez les grands peuples, aux mains desquels la divine Providence semble avoir confié les destinées du genre humain, le petit
peuple du Canada, modestement assis sur les bords de son grand fleuve,
a toujours pu écouter, avec un cœur tranquille, gronder dans le lointain
ces épouvantables engins de destruction, que le génie moderne s'est
évertué à inventer pour aider la mort à moissonner plus efficacement
sur les champs de bataille. Pendant que dans [l'extrême orient, la
Chine, le Tonking, la Corée et le Japon, le sang des martyrs coulait à
flots ; pendant que le feu de la guerre embrasait les deux Amériques,
et tour-à-tour presque toutes les provinces de l'ancien continent ; toujours, nous avons joui de la liberté religieuse la plus parfaite, à un
point qu'il nous semble, à nous, Canadiens, que l'état de paix soit l'état
normal de l'homme et surtout de l'homme chrétien ici-bas. Mais ne
nous y trompons point, c'est le contraire qui est vrai. Le chrétien est
avant tout soldat, et un soldat toujours prêt à l'action ; l'Eglise est
une armée rangée en bataille et son état normal n'est pas, ne saurait
être le repos : c'est positivement, au contraire, l'état de guerre, nous
l'avons déjà dit. La longue période de paix dont nous jouissons depuis
plus de deux générations, est certainement ici une exception que la
divine Providence a voulu faire en faveur du peuple canadien, pour le
récompenser, sans doute, des luttes héroïques que ses pères ont soutenues avec tant de dévouement, et peut-être pour lui donner le temps
de prendre racine et de se développer sur le sol qu'ils ont arrosé de
leur sang, et qu'ils lui ont légué avec l'héritage sacré de leur foi.
C'est là, je le répète, une insigne faveur dont nous devons nous montrer,
surtout en ce temps-ci, sincèrement reconnaissants.

IV

LE CANADIEN DOIT PRENDRE PLACE DANS LE CAMP DE DIEU
ESPÉRANCE POUR L'AVENIR.

Quoiqu'il en soit, ne nous faisons point illusion : le peuple canadien
subira, comme tous les autres peuples, la grande loi de l'humanité
déchue ; il lui faudra prendre part à la grande guerre que les nations,
aussi bien que les individus, doivent soutenir contre l'ancien serpent.
Je vais essayer de vous montrer dans la suite de cet entretien, mes
chers frères, quel est le poste que la divine Providence a visiblement
assigné au peuple du Canada, dans les combats qu'il doit soutenir pour
la cause de Dieu. Nous verrons combien sont consolants pour les
cœurs sincèrement catholiques et canadiens, et combien sont rassu-
rants pour notre *avenir religieux et national*, sur ce continent, le

dévouement admirable de notre jeunesse, et l'élan spontané de toutes
les populations de la province, en faveur de la cause religieuse par
excellence à cette époque, celle du Pouvoir Temporel du St. Siége. Ce
dévouement, cet élan, sont une preuve sans réplique que le peuple
canadien n'a pas encore failli à sa mission, malgré les quelques défections qui ont si sensiblement affligé et affligent encore l'Eglise du
Canada. Or être fidèle à sa mission, pour un peuple aussi bien que
pour un individu, c'est la plus sûre garantie de la protection divine
dans sa marche vers l'accomplissement de ses destinées. C'est là une
vérité de fait, que l'expérience a cent fois confirmée et qui n'a pas besoin
d'autres preuves.

Puisque l'Eglise est une armée rangée en bataille, que chaque chrétien est un soldat, et que la solennité présente n'est qu'une préparation
à un grand et prochain combat, examinons, dans la première partie
de ce discours, les luttes passées de l'Eglise, en remontant jusqu'à leur
origine même, pour nous faire mieux juger les temps que nous traversons; dans la seconde partie, les luttes actuelles, telles qu'elles se
déroulent à nos regards. en leur extrême gravité; enfin, dans la troisième partie, la part qu'y doit prendre la population catholique de
notre heureuse patrie.

PREMIÈRE PARTIE.

V.

ORIGINE DE LA GUERRE QUE L'ÉGLISE CONTINUE A SOUTENIR.

La méthode la plus facile pour mettre en évidence le caractère
militant de l'Eglise, est de l'étudier dans sa vie propre et, pour ainsi
dire, personnelle; c'est de la voir à l'œuvre : *A fructibus eorum
cognoscetis eos.* On juge les institutions, aussi bien que les hommes,
par leurs fruits. Suivons donc rapidement l'Eglise dans sa marche à
travers les siècles, et nous nous convaincrons, par l'évidence même
des faits, que son existence dix-huit fois séculaire n'a été qu'une suite
de combats et de guerre gigantesques, dans lesquels non-seulement
l'esprit, mais encore les bras ont pris une large part et où le sang de
ses enfants a coulé en abondance. Il est facile de la suivre à la trace
de ce sang généreux, qui a sans cesse arrosé et fécondé le sillon profond
qu'elle a si laborieusement tracé dans les champs de l'espace et du
temps. Mais si nous voulons avoir l'intelligence parfaite, saisir le
sens véritable de cette existence phénoménale de l'Eglise militante, il
est nécessaire de ne point perdre de vue, l'origine, le principe de cette
guerre commencée avant elle, continuée par elle, et qui ne finira qu'à
la fin des temps. Voici ce que nous en dit l'Apôtre St. Jean, dans la
révélation qui lui en fut faite dans l'île de Pathmos : *Et factum est
prælium magnum in cœlo; Michaël et angeli ejus præliabantur cum
dracone et draco pugnabat et angeli ejus.* (Apoc. 12, 7.) « Alors il y eut
un grand combat dans le ciel, Michel et ses anges combattaient contre
le dragon, et le dragon avec ses anges combattaient contre lui. » C'est
dans le ciel même que la guerre a trouvé son origine; c'est dans ce
séjour, alors de douce épreuve, que l'étendard de la révolte a été pour

la première fois arboré contre le plus légitime et le plus juste des souverains, *Dieu lui-même ;* contre le plus sage et le plus doux des gouvernements, le gouvernement de celui de qui découle toute paternité !

Oui, mes chers frères, c'est là, à l'ombre du léger voile qui dérobait
temporairement les splendeurs et les richesses de la divinité, que le cri
de révolte a été poussé pour la première fois. *Non serviam,* je n'obéirai
point. C'est là, et pour la première fois, que la guerre a éclaté. De
la part de Satan, cette guerre sacrilége a été une injuste et outra-
geante agression ; mais de la part de Dieu, qui a combattu et défait
Lucifer, par le chef de ses milices célestes, cette guerre fut une juste et
légitime défense.

On peut remarquer, en passant, que le combat qui eut lieu entre
l'archange Michel et le Dragon, ne fut pas seulement un combat de
pensées et purement dans l'ordre intellectuel, mais bien un combat
réel et personnel ; puisque le Dragon ne fut pas convaincu, mais véritablement chassé du ciel, et précipité sur la terre.

Après cette grande victoire du bien sur le mal, la paix fut rétablie
pour toujours dans les régions célestes ; mais la guerre descendit sur
la terre. « Et, continue le prophète de la loi évangélique, à qui ces
choses furent révélées, *le dragon et ses anges furent les plus faibles
et depuis ce temps ils ne parurent plus dans le ciel.* Et ce grand dragon, cet ancien serpent, qui est appelé le diable et Satan, qui séduit
tout le monde, fut précipité en terre et ses anges avec lui. Le dragon
irrité contre la femme, c'est-à-dire contre l'Eglise, alla faire la guerre
à ses autres enfants, qui gardent les commandements de Dieu, et qui
demeurent fermes dans la confession de Jésus-Christ ; c'est-à-dire, aux
chrétiens de l'Eglise militante, à nos pères, à nous, à nos descendants.
C'est ainsi que la guerre commencée dans le ciel par Lucifer contre
Dieu et ses anges, se poursuit sur la terre par le dragon, cet ancien
serpent, contre les enfants de Dieu, contre son Eglise.

VI.

**ETAT DE L'HUMANITÉ BLESSÉE DANS LA GUERRE DU MAL, AU MOMENT
OU L'ÉGLISE FAIT SON APPARITION DANS CE MONDE.**

Constatons maintenant, avant d'aller plus loin, dans quel état de
dégradation et d'abrutissement les hommes étaient descendus, au
moment où Dieu, dans sa miséricorde, envoya son Eglise leur tendre
une main secourable contre le prince du mal. Ce fait de l'abaissement
prodigieux de tous les peuples, sous le rapport moral et religieux, se
pose devant nous comme une preuve frappante de *l'impuissance radicale* de la raison humaine, à relever l'homme tombé sous les efforts de
Satan, à le désabuser des erreurs de la plus grossière idolâtrie, et à le
détourner de la violation des lois les plus sacrées de notre nature.
Voyons plutôt... Déjà depuis cinq ou six cents ans, des nations remarquables par le degré de civilisation matérielle où elles s'étaient élevées,
voyaient fleurir dans leur sein des hommes de génie, dont les productions intellectuelles n'ont pas encore cessé de faire l'admiration du
monde entier. Les arts et la littérature, l'éloquence et la philosophie,
avaient brillé de l'éclat le plus vif, chez les Grecs et les Romains, chez
les Egyptiens et les Chaldéens ; et je le demande à cette nombreuse

assemblée, est-il un seul homme qui puisse dire que la raison humaine n'eut alors chez ces peuples un grand nombre de ses plus illustres représentants. Or ces artistes et ces littérateurs, ces grands orateurs et ces profonds philosophes, si richement doués des dons les plus précieux de l'intelligence, qu'en ont-ils faits ? Où ont-ils conduit ces peuples dont ils étaient naturellement alors les guides? Ecoutez, s'il vous plaît : voici ce que nous en dit un contemporain, un témoin oculaire, l'Apôtre St. Paul, dans son Epitre aux Romains : « *Ces hommes sont inexcusables, parce qu'ayant connu Dieu, ils ne l'ont point glorifié comme Dieu, et ne lui ont point rendu grâces ; mais ils se sont égarés dans leurs vains raisonnements, et leur cœur insensé a été rempli de ténèbres. Ils sont devenus fous en s'attribuant le nom de sages. Ils ont transféré l'honneur qui n'est dû qu'au Dieu incorruptible, à l'image d'un homme corruptible et à des figures d'oiseau, de bêtes à quatre pieds et de reptiles.»*

Voilà, mes chers frères, où en était le genre humain dans sa plus noble représentation, chez les peuples les plus éclairés. Au moment où l'Eglise vient à lui pour le relever de cette profonde dégradation, elle trouve le sage Egyptien prosterné en adoration devant un bœuf stupide, le Grec orgueilleux célébrant avec grand tapage ses bacchanales, adorant sur ses autels un bouc impur, une Vénus impudique. Les fiers Romains, ce peuple qu'on appelait avec complaisance le peuple-roi, offraient gravement leurs adorations à un Jupiter adultère, à un Mars sanguinaire, à un Mercure voleur. En un mot, chez ces peuples élevés à l'école du rationalisme antique, *tout était Dieu, excepté Dieu même.* Satan, l'ancien serpent, avait si bien réussi dans sa lutte infernale contre notre pauvre humanité, abandonnée à ses propres lumières, à ses propres forces, qu'il avait fini par la soustraire complètement au règne de Dieu, dont il lui avait fait oublier jusqu'au nom, pour la soumettre à son cruel et déshonorant empire ; car tous ces dieux féroces, vicieux, impurs ou stupides, tous ces animaux plus ou moins immondes, devant lesquels Satan avait appris au genre humain à se prosterner en tremblant ; c'étaient des démons.— *Omnes dii gentium dæmonia*, dit le prophète.

Voilà ce que la pauvre raison humaine, abandonnée à elle-même, n'avait pu empêcher ! L'éloquence et la philosophie de la Grèce et de Rome, bien loin d'y mettre obstacle, n'avaient fait qu'aggraver le mal, ainsi que le constate l'Apôtre St. Paul, quand il nous dit de ces philosophes libres-penseurs, que Dieu, par un juste châtiment, les abandonna à la corruption de leurs cœurs et au plus profond aveuglement de leur esprit, pour avoir mis le mensonge à la place de la vérité, et rendu à la créature l'adoration et le culte souverain qui n'appartiennent qu'au Créateur. Et nous, dans nos courses de missionnaires, permettez-nous ici de le dire, nous avons été dans un grand étonnement, de trouver qu'au milieu de leur infidélité, les pauvres sauvages de notre Amérique avaient conservé des notions bien imparfaites, il est vrai, sur Dieu, sur le monde et sur les lois morales ; mais certainement plus claires que celles dont se vantent ces savants des antiques sociétés du paganisme.

Les savants suivaient les enseignements de la seule raison qui les égaraient, et les sauvages, un reste des traditions primitives qui les éclairaient encore. O humanité, où es-tu descendue? O raison, que ta force est donc impuissante ! Que ne guérissais-tu les nations !

En constatant la dégradation inconcevable où se trouvait l'huma-

nité, avant l'apparition de l'Eglise sur la terre, j'attire votre attention
d'une manière toute spéciale *sur ce fait saisissant* de l'impuissance
radicale de la raison humaine à maintenir l'humanité à la hauteur de
sa dignité, et à la conduire dans les voies de la véritable civilisation et
du bonheur social. Ce fait, à lui seul, pour des esprits droits et sans
préjugés, est une réfutation péremptoire de l'une des grandes erreurs
de notre temps, le rationalisme, qui voudrait encore une fois soustraire
l'homme et la société au contrôle de la Religion et au règne de Dieu.

Or la mission de l'Eglise était de relever l'humanité de la profondeur de toutes les dégradations, où elle croupissait en dépit de sa raison,
et de rétablir l'homme dans la justice et la vérité, dans sa dignité d'enfant de Dieu, dans ses droits de roi de la création. Car Dieu avait dit :
« Faisons l'homme à notre image et à notre ressemblance ; qu'il commande aux poissons de la mer, aux oiseaux du ciel, aux bêtes et à
toute la terre. » (Gén. 1. 26.) Mais une pareille restauration ne pouvait
se faire sans lutte, et c'est l'ensemble, la suite de ces combats gigantesques que nous allons examiner rapidement à présent.

On sait qu'il importait grandement de bien fixer, de bien constater
le point de départ, afin de rendre plus sensibles, dans l'intérêt de la
vérité, les progrès immenses que l'Eglise a fait accomplir aux sociétés
qui ont ressenti la douce et vivifiante influence des lumières de sa doctrine et de la pureté de sa morale.

En demandant ainsi aux grandes époques du passé de nous expliquer le présent et de nous éclairer sur l'avenir, nous faisons comme le
voyageur arrivé, après une longue marche, au sommet de quelque
haute montagne. Il s'arrête pour contempler la magnificence et
l'étendue du panorama qui se déroule à ses regards avides. Cette vue
générale des plaines et des collines qu'il a franchies, lui fournit le
meilleur moyen de juger du pays qu'il a parcouru. Les cîmes
élevées qui se dessinent à grande distance dans l'azur du ciel, lui
servent encore de jalons pour bien reconnaître la position où il se
trouve et la route qu'il doit suivre, pour arriver heureusement au terme
de son voyage.

VII.

La première et la plus terrible des luttes que l'Eglise ait jamais eu à
soutenir fut, sans contredit, celle qui se livra autour de son berceau.
Il s'agissait pour l'Eglise de proclamer en face du polythéisme ou de
l'idolâtrie, le dogme fondamental de *l'unité d'un Dieu créateur et conservateur de toutes choses.* Elle l'avait ainsi formulée en tête de son
Credo :

Je crois en Dieu le Père tout-puissant, Créateur du ciel et de la terre.

S'il y a une vérité qui s'impose à notre intelligence avec toute l'évidence du soleil en plein midi, c'est assurément celle de l'unité de Dieu.
Mais ce dogme fondamental renversait de fond en comble tout le système du polythéisme païen, et faisait crouler sur leur base même tous
ces dieux de métal, de pierre et de bois ; il faisait descendre des autels
et renvoyait à la pâture tous ces animaux plus ou moins stupides,
cruels ou immondes, devant lesquels Satan avait prosterné le genre
humain. Et, honte à la nature humaine ! les nations frémirent à cette

nouvelle, elles formèrent des complots insensés contre le Seigneur qui voulait, dans son infinie miséricorde, les arracher à cette épouvantable tyrannie. Voilà, mes frères, voilà qui nous paraît incroyable à nous, à nous enfants heureux de l'Eglise, qui avons appris, sur les genoux de nos bonnes et pieuses mères, cette vérité primordiale de l'unité de Dieu.

Mais l'ancien serpent l'avait compris. L'établissement du royaume de Dieu sur la terre, c'était la ruine de son tyrannique empire. L'Eglise, à son début, ne lui apparaissant que comme un faible enfant dans son berceau, il crut que la force brutale était le moyen le plus sûr de s'en défaire. Il entreprit de l'étouffer, de la noyer dans son sang. Et voilà la persécution qui s'organise et la bataille qui s'engage. Il lance contre l'Eglise le plus puissant despotisme qui ait jamais fait gémir l'humanité sous un joug de fer. Les édits sanguinaires succèdent aux édits, la chasse aux lions fait place à la chasse aux chrétiens ; la persécution poursuit, elle atteint les infortunés chrétiens jusqu'aux extrémités du monde. Dans *ces heureux temps de l'omnipotence humaine*, plus de place à la lumière du soleil pour les adorateurs du vrai Dieu ; il leur faut quitter leurs demeures, abandonner la société de leurs frères, pour aller demander un asile aux sépulcres et aux ténèbres des Catacombes. C'est là que nos pères dans la foi purent trouver un refuge et se dérober au fer de leurs persécuteurs. Là, à la lumière tremblante de quelques flambeaux, ils vont offrir la Victime adorable qui doit bientôt arracher le monde à cette épouvantable tyrannie. Dans les théâtres, sur les places publiques, dans les cirques, partout des lions, partout des bûchers, partout des bourreaux ; le sang chrétien coule à grands flots. Mais, ô prodige étonnant ! ce sang devient une semence féconde de nouveaux chrétiens ! plus on persécute les disciples du Christ, plus on les torture, plus ils se multiplient ! La mort perd pour eux ses horreurs, elle leur semble même avoir des charmes irrésistibles. Le ciel les encourage ; la nature, l'enfer même obéit à leur voix. Au nom du Dieu du Calvaire, à l'approche des chrétiens, les idoles tombent dans la poussière, les démons prennent la fuite ; les lions adoucis s'approchent timidement des martyrs, le feu change en rosée ses ardeurs. De tendres enfants, par leur courage surnaturel en présence des tourments, font trembler les juges et les préfets sur leurs siéges ; et les puissants empereurs eux-mêmes en sont épouvantés. « Il est grand le Dieu des chrétiens, » dit l'un. « Tu as vaincu Galiléen, » dit l'autre. Enfin, après une lutte et une boucherie de trois siècles, la victoire la plus complète demeure à l'Eglise. Le colosse romain, gorgé de sang, n'en peut plus ; il s'affaisse sur lui-même et s'abat. Les chrétiens remplissent maintenant l'empire ; les Papes sortent enfin des Catacombes et la croix domine la couronne du prince. Les idoles et tous les dieux des nations ont disparu au souffle puissant du christianisme, comme le nuage chargé de foudre devant l'aquilon, pour laisser le soleil répandre à flots, sans obstacles, sur la nature réjouie, les rayons vivifiants de sa lumière et de sa chaleur. C'est ainsi que l'humanité régénérée par l'Eglise n'a cessé depuis lors de chanter avec bonheur dans ses solennités et de répéter au sein de la famille :

Je crois en Dieu, le Père tout-puissant, Créateur du ciel et de la terre.

Ici, rappelons-le, mes frères, l'enseignement de cette vérité a coûté à l'Eglise son premier sang, le sang de ses plus illustres enfants, le sang de plus de douze millions de martyrs, de tout âge, de tout sexe, de tout rang, et de la plupart des Souverains Pontifes qui l'ont gouvernée pendant la sanglante période de ces trois siècles. Rappelons aussi l'enseignement social important qui ressort de ce que nous avons déjà dit; c'est que l'Eglise, en présence d'un pouvoir légitimement constitué, mais qui se fait persécuteur, ne fait généralement la guerre qu'en lui opposant une résistance passive. C'est la grande leçon du respect dû à l'autorité, qu'elle n'a cessé de donner à l'univers pendant toute cette longue et douloureuse période. Jamais elle n'a fait appel à la révolte qu'elle condamne absolument; toujours elle a prêché à ses enfants le respect, la soumission aux personnes revêtues de l'autorité, rappelant selon les paroles du grand Apôtre, *qu'ils sont les ministres de Dieu.*

VIII.

DEUXIÈME LUTTE DE L'ÉGLILE.—L'ARIANISME.

Le prophète royal avait annoncé que les méchants feraient la guerre au Seigneur; c'est ce que nous venons de voir, et qu'ils la feraient aussi à son Christ, c'est ce que nous allons présentement examiner.

Pour accomplir la grande restauration du règne de Dieu sur la terre, l'Eglise devait, avec *le dogme de l'unité de Dieu,* affirmer et établir dans les âmes *le dogme de la filiation divine du Christ* et de *la maternité de la bienheureuse Vierge Marie.* C'était le second et le troisième article de son symbole:

Je crois en Jésus-Christ son Fils unique Notre-Seigneur, qui a été conçu du St. Esprit, est né de la Vierge Marie.

Satan, vaincu et humilié dans la guerre sacrilège et atroce qu'il venait de faire au Seigneur, jura dans sa haine infernale de s'en venger contre son Christ. L'expérience venait de lui apprendre que la violence était impuissante à renverser et même à ralentir le développement de l'Eglise. Il se persuada sans peine qu'il fallait, dans cette seconde guerre, changer de tactique et reprendre son ancien rôle de serpent, c'est-à-dire attaquer et combattre par la ruse, l'hypocrisie et la plus insigne mauvaise foi. Il porta donc sournoisement la guerre au sein même de l'Eglise et sur le terrain du raisonnement. Le peuple grec, remarquable entre tous par le nombre de ses sophistes, lui paraît être le mieux qualifié pour le seconder dans son projet impie.

Arius, prêtre orgueilleux d'Alexandrie, sous l'impulsion du souffle haineux de l'ancien serpent, se leva et osa audacieusement proférer ce blasphème: «Jésus-Christ n'est pas Dieu.» Un peu plus tard, Nestorius, également impie et esclave du même orgueil, répéta la même erreur en termes un peu plus détournés, et dit: «La Vierge Marie, mère de Jésus-Christ, n'est pas la mère de Dieu.» Comme on le voit, la guerre est déclarée au Christ, vrai Fils du Dieu vivant. Il est attaqué dans sa personne humano-divine ou théandrique.

Mais le Seigneur ne tarda pas à susciter de nouveaux défenseurs à son Eglise, pour la gloire de son Christ. Au témoignage du sang succède le témoignage de la science et de l'intelligence, et l'époque des martyrs fut suivie de l'époque des grands docteurs de l'Eglise, dont les immortels écrits sont encore là comme des phares brillants qui éclairent les générations. Toutes les ruses et l'astuce de l'ancien serpent furent déjouées, ses plis et ses replis ne purent dérober sa tête à la puissante massue des Pères de l'Eglise. Cette tête fut écrasée, et la filiation divine de N. S. Jésus-Christ fut solennellement proclamée dans le Concile de Nicée. Le Concile la définit par ces paroles : *Je le crois Dieu de Dieu ; lumière de lumière ; vrai Dieu de vrai Dieu !* Le Concile d'Éphèse vengea de même devant l'univers la maternité divine de Marie toujours Vierge. Le monde catholique s'était ému des blasphèmes d'Arius et de Nestorius ; aussi reçut-il avec enthousiasme la décision du Concile. Ces paroles des Pères : « Sainte Marie, Mère de Dieu, priez pour nous, » accueillies avec amour, se sont trouvées depuis sur toutes les bouches et dans tous les cœurs catholiques.

Satan, démasqué et honteusement vaincu sur ce nouveau terrain, furieux comme un lion blessé que la colère emporte, eut encore recours à la force brutale et à la persécution contre l'Eglise ; le sang chrétien coula de nouveau en plusieurs endroits. Mais ce nouveau témoignage du sang ne fit que donner plus d'éclat au triomphe de l'Eglise, qui n'a cessé depuis lors de proclamer chaque jour à la face du ciel et de la terre *la divinité du Christ son fondateur, et la maternité divine de sa sainte Mère.*

Je crois en Jésus-Christ son Fils unique Notre-Seigneur, qui a été conçu du St. Esprit, est né de la Vierge Marie.

IX.

COMMENT SONT CHATIÉES LES NATIONS PRÉVARICATRICES.

Arrêtons-nous un instant pour cueillir un autre enseignement précieux ; voyons comment Dieu châtie les nations persécutrices et rebelles. Le peuple romain, dont la loi suprême était la force, avait voulu étouffer l'Eglise dans son berceau et noyer les chrétiens dans leur sang. Mais Dieu sait punir par où l'on a péché. Dans sa justice inexorable, le Seigneur ouvre les portes du septentrion, il lance sur le colossal empire les peuples innombrables de la barbarie du nord, avec la mission de porter partout le fer et le feu, le ravage et la mort. Ces barbares frappent en effet à coups redoublés ; ils brisent comme un vase d'argile cette gigantesque monarchie qui écrasait le monde sous son joug de fer. C'est ce que le royal prophète avait prédit : *Et tanquam vas figuli confringes eos.* « Et tu les briseras comme un vase d'argile. »

Le Grec orgueilleux, lui, n'avait pas voulu soumettre sa faible raison à l'autorité de la foi ; les pâles lueurs de sa philosophie nuageuse, à la lumière véritable qui éclaire tout homme venant en ce monde. Pour le punir, Dieu le soumet au terrible régime du cimeterre des Mahométans. Ceux-ci n'avaient dans toute leur philosophie que ce syllogisme brutal : « *Dieu est Dieu et Mahomet est son prophète ; crois ou meurs.* » Et depuis des siècles la nation orgueilleuse et raisonneuse par excellence, se traîne profondément humiliée sous le joug abrutissant de l'islamisme. C'est aussi ce que le même prophète avait annoncé : *Reges eos in virga ferea.* « Tu les gouverneras avec un sceptre de fer. » Cette verge de fer ressemble assez au cimeterre des Califes ; on ne s'y méprendra pas.

Grande et terrible leçon pour les peuples rebelles à l'autorité de l'Eglise de Jésus-Christ et persécuteurs de ses enfants.

X.

TROISIÈME LUTTE DE L'ÉGLISE.—LE MAHOMÉTISME QUI VEUT RAVIR L'HÉRITAGE DE JÉSUS-CHRIST.

Postula a me et dabo tibi gentes hæreditatam tuam. (Ps. 2-8). « Demande-moi et je te donnerai les nations en héritage. » Voilà la promesse que le Père Éternel avait faite à son fils, Rédempteur du genre humain. L'Apôtre St. Paul nous apprend que la prière qui monta au ciel à cet effet, fut la voix puissante du sang, par lequel il a fait l'acquisition légitime de son Église, *Ecclesiam quam acquisivit sanguine suo.* (Act. Ap. 20-23). Ce titre est incontestable. Les nations, arrachées à la tyrannie de Satan et des hommes, appartiennent de plein droit à Jésus-Christ, qui les a acquises au prix du plus grand sacrifice possible ici-bas, celui du sang et de la vie. *Delens quod adversus nos erat chirographum decreti, quod erat contrarium nobis, et ipsum tulit de medio, affigens illud cruci.* « Ayant effacé la cédule qui nous était contraire, il a entièrement aboli le décret de notre condamnation, en l'attachant à sa croix. » (Coloss. 2-14). Aussi l'Église a-t-elle consigné ce titre à l'héritage des nations dans son symbole, par les articles qui rappellent la rédemption, le rachat du monde, et les droits glorieux du Sauveur, de siéger comme juge souverain des vivants et des morts.

Qui a souffert sous Ponce-Pilate, a été crucifié, est mort, a été enseveli, est descendu aux enfers. Le troisième jour est ressuscité des morts, est monté aux cieux, est assis à la droite de Dieu, d'où il viendra juger les vivants et les morts.

Satan, honteusement défait dans les deux grandes batailles qu'il venait de livrer contre le Seigneur et son Christ, osa faire encore une tentative désespérée. Puisque je n'ai pu, s'est-il dit, dans sa fureur, puisque je n'ai pu empêcher la filiation divine du Christ d'être solennellement reconnue, au moins je veux porter le ravage et la désolation dans son héritage ; je le lui ravirai. C'est ainsi, c'est dans ces dispositions, que nous le montre le prophète de l'île de Pathmos, quand il nous révèle la fureur du Dragon qui *est irrité*, qui *séduit tout le monde*, qui *va faire la guerre aux enfants de la femme*, c'est-à-dire de l'Église. Or cet héritage du Christ, que l'enfer voulait lui ravir, c'était la chrétienté toute entière, c'étaient ces nations barbares elles-mêmes dont le Seigneur avait voulu se servir pour briser, comme un vase d'argile, l'empire païen de Rome.

Après avoir accompli l'œuvre de destruction et de justice qui était l'objet de leur mission, ces nombreux enfants de la barbarie se trouvèrent en présence de l'Église, qui les adopta comme une bonne mère, et se chargea de faire leur éducation chrétienne et sociale. Et pendant que ces nations se régénéraient, qu'une nouvelle humanité, pour ainsi parler, se formait, que le grand empire chrétien se développait, marchant d'un pas assuré dans la voie du véritable progrès, Satan rôdait dans les déserts de l'Arabie, et y jetait les fondements d'un empire impie qu'il devait bientôt lancer en gros bataillons, contre l'héritage du Christ. Mahomet fut son homme, et le chef de ses escadrons. Mahomet, du reste, avait tout le fanatisme, toute la ruse et l'astuce qu'il fallait au lieutenant de Lucifer, le véritable chef de cet empire anti-chrétien ; aussi sa sauvagerie saura-t-elle égaler la fureur de celui qui l'inspire. Voici donc venir une nouvelle lutte plus épouvantable encore que tout ce qui s'était vu jusqu'alors ; elle s'engagea sur un terrain brûlant et qui demandait du sang. Bientôt le sang coula du Bosphore jusqu'au Gange, du Gange jusqu'au Maroc. L'Espagne même fut envahie et cette terre évangélisée par St. Jacques, l'un des douze Apôtres, vit la mosquée avec le croissant remplacer le temple et la croix.

L'Eglise se trouve ici, constatons-le, en face d'un injuste agresseur, d'un pouvoir qui n'agit aucunement d'une manière légitime. Elle proclame, en conséquence, le droit qu'elle a de repousser la force par la force. Toute l'Europe chrétienne, à sa voix, se lève comme un seul homme, pour combattre les combats du Seigneur et de son Christ, et elle marche contre l'ennemi commun. C'est l'époque des croisades ; époque pleine d'enseignements, où Dieu montra bien qu'il n'abdique jamais le gouvernement de sa Providence. Il usa d'abord de la verge de fer pour châtier les mauvais chrétiens ; et comme parmi les nombreux croisés qui s'enrôlèrent sous l'étendard du Christ, plusieurs n'étaient pas tels que doivent être ceux que Dieu daigne appeler à défendre sa cause, Dieu ne voulut pas toujours seconder leurs efforts ; de là, les échecs partiels que plusieurs de ces grandes expéditions éprouvèrent. Mais il faut, certes, le dire, le résultat final et incontestable de ces grandes luttes, fut le salut de l'Europe chrétienne et le triomphe de la civilisation sur la barbarie.

Parmi les nations dont le Seigneur voulut se servir pour arriver à cet immense résultat, tout Canadien aime à le reconnaître, il y en a une qui nous fut toujours chère, et qui a joué entre toutes un rôle proéminent. C'est celle qui a eu, la première, l'insigne honneur d'opposer une digue infranchissable au torrent dévastateur du Mahométisme. C'était au moment où il venait de franchir les Pyrénées, pour envahir les Gaules et le reste de l'Europe. C'en était fait de la grande république chrétienne et de l'héritage du Christ, sans la valeur et le courage indomptable des Francs. Le moment était solennel, les barbares étaient déjà au cœur même des Gaules et menaçaient de tout anéantir. Ce fut dans les environs de Tours que se livra entre l'armée de Dieu et l'armée de Satan, cette bataille à jamais mémorable où, à la tête de ses Francs, Charles-Martel martela l'Islamisme, étendit sur le champ de bataille plus de trois cent mille Mahométans et posa enfin une limite que cet empire monstrueux ne devait pas franchir.

Toutefois, ce ne fut que longtemps après, dans le golfe de Lépante, d'un côté, et sous les murs de Vienne, de l'autre, que le Mahométisme reçut les blessures mortelles qui ont définitivement amené l'ère de sa décadence et de sa chûte.

XI.

EXPANSION PACIFIQUE DE LA VIE SOCIALE CHRÉTIENNE, VRAIE
CIVILISATION.

Pendant que l'Eglise défendait par la valeur de ses enfants l'héritage du Christ et refoulait, d'une main, la barbarie musulmane vers l'Afrique et l'Asie ; de l'autre, elle cultivait avec soin son héritage. Par sa douceur et sa charité, elle avait déjà su calmer peu à peu l'ardeur guerrière de ses terribles enfants, elle avait su infiltrer doucement, mais sûrement dans leurs usages et leurs mœurs ces principes de justice et d'équité qui procurent la paix et la tranquillité aux populations fidèles à les observer. Cette transformation demanda sans doute de bien longues années, et ne put s'accomplir sans que l'Eglise ne reçut de temps à autre de cruelles blessures ; la fougue de cette barbarie ne laissait pas de faire çà et là de violentes explosions. Cependant le courant catholique refoulant peu à peu, mais constamment, le courant de la barbarie, a fini par l'emporter complètement, et par doter l'Europe de cette civilisation chrétienne, qui lui donne une si grande supériorité sur toutes les nations qui n'ont point ressenti le souffle vivifiant du christianisme. Ces nations barbares d'alors sont devenues, vous le savez, les peuples qui marchent aujourd'hui à la tête de l'humanité ; faut-il nommer les Français, les Anglais, les Allemands, les Espagnols, etc., etc.

Ce grand fait de la conversion des peuples barbares et de leur civilisation graduelle, par les soins et la direction de l'Eglise catholique, est, sans contredit, l'un des plus étonnants de l'histoire du genre humain et l'une des preuves les plus frappantes de la divinité de sa mission. Ces hommes farouches, sortis des immenses forêts du Nord et de l'Est de l'Europe, n'avaient connu d'autres droits que celui de la force, d'autre législation que celle de leur épée. C'était leur unique code. Ils le portaient à leur ceinture et il était là toujours prêt à trancher les difficultés qui pouvaient s'élever entre eux et leurs voisins. Quel contraste avec la France de St. Louis et de St. Vincent de Paul ! À ceux qui auraient quelques doutes sur la cause véritable de cette étonnante transformation, et qui seraient tentés de croire qu'elle n'est pas absolument due à l'influence des doctrines sociales de l'Eglise et à l'action paternelle de la Papauté, nous demanderons seulement de nous dire et de nous expliquer pourquoi, en dehors de cette action salutaire des Papes sur les peuples et les souverains, et de cette influence vitale des principes catholiques sur la société, pourquoi toutes les autres nations sont demeurées dans les ténèbres et assises à l'ombre de la mort, suivant l'expression du prophète ?

Oui, répétons-le bien haut, toutes ces nations barbares auxquelles Dieu avait donné en héritage les débris du colosse romain, avaient grandi sous le regard et la direction paternelle des Papes, et toute l'Europe, devenue chrétienne, présentait le spectacle d'une grande famille que l'on appelait si bien la république chrétienne. Les guerres entre ces nations avaient perdu leur caractère de férocité et de barbarie ; leurs différends n'étaient plus guère que des querelles de famille, tantôt pour une limite de territoire, tantôt pour une dispute de dynastie. Presque toujours, l'intervention paternelle du Pape, en précisant les droits légitimes de chacun, finissait par ramener la paix et raffermir de plus en plus le règne de la justice. Et, ajoutons à la gloire de l'action civilisatrice de l'Eglise, pendant que les nobles chevaliers, ce beau type du soldat chrétien, pendant que les valeureux croisés soutenaient, l'épée à la main, le combat du Seigneur, l'Eglise avait organisé une armée d'un autre genre pour combattre un autre ennemi. Sur les différents points de l'Europe et au sein même des plus sombres forêts, on vit surgir les institutions monastiques, si lâchement calomniées au siècle dernier par l'ignorance et la mauvaise foi ; mais si noblement vengées de nos jours par l'illustre auteur des *Moines d'Occident*. Cette milice d'un nouveau genre avait pour mission de lutter contre l'ignorance et les difficultés d'un double défrichement, le défrichement des terres et le défrichement des âmes. C'était au milieu de ces soldats du travail, de la vertu et de la science, c'était dans les monastères, dans ces asiles bénis, que l'on distribuait gratuitement aux indigents le pain matériel, aux ignorants le pain de la science, à tous, le pain qui nourrit l'âme et fortifie le cœur.

Ce fut encore dans ces temps que l'on affecte parfois de méconnaître et de couvrir de mépris, que l'on vit s'élever comme par enchantement ces monuments impérissables de l'architecture chrétienne, ces magnifiques cathédrales du moyen-âge qu'on ne peut encore se lasser d'admirer.   La littérature, l'éloquence, la philosophie, la théologie produisirent des hommes dont quelques-uns s'appellent St. Bernard, St. Thomas d'Aquin, St. Bonaventure, le Dante, et qui apparaissent encore aujourd'hui dans le champ où ils travaillèrent, comme les grands pins au milieu des forêts; la Providence semble les avoir placés là comme d'imposantes colonnes qui indiquent la route au voyageur.

C'est ainsi que l'Eglise catholique, toujours et partout semblable à une armée rangée en bataille, remportait partout la victoire.   La lutte, cinq ou six fois séculaire qu'elle eût à soutenir contre le Turc et les disciples de Mohomet, pour défendre son héritage, ne fit qu'en établir les titres avec plus d'évidence, et pendant ce temps Dieu semblait se plaire à la faire fructifier d'une manière merveilleuse.

Au moment donc où Satan encore vaincu dut renoncer à son noir projet de ravir par la force l'héritage du Christ, l'Eglise, par ses victoires et ses bienfaits, était devenue semblable à un grand arbre qui é'endait sur toute l'Europe ses rameaux vigoureux chargés de fruits.   Toutes les nations y cueillaient avec bonheur les délicieux fruits de la paix et de la justice.   Mais l'ennemi du genre humain ne sait jamais rester dans l'inaction après la défaite.   Dévoré par l'envie et la vengeance, il voulut donc tenter de nouveau les chances d'une autre bataille, comme nous allons l'exposer.

XII.

QUATRIÈME LUTTE, LE PROTESTANTISME.

Le Sauveur avait promis à son Eglise l'assistance spéciale du Saint-Esprit, il avait laissé à ses pasteurs l'assurance que cet Esprit de lumière leur enseignerait toute vérité : *Et docebit vos omnem veritatem ;* que cet Esprit de force les soutiendrait et les rendrait capables de lui rendre témoignage jusqu'aux extrémités de la terre.   *Sed accipietis virtutem supervenientis Spiritus Sancti in vos, eritis mihi testes ...... usque ad ultimum terræ.* C'est la vérité que les Apôtres consignaient avec soin dans le symbole par ces paroles :

Je crois au Saint-Esprit, la sainte Eglise catholique.

Au chef de cette Eglise sainte avait été accordé un privilége admirable, celui de ne point errer dans la foi. Une prière spéciale du Sauveur à son Père lui assurait cette faveur : *Ego pro te rogavi, ut non deficiat fides tua* (Luc 22, 32.) avait dit Jésus-Christ. « J'ai prié pour toi, Pierre, afin que ta foi ne défaille point. » Le divin fondateur du christianisme avait également conféré au chef visible de son Eglise un pouvoir souverain : *El tibi dabo claves regni cælerum etc.*, (Math 16, 19.) « Et je te donnerai les clefs du royaume des cieux, et tout ce que tu lieras sur la terre sera lié dans les cieux, et tout ce que tu délieras sur la terre, sera aussi délié dans les cieux. » Qui dit tout n'excepte rien.

Dans ce royaume de Dieu sur la terre tout est soumis à ce pouvoir sans limite : grands et petits, savants et ignorants, rois et peuples, pasteurs et troupeaux, tous, sans exception, doivent obéir à ce pouvoir unique dans le monde, sous peine d'être mis hors de la société de l'homme avec Dieu : *Dic Ecclesiæ, si autem Ecclesiam non audierit, sit tibi sicut ethnicus et publicanus.* (Math 18, 17.) « Dites-le, à l'Eglise, et s'il n'écoute pas l'Eglise, qu'il soit pour vous, comme un païen et un publicain. » Tel est le tribunal en dernier ressort qui décidera finalement et infailliblement de toutes les difficultés qui peuvent surgir dans le royaume du Christ.

Voilà aussi ce que les chrétiens avaient toujours cru, touchant l'autorité doctrinale et juridictionnelle de l'Eglise ; voilà ce qu'ils avaient pratiqué, quant au respect et à la soumission qu'ils lui doivent, conformément à ces paroles du Sauveur : *Qui vos audit, me audit ; qui vos spernit, me spernit.* « Qui vous écoute, m'écoute ; qui vous méprise, me méprise. »

C'est cette foi inébranlable aux décisions dogmatiques et ce respect pour les ordonnances de l'Eglise ; c'est cette soumission pleine et entière à ses pasteurs et surtout au Pasteur suprême, le Pontife Romain, qui avait fait la force du catholicisme. C'est par l'union intime de tous ces membres entre eux et avec leur chef, qu'il avait pu sortir victorieux des luttes terribles sur lesquelles nous venons de jeter un coup-d'œil rapide, et accomplir la transformation admirable que nous venons de constater chez les nations qu'il s'était incorporées.

Satan le comprenait ; et il était désormais convaincu de l'impuissance des attaques ou des pressions extérieures, pour renverser le royaume du Christ et s'emparer de l'héritage qui lui était échu. Donc, briser cette puissante organisation, renverser ce tribunal, paralyser l'exercice de cette autorité salutaire, parut, à l'ancien serpent, le moyen infaillible de diviser d'abord et de ruiner ensuite l'Eglise ; il savait depuis longtemps que tout royaume divisé contre lui-même ne peut subsister. Voilà le projet de l'enfer, après la défaite du mahométisme, c'est-à-dire, anéantir l'autorité de l'Eglise.

Mais pour en venir à l'exécution, il fallait entrer dans le royaume et trouver des instruments dociles. Dans un couvent d'Allemagne vivait un moine en qui Satan trouva une âme dévorée d'envie ; cette âme ne pouvait manquer de céder facilement à l'esprit de révolte. Luther, personne n'ignore son nom, se lève donc en face de l'Eglise, et pose audacieusement, comme des vérités acquises, ces trois grandes négations que Satan lui suggère : 1o. négation de l'autorité doctrinale de l'Eglise ; 2o. négation de son autorité juridictionnelle et souveraine ; 3o. négation de son universalité ou de sa catholicité. C'était nier directement les articles du symbole que nous venons de citer ; c'était nier du même coup l'assistance spéciale de l'Esprit Saint, qui préside à toutes les délibérations et décisions de l'Eglise, et l'Eglise elle-même, qui ne devenait plus qu'un mot et un mot vide de sens : car qu'est-ce qu'une société qui n'a plus ni pouvoir législatif, ni pouvoir judiciaire, ni pouvoir exécutif. Methodius et Photius n'avaient été que de timides ergoteurs, Luther se fera démolisseur ; il tentera de saper l'Eglise par

la base. Niant donc à l'Eglise sa divine autorité, il s'en arroge effrontément les droits. Puis, se prenant à dogmatiser, il érige en principe
indubitable la doctrine du libre examen et la libre interprétation des
Ecritures, par le jugement privé de chaque individu ; c'est là, personne
ne l'ignore, le principe fondamental et l'essence même du protestantisme. . La triple négation luthérienne, qui précéda pour la forme,
n'était au fond que l'une des innombrables conséquences qui découlent
du principe faux de la souveraineté du jugement privé, source féconde
de toute espèce d'erreurs.

Henri VIII, en Angleterre, et Calvin, en France, donnèrent main-forte
au moine révolté d'Allemagne. Le terrain du libre examen devint
naturellement le rendez-vous de ces esprits impatients du joug. L'Evangile devait cesser pour eux d'être sans accommodement ; toutes les
aspirations pouvaient y chercher désormais la possibilité d'être satisfaites ; chacun serait son juge et devait avoir pour soi, avec la liberté
du jugement privé, la liberté de morale ou la liberté de mœurs. Quitte
à ces bons apôtres à s'anathématiser mutuellement, pourvu qu'on fût
d'accord à faire rigoureusement la guerre au Pape.

Voilà les trois porte-étendards de l'erreur, auxquels l'ancien serpent
voulait confier les rôles les plus importants, dans la nouvelle lutte qu'il
entreprit contre l'Eglise, après la défaite du mahométisme.

L'appel aux passions qui flattent le plus insidieusement, qui remuent
le plus puissamment le cœur humain, fut le grand levier dont ils se
servirent pour surprendre et soulever les populations. Aux savants
orgueilleux, on donnait *la liberté de tout penser et de tout dire*, sans
contrôle aucun. Ils étaient établis juges en dernier ressort du vrai et
du faux. Aux puissants, on présentait *les riches dépouilles des ordres
religieux*, on accordait *la liberté de tout faire*, en les constituant juges
en dernier ressort du juste et de l'injuste. Enfin à tous, on concédait
le droit de la libre morale, chacun jugeant pour soi de la règle des
mœurs.

C'était la parfaite réalisation des paroles remarquables du royal prophète, quand il voyait d'avance les rois de la terre et les princes se
liguer contre le Seigneur et contre son Christ. « Brisons, disaient-ils,
brisons leurs liens et jetons loin de nous leur joug. » *Dirumpamus
vincula eorum et projiciamus a nobis jugum ipsorum.* (Ps. 2-2.)

Oui, les puissants de la terre, les princes de la science, qui se sont
rangés dans le camp de la soi-disant réforme, ont dit : » Brisons les liens
que l'Eglise, au nom du Seigneur et de son Christ, veut imposer à notre
intelligence, par son enseignement dogmatique ; à notre puissance, par
la force du droit et de l'équité ; jetons loin de nous ce joug insupportable, qu'elle nous impose par la sévérité de sa morale.»

Une étude quelque peu attentive des commencements de la réforme
religieuse du seizième siècle, convaincra sans peine que le souffle brûlant des passions, que Satan déchaîna avec tant de fureur contre
l'Eglise, faisait une notable partie de l'ouvrage de sa perfide tactique.
On procéda toutefois avec précaution, on se contenta pour lors de
ne porter la lutte que sur le terrain religieux. Les populations profondément chrétiennes de ce temps, n'étaient pas encore préparées à
tirer les dernières conséquences du libre examen ; le terrain social
restait intact et dans la paix.

Cependant, de la région des idées et des principes où la lutte s'engagea d'abord, elle ne tarda pas à descendre dans le domaine des faits.
Des guerres longues et sanglantes s'en suivirent, et les champs de

bataille virent bientôt périr des milliers de chrétiens. Le grand arbre du catholicisme, alors si magnifique de vigueur, parut tout-à-coup agité comme par une violente tempête ; et si son tronc profondément enraciné dans le sol, que le sang des martyrs avait arrosé, tint bon contre tous les efforts de l'orage, l'on n'en vit pas moins de nombreux rameaux se rompre et se détacher. Des nations entières furent arrachées du giron de l'Eglise : l'Angleterre, jadis l'Isle des Saints, l'Allemagne avec la moitié de sa population, emportées par les violences de l'orgueil ou les fureurs d'un libertinage effréné, roulèrent toutes meurtries dans les abîmes du schisme et de l'hérésie. La France, cette noble fille aînée de l'Eglise, grâce à une protection toute spéciale de la divine Providence, résista avec plus d'avantages ; l'hypocrisie et l'audace de Calvin y furent comparativement sans effet. L'Espagne, la Sicile, l'Italie, l'Autriche, etc., etc., échappèrent à la contagion des fausses doctrines.

Cependant, il n'est pas inutile de le remarquer, toutes les nations européennes d'alors étaient constituées chrétiennement. Leur droit public, leur législation particulière étaient en harmonie avec les lois de Dieu, dont la garde et l'interprétation étaient confiées à l'épiscopat et à la papauté. Pendant les guerres sanglantes de la réforme, guerres qui ne furent dues qu'à l'orgueil, qu'au libertinage et à l'ambition, l'Eglise se tint toujours dans les limites d'une juste et légitime défense. Nous devons être équitable et ajouter que les excès déplorables qui eurent lieu alors ont été amenés par des intérêts qui n'étaient pas ceux de la Religion, et que la responsabilité en revient de droit à ceux qui les ont commis, et non pas à l'Eglise qui n'a jamais manqué de les réprouver et de les condamner.

Les hardis réformateurs, en posant le principe du libre examen et de la libre interprétation vis-à-vis de l'Eglise, entendaient bien s'en réserver exclusivement le bénéfice, à eux, vis-à-vis de leurs adeptes. Aussi n'hésitèrent-ils pas à se donner à eux-mêmes la mission divine et l'autorité qu'ils refusaient de reconnaître dans l'Eglise catholique et dans son Chef suprême, N. S. P. le Pape. Aucun des principaux réformateurs n'oublia de se constituer modestement, de par son autorité privée, chef, c'est-à-dire, pape de la nouvelle secte qu'il avait formée. Cette autorité de fait, si directement en opposition avec le principe fondamental de la réforme, contribua certainement et dans une grande mesure, à conserver chez les peuples accoutumés depuis des siècles au régime chrétien du respect et de la soumission à l'autorité légitime, à conserver, disons-nous, un reste de cette vie chrétienne dont ils étaient imprégnés.

Les populations que les violences de cette tempête avait détachées de l'Eglise catholique étaient encore saturées, pour ainsi parler, de la sève chrétienne ; leurs croyances, leurs usages, leurs mœurs, leurs institutions étaient pénétrées de l'esprit chrétien. Et voilà, nous le répétons, voilà ce qui nous explique pourquoi ces sectes diverses conservèrent encore assez longtemps le reste de vie que l'on a observé chez les nations protestantes qui s'éloignèrent le moins des formes catholiques.

Cependant le Seigneur, touché des maux sans nombre que la réforme causait au milieu de son peuple, vint au secours de son Eglise. Satan s'était servi de l'orgueil d'un moine et de l'épée des princes pour lever l'étendard de la révolte, le Seigneur, qui se rit des projets des puissants et des impies, fait, pour les confondre, arborer l'étendard de l'humilité et du dévouement ; et son choix appelle irrésistiblement un soldat blessé de la catholique Espagne, et une vierge obscure du Milanais. Au libertinage et à la dissolution si ignoblement autorisés par les paroles et les exemples des réformateurs, Dieu opposa l'exemple et les enseignements si purs des filles d'Angèle de Mérici, les Ursulines; elles seront les gardiennes et les guides, les secondes mères de la plus délicate portion du troupeau de Jésus-Christ. L'orgueil et la révolte viendront se heurter contre l'humilité, le dévouement et l'obéissance des enfants d'Ignace de Loyola. Ce sont ces humbles croisés qui sont chargés par la divine Providence de résister aux efforts et à la fureur de l'hérésie, de mettre un terme à ses envahissements et de dédommager l'Eglise des pertes qu'elle vient de faire.

Aussi, pendant que d'un côté les premiers soldats de l'illustre compagnie de Jésus opposaient, par leurs vertus, leur science profonde et leur zèle, une digue que la réforme ne put jamais franchir, de l'autre ils reculaient les limites du royaume de Jésus-Christ jusqu'aux extrémités du monde, depuis les Isles du Japon, à l'Orient, jusqu'aux rivages du Pacifique, à l'Occident, faisant entrer dans le sein de l'Eglise de nombreuses nations qui venaient ainsi remplacer celles qu'on avait vues en sortir. En même temps, l'Eglise voyait croître sans inquiétude à l'ombre des monastères de Ste. Ursule les fleurs des plus belles vertus; la famille fut régénérée dans sa source, et la chrétienté fut sauvée. Le saint Concile de Trente surtout, dans le domaine des principes, en condamnant et anathématisant le principe fondamental des réformateurs, la libre interprétation et toutes les conséquences funestes qu'ils en avaient déduites, arrêta pour toujours l'expansion de ces fausses doctrines. Depuis lors, le protestantisme, comme un malade qu'un mal secret consume, sentit s'épuiser peu à peu la sève chrétienne qu'il avait emportée avec lui en se détachant de l'arbre catholique. A force de nier les unes après les autres les vérités révélées, les plus logiques des fils de la réforme arrivent à l'infidélité complète. C'est ainsi que de nos jours nous voyons la grande hérésie du protestantisme se débattre dans les convulsions de l'agonie emportée par deux courants contraires, l'un qui la pousse vers le catholicisme, et l'autre qui l'entraîne dans les abîmes du rationalisme contemporain.

Ici donc la victoire est encore du côté de l'Eglise catholique, le véritable héritage de Jésus-Christ. Tandis que la plupart des sectes protestantes, semblables à des branches tombées éparses sur le sol, n'ont plus aucune liaison entr'elles, et perdent dans les abîmes du doute ce reste de vie chrétienne qui semblait d'abord les animer; l'Eglise catholique, au contraire, plus vigoureuse et plus compacte que jamais, continue sa marche victorieuse vers l'avenir en se préparant à de nouveaux combats et à de nouvelles victoires. Elle continuera de répéter chaque jour, malgré les négations de l'hérésie qui succombe:

Je crois au Saint Esprit, la Sainte Eglise catholique, la Communion des Saints, la rémission des péchés.

Il n'est pas sans intérêt de remarquer, ici, la conduite de l'ancien serpent, pour mieux faire saisir le plan dont il poursuivait la réalisation contre l'Eglise de Jésus-Christ. Satan voulait détacher de Dieu son Eglise sainte, il lui refusait l'autorité et l'assistance divine; il voulait la rendre toute naturelle et terrestre, il lui nia la communion avec les saints de la gloire et avec l'Eglise souffrante dans l'expiation; il voulait enfin, après l'avoir arrachée au ciel, la tenir dans les liens de son

esclavage, il lui refusa la puissance de délier, le pouvoir de la rémission des péchés.

Nous sommes présentement arrivés à la grande lutte contemporaine.
Nos pères en ont vu le début, peut-être en verrons-nous le dénouement.
La révolution s'avance, et la lutte tend à se faire désormais sur le terrain social ; c'est là aussi que l'enfer veut montrer sa haine de Dieu,
comme nous l'allons voir dans la seconde partie de ce discours.

SECONDE PARTIE.

XIII.

CINQUIÈME LUTTE.—LE PHILOSOPHISME VOLTAIRIEN.

Les hardis réformateurs du XVIIIe siècles n'ont pas osé tirer toutes
les conséquences du principe qu'ils avaient posé, le libre examen. Ils
se contentèrent d'en faire l'application dans l'ordre purement religieux,
comme nous l'avons vu. Ils avaient besoin du secours des rois et des
princes pour faire la guerre à l'Eglise ; ils se trouvaient par là dans
la nécessité de remettre à un autre temps l'application de leur *grand
principe* à l'ordre intellectuel et à l'ordre social. Mais Satan n'en
sentait pas moins sa défaite, dans la blessure mortelle que lui avait
infligée l'Eglise par les anathêmes du Concile de Trente et par l'action
des ordres religieux. Furieux de voir que l'astuce et la ruse ne lui
avaient servi de rien, pas plus qu'à l'époque de l'Arianisme, pour
atteindre le but qu'il s'était proposé, de renverser et de détruire
l'Eglise sous le beau prétexte de la réformer, de la rendre plus
pure, il se décida à jeter le masque. Le principe de la libre pensée
et du libre examen était bien toujours le terrain sur lequel il avait
le plus de chance de succès pour faire la guerre au Seigneur, à
son Christ, et à son Eglise à la fois. Il va donc implanter partout
le fallacieux principe ; il le portera dans l'ordre scientifique, dans
l'ordre social, comme il l'avait déjà fait dans l'ordre religieux. Il
faudra le pousser jusqu'à ses limites extrêmes et en tirer les dernières
conséquences pour arriver à la négation de Dieu et à la déification de
la raison humaine. Car tant que l'idée de Dieu restera debout dans
l'âme, la libre pensée sera à la gêne, le libre examen ne détruisant pas
dans l'âme le sentiment intime et comme instinctif que la raison divine
doit en tout l'emporter sur la raison humaine. Tant que cette subor-
dination de l'homme à Dieu subsistera dans l'intelligence, le libre
examen sera une contradiction, sera un mensonge pour cette intelligence même.

Il fallait donc en venir à la négation pure et simple de l'idée du
Dieu qui sonde les reins et les cœurs et interroge les consciences ; il
fallait nier Dieu et arriver d'un bond à l'athéisme. Et, comme un
abîme en attire un autre, il fallait retomber dans l'ancien cahos du
paganisme, et prêcher toutes les absurdités, depuis le spiritualisme
absolu qui nie l'existence des corps jusqu'au plus grossier matérialisme qui nie le monde des esprits.

C'était là, remarquez-le, mes chers frères, la négation des deux
articles qui terminent le symbole :

Je crois la résurrection de la chair et la vie éternelle.

La foi à la résurrection de la chair est l'affirmation la plus énergique de l'existence des corps, et renverse le spiritualisme absolu ; comme le dogme de la vie éternelle est l'affirmation la plus forte du monde des esprits et renverse également le matérialisme.

Inutile de dire que la négation de ces deux dogmes était la négation implicite de tous les articles de la foi chrétienne.

Comme on le voit, la tâche était gigantesque ; ce n'était rien moins pour Satan qu'entreprendre de nouveau d'anéantir le christianisme, en rejetant la fin ou le terme de ses espérances, fallût-il pour cela le noyer dans son sang. Les champions de la libre pensée crurent qu'il était plus habile d'essayer d'abord de l'étouffer dans la boue ; désormais, cependant, aux ricanements et aux sarcasmes viendront s'ajouter les grincements du couperet, de la guillotine et le tonnerre du canon.

Voilà donc une fois de plus l'enfer à l'œuvre et la lutte qui s'engage. C'était surtout à la France catholique qu'il en voulait, elle qui avait refusé de s'enrôler sous l'étendard de Calvin. D'ailleurs, l'entraîner dans son parti pour cette guerre suprême, c'était pour lui un double gain ; puisque, du même coup, il ôtait à l'Eglise le bras armé que la Providence lui avait donné pour la défendre au dehors ; et s'assurait en même temps les services du plus vaillant soldat de la terre.

Peut-être aussi avait-il remarqué que cette fille aînée de l'Eglise, si sainte et si savante d'ailleurs, avait péché contre le Très-Haut, en prêtant une oreille trop complaisante aux doctrines Jansénistes et Gallicanes, et que pour se purifier de cette faute aux yeux de Dieu qui a fait les nations guérissables, il lui fallait passer par les eaux d'une grande tribulation.

Deux hommes lui parurent doués à un degré éminent de toutes les qualités nécessaires au chef d'une entreprise qui demandait autant de génie que de perversité. Voltaire et Jean-Jacques Rousseau ouvrirent leur âme avec une complaisance impie aux inspirations de l'esprit infernal : leur cœur savoura avec une malice satanique la haîne de Dieu et le mépris des hommes ; la haîne du Christ et de toutes les institutions chrétiennes.

Déjà dans le camp de la réforme s'étaient rencontrés quelques hardis explorateurs de la libre pensée, qui avaient poussé leurs découvertes jusqu'à la négation de la révélation et de la divinité du Christ. D'autres, comme l'a dit un grand écrivain chrétien, plus hommes de progrès, la prunelle à l'oculaire du télescope, avaient aperçu, au milieu du tourbillon des molécules éternelles et sans cause, le froid athéisme, les yeux voilés, assis immobile sur le char de la fatalité ; enfin, les plus avancés, le merveilleux bouton de la pensée, sur la pointe de leur scalpel, étaient triomphalement arrivés à la vision des mille et mille merveilles du matérialisme ; mais ce n'était là que de timides essais. Ces chercheurs de néant n'entretenaient point l'espoir que d'aussi sublimes conceptions pussent jamais descendre dans le domaine des faits, et recevoir une application pratique dans la croyance et la conduite morale et sociale des peuples. Insensés ! ils ignoraient jusqu'où peuvent aller la sottise et la perversité humaines.

Le patriarche de Ferney et le philosophe de Génève ne furent pas aussi sceptiques, ni aussi timides ; ils ne reculèrent pas devant les difficultés de l'entreprise.

Il fallait déblayer le terrain, avant de procéder à la construction du nouvel édifice social et scientifique qu'ils projetaient. On les vit bientôt à l'œuvre avec une habileté et une constance digne d'une sainte cause. Pendant plus d'un demi-siècle, ils battirent en brèche toutes les vérités sur lesquelles repose l'ordre social tout entier. Une légion de sophistes de second ordre leur prêtait main-forte dans l'accomplissemet de cette œuvre infernale. Et, chose étonnante! la France, la catholique France laissa ces audacieux démolisseurs travailler tranquillement à à cette œuvre de destruction, sans avoir l'air même de se douter du cataclysme qui l'ensevelirait plus tard sous les ruines de toutes ses institutions, en commençant par le trône et l'autel.

C'est à notre avis une des grandes fautes, pour ne pas dire un grand crime, de la part du gouvernement civil et du gouvernement ecclésiastique de la France, à cette époque, d'avoir laissé si longtemps ces apôtres du mensonge et de l'erreur renverser dans les âmes toutes les croyances, dans les cœurs tous les respects, et couvrir de boue toutes les gloires les plus pures de la religion et de la patrie, sans les réprimer par les moyens que les lois divines et humaines mettaient à leur disposition. C'est qu'alors dans la chambre des rois très-chrétiens, sur le lit où avait reposé St. Louis, dormait Sardanapale, suivant l'énergique expression du Père Lacordaire. C'est qu'alors, en vertu *des saintes libertés Gallicanes,* les soins vigilants du Père commun des fidèles ne pouvaient plus atteindre ses enfants, pour éloigner de leurs lèvres la coupe empoisonnée des mauvaises doctrines. L'autorité salutaire du tribunal de l'Index n'était pas reconnu en France. Notre conviction intime est que la violation de cette grande loi morale et sociale, qui prescrit d'arrêter les empoisonneurs, a été une des causes qui ont le plus contribué au cataclysme de 89 et 93.

Mais revenons à nos démolisseurs.

Le mot d'ordre, tout le monde le sait, était: *Ecrasons l'infâme* et guerre à la superstition ! Dans leur langage, d'autres diraient, dans leur jargon philosophique, c'était le Christ et sa religion qui étaient par là désignés. Ainsi, on peut le voir, ce qui caractérise surtout cette inepte philosophie, *c'est sa haine aveugle contre tout ce qui se rattache au christianisme, et son admiration exagérée des productions païennes de la Grèce et de Rome antique.*

Pendant que d'une main la philosophie ricaneuse et effrontée de l'impie Voltaire renversait dans les âmes l'amour et l'admiration des grands hommes du christianisme ; pendant qu'elle défigurait la beauté et la perfection de ses institutions sociales, qui avaient rendu à la véritable liberté les quatre cinquièmes du genre humain ; pendant qu'elle ne cessait de déverser le mépris sur les immortelles productions des plus beaux génies chrétiens ; de l'autre, elle tâchait de relever, dans les mêmes âmes l'amour et l'admiration des hommes et des institutions païennes, de ces institutions qui avaient déjà ravalé notre pauvre humanité au niveau du bœuf et du bouc. Après un demi-siècle d'un infernal travail ou renversement, dans les âmes, de toutes les notions sur Dieu et la société, l'impiété voltairienne était arrivée à un succès que l'enfer même dut admirer avec surprise, tant il paraissait incroyable : le mal était triomphant, la révolution se trouvait accomplie dans les esprits, surtout chez ceux qui se croyaient appelés à gouverner la société. Toutefois la grande masse du peuple français, l'immense majorité de la nation, il faut le dire, était demeurée profondément catholique.

De la région des idées, la révolution ne pouvait tarder à descendre dans celle des faits. Les mugissements d'une tempête formidable commencèrent bientôt à se faire entendre. Et Dieu, qui voulait encore donner une grande leçon au monde, lui prouver une seconde fois, *l'impuissance radicale de la philosophie rationaliste,* à conduire et sauver l'humanité, permit à l'esprit du mal de prévaloir pendant quelque temps. La Providence voulait châtier d'abord et instruire ensuite la nation qui avait fait l'énorme faute de laisser pendant si longtemps ses enfants s'abreuver à la coupe empoisonnée d'une philosophie athée. L'heure du châtiment était sonnée. L'ouragan se déchaîne avec une fureur inouïe et rien sur toute l'étendue du sol français ne résiste à son souffle puissant. Le trône de St. Louis, quatorze fois séculaire, croule avec un fracas épouvantable, les temples sont envahis, les autels profanés et détruits; en quelques années, tout a disparu dans le gouffre béant de la révolution.

Alors commencent les douceurs du règne de la philosophie rationaliste. Elle règne en maîtresse sur la France. Siégeant en permanence sur la guillotine, elle s'applique, par des massacres réguliers et en masse, à passer philosophiquement le bienheureux niveau sur tous les rangs de la société. Mais ce qui délecte merveilleusement la fraternité philosophique, c'est le sang des prêtres et des nobles, c'est le sang royal surtout. La bienfaisance philantropique, qui doit désormais remplacer la charité, s'imaginait enterrer définitivement la royauté avec l'infortuné Louis XVI. Epoque à jamais mémorable où les *mânes* remplaçaient les *âmes,* et le contrat social, l'Evangile. La France put goûter alors à satiété toutes les délices d'un gouvernement de philosophes athées.

Mais que dis-je? l'athéisme, l'athéisme sincère est impossible, même aux philosophes qui le désirent dans toute la force de la perversité de leur cœur; et, c'est cette leçon là même que le Seigneur voulait donner au genre humain, dans les faits et actes de ces fiers contempteurs de la divinité. Ils ignoraient dans la profondeur de leur aveuglement que la première loi de la nature humaine, loi qu'ils n'effaceront jamais de l'âme, est le besoin de l'adoration. Aussi à peine avaient-ils renversé les autels du vrai Dieu, qu'on les trouve, comme leurs ancêtres païens, stupidement prosternés en adoration au pied d'un autel, où trône cette fois en chair et en os, une Vénus impudique. C'est aux pieds de la déesse raison, incarnée dans une impure prostituée, que ces spirituels et sublimes philosophes se sont efforcés de conduire la nation qui adorait naguère encore le Dieu qu'ont prêché Bossuet et Fénélon ! Quelle profonde humiliation que cet ignoble essai du culte philosophique !

Le prophète Daniel avait dit de l'homme de péché : *Et sermones contra exselsum loquetur et sanctos Altissimi conteret et putabit quod possit mutare tempora et leges.* « Il parlera insolemment contre le Très-Haut, il foulera aux pieds les saints, et s'imaginera pouvoir changer les temps et les lois. » (Daniel 25.) Voilà comment ils traitèrent le Très-Haut et les saints, voyons à présent ce qu'ils firent des temps et des lois.

La philosophie qui ne voulait plus sur la terre que les œuvres de sa sublime sagesse, découvrit qu'au calendrier chrétien et à ses saints, il fallait substituer le calendrier républicain avec ses animaux et ses légumes. Il fallait absolument tourner les regards du citoyen républicain vers la terre, dans la crainte que le souvenir des saints et le langage tout à la fois si pur et si touchant du ciel, ne le reportassent vers le Dieu créateur et conservateur de toutes choses. La semaine qui rappelait la création dut ainsi faire place à la décade ; c'était là un hommage dû à la science des chiffres. Que n'aurions-nous pas à dire de toutes les folles et criminelles transformations qui s'opérèrent ?

Était-il possible, nous le demandons à tout homme sincère, était-il possible de réaliser plus littéralement cette célèbre mais désolante prophétie de Daniel, que nous venons de citer ?

C'en était donc fait de la noble et catholique France, si Dieu eût permis à ces hommes de péché, de la fouler plus longtemps à leurs pieds. Mais Dieu dans sa miséricorde suscita un homme auquel il donna la puissance de l'épée et le génie de l'organisation. Napoléon Bonaparte parut. D'une main il balaya d'abord cette tourbe révolutionnaire ou voltairienne, et de l'autre il s'empressa de relever le trône et l'autel. Reconnaissant solennement en face de ce cataclysme sans précédent l'impossibilité de tout gouvernement qui n'a point la religion pour première pierre d'assise, il se hâta de rendre à ce peuple ses temples et ses prêtres. Puis s'adressant au saint Pape qui gouvernait alors l'Eglise, il en obtint la reconstruction hiérarchique de l'Eglise de France, qui sortit plus pure et plus radieuse de ses ruines, où elle avait laissé la tâche jansénistes et gallicane.

C'est ainsi que l'Eglise triompha enfin dans cette lutte, la plus affreuse qu'elle ait soutenue depuis la sanglante persécution des Néron et des Dioclétien.

<h2 style="text-align:center">XIV</h2>

SECONDE PHASE DE LA RÉVOLUTION SOCIALE. LE LIBÉRALISME.

Enfin nous touchons à la seconde phase de l'époque révolutionnaire, le libéralisme rationaliste de nos jours.

Le travail de la révolution dans le domaine de la religion et de la philosophie avait abouti à des excès, dont le philosophisme se sentait profondément humilié. La guillotine, la lanterne, les noyades, les massacres en masse, ne lui parurent pas tout à fait en harmonie avec la sainte philantropie qu'il promettait d'établir. Sa défaite était déshonorante ; et le christianisme, l'Eglise restant debout, pouvait-il donc étouffer sa haine ? Aussi jura-t-il de poursuivre sans relâche son œuvre diabolique et d'user de plus de prudence et de circonspection. Les cadets de la révolution, instruits aux dépens de leurs aînés, laissèrent à l'écart les formules impies d'un philosophisme athée, les mesures brutales de la révolution de 93 ; ils descendirent adroitement du terrain religieux et théologique sur un autre terrain qui y paraissait tout à fait étranger. C'était l'ordre social et politique. Satan, toujours l'ancien serpent, ne pouvait mieux les inspirer, ni choisir plus habilement le théâtre de la lutte. Ce terrain encore inexploré pour la généralité des hommes, lui offrait plus d'une chance de succès ; il y rencontrait plus d'un fruit défendu ; et il y trouvait, lui, des retraites assurées en cas de malheur. Les fils du libéralisme, en désavouant avec plus ou moins de sincérité les excès de leurs pères, en acceptèrent toutefois l'héritage dans toute sa plénitude. Et vous les entendez encore tous les jours, en effet, élever jusqu'au nues les doctrines du rationalisme, du naturalisme, les principes de 89, les droits de l'homme tels que formulés dans le contrat social. Voltaire et Jean

Jacques Rousseau sont encore, dans le camp du libéralisme, les grands
hommes de la régénération, les bienfaiteurs, les sauveurs de l'humanité, tout comme aux beaux jours du philosophisme.

Quand il arrive à ces bons libéraux de ne pas s'observer assez,
ce qui n'a que trop souvent lieu pour le succès de leurs calculs, *et
mentita est iniquitas sibi*, ils laissent instinctivement percer la même
haine de Dieu, le même mépris des hommes que les impies voltariens.
N'a-t-on pas vu, de nos jours, de ces imprudents lever orgueilleusement
la tête contre le ciel, contre le Christ et son Eglise ? Ne les a-t-on pas
vus injurier et blasphémer publiquement ce qu'il y a de plus sacré ?
Est-il inouï de rencontrer l'ignorance ou la fanfaronnerie perverse, qui
réclame sérieusement, au mépris de la dignité humaine, l'insigne honneur de descendre directement des brutes, et de préférer une pareille
origine au titre d'enfant de Dieu, d'héritier du royaume céleste, et de
cohéritiers de Jésus-Christ. C'est ce qu'ils appellent, dans leur enthousiasme, avoir retrouvé les titres de noblesse de l'humanité.

XV

BUT QUE POURSUIT LE LIBÉRALISME.

Sans nul doute, pour les libéraux d'aujourd'hui, comme pour les
révolutionnaires, le but est le même; il n'y a de différence que dans les
moyens d'y arriver, et ce but est toujours de chasser Dieu de la terre,
afin de régner en sa place sur l'humanité ! On pourra voir dans la
suite de ce discours, leurs divers moyens d'action.

Mais, dira-t-on, comment le libéralisme moderne avec ses doctrines
anodines, son parlementarisme et sa politique, prétend-il détrôner
Dieu ?

CE QUE C'EST QUE LE LIBÉRALISME.

Pour arriver à une réponse qui ne laisse aucun doute, remontons
un peu plus haut, à quelques considérations générales qui apporteront
peut-être un peu de lumière dans la présente question.

Le Seigneur, en appelant à l'existence tous les êtres qui composent
l'univers, leur a assigné un but à chacun; il les a soumis à des lois.
Ces lois, expressions de sa sagesse, de sa bonté et de sa puissance,
soutiennent et dirigent les créatures, elles les font arriver à leur destinée providentielle. Qui m'a observé les admirables effets de ces lois
dans la nature, dans la structure et la vie de l'insecte, comme dans le
mouvement régulier des astres à travers l'espace. C'est à la grandeur,
à la sagesse profonde, à la perfection de ces lois posées par l'Auteur
de toutes choses, que nous devons le bel ordre qui existe dans toute la
création pour sa conservation et pour le service de l'homme. Ces lois
purement physiques et physiologiques ont toujours suffi aux myriades
d'êtres qui n'ont pas reçu le don d'une âme intelligente et libre. Mais
en créant l'homme à l'image de la divinité, Dieu lui donnait l'intelligence et le libre arbitre; il lui assignait, comme aux autres êtres déjà
créés, une fin, et lui donnait des lois qui étaient en harmonie avec sa
destinée providentielle et la dignité de son âme immortelle. Pour le
chrétien éclairé des saintes lumières de la foi, il n'y a ici nulle difficulté. L'homme n'est pas fait pour la terre; il ne fait qu'y passer, sa

vraie patrie, c'est le ciel ; la société ici-bas n'est établie de Dieu que pour aider l'homme à parvenir à sa haute destinée. Or toutes les lois que le Seigneur a imposées à l'homme ou à la société, soit écrites, soit traditionnelles, soit naturelles, soit surnaturelles, ont été faites pour arriver là. Telle est la vérité pure et simple sur cette question, vérité aussi éclatante que le jour.

Mais l'homme et les sociétés, par une conséquence absolue du libre arbitre, ne suivent pas nécessairement comme les autres créatures les lois que Dieu a imposées. Ils peuvent pécher, prévariquer ; de fait, ils pèchent et prévariquent ; *Omnis homo mendax ;* et, de la sorte, ils amènent le trouble, la perturbation au milieu d'eux, en se détournant de leur fin. Mais Dieu, dont la sagesse est impénétrable et la bonté infinie, n'a pas voulu laisser le genre humain, le plus beau de ses ouvrages, exposé à manquer son but, et à arriver, par ses transgressions et ses excès, à une ruine complète. Il a établi, pour remédier à ce danger, une puissance régulatrice et protectrice, une société spirituelle mais visible, devant renfermer dans son sein tous les hommes et possédant, de droit et de fait, une constitution divine et un pouvoir souverain. Ce pouvoir, doux et fort comme celui de la divinité qu'il représente, a le droit et la mission de commander indistinctement aux sujets et aux princes, aux individus et aux peuples ; de les gouverner tous avec une pleine et entière liberté, pour tenir par son action bienfaisante, autant qu'il est possible, sans la destruction du libre arbitre, le genre humain dans sa voie véritable, lui faire traverser sûrement les périls du temps et le rendre au port de la céleste patrie. Cette grande société spirituelle, inutile de le dire, c'est l'Église de Jésus-Christ, l'Église catholique. Le pouvoir dont nous parlons, c'est celui qui réside dans la personne du Souverain Pontife. La voix sublime du Vicaire de Jésus-Christ, portera jusqu'aux extrémités du monde, aux grands comme aux petits, aux sociétés comme aux individus, la lumière et la vie. Aussi, c'est ce que proclamait solennellement N. S. P. Pie IX, dans son Encyclique du 8 décembre 1864. Il disait : *Salutaris illa vis, quam catholica Ecclesia, ex divini sui auctoris institutione et mandato, libere exercere debet usque ad consummationem seculi non minus erga singulos homines, quam erga nationes, populos summosque eorum principes.* Cette autorité forte et salutaire, l'Église, doit, sur l'ordre et d'après l'institution de son divin Auteur, l'exercer librement jusqu'à la fin des siècles, non-seulement à l'égard des individus, mais encore à l'égard des nations et des peuples et de leurs souverains.

Or, cette autorité salutaire de l'Église, qui lie toute la société chrétienne et la soutient dans sa marche, déplaît à l'homme orgueilleux, choque le prince superbe, irrite le grand ennemi du genre humain. Satan s'agite et se venge ; il pousse des individus, les princes et les sociétés à briser les liens, à rejeter le joug de cette autorité sainte. Voilà pourquoi nous entendons de toutes parts, et depuis si longtemps, ce cri étourdissant : *Dirumpamus vincula eorum, et projiciamus a nobis jugum ipsorum* (Ps. 2.), tel que prédit par le prophète. Brisons les liens que nous imposent les prêtres, les évêques, le Pontife romain ; débarrassons-nous tout-à-fait de leur joug ; revendiquons nos libertés, nos droits inaliénables, les libertés de l'homme, les libertés de l'État. Ainsi, c'est là une tactique merveilleusement calculée ; ce n'est pas à Dieu directement, on feint de le respecter, qu'on veut en ce moment faire la guerre, c'est à l'autorité de l'Église, à son droit de gouverner le monde, à l'autorité de l'Église qui dit à l'homme : Dieu est ta fin suprême; et à la société : Ta fin est d'aider l'homme pour arriver plus sûrement à Dieu. Ainsi, et veuillez le bien remarquer, s'affranchir de l'autorité salutaire par laquelle l'Eglise dirige même dans l'ordre temporel l'homme et la société vers leurs fins, telle est l'essence même du libéralisme, telle est la nature du combat d'aujourd'hui. C'est aussi de la sorte que notre St. Pontife Pie IX a caractérisé, dans l'Encyclique dont nous venons de parler, la tendance des erreurs de notre temps : *Quæ falsæ ac perversæ opiniones eo magis detestandæ sunt quod eo potissimum spectant ut impediatur et amoveatur salutaris illa vis quam catholica ecclesia ....exercere debet,* etc. « Ces opinions fausses et perverses, dit-il, sont d'autant plus détestables qu'elles tendent à empêcher et à écarter l'action de cette puissance salutaire que l'Eglise catholique doit librement exercer sur les peuples et sur les princes, comme sur les individus, jusqu'à la fin du monde. » Or, si ce n'est plus l'Eglise, mes frères, qui conduit dorénavant le monde, qui le conduira ? Les passions humaines, au profit de l'enfer, comme au temps du paganisme ; alors, que devient le règne de Dieu parmi les hommes ?

Arrêtons-nous ici à considérer comment procède l'esprit du mal, dans cette lutte hypocrite, comment il subordonne le spirituel au temporel, l'éternité au présent; pour régner lui-même en dominateur.

XVI.

COMMENT LE LIBÉRALISME ATTAQUE L'AUTORITÉ DE L'EGLISE.

Nous verrons qu'il s'efforce, premièrement, d'empêcher l'autorité de l'Eglise d'être reconnue dans l'ordre temporel, c'est le travail qui se fait depuis plusieurs années ; deuxièmement, de la faire disparaître au milieu des nations, moyen radical qui est l'objet de toutes les violentes attaques de l'heure actuelle. Les paroles énergiques de notre Saint Pontife : *ut impediatur et amoveatur salutaris illa vis,* afin d'entraver et d'écarter cette salutaire puissance, etc., nous peignent avec une admirable perfection les péripéties du combat.

EMPÊCHER L'ÉGLISE D'ÊTRE ÉCOUTÉE.

Les maladies de l'âme ont leurs phases diverses, comme les maladies du corps. On peut donc être libéral à plusieurs degrés. Aux libéraux avancés qui n'ont plus aucun respect pour l'Eglise, leur mère, l'ennemi apprend la liberté de penser dans toute sa plénitude. Pour ceux-ci cela suffit, ils sont des soldats déjà prêts à toute éventualité. Mais pour le grand nombre de ceux qui écoutent encore l'épouse de Jésus-Christ, il faut recourir à une autre tactique. C'est pour eux spécialement, c'est pour les surprendre que le démon se glisse insidieusement dans un ordre de choses en apparence tout-à-fait inoffensif, dans l'ordre politique. Ces hommes, sans défiance du côté du libéralisme, n'osent pas rejeter privément et individuellement l'autorité de l'Eglise, cette pensée-là seule leur fait horreur; le démon les amène pourtant à la rejeter de fait sans qu'ils s'en doutent, en leur faisant, à leur insu, servir ses intérêts, collectivement avec leurs frères dans les affaires de l'Etat. Le gouvernement de la chose publique, d'après la forme des constitutions modernes, regarde tout le monde; le libéral modéré recueille souvent, à titre de citoyen, le fruit défendu qu'il n'osait toucher, à titre de simple fidèle, la liberté de se conduire en dehors des enseignements de l'Eglise. Et cette tactique est-elle autre chose qu'une rusé du serpent pour tromper les imprévoyants et les présomptueux, et arriver au même résultat ? C'est pourtant à l'aide de cet anneau monstrueux que Satan menace d'entraîner une partie des enfants de l'Eglise hors de son sein, et de bouleverser toute la société. Oui, veuillez particulièrement le remarquer, nous l'avons déjà dit en d'autres termes, mes frères, considérer la société comme une chose purement terrestre et sans aucun rapport avec la destinée des êtres qu'elle renferme, voilà l'erreur fondamentale que l'ennemi s'efforce d'inculquer dans les esprits, et c'est le pur libéralisme. De cette erreur, comme d'une source, découle une multitude d'autres opinions fausses, qui inondent le monde, pervertissent les intelligences, ébranlent l'ordre social. C'est de là que viennent les doctrines erronées de la séparation de l'Eglise et de l'Etat, de la suprématie de l'Etat sur l'Eglise, de la liberté de l'Etat vis-à-vis de l'Evangile, de la liberté d'enseignement indépendamment de l'Eglise, de la liberté des cultes sans égard à la vérité, de la liberté de la pensée et de la parole, de la liberté illimitée de la presse, de la liberté de gouverner sans tenir compte de la fin de l'homme, de la liberté de s'associer sans considération du but, de la légitimité des faits accomplis, le socialisme, le communisme, enfin toutes les libertés que l'homme animal ou terrestre, dont parle St. Paul, peut désirer ; libertés dont le bruit remplit l'univers et qui ne sont autres que des *libertés de perdition...* Oui, *celui qui admet que la société doit être dirigée par le pouvoir civil, sans égard à la vie éternelle destinée à l'homme, est un libéral,* dans le sens propre du mot, et, s'il est logique, il doit accepter les libertés funestes que je viens de nommer avec leurs conséquences jusqu'à la dernière. Ce travail ne s'accomplit pas toutefois en un instant dans les intelligences, il demande le temps et les circonstances. Mais il est diverses idées qui ne tardent pas à se fixer dans les esprits prévenus, la doctrine libéraliste, c'est-à-dire, celle qui veut une société purement terrestre et sans rapport avec la fin de l'homme ; telles sont les opinions fausses qui prétendent que l'autorité vient du peuple, que l'homme est libre de ses actes en matière politique et que le prêtre n'a pas droit d'intervenir dans cet ordre de choses, etc., etc. De ce moment, il se forme dans l'âme du fidèle, pour ces idées, si agréables à l'orgueil humain, une sorte d'engouement, une opiniâtreté semblable à celle que produit l'hérésie dans l'âme de ses adeptes. La lumière se retire de l'intelligence devant les ténèbres de l'erreur, et s'il n'y a pas au cœur une grande vertu d'obéissance, l'âme chrétienne est désormais soustraite à l'action de l'Eglise. Le catholique n'entend plus la voix de sa mère. Il est aux mains du libéralisme et aux mains de Satan. C'est ainsi que s'opère la surdité d'une société chrétienne en matière sociale, que la puissance salutaire de l'Eglise est arrêtée par ces doctrines spécieuses et perverses, *impediatur salutaris illa vis,* comme dit le St. Père, et que la catholicité perd le cœur et les bras de ses enfants. Et encore une fois, que devient le règne de Dieu au milieu de cette indépendance de l'orgueil fomenté par l'*innocent* libéralisme !

Mais qu'y a-t-il donc de vraisemblable dans les doctrines libérales, pour qu'on s'y laisse prendre si facilement ?...... La société serait-elle donc une chose purement terrestre, où rien ne doit entraver les passions ? Serait-il vrai que le pouvoir civil, qu'on honore tant en ce monde, ne fût pas là pour aider à conduire les hommes à une fin plus noble que celle des animaux, vivre, boire et manger ? O doctrine dégradante du libéralisme, que tu es méprisable ! Comment des enfants de Dieu que tu détournes des cieux et que tu prosternes dans la poussière, peuvent-ils se glorifier de toi et t'appeler progrès ! A quoi peuvent tendre, en effet, les sociétés qui ne regardent plus au ciel, si ce n'est à se courber vers la terre, à poursuivre exclusivement les faux biens du monde, à se repaître de sensuelles jouissances ? O libéraux, qui ne voulez législater que pour la patrie terrestre, vous oubliez l'avertissement de la sagesse éternelle qui dit : « Vous n'avez point ici-bas de cité permanente, mais vous en cherchez une dans un temps à venir. » L'homme n'est pas seulement un corps, sachez-le donc ; mais il est surtout une âme, une âme immortelle, et c'est à ce titre qu'il mérite principalement vos respects et votre attention.

Maintenant, comment l'Eglise peut-elle être séparée de l'Etat, comme dit le libéralisme ? Les hommes forment l'Etat, et ce sont les hommes que l'Eglise est chargée de conduire à Dieu, et on veut qu'ils soient séparés ! N'est-il pas évident que c'est là une grossière utopie ? L'Eglise est l'âme, l'Etat le corps de la société humaine. Ces deux choses, quoique parfaitement distinctes, doivent cependant être parfaitement unies, pour donner la vie aux nations et aux peuples. L'union de l'âme et du corps est une loi primordiale de la nature ; elle s'applique aussi bien à la vie sociale des peuples qu'à la vie naturelle des individus. L'Etat sans religion n'est pas viable ; la séparation dans cet ordre de chose, c'est la mort. Et quel peuple si sauvage, quelle nation si barbare, ont jamais méconnu cette grande vérité : *l'ordre religieux est la base de l'ordre social ?* Les peuples païens, quoique assis dans les ténèbres, l'avaient vue, ils la proclamaient bien haut. Une de leurs célébrités disait : « On bâtirait plutôt une ville en l'air que de fonder un Etat sans religion. » Les révolutionnaires de 93 ont essayé, dans leur égarement, de réaliser cette utopie. Vous savez à quels résultats ils arrivèrent : après avoir renversé l'autel du vrai Dieu, ils ont adoré une idole, et en arrachant le peuple français des bras de l'Eglise, ils l'ont prosterné aux pieds de la déesse raison. Voilà, redisons-le, la leçon qu'ils nous ont donnée.

Mais l'Eglise ne peut-elle pas rester libre dans l'Etat libre ? Question insidieuse, erreur fatale dont l'ennemi se plaît à bercer les libéraux qui ne veulent pas faire complètement divorce avec la religion. Qui sera libre quand l'Eglise et l'Etat législateront en sens inverse sur une même matière ? et qui cèdera ? Sera-ce la force ou la vérité ? Et quand l'Etat défendra ce que l'Eglise ordonne, et que l'Eglise ordonnera ce que l'Etat défend, que feront les sujets ? Il n'est peut-être rien de plus subversif de tout ordre et de plus anti-social que ces doctrines libérales, en apparence si modestes. Qu'on le remarque bien. Lorsque l'Etat, car il veut désormais enseigner en vertu de la grande liberté d'enseignement, aura appris aux sujets à ne plus écouter l'Eglise, ceux-ci ne trouveront plus rien dans leur conscience qui les oblige d'obéir à l'Etat. Du même coup, les sujets s'affranchiront des deux autorités protectrices de l'ordre et ne reconnaîtront plus d'autres maîtres que leurs passions. Voilà pourquoi il faut aujourd'hui des millions de soldats et des milliers de canons, dans les contrées où l'on débite depuis longtemps ces belles doctrines.

Le peuple, cependant, n'est-il pas vraiment souverain, selon la formule sacramentelle du libéralisme, et le pouvoir n'a-t-il pas en lui sa source? La foi nous enseigne absolument le contraire, en nous disant que l'autorité vient de Dieu : *Omnis potestas a Deo.* Indépendamment de cette parole sacrée, aux yeux de la simple raison, cette doctrine est pleine d'absurdités. Un homme ne peut être appelé à ordonner et à obéir en même temps. Le cœur humain étant ce qu'il est, quand la chose serait possible, elle ne serait pas praticable. D'ailleurs, si celui qui doit être gouverné commande, où sera l'obéissance ? Une seule chose s'explique raisonnablement dans cette formule subversive, c'est l'ambition de ceux qui la proclament. Oui, l'ambitieux seul peut dire avec un certain sens au peuple de commander et d'obéir à la fois, de commander, pour l'élever ; et d'obéir, pour le servir. Jamais néanmoins le caractère monstrueux de la révolution n'apparaît mieux que dans ces projets étranges où le laïque est assis dans la chaire de Moïse, le sujet au timon de l'Etat, le Pontife et le Prince debout dans la foule, et où l'on veut obliger la société de marcher la tête en bas.

Mais arrêtons-nous, c'en est assez sur ces doctrines. Qui ne voit combien elles sont folles, absurdes, contradictoires, en même temps que pernicieuses ! Non-seulement elles font le danger des états, mais la honte de la raison. C'est pourtant à l'aide de ces erreurs et d'autres semblables que le libéralisme s'efforce de paralyser l'action bienfaisante de l'Eglise sur la société. Que de libéraux cesseraient de l'être s'ils réfléchissaient !

Revenons à la seconde et dernière période de la lutte actuelle, caractérisée par cette parole du St. Père, *ut amoveatur,* faire disparaître la puissance salutaire de l'Eglise.

Ce n'est pas assez pour le libéralisme d'empêcher l'Eglise d'être entendue d'une multitude de ses enfants ; un trop grand nombre l'écoutent encore, et gênent le triomphe d'une civilisation sans Dieu ; il faut lui fermer la bouche, et si elle ne se tait pas, la faire disparaître d'ici-bas, tel est le suprême effort du combat présent.

Nous voyons ici que le libéralisme change de rôle ; de pacifique il devient agresseur. En peut-il être autrement, puisque l'ancien serpent, qui en est l'auteur et le directeur, ne cesse de faire la guerre à Dieu ? Satan ne sème dans le champ que pour récolter. Le libéralisme donc ne revendique tant de libertés que pour enlever celle de l'Eglise, il ne prend de si larges coudées que pour mieux l'étreindre et l'écraser. Voyez cependant la prudence du serpent dans la lutte. Tant que le nombre de ses adeptes est peu considérable dans un état, il s'avance doucement et sans bruit ; comme nous l'avons dit ; il n'attaque pas ; il se contente d'insinuer ses idées, c'est l'époque de l'*impediatur ;* se croit-il sûr de la force publique, alors il dresse sa tête hideuse, il bave, il siffle la charge et se précipite sur sa victime, c'est l'époque de l'*amoveatur.*

L'attaque a ici deux caractères principaux : ôter à l'Eglise ses moyens moraux et ses moyens matériels d'existence, c'est par là que l'ennemi espère l'étendre sans vie sur le carreau. Nous allons le voir.

XVII.

ENTRAVES OPPOSÉES A L'ÉGLISE PAR LE LIBÉRALISME.

Un des premiers effets du libéralisme dans les lieux où il commande, c'est de porter l'Etat à s'emparer de l'enseignement, à ravir au père et à l'Eglise le droit sacré et inaliénable d'instruire et d'élever l'enfant. Il y a pour cela la grande machine appelée le ministère de l'instruction publique. Par cette puissante organisation, l'Etat, qui s'inspire des idées libérales, pourra apprendre à tous à vivre, à remplir leurs rôles de citoyen sans égard à la religion ; et le libéralisme mettra la main sur les générations naissantes ou futures, il saisira les hommes à leur entrée dans la vie. On sait combien de lois touchant l'éducation ont été passées dans divers pays sous l'inspiration de l'esprit libéral depuis un certain nombre d'années. Qu'il a fallu d'efforts et de persévérance à l'Eglise pour conserver çà et là quelques lambeaux de ses droits d'instruire les générations ! Bien loin de rétrograder dans cette voie, l'esprit libéral avance sans cesse. Ne le voit-on pas, dans un pays qui nous est cher, essayer d'accaparer, au grand détriment de la morale, de la famille et de la société, l'éducation de la femme et de transformer celle-ci en apôtre de l'Etat ?

Si le libéralisme est si soucieux des générations futures, il ne néglige pas pour cela les générations présentes. Il ne sait s'appliquer, au contraire, à paralyser l'action salutaire de l'Eglise, comme nous l'avons vu, que pour la remplacer dans sa fonction de modératrice des nations. Et c'est lui qui prétend désormais présider aux destinées des peuples et donner à la terre une ère nouvelle. Que fait-il donc, quand il peut parler et agir avec autorité dans une société ? Il commence par appliquer toutes les libertés que nous avons déjà énumérées, qui sont autant de portes ouvertes au déchaînement de toutes les passions ou mauvaises inclinations de la nature. Lorsqu'il a déchaîné les passions qui devraient être réprimées, il ne manque pas de lier l'Eglise en mille manières par des lois et des décrets injustes. Il abaisse cette fille du ciel au niveau, au-dessous même de toute autre société. Il lui enlève les prérogatives, les priviléges, les droits attachés à sa grande mission, et que les siècles lui avaient accordés. Il la gène, il la contrecarre, il veut à tout prix l'empêcher de gouverner ses enfants ; il l'enferme dans un cercle tracé de sa main, en attendant un jour plus favorable pour s'en défaire. Heureuse encore, si l'on ne verse pas son sang et si on lui laisse la liberté de se plaindre ! Puis il poursuit son œuvre, par l'inauguration d'un droit purement humain, d'une justice nouvelle, d'une charité absolument terrestre, qui doivent être la civilisation moderne, l'Evangile de tout citoyen. N'est-ce pas là, à la vérité, ce qui se passe dans les jours mêmes que nous traversons, où la législation des peuples et les édits des souverains libéraux sont la violation continuelle des saints canons et des droits imprescriptibles de la sainte Eglise de Dieu, et l'affirmation solennelle d'une société sans espérance. Législateurs aveugles, vous voulez, en entravant ou détruisant l'Eglise, corriger l'œuvre du Saint-Esprit ! et vous n'apercevez pas la grandeur de la folie et l'iniquité que vous commettez. Jusqu'à quand serez-vous sans comprendre que nul ne peut imposer des lois aussi sages à des êtres que celui qui les a formés lui-même !

XVIII.

BIENS TEMPORELS DE L'ÉGLISE USURPÉS AU PROFIT DU LIBÉRALISME.

Le libéralisme n'est pas satisfait d'arracher à l'épouse de Jésus-Christ les générations présentes et futures, il voit encore quelque chose à faire. L'Eglise a des biens temporels que la piété des fidèles lui a consacrés. Ces biens sont un moyen d'existence et d'action. C'est une raison de les lui ravir. De là ces iniques lois d'appropriation, de sécularisation, ces spoliations, ces confiscations dont la nouvelle afflige à chaque instant le cœur des chrétiens. On voudrait à peine laisser à Dieu un pied sur la terre qu'il a tiré du néant et quelques parcelles des biens qu'il nous donne. Voilà la vérité.

Or, quand on aurait arraché à l'Eglise catholique le cœur des générations présentes, quand on aurait banni de la terre l'obéissance à ses célestes doctrines, et qu'on lui aurait enlevé ses moyens matériels d'existence, que lui resterait-il, je vous le demande? Si Dieu, par impossible, accordait aux libéraux le succès d'une pareille entreprise, ils pourraient, eux, se glorifier d'avoir été plus heureux que leurs devanciers dans le combat, et fouler avec bonheur à leurs pieds dans leur orgueil, le corps meurtri et inanimé de l'épouse du Christ.

Tel est, mes frères, le caractère de cette guerre fourbe, impie, sacrilège et mortelle que le libéralisme, de si bienveillant aspect, fait de nos jours et partout à notre Mère, la Sainte Eglise. Je dis partout; car il n'est presque pas de coin dans l'univers où elle ne se fasse à quelque degré,—et en général avec tant de persévérance, de hardiesse et de succès, qu'on en vient parfois à douter si les nations, rois et peuples, sont encore chrétiennes.

Mais il est un lieu, surtout, où la lutte devient furieuse et présente tous les traits d'un assaut désespéré. Ce lieu, tous nos regards s'y portent, c'est l'Italie, c'est Rome.

Et pourquoi?

Le libéralisme est un être progressiste. Une guerre de détail dans l'univers a ses avantages, mais elle n'est pas assez expéditive à ses désirs. Il a reconnu que le Souverain Pontife est la tête, Rome le cœur de la chrétienté et que c'est là qu'il faut frapper. Il n'attaquera pas cependant l'ordre purement spirituel, on se récrierait, on prendrait l'alarme; d'ailleurs le protestantisme et le philosophisme y ont déjà succombé. Fidèle à sa mission d'hypocrisie, c'est l'ordre temporel qu'il choisira, cet ordre qui semble étranger au caractère de l'Eglise, et qui éveille si peu de soupçons. C'est donc sur le principat civil qu'il portera ses coups. La guerre au pouvoir temporel du Saint-Siège aura le double avantage, d'un côté, de surprendre les simples qui n'y verront rien qui entame leurs croyances, de l'autre, d'amener plus sûrement le triomphe tant désiré des doctrines modernes. N'est-ce point là, en effet, le point capital, se dit Satan. « Le monde égaré par mes « erreurs n'a jamais été depuis le paganisme, dans un plus grand péril. « L'atmosphère est si chargé d'obscurités que le commun des mortels « n'y voit rien; les princes si entêtés de leur sagesse, qu'ils ne suivent « que leurs propres conseils. Voilà bientôt que je vais dominer. Mais « d'où vient donc la lumière importune qui chasse les ténèbres que je « répands; d'où viennent donc les avertissements, les ordres qui contre- « carrent mes desseins et qui retardent mon heure? Du Pontife Romain « qui crie sans cesse, de ce vieillard caduc qui ne finit jamais. Et lui, « où prend-il cette étrange faculté de tout dire, de parler en tout temps « et en tout lieu? Evidemment de sa souveraineté; sans elle sa taille « ne dépasserait pas celle d'un préfet ou d'un chef nominal. Honnie soit « donc cette souveraineté que m'a ravie le pêcheur galiléen! Honni ce « trône où je siégeais jadis, à côté des Césars; honnie et brisée soit cette « tiare qui rappelle constamment au monde ma honteuse défaite, et

« l'éclatante puissance de mon ennemi. Oui ! que cette souveraineté qui
« renverse incessamment mes projets et m'empêche de régner, périsse,
« dût le monde en être ébranlé jusque dans ses confins ! Je verrai si le
« Pontife jouira de la même liberté de me nuire, quand il sera l'humble
« vassal d'un roi d'Italie. » Tel a dû être le langage infernal à l'heure
de l'attaque. Il est bien propre à nous révéler l'importance du combat. En réalité, toute la lutte du libéralisme contre l'Eglise se résumé
dans cette question du pouvoir temporel du Pape. Le Pape étant un
autre Jésus-Christ sur la terre, *hérite de tous les droits* de son maître, il
est, par conséquent, le *chef* de l'Eglise, le *docteur* des nation, le *pasteur*
des rois et des peuples. Comme chef de l'Eglise, il doit subsister d'une
manière conforme à son rang et avec les moyens de remplir ses devoirs,
rien de plus juste ; et comme il ne vit pas en dehors des lois de la
nature, il a droit dans sa position sublime à une noble part des biens
temporels. Comme docteur, il doit pouvoir enseigner et avoir la
liberté de parler ; comme pasteur universel, il doit gouverner et avoir
la faculté de donner des ordres aux grands et aux petits. Or toutes
ces choses nécessaires à l'exercice légitime de sa charge redoutable, il
les trouve dans les ressources de son petit état temporel. Mais si le
libéralisme arrache au Pape sa souveraineté, ne voyez-vous pas qu'il
lui enlève du même coup le moyen de subsister, le moyen d'enseigner, le moyen de gouverner, c'est-à-dire les moyens matériels et
moraux d'exister dans les conditions ordinaires des choses naturelles.
Or, comme le Pape est la tête de l'Eglise, et que le corps ne peut vivre
sans elle, l'atteindre ainsi, c'est frapper l'Eglise d'un coup mortel. Et
le libéralisme serait une chose innocente ! Nous savons bien que
l'Eglise ne périra pas, parce que son divin Fondateur l'a faite indes-
tructible ; mais il n'en est pas moins vrai de dire que celui qui lui
porte un coup naturellement mortel, l'assassine autant qu'il le peut.
Or l'Eglise est une société essentiellement enseignante, *Euntes docete*,
« allez enseignez, »essentiellement gouvernante, *Qui vos audit, me audit*,
« qui vous écoute, m'écoute » ; et terrestre, puisqu'elle est sur la terre.
L'empêcher d'enseigner, de gouverner, d'avoir la nourriture et le
vêtement, c'est l'atteindre dans ses conditions essentielles d'existence,
c'est la frapper à mort, si elle pouvait mourir. Voilà votre ouvrage,
ô libéraux, vous fidèles et dévoués enfants de l'Eglise catholique !

Non, elle ne périra pas, puisque Dieu l'a dit, mais elle souffrira de
votre fait. On ne lui a volé qu'une partie de ses domaines, et déjà il a
fallu à nous, membres de l'Eglise, nous imposer des sacrifices pecuni-
aires considérables. Aujourd'hui il faut lui donner le plus pur de
notre sang. Nous ne souffrons pas à regret, nous souffrons généreusement, amoureusement même, parce que c'est pour une mère ; mais
réellement nous souffrons ; et c'est vous, libéraux, qui en êtes la cause,
par vos innocentes doctrines. Ah ! combien plus souffririons-nous s'il
fallait qu'elle tombât dans un état complet de mendicité et d'esclavage,
qu'elle ne put ni nous instruire, ni nous gouverner.

Oui, s'il a été un temps où le pouvoir temporel a été nécessaire, c'est
assurément de nos jours. Le libéralisme a envahi les nations catholiques, c'est un fait. Il a fait leur éducation par des écoles libérales et
les cent voix de la presse. Les peuples sont imbus de ses doctrines.
Il fait des lois aux parlements, il règne même sur les trônes, presque
tous les souverains, ainsi que les gouvernements, sont atteints de ce mal.
Avec les formes constitutionnelles modernes, rois et ministres étant les
créatures ou les protégés des peuples, ils croient faire un acte de bonne

politique en marchant aveuglément dans le sens des idées libérales. On peut le dire, à la honte de la raison et de la foi, la force publique est déjà au service du libéralisme chez les nations catholiques. S'il n'en était ainsi, verrait-on depuis huit ans l'auguste chef de l'Eglise, au milieu d'elles, (spectacle à faire frémir), seul aux prises avec une horde de brigands ? Le souffle d'une de ces nations suffirait pour les exterminer. Le catholique fidèle reste ébahi de cet état de choses. Qu'il n'en cherche pas la raison ailleurs que dans l'action du libéralisme, qui maintenant gronde dans les bas fonds et se pavane au milieu des sociétés. Et, c'est quand rois et peuples se donnent mutuellement la main pour se précipiter dans l'abîme, qu'il faut ôter à l'Eglise sa souveraineté, c'est-à-dire, la possibilité de les arrêter ; c'est alors qu'il faut étouffer la seule voix capable d'annoncer le danger et repousser le seul bras capable de l'éloigner. C'est quand le libéralisme, son ennemi mortel, triomphe, qu'il faut que l'Eglise abdique et se livre pieds et mains liés à ses bonnes grâces ? Car n'est-il pas vrai que si aujourd'hui le pouvoir temporel tombait, si le Pape cessait d'être souverain, il deviendrait immédiatement le vassal ou l'esclave d'un pouvoir libéral.

C'est aussi ce que comprend fort bien l'astucieux Serpent. Non, jamais la principauté civile du Saint-Siège n'a été plus nécessaire, et c'est là, en réalité, que se résume toute la lutte, comme nous le disions il n'y a qu'un instant. Le Pape croit à l'immortalité de l'âme et il veut une souveraineté pour être libre de chanter son *Credo* jusqu'à la fin, et d'annoncer aux générations la résurrection et la vie éternelle, afin de les sauver, suivant sa mission divine. Le libéralisme, lui, ne croit pas politiquement à la vie éternelle, il veut empêcher, par l'esclavage, le Saint-Père de l'apprendre aux nations, afin de conduire temporellement les hommes, comme s'ils n'avaient pas d'âme, et de leur laisser toute la facilité possible de se damner, suivant sa mission diabolique. Voilà le combat d'aujourd'hui dans toute sa nudité. Est-il possible au vrai chrétien de l'envisager sans sentir son sang régénéré par le baptême bouillonner dans ses veines ?

A ce sujet, une chose nous a toujours frappé et nous étonne encore singulièrement. C'est la naïve et flagrante contradiction des princes et des législateurs libéraux chrétiens, qui se conduisent politiquement comme s'il n'y avait pas de Dieu, et qui confessent croire encore à l'éternité des peines, d'après leur foi.

Ils font à grand soin des lois pour empêcher et réprimer des maux temporels dont les conséquences sont bornées et finies, et ils ne sauraient empêcher des maux infinis dans leur malice et dont les conséquences certaines sont éternelles. En vérité, est-ce là aimer ses frères et les conduire avec sagesse ? De deux choses l'une : ou ces hommes ne croient plus réellement, ils ont perdu la foi ; ou ils agissent, dans les choses les plus graves, avec la légèreté et l'imbécillité des enfants. Tel est la nature de leur *progrès*. Ne doivent-ils pas regarder au-delà de la tombe, pour eux et pour leurs frères, et songer au compte terrible qu'il faudra rendre à Dieu, eux de leur autorité, et ces derniers de leurs actes. Dieu, dit Saint Paul, n'a donné l'autorité sur la terre que pour la protection du bien et de la vérité, et la répression, le châtiment du mal, du vrai mal, qui est le péché.

Revenant à la violente attaque contre le pouvoir temporel du Saint-Siège, je dis, de plus, qu'en elle se résume non-seulement la lutte entre le catholicisme et le libéralisme ; mais la lutte entre l'ordre et l'anarchie, l'autorité et la révolution, enfin le bien et le mal dans le monde, et qu'à ce titre le pouvoir temporel du Pape intéresse presqu'autant les non-catholiques que les catholiques eux-mêmes. Qu'est-ce, en effet, que cette lutte, sinon la lutte entre la religion et l'homme émancipé de toute idée religieuse, se faisant sur le terrain de la politique ou du pouvoir civil ? Il s'agit de savoir si l'homme se conduira socialement sans une religion *quelle qu'elle soit*, oui ou non. C'est à ce point de vue que le libéralisme, pour tout observateur judicieux, quand il n'aurait pas la foi, prend des proportions vraiment effrayantes. Car si le catholicisme, qui possède la vérité, qui est au yeux de tous ceux qui le connaissent la religion la plus rationnelle, la plus juste et la plus sainte, n'a pas le droit de se mêler de la société, quelle religion aura ce droit ? Or, comme nous l'avons dit, il est impossible qu'un état existe sans une religion quelconque. Il faut que le citoyen qui n'est pas toujours sous l'œil du magistrat, remplisse ses devoirs, souvent nombreux et difficiles, par un autre sentiment que celui de l'intérêt et de la crainte ; par le sentiment d'une responsabilité morale envers l'Etre Suprême. Ce sentiment, qui l'inspire ? C'est la religion. L'homme qui le possède, se laisse conduire comme le candide enfant et l'agneau. C'est ainsi que le Canada, pays religieux, n'a coûté depuis un siècle, à l'Angleterre, pour le maintien de l'ordre, que quelques soldats. Mais l'homme qui ne connaît pas ce sentiment, est aussi dangereux dans la société que le tigre et la panthère, a cause de la brutalité des passions. C'est pour lui qu'ont été inventés les prisons, la potence et les canons. Figurez-vous donc une société entière composée de ces hommes. L'idée vous épouvante. C'est pourtant le paradis que le libéralisme prépare à la terre. L'Europe, sur qui pèsent aujourd'hui huit millions de soldats, et qui augmente ses armées tous les jours, dans la proportion que le libéralisme s'étend et que le sentiment religieux diminue, devrait le comprendre. Les pouvoirs publics, cependant. semblent l'ignorer ; leur attention se porte spécialement sur la confection des instruments meurtriers. Ils veulent bien, à la vérité, jouir du bénéfice de la religion pour conduire les peuples, mais ils ne se soucient guère de sa libre action, encore moins de sa protection. L'arme au bras, ils la laisseraient chasser du vieux continent sans se douter des immenses périls qui suivraient son départ ; car c'est à peine si, cédant à la pression des populations catholiques, ils ont laissé quelques soldats à la garde d'une institution qui soutient, seule, en leur faveur, depuis nombre d'années, les assauts réitérés de la révolution.

Leur aveuglement et leur ingratitude n'empêche pas que l'ordre social tout entier résultant de l'obéissance au pouvoir, ne repose absolument sur la religion, que la religion elle-même ne repose sur la Papauté, et que la Papauté ne soit portée sur les épaules d'un faible vieillard qu'on appelle le Vicaire de Jésus-Christ, et qu'on regarde à bon droit comme la clef de voute de l'édifice social, spectacle vraiment fait pour commander l'admiration de l'univers !

C'est donc au sujet de ce vénérable vieillard et de sa triple couronne que se livre en ce moment à Rome le plus terrible combat qui se soit vu depuis des siècles ; combat du libéralisme contre l'action de la religion sur la société, combat d'une nature si étrange que le paganisme lui-même n'en a jamais connu de semblable. Le paganisme, il est vrai, a bien fait la guerre au vrai Dieu, mais c'était en faveur de la religion de l'Etat. jamais contre l'action politique de la religion elle-même. Cette infamie, cette monstruosité était réservée à notre siècle de progrès. Quoiqu'il en soit, cette lutte gigantesque dans ses proportions et ses conséquences est bien digne de couronner toutes celles que l'Eglise a soutenues à travers les siècles pour le maintien de chacun des articles de son immortel symbole.

Maintenant qu'il est clairement établi que la lutte du libéralisme contre l'Eglise universelle, se résume dans la guerre au pouvoir temporel du St. Siége, et que cette guerre comporte des conséquences terribles, il ne me reste plus qu'à vous dire, en quelques mots, comment Satan procède dans cette redoutable attaque dont les phases diverses se déroulent sous nos yeux, quelles sont les forces des deux camps en présence, enfin quel sera le résultat final de la bataille, et j'aurai terminé mes réflexions sur les combats de l'Eglise contre le Serpent, et spécialement sur la grande lutte contemporaine à laquelle, comme soldats du Christ, nous sommes appelés à prendre part.

Mes chers frères, notre St. Père lui-même a caractérisé les modes d'action de Satan contre le pouvoir temporel du St. Siége, en indiquant le caractère d'action du libéralisme contre l'Eglise universelle. C'est toujours, en premier lieu, l'*impediatur*, la phase de l'hypocrite trahison ; secondement, l'*amoveatur*, ou l'époque de la violence ouverte.

Satan, qui a été tant de fois humilié dans ses luttes contre l'Eglise, préfère vaincre par ruse et sans combat ; c'est pourquoi il s'est d'abord efforcé de faire tomber le Pape dans ses filets, de le lier, de paralyser son action. Je n'entreprendrai pas, mes frères, de vous raconter tous les efforts perfides que l'on a fait depuis bien des années pour persuader au monde chrétien et au Pape lui-même, qu'il ne devait pas avoir de souveraineté temporelle, que cette souveraineté lui était un nuisible fardeau. Qui ne se souvient des calomnies, des invectives, des insinuations si dangereuses des écrivains et orateurs libéraux, des fameux conseils des diplomates ? A les en croire, la Papauté était une institution vieillie, usée, embarrassante dans le monde. L'unité catholique, qui a sauvé l'univers, devait être sacrifiée à l'unité italienne, grand modèle d'une nouvelle régénération sociale. On proclamait que le Pontife, ne connaissant point les principes vivifiants de la civilisation moderne, ne devait pas se mêler des affaires politiques des peuples, qu'il devait se retirer dans les régions purement spirituelles, que d'ailleurs, s'il trouvait dans les dogmes de sa foi quelque chose de contraire aux idées nouvelles, il devait garder le silence, ou mieux encore, usant d'une sainte tolérance, se réconcilier avec elles, et donner au libéralisme le baiser fraternel. Ce fut ainsi que Satan débuta, et ce fut là, disons-le, le moment le plus périlleux du combat. Il ne fallait peut-être rien moins que le privilége de l'infaillibilité pour triompher de cette immense conspiration de l'erreur contre la vérité. Mais à toutes les séductions, le Vicaire de Jésus-Christ répondait par le *non possumus*, l'impossibilité qu'il y avait pour lui de transiger.

La fermeté inébranlable du *non possumus* mit l'enfer en fureur. C'est alors que le bizarre général de la révolution, qui attendait patiemment dans son île les succès de l'astuce, sortit en criant qu'il fallait arracher de l'Italie le chancre qui la dévorait, de la société le vampire sacerdotal ; qu'il fallait Rome ou la mort. De ce moment la lutte descendit du domaine des idées aux mains des soldats ; le sang coula sur les champs de bataille. Il y eut un moment de répit où chaque combattant répara ses forces. Puis la lutte est de nouveau recommencée sur le terrain sanglant ; elle en est aujourd'hui à cette phase terrible, mais glorieuse, où les coups se donnent par l'épée et à la face de l'univers, et c'est pour porter à l'Eglise et à la vérité l'appui de vos bras que vous, ô soldats chrétiens, êtes en ce moment réunis sous ce noble drapeau.

Jetez avec moi un instant les yeux sur la mêlée, avant que d'engager la main. Voyez quels sont vos frères d'armes, quels sont vos adversaires et la force des deux camps, et vous entreverrez avec moi l'issue de la bataille.

Quels sont ceux qui combattent contre vous? Ce sont des fils ingrats, des hommes avides, des méchants, une plèbe immonde; leurs armes sont le mensonge, la trahison, la haine, le blasphème et le crime; à ces hideux bataillons se réunissent la diplomatie matérialiste, la presse impie, les noires et sinistres sociétés secrètes. Vous avez là les hordes infernales du mal organisé. Les soldats de ce camp croient obéir à un général politique ou militaire qu'ils nomment Mazzini ou Garibaldi; en réalité, c'est Satan lui-même qui les commande.

Quels sont ceux qui combattent avec vous? Ce sont des enfants fidèles, des cœurs reconnaissants et dévoués, des hommes pleins de mérites, des héros. Leurs armes sont la vérité, la sincérité, la force, la prière et l'amour. A cette glorieuse phalange viennent se joindre les sympathies de toutes les âmes honnêtes, le concours de tous les bons chrétiens, l'assistance de tous les régiments de la milice sacrée, les religieux, l'ordre sacerdotal, les évêques, et au-dessus d'eux le Souverain Pontife. C'est là l'armée du bien, l'armée du ciel sur la terre, *Acies ordinata*. Vous croirez pendant le combat écouter la voix d'un général pontifical; c'est la voix de Jésus-Christ que vous entendrez, de Jésus-Christ qui est le Seigneur des vertus, le Roi des Rois et le Dieu des véritables armées: *Dominus virtutum, Rex regum, Deus Sabaoth*.

Maintenant, il n'est pas difficile de pressentir de quel côté sera la victoire. *Si Deus est pro nobis, quis contra nos.* « Si Dieu est pour nous, qui réussira contre nous. »

Sans vouloir lever d'une main présomptueuse le voile qui nous dérobe l'avenir, à n'examiner que le passé, il est aisé de fortifier son espérance; et en étudiant les événements de nos jours, on croit déjà apercevoir la fin de l'orage et voir poindre à l'horizon la clarté de plus beaux jours.

En effet, que nous a enseigné la rapide esquisse que nous avons faite des luttes de l'Eglise, si ce n'est la puissance victorieuse de son divin Fondateur. A chaque combat le Serpent a été terrassé et écrasé. L'Eglise s'est relevée des coups qu'on lui portait, plus brillante et plus terrible: *Et portæ inferi non prævalebunt.* « Les portes de l'enfer ne prévaudront jamais. » Croit-on qu'après avoir triomphé pendant dix huit siècles, en soutenant chaque article de son symbole, elle succombera avec les derniers? Cet ordre chronologique des luttes de l'Eglise en rapport avec l'ordre numéral des articles du symbole, est quelque chose d'immensément significatif. Elle ne faillira pas sur la résurrection de la chair et la vie éternelle, ses plus belles espérances, dont les aveugles sociétés de nos jours semblent ne plus vouloir entendre parler. Jamais, d'ailleurs, au milieu de ses plus grandes tribulations, elle n'a présenté un spectacle plus grandiose. Il est vrai que ses ennemis, puissamment organisés et conjurés, lui font une guerre acharnée et terrible, mais aussi vit-on jamais dans l'univers catholique plus d'union, de force, de dévouement et de sacrifices. Le St. Père parle-t-il de Rome, sa voix pénètre jusqu'aux extrémités du monde,

et tous les vrais fidèles s'empressent de lui obéir ; fait-il un signe à ses
frères disséminés sur la surface du globe, et les évêques de toute
langue et de toute tribu accourent se ranger à ses côtés ; se plaint-il,
tout ce qu'il y a de sensible et de bon souffre avec lui ; s'il pousse le
cri de détresse, l'or et l'argent affluent dans son trésor ; enfin, annonce-
t-il le danger, une multitude de défenseurs accourent pour le défendre.
Combien compte-t-il aujourd'hui à son service de puissants écrivains, de brillants orateurs et de valeureux soldats ? Il n'y eut peut-être
jamais, dans aucun âge de l'Eglise, un mouvement de la foi catholique
plus spontané et plus universel. Et tout cela pourrait-il être un
symptôme de défaillance et de chute ? Oh ! non, jamais.

Salut ! O Sainte Eglise Catholique, ma Mère ! Gloire et bénédiction te
soient rendues dans ta marche bienfaisante du temps à l'éternité ! Dans
cette course dix-huit fois séculaire, tu n'as jamais cessé de combattre
tes nombreux ennemis. Les immortelles victoires que tu as rempor-
tées dans chacune des grandes batailles qu'ils t'ont livrées, sont demeurées dans les champs de l'histoire comme des monuments gigantesques
et impérissables de ta force et de ton amour divins. Ils redisent
éloquemment à toutes les générations que tu es bien la glorieuse et
légitime épouse du Christ, chargée de conduire le genre humain vers
l'accomplissement de ses éternelles destinées. Voici encore arriver
l'heure d'une bien cruelle épreuve, aujourd'hui tu dois souffrir, gémir
et pleurer ; mais demain tu devras triompher ! !

TROISIÈME PARTIE.

XIX.

MISSION PROVIDENTIELLE DU PEUPLE CANADIEN.

L'Eglise est donc, comme nous l'avons vu, une société essentiellement militante. Sa longue marche à travers les siècles n'a été qu'une
suite de combats, qu'un enchaînement de luttes gigantesques qui
durent encore. Elle apparaît comme une véritable armée rangée en
bataille, une armée où chaque peuple est un bataillon, et chaque chrétien un soldat.

S'il est important pour le simple fidèle de bien connaître le poste qui
lui est assigné, et la part qu'il doit prendre dans cette lutte incessante
du bien contre le mal, et de Dieu contre Satan, il l'est bien davantage
pour la nation éclairée des lumières de la foi ; car, dans cette lutte,
celui qui n'est pas avec le Seigneur est contre lui. *Qui non est mecum
contra me est.* La nation, comme l'individu, qui ne travaille pas pour
la gloire de Dieu, travaille au profit du démon, pour sa propre ruine et
son déshonneur. En effet, toute nation qui est fidèle à sa mission,
grandit glorieusement avec les siècles, de même qu'elle périt miséra-
blement, si elle refuse d'y répondre. Les enseignements de l'histoire
ne permettent pas d'en douter.

Maintenant quel est le but que s'est proposé la divine Providence
dans l'établissement du Canada, ou quelle est la mission providentielle du peuple canadien ? C'est, Monseigneur et mes frères, ce qu'il
me reste à considérer, et je le ferai aussi brièvement que possible.

Le but de la Providence dans la colonisation de ce pays est visiblement, autant du moins qu'on peut naturellement le connaître, la formation d'une nation catholique dans la grande vallée du Saint-Laurent ; la mission du peuple canadien, c'est le maintien et l'extension du royaume de Dieu dans ce nouveau continent.

Il n'est pas d'abord sans un vif intérêt de remarquer l'analogie de notre mission avec celle du généreux peuple dont nous descendons. Le rameau que la main détache de l'arbre, greffé ou transplanté ailleurs, ne change pas pour cela de nature ; il croît pour produire les mêmes fruits. C'est ainsi que le rameau canadien, détaché par la divine Providence du vieil et glorieux tronc des Francs et transplanté dans le nouveau monde, a continué, en partageant toutefois cette gloire avec d'autres rejetons de nobles races, de mettre au service de l'Eglise sa force et sa vigueur et d'offrir au Christ les plus beaux fruits de sa fécondité. Nos pères, en nous transmettant le sang généreux des croisés, nous ont aussi légué leur foi et leur héritage, les *Gesta Dei per Francos.* C'est par la croix des missionnaires français que le Seigneur a spécialement porté les limites de son royaume aux extrémités du monde, comme c'est par l'épée de ses Francs qu'il a défendu l'Eglise contre les terribles ennemis qui l'attaquaient.

Or, c'est précisément pour l'accomplissement de cette double mission que la France a fondé la colonie canadienne ; l'histoire de notre patrie en rend un éclatant témoignage. Nos rois, dit un écrivain contemporain, n'ignoraient pas qu'en ordonnant à ses Apôtres et à ses successeurs d'enseigner toutes les nations de la terre, et de les baptiser au nom du Père, et du Fils et du Saint-Esprit, le divin Rédempteur des hommes avait indirectement invité les princes, dépositaires de sa puissance, à préparer les voies à l'Evangile, en lui frayant un chemin dans les pays lointains où il n'avait pas encore pénétré ; et tel fut en effet le dessein des rois de France, en essayant à diverses reprises d'établir des colonies au Canada. Les lettres royales, les commissions aux navigateurs envoyés vers nos contrées, exprimaient formellement l'intention de porter la connaissance de Dieu aux infidèles, et l'espoir d'étendre en ces lieux les bornes du royaume de Jésus-Christ. Les citations seraient superflues, les commentaires inutiles, les intentions formelles des fondateurs de la colonie vous sont connues. D'ailleurs, chose étrange et non moins certaine, les efforts faits en sens contraire sont toujours demeurés infructueux.

Si l'étendue d'un discours permettait de suivre pas à pas les fondateurs de la colonie, nous verrions que leurs actes ne furent pas moins significatifs que les ordres de leurs souverains.

C'est au nom du Sauveur des hommes que Jacques Cartier, en arborant le signe catholique, prit, genou en terre, possession du pays ; c'est sur la croix qu'il venait d'implanter dans le sol canadien, qu'il grava de la pointe de son épée ces patriotiques paroles : Vive le Roi de France ! N'est-ce pas même sur un point de votre opulente cité, au pied du Mont-Royal, que l'intrépide découvreur, à défaut d'ecclésiastique, voulut proclamer lui-même le règne du Fils de Dieu ? Il l'invoqua publiquement sur les populations et sur le sol de cet immense pays, par une lecture à haute voix de la douloureuse Passion par laquelle ce divin Sauveur a racheté et conquis le monde. Quoi de plus frappant et de plus instructif que ces grands traits de notre histoire. La religion pouvait-elle à cette époque prendre plus solennellement possession de notre belle et chère patrie ?

Et quelle est la pensée qui a surtout présidé à la fondation de cette grande cité de Montréal? N'est-ce pas aussi une idée religieuse et militaire tout à la fois? Les fondateurs de Ville-Marie voulaient avant tout en faire le boulevard de la jeune chrétienté canadienne, menacée dans son berceau; ils voulaient sauver par elle des fureurs de la barbarie iroquoise, l'autel du vrai Dieu et le foyer du colon canadien.

Ce qui s'est passé ici s'est reproduit, à divers degrés, en cent endroits du pays. Qui dira jamais ce que nos pères ont fait pour établir, défendre et propager le règne du Christ en ces lieux? Que de faits héroïques dans cette lutte cachée en grande partie dans la profondeur de nos forêts, et auxquels il n'a manqué que le nombre des acteurs et et un théâtre moins ignoré, pour être comparés à ce que le genre humain nous offre de plus digne d'admiration!

Pour asseoir sur les bords de notre grand fleuve les prémices d'une nation semblable à celle dont ils étaient sortis, nos pères luttèrent contre la nature, la barbarie et l'hérésie conjurées. Ils tinrent ferme contre les neiges et les glaces de notre climat. On les vit entrer hardiment dans les bois de haute futaie de la forêt primitive dont ils débarrassèrent le sol à grand'peine. Ils guerroyèrent en même temps contre les animaux féroces qui habitaient ces forêts, et les peuplades cruelles qui les parcouraient. Ils furent même obligés de tenir tête aux nombreux et belliqueux bataillons de la nouvelle Angleterre. A cette époque, le Canadien tenait la charrue d'une main et le fusil de l'autre. Toutefois, dans le temps que les habitations se formaient, le clocher s'élevait; et l'homme de Dieu vivait avec l'homme des champs et des batailles. Sur cette terre que Dieu s'est choisie, la hache du défricheur, la croix du missionnaire et l'épée du soldat n'étaient pas séparées, et c'est à cette triple force que notre jeune nation doit son existence, son salut et la constitution robuste qui la met en état d'accomplir sa providentielle destinée. Mais c'est de la croix du Christ que la hache et l'épée tiraient leur vertu, et c'est pour cela que le clocher du village la portait dans les airs.

Nos pères qui sont et doivent être nos modèles, n'ont pas cherché qu'à former un peuple catholique dans cette vallée; ils travaillaient aussi à étendre ailleurs le règne de Dieu et à le défendre partout au prix des plus grands sacrifices.

Les missionnaires, suivis de fidèles disciples, ont pénétré jusque dans les endroits les plus reculés. Prêtres et laïques, hommes et femmes n'ont pas craint de s'aventurer dans des contrées inhospitalières, chez des peuplades sanguinaires, pour annoncer à de pauvres âmes abandonnées la bonne nouvelle de l'Evangile. Leur sang a coulé sur les bords du Saint-Laurent et des grands lacs, dans la vallée du Missisippi et jusque sur les rives lointaines da la Saskatchawan. Ils ont même souffert d'être brûlés et mangés tout vivants. La voix des Pères Lallemant, Brébeuf, Daniel, Jogues et de tant d'autres, nous redit éloquemment avec quel indomptable courage nos ancêtres ont travaillé à l'œuvre de Dieu.

Que n'aurai-je pas à dire, si je voulais décrire l'action visible de l'esprit de Dieu dans ces âmes d'élite dont le ciel se servait pour rendre plus sensibles ses desseins sur notre cher Canada? Que n'aurait-on pas à raconter de ces femmes humbles et timides, transformées par la grâce en missionnaires intrépides, en véritables héroïnes, dignes des plus beaux âges de l'Eglise! Inutile de vous rappeler ici les noms bénis de Madame de la Peltrie, de la Mère de l'Incarnation, de Mademoiselle Manse, de la Sœur Bourgeois et de tant d'autres. Pourrait-on passer sous silence le nom vénéré de M. Olier, bénissant ses enfants spirituels qu'il envoyait étendre le règne de Dieu dans les missions lointaines du Canada. Il consacrait par avance au pied de l'autel de Notre-Dame de Paris, à Jésus, Marie et Joseph ce beau territoire où se sont élevées depuis tant de florissantes paroisses, et Ville-Marie elle-même, la cité magnifique, qui voit depuis deux siècles, avec tant d'avantage et de bonheur, les dignes fils de M. Olier y perpétuer l'œuvre de sa brûlante charité et de son zèle apostolique.

Mais puisque je parle à des militaires, je ne dois pas omettre le récit de quelque action guerrière où la foi de nos ancêtres brille de son véritable éclat. Je nommerai parmi cent autres Daulac et ses héroïques compagnons, dont les noms devraient être gravés en lettres d'or sur un monument national. C'était à quelques pas de cette basilique que dix sept chrétiens au noble cœur, comparables, à ce que l'antiquité offrit jamais de plus dévoué, et à la fois, colons, soldats et martyrs, prirent, après avoir fait leur testament et reçu le pain des forts, l'engagement solennel de mourir jusqu'au dernier, plutôt que de laisser le cruel Iroquois approcher de cette ile. Vous savez comment ils tinrent leur promesse dans les environs de la nouvelle capitale du Canada, près de la chûte des Chaudières. Le combat fut terrible et couta énormément cher à l'ennemi ; cependant ils succombèrent tous accablés par le nombre. A la vue de ces dix-sept héros étendus sans vie au milieu d'un affreux carnage, le farouche enfant de la forêt s'arrête épouvanté. Il ne connaissait pas encore la bravoure chrétienne ; un aussi indomptable courage l'attérait. Il rebroussa chemin. L'Autel et la colonie furent sauvés. Voilà, Canadiens, voilà comment les pages sanglantes de votre histoire redisent la foi et la valeur de vos pères ; comment elles rappellent ce qu'ils pensaient du devoir et de la mission de chaque chrétien sur le sol canadien, et avec quel dévouement ils surent s'en acquitter.

Tant d'intentions si pures, d'efforts surhumains, de généreux sacrifices et de sublimes dévouements, inspirés par la grâce de Dieu et accomplis pour sa gloire, auraient-ils été sans but ? Et ce but pouvait-il être autre que la glorification du Seigneur et le salut des âmes par la formation d'une nation chrétienne ? Une nation qui maintint ici la foi catholique et l'étendit au dehors. Voilà clairement, par l'enseignement de la première partie de notre histoire, ce que Dieu voulait, ce qui s'est opéré en dépit des obstacles, et ce qui nous indique comme du doigt la route que nous devons suivre. O peuple canadien, puisses-tu comprendre ta magnifique destinée et y demeurer toujours fidèle ! C'est à cette condition, et à cette condition seule, que le Tout-Puissant t'accordera de prospérer et de fleurir dans l'avenir que sa Providence divine et paternelle te réserve !

XX.

Je le vois avec un bonheur indicible, le Canadien la comprend encore sa mission et même s'efforce de l'accomplir en marchant sur la trace de ses pères. J'en ai des témoignages sensibles et palpables dans l'attachement de nos populations à la foi catholique, dans le défrichement de nos forêts vierges, dans la prédication de l'Evangile aux contrées lointaines,et surtout dans le grand spectacle qui s'offre en ce moment à nos yeux. Et je trouve dans ces preuves de fidèlité, un puissant encouragement à travailler avec ardeur au bonheur de la nation, à la cause de l'Eglise, et en même temps un baume bienfaisant qui soulage et fortifie le cœur, au milieu de toutes les défections dont le vieux monde nous donne le triste exemple.

En effet, la foi est encore vive en ce pays. Il est vrai qu'il se rencontre au milieu de nous des hommes qui ferment les yeux à sa brillante lumière, qui marchent dans les ténèbres, s'acheminent vers l'abîme et veulent même y entraîner leurs frères ; mais ces hommes sont peu nombreux et la nation heureusement ne les suit pas. Le peuple canadien tient encore à la foi de ses ancêtres comme à l'ancre du salut. L'Eglise est sa mère, les pasteurs sont ses guides et ses pères, l'Evangile sa loi, la prière et les sacrements sa nourriture, enfin il puise encore dans la pratique de la religion catholique la force et la vie qu'y ont puisé ses aïeux et qui n'est nulle part ailleurs.

Comme au premier temps de la colonie, il pénètre çà et là et au loin dans nos profondes forêts ; il débarrasse péniblement le sol pour y planter la croix et y construire son habitation. En même temps que sa maison, surgit celle du Seigneur ; le clocher domine toujours le nouveau village ; la cloche éveille les échos des bois et des montagnes de nos cantons, comme jadis ceux des rivages du Saint-Laurent ; et l'homme qui accompagne le colon, pour le diriger, le soutenir et le fortifier dans ses rudes labeurs, c'est toujours le prêtre de Jésus-Christ.

Le Canada, non plus, n'a pas cessé d'avoir ses missionnaires. A l'heure où je vous parle, leur voix retentit du golfe Saint-Laurent à la Rivière Rouge, de la Rivière Rouge au bord du Pacifique, et des plaines brûlantes de la Floride aux mers glacées de la région polaire. Et ces communautés religieuses qui ont surgi comme par enchantement sur tous les points du pays, ces nombreux essaims de vierges dévouées,à qui l'on doit en grande partie les admirables qualités et la vertu si pure de nos mères canadiennes, ces anges de la terre que l'on rencontre partout où il y a une larme à essuyer, une douleur à soulager ; ne sont-elles pas, elles aussi, des ouvrières providentielles, non-seulement parmi nous, mais jusque chez les sauvages du Nord-Ouest, des Montagnes Rocheuses et les peuples de l'Orégon !

Enfin, parmi nous, les soldats de la patrie et de la cause de Dieu sont toujours vivants, vous les voyez, les voici ! Ah ! le spectacle grandiose, auquel il nous est donné d'assister ce soir, a quelque chose de bien propre à consoler et à réjouir tous les cœurs vraiment canadiens et catholiques. Voyez ! cette immense basilique renferme en ce moment, dans son enceinte, des citoyens accourus de tous les points du pays, pour contempler les nouveaux soldats de la patrie et du Christ, et pour donner à cette démonstration sans pareille dans nos annales un caractère véritablement national. Cette foule immense qui se presse ici et aux alentours, vient applaudir, par sa présence et ses aumônes, à la foi et au dévouement de ses braves, et c'est le Canada tout entier, noblement représenté par elle, qui y applaudit. Car Québec, Saint-Hyacinthe, Rimouski, les Trois-Rivières, Ontario, la Baie des Chaleurs ont ici leurs représentants. Toutes les paroisses de ce vaste diocèse, tous les quartiers, toutes les familles catholiques de cette ville y comptent de leurs membres. Ce spectacle ne suffit-il pas, à lui seul, pour prouver, mieux que des paroles, ce que je disais, il n'y a qu'un instant, que le Canada comprend encore sa mission et qu'il ne la trahit pas, qu'il a toujours, comme Tertullien le disait des premiers chrétiens, de l'or et du sang à mettre au service de Dieu. Et toi, foi vivifiante et généreuse de nos pères, tu n'es donc pas éteinte en nous ! Non, tu vis au contraire brûlante et forte comme dans ton glorieux passé, et tu peux encore nous faire espérer de beaux jours !

XXI.

Quant à vous, jeunesse au cœur noble et généreux, avant que de vous dire combien j'admire les sacrifices que vous venez offrir au pied de l'autel, en présence de Dieu et de votre patrie, je vous félicite de l'honneur que le Seigneur vous a fait en vous choisissant, de préférence à un grand nombre d'autres, pour remettre entre vos mains les intérêts de sa cause et la défense de son auguste représentant sur la terre, le Pape, notre Saint Père. Ce ne sont pas même tous les hommes de bonne volonté qui sont appelés à combattre directement, par la croix ou par l'épée, les combats du Seigneur. Cette tâche honorable est confiée à des hommes d'élite : témoin ce que nous lisons dans le livre des Juges.

Les Madianites opprimaient depuis quelques années le peuple de Dieu ; le Seigneur suscita Gédéon pour le délivrer de ses ennemis. Gédéon fit appel au courage de la nation et voilà que trente deux mille hommes vinrent se ranger sous son drapeau. « C'est trop, dit le Seigneur, Madian ne sera point livré entre les mains de tant de gens ; de peur qu'Israël ne se glorifie et n'attribue la victoire à ses propres forces. Renvoie chez eux tous ceux qui se sentent timides. » Vingt deux mille se retirent, il n'en resta que dix mille. Le Seigneur dit à Gédéon : « Ce peuple est encore trop nombreux. Conduis-le au bord du Jourdain et je te montrerai ceux que j'ai choisi pour délivrer mon peuple. Renvoie encore ceux que tu verras s'agenouiller pour boire plus à leur aise ; ne garde auprès de toi que ceux qui auront pris, à la hâte, en passant, un peu d'eau dans le creux de la main, pour étancher leur soif. » De ces derniers, il n'y en eut que trois cents ; les autres furent renvoyés. Alors le Seigneur dit à Gédéon : « C'est par ces trois cents hommes que je vous délivrerai. »

Vous le voyez, mes chers enfants, le Seigneur choisit lui-même les soldats de sa cause. Pour abattre l'orgueil de ses ennemis, il ne veut point de cœurs timides, point d'hommes amis de leurs aises. Ceux-là ne sont point propres à combattre les combats du Seigneur. Non. Il faut des hommes de cœur, des hommes de dévouement et de sacrifices, capables de supporter les fatigues et les privations de la vie militaire, capables d'affronter la mort sans sourciller. Tels étaient les trois cents soldats de Gédéon ; tels sont sans doute tous ces généreux jeunes hommes qui se dirigent de tous les pays catholiques vers la capitale du monde chrétien. Voilà ce que tu es toi-même, ô élite de la jeunesse canadienne, que je contemple présentement dans ce sanctuaire avec tant de bonheur et une si légitime fierté.

La spontanéité avec laquelle tu viens de te lever, à la face de la nation, dès la première nouvelle des attentats commis récemment contre notre Père commun, disant à l'Église : ME VOICI, nous est un sûr garant du courage que Dieu a mis dans ton âme et de la générosité des sentiments qui font battre ton cœur.   Le choix qu'il a fallu faire entre tous les braves qui se sont offerts, nous est une preuve indubitable que tu es bien ce petit nombre de soldats dévoués et inébranlables, par lesquels le Seigneur veut abattre l'orgueil de ses ennemis et sauver son Eglise.   Oui, j'en ai la confiance, c'est par la petite armée, ainsi formée de l'élite de toutes les nations catholiques, que Dieu humiliera de nos jours la grande armée des ennemis de son Christ.

Vous êtes donc heureux, ô généreux enfants du Canada, je le répète, vous êtes heureux du glorieux choix qui vient de tomber sur vous. Ce choix vous honore singulièrement, en vous associant aux milices célestes qui ont commencé, les premières, cette grande et longue lutte du bien contre le mal dont nous venons d'esquisser rapidement les phases principales.   Ce choix vous associe encore à la glorieuse phalange des martyrs, à ces valeureux croisés, vos ancêtres, à ces nobles et preux chevaliers, qui tous ont défendu jusqu'à la mort, en des temps et sur des théâtres divers, la cause que vous allez vous-mêmes défendre aujourd'hui sur le plus célèbre des champs de bataille. La terre d'Italie, que dans quelques jours vous allez fouler sous vos pieds, est encore toute teinte, que dis-je, toute fumante du sang des héros chrétiens.   C'est là, dans ces champs si fertiles en héroïsme et en dévouement surhumains, que des légions de chrétiens, nos pères et nos frères dans la foi, ont conquis la couronne des héros, la palme de l'immortalité.   C'est de là que des millions d'entr'eux sont partis pour aller chanter dans la céleste patrie, au milieu d'une ivresse inexprimable, le cantique d'une éternelle victoire.   Courageux enfants de l'Eglise, marchez donc sur leurs traces ! Que le Dieu des armées, qui vous a jugés dignes de cet honneur, vous soutienne de son bras tout-puissant ! Que le chef des saintes milices, l'Archange Michel, le protecteur et le défenseur de l'Eglise militante, marche devant vous, qu'il porte la terreur dans les ennemis que vous rencontrerez, qu'il vous fasse pénétrer sains et saufs au milieu des bataillons de Satan et avec vous l'épouvante et la défaite !

Mais pourquoi anticiper ?   Le vénérable évêque de Montréal va dans l'instant appeler toutes les bénédictions du ciel sur le drapeau immaculé qui flotte au-dessus de vos têtes et qui a le privilége d'attirer en ce moment tous les regards.   Oui, l'ange de cette Eglise va adresser au Dieu des combats cette forte et touchante prière ! « Dieu Tout-puissant et éternel, source de toutes bénédictions, vous qui êtes la force de ceux qui triomphe, regardez favorablement la prière de notre humilité et sanctifiez par votre céleste bénédiction ce drapeau préparé pour l'usage de la guerre ; qu'il soit l'effroi des ennemis du peuple chrétien, la force de ceux qui ont mis en vous leur confiance et le gage assuré de la victoire.   Car, c'est vous, ô Dieu, qui broyez l'ennemi dans la guerre et qui donnez l'appui d'un secours céleste à ceux qui espèrent en vous. »

Puis, en vous remettant le drapeau ainsi béni, le vénérable évêque vous dira : « Recevez ce drapeau sanctifié par la bénédiction du ciel ; qu'il soit terrible aux ennemis du peuple chrétien ; que par la grâce de Dieu, en son nom et en son honneur, vous pénétriez vigoureusement au cœur de leurs bataillons, sans crainte et sans blessure. »

Oh ! mes chers enfants, recevez-le avec confiance ce drapeau que l'Eglise du Canada remet ce soir entre vos mains.   Il porte dans ses plis les bénédictions du ciel et l'honneur national.   Avec quel intérêt le Canada le suivra de ses sympathies et de ses vœux, sur les divers champs de bataille où vous allez le porter. Ah ! que toujours, vous le teniez haut et ferme au champ du devoir et de l'honneur. Il a la blancheur du lys, vos ancêtres en ont toujours conservé l'éclat ; prenez garde qu'il ne lui soit imprimé aucune tache. Qu'il serve seulement à inscrire en caractères indestructibles et même sanglants, s'il le faut, les faits glorieux accomplis par chacun de vous. Puis, au retour de cette grande expédition, revenez le suspendre aux voûtes de cette basilique, afin qu'il apprenne aux générations futures, comment la jeunesse canadienne de notre temps entendait et pratiquait la défense de la foi qu'elle avait reçue de ses pères.

Mais, généreux défenseurs du droit et de la justice, n'oubliez jamais à quelle condition la victoire s'attachera à vos pas. Votre âme est le premier champ de bataille où il vous faut lutter pour établir le règne de Dieu et de sa justice ; ce n'est qu'après cette victoire qu'il vous sera facile de le maintenir au dehors. Car le vrai chrétien est l'image du Christ, de ce lion de la tribu de Juda, auquel toute victoire est promise. Si donc vous voulez être terrible dans les combats comme ce lion céleste, votre maître et votre modèle, retracez en vous ses vertus et ses traits ; il vous donnera son courage et sa force, et alors vous serez invincibles.

XXII.

Pour nous, nos très-chers frères, croirions-nous avoir accompli notre tâche envers l'Eglise et cette jeunesse chérie par l'expression de nos sympathies ? Serait-ce là notre seule part dans cette lutte d'aujourd'hui ? Je l'ai dit, chaque chrétien est un soldat. Il nous faut donc combattre aussi. Personne, en une telle nécessité, ne peut demeurer dans l'inaction, sans forfaire à l'honneur et au devoir. Mais chaque soldat doit combattre au poste où la divine Providence l'a placé, et avec les armes qu'elle a mises à sa disposition. A ceux-ci le Seigneur a donné le dévouement du cœur et la force de manier l'épée, et vous admirez la générosité avec laquelle ils sacrifient leur vie ; à nous tous il demande un sacrifice moins grand, une obole, une petite portion de ces biens de la fortune qu'il nous a assez libéralement accordés pour en aider nos frères. Dieu nous établit par là les économes de sa famille. Or, quels membres de la famille méritent mieux une part de ses biens que ceux qui vont porter le poids du jour et de la chaleur, soutenir les dures fatigues des camps, courir tous les dangers de la bataille pour la défense du Père commun, d'un Père que nous aimons, que nous vénérons tous, et qui nourrit lui-même nos âmes du pain de la vérité et dirige nos pas dans les sentiers de la vertu. Pendant que notre jeunesse se montre prodigue de son sang, nous ne serons point avares de nos deniers. Pendant que nos Zouaves repousseront par la force des armes les envahisseurs sacriléges du domaine de St. Pierre, nous repousserons par d'abondantes offrandes la pauvreté et la misère à laquelle les hordes révolutionnaires veulent réduire le grand et saint Pontife qui défend pour nous les droits sacrés de l'Eglise et de la Société.

Mais déjà vous avez compris votre devoir, dévoués citoyens, qui avez tout disposé avec tant d'intelligence et de zèle pour le succès de cette mémorable expédition, la religion vous en est reconnaissante. Et vous tous qui avez secondé leurs louables efforts par des travaux, des dons et d'autres secours, vous l'avez compris aussi votre devoir, et le ciel vous en bénira. Néanmoins, n'arrêtez pas en si beau chemin. Tous ensemble, continuons d'assister selon nos ressources le Vicaire de Jésus-Christ, qui a poussé vers nous le cri de la détresse. Efforçons-nous, par tous les moyens possibles, de mener à bon terme la présente entreprise, et d'en faire une œuvre, tout le temps de sa durée, vraiment utile à l'Eglise et honorable pour notre chère patrie.

Outre les biens de la fortune, nous avons encore ceux de la grâce ; la prière nous les procure. C'est peut-être là le plus puissant moyen de combattre les ennemis de Dieu. Moïse en fit autrefois une heureuse expérience pour assurer la victoire à son peuple contre les Amalécites. Quand Moïse priait, l'Amalécite pliait et succombait. A l'aumône, joignons donc la fervente prière. Oui, tous les jours, alors que nos zouaves combattront dans les plaines de l'Italie, nos supplications s'élèveront de la vallée du St. Laurent vers le ciel pour leur obtenir, ainsi qu'à tous leurs frères d'armes, un glorieux et complet triomphe.

Et vous, maintenant, parents généreux, qui faites à Dieu l'offrande de ces chers enfants, quelle est votre part dans ce grand jour ? C'est, nous le comprenons bien, celle du sacrifice ; mais d'un sacrifice extrêmement noble et méritoire, puisqu'il est à la fois si pénible à la nature et si profitable à la religion, à la patrie et à toute la société. La séparation a toujours, à la vérité, quelque chose de cruel, et malgré vos efforts pour les retenir, des larmes brûlantes s'échappent de vos yeux. Ah ! ne les cachez pas, ces larmes : elles vous honorent et font l'éloge de vos fils ; elles attestent la puissance de la grâce dans vos cœurs. Mais regardez au pied de la croix, et vous verrez que la très-bonne Vierge Marie a bien souffert aussi dans l'offrande de son divin Fils. Vous unirez donc, en parents chrétiens, votre sacrifice au sien ; votre résignation à la sienne, et vous trouverez dans cet acte, non-seulement la force, Dieu vous l'a déjà donnée, mais la joie même du sacrifice. Cependant, comme la souffrance a son heure, le bonheur, la réjouissance a aussi la sienne. Au retour de ces chers enfants, couronnés de mérites et de gloire, vous goûterez quelque chose des ineffables consolations qui ont inondé l'âme de la Mère du Sauveur au jour de la résurrection.

Si, à la gloire des héros, le Seigneur voulait ajouter pour quelques d'entre eux la palme du martyr, vous vous montrerez non moins courageux que cette héroïque mère des Machabées, qui offrit, en un même jour, ses sept enfants pour la défense des lois de Dieu et de la patrie. Vous imiterez encore l'exemple de cette épouse admirable qui, apprenant la mort glorieuse de son époux aux champs immortels de Castelfidardo, ne put trouver de plus grande consolation en ce terrible instant que de presser son jeune enfant sur son cœur et de l'élever dans ses bras vers le ciel en disant : « Toi aussi tu seras soldat ! »

XXIII.

Partez, maintenant, soldats du Christ et de la vérité, partez. Allez jusqu'à Rome, sur ce théâtre des grands événements de l'histoire, sur ce sol arrosé du sang des saints, dans cette ville dont le nom rappelle l'éternité. Allez-y défendre notre Père attaqué, notre Mère outragée, nos frères dépouillés et trahis. Allez prendre dans la milice sacrée du

Pontife la place que le Canada doit revendiquer au milieu des nations. Allez porter aux Italiens l'écho de la voix de Pierre et de Paul parvenue jusqu'ici, *et in fines orbis terræ verba eorum,* et leur demander ce qu'ils veulent faire de la foi catholique. Dites-leur que les confins de l'univers se soulèvent d'indignation à la vue de leur ingratitude, et qu'ils réclament impérieusement, au centre du monde, le petit coin de terre que la divine Providence avait donné au Vicaire de Jésus-Christ pour faire rayonner de là sur eux la lumière et la vie. Dites aussi à la vieille Europe, par vos actes plus encore que par vos paroles, que si par impossible elle n'a plus de place chez elle pour l'Epouse de Jésus-Christ qui l'a formée, nourrie et sauvée, il y en a en ces lieux ; dites combien nous serions heureux de recevoir sur nos bords son auguste Chef, et de lui offrir, dans son exil, sur le sol hospitalier du Nouveau-Monde, l'air, l'espace et la liberté ! O sainte Eglise de Dieu, il est pénible, il est cruel pour vous d'être méconnue et attaquée par des fils ingrats et barbares, mais qu'il est doux pour nous d'avoir à vous défendre ! Vous nous avez donné la croix que nous adorons, vos missionnaires nous l'ont apportée pour notre salut à travers les mers et les dangers ; nous vous envoyons avec bonheur aujourd'hui notre épée pour votre soutien, l'épée du soldat des Chaudières, de Carillon, de Châteauguay. Cette épée est inconnue du vieux monde qui ne l'a jamais rencontrée, mais vous, Eglise de Dieu, qui voyez au fond des forêts et jusqu'aux extrémités du monde, vous la connaissez ; d'ailleurs, c'est vous-même qui la dirigiez et lui donniez sa force. Puissiez-vous la soutenir encore ! Quelqu'en soit la valeur, elle est néanmoins sans souillure et digne de servir votre cause sacrée. Nos fils vous la porteront telle que nous l'ont léguée nos pères, ils vous la porteront aussi au milieu des mers et des dangers. Quel est celui d'entre vous, jeunes Canadiens, qui, dans cette noble mission, ne fût heureux de verser son sang. En vous rappelant combien l'Eglise en a répandu pour nous sur cette terre, il n'y a pas un seul, j'en suis persuadé, qui ne regardât comme une faveur insigne de répandre là-bas le sien afin d'acquitter au moins l'intérêt de notre dette. O soldats chrétiens ! fut-il jamais une cause plus belle, plus grande, plus sainte ! On a tiré l'épée pour soutenir l'injustice et propager l'erreur, vous la tirerez pour défendre le droit et la vérité ; on l'a fait par avarice et par orgueil, vous le ferez par reconnaissance et par abnégation ; on s'est servi de la force pour pervertir et renverser, vous vous en servirez pour guérir et conserver ; enfin, on a constamment combattu pour des intérêts vils ou terrestres, vous combattrez pour des intérêts spirituels et célestes. La cause du St. Père, c'est la cause du faible, c'est la cause de la vertu, c'est la cause de la justice, la cause de la propriété, du pouvoir et de la vraie liberté, la cause des âmes, des temps et des lieux, la cause de la société, de la Religion et de Dieu même, enfin la cause de tous et de tout. *Estote fortes in bello et pugnate cum antiquo serpente et accipietis regnum æternum.* «Soyez forts et courageux dans la guerre, combattez contre l'ancien serpent et vous obtiendrez un royaume éternel.»

Ce discours est rempli d'une véritable éloquence, car il découle naturellement du sujet et de la circonstance qui l'ont inspiré.

Après le discours, on continua le programme :

VI.—Onverture : *Tancredi*...Rossini.

Orgue et Orchestre.

VII.—*Hymne à Pie IX*...Rossini.

Chœur. avec accompagnement d'orchestre.

HYMNE A PIE IX.

Chrétiens, plus de larmes,
Chantons en ce jour
Un nom plein de charmes,
D'espoir et d'amour.

Chantons de l'Eglise,
Le saint protecteur,
Que Dieu favorise
De toute splendeur.

Chantons le grand homme,
L'apôtre immortel,
L'idole de Rome,
Le présent du ciel.

De paix doux symbole,
Ses jours nous sont chers,
Déjà son nom vole
Par tout l'univers.

Louange éternelle
Au digne pasteur,
Dont le noble zèle
Nous rend le bonheur.

HYMNE A MGR. BOURGET.

O ville éternelle,
De ton chef pieux
Le portrait fidèle
Brille sous nos yeux.

Dans notre hémisphère
Aucun plus que lui
De la Foi de Pierre
N'est le ferme appui.

La cité modèle,
Rome en raccourci,
Grâce à tant de zèle,
Se retrouve ici.

Soleil catholique,
La ville aux sept monts,
Sur notre Amérique
Verse ses rayons.

Comme aux bords du Tibre,
Son disque répand
Sa lumière libre
Sur le St. Laurent.

C'est à cette période du programme qu'eut lieu la bénédiction du drapeau présenté aux Zouaves Pontificaux du Canada. Cette cérémonie, par sa nouveauté et par sa solennité, impressionna l'auditoire, et il y eut un moment où l'assemblée parut comme électrisée au son des fortes voix des Zouaves répondant à l'appel que leur fit, au nom de la religion et de la patrie, le vénérable évêque de Montréal.

Nous avons déjà dit que le drapeau avait été fixé à la place proéminente, sur le trophée qui ornait le centre de la nef. Au moment prévu sur le programme, M. l'abbé Rousselot, curé de Notre-Dame, en qualité de donateur de cette insigne, alla lui-même, accompagné des membres du Comité Canadien des Zouaves Pontificaux et de l'aumônier du premier détachement des Zouaves, M. l'abbé Edmond Moreau, prendre le drapeau au trophée, et le porta triomphalement jusqu'au chœur. Il le tint dans ses mains pendant la bénédiction, ayant à sa droite M. Olivier Berthelet, président du Comité Canadien des Zouves Pontificaux, et à sa gauche M. C. A. Leblanc, président de l'Association St. Jean-Baptiste, société nationale des Canadiens Français. La religion et la patrie s'unissaient donc, en vérité, pour bénir ce drapeau qu'elles allaient confier aux plus nobles comme aux plus dévoués de leurs enfants.

Après la bénédiction et avant de remettre le drapeau entre les mains des Zouaves, Mgr. de Montréal prononça l'allocution suivante :

BRAVES JEUNES GENS,

Voici l'étendard sous lequel vous allez vous rendre à Rome, pour offrir vos services à Notre Saint-Père le Pape. Il vient d'être béni par l'Église qui a, dans ses livres lithurgiques, une belle et touchante prière pour consacrer les drapeaux sous lesquels ses enfants marchent au combat, avec l'espérance de remporter la victoire, par la puissance du Dieu des armées. Il a été béni dans l'église de son Auguste Mère, la glorieuse Vierge Marie, dont le nom est saint et terrible dans les combats. Il a été béni dans cette immense assemblée et au milieu de toutes les plus splendides démonstrations de foi et de religion. Il a été béni à la demande du peuple canadien, représenté par le Comité des Zouaves, afin que vous ayez un signe éclatant pour vous rallier et vous reconnaître, en tous lieux, sur terre et sur mer. Il a été béni pour que, par la grâce attachée à ce glorieux étendard, vous soyez toujours et partout dignes de porter le nom canadien auquel sont attachés la foi et la bravoure de nos pères.

Voulez-vous, braves enfants de la religion et de la patrie, prendre l'engagement d'honneur de ne jamais rien faire, pendant la noble excursion que vous allez commencer, qui puisse imprimer quelques taches à cette divine religion et à cette aimable patrie, dont vous êtes chargés de faire l'ornement et la gloire aux yeux des nations étrangères !

A cet appel, tous les Zouaves, ensemble et en levant la main droite vers le drapeau, répondirent à haute voix : *Nous le jurons !*

Cette scène solennelle et inattendue produisit sur l'assemblée l'effet d'une commotion électrique ; un courant et comme un frisson d'enthousiasme parcourut les rangs serrés de l'immense auditoire, en même temps qu'on entendait dans diverses parties de l'église des sanglots étouffés : c'étaient les mères, les sœurs des Zouaves qui payaient ce tribut à la nature, et laissaient percer les sentiments de tristesse, mêlée de fierté, dont leurs cœurs surabondaient. Heureuses et glorieuses mères, leur généreux sacrifice sera récompensé même dans ce monde ; leurs fils feront l'honneur de leurs cheveux blancs et la consolation de leur douleur !

Aussitôt après le serment des Zouaves, Monseigneur de Montréal prit le drapeau des mains de M. le Curé, et le remit au capitaine Joseph Taillefer, du diocèse de Montréal, commandant des Zouaves pour la circonstance. Celui-ci le donna à M. Georges E. Hughes, du diocèse des Trois-Rivières, qui le porta pendant le reste de la soirée, escorté du capitaine Charles de Cazes, du diocèse de St. Hyacinthe, et de M. Pierre Chouinard, du diocèse de Québec. Ces quatre militaires, remarquait un journal de Montréal, sont des cadets, qui ont déjà porté les armes sur les frontières, contre les *fenians ;* ils porteront bien, soyons-en certains, leur noble drapeau contre les *fenians* d'Italie.

Après ces scènes émouvantes, on continua l'exécution au programme, dont voici les derniers détails :

VII.—*Sanctus et Benedictus*...Rollé.
(Chœur avec accompagnement d'Orchestre.)
IX.—*Marche de Mentana*..Tassali.
(Bande Hardy.,

8

SALUT.

X.—*Tu es Petrus* ....Desvignes.
(Chœur avec accompagnement d'Orchestre.)
XI.—*Ave Maria* ....O. Martel.
(Solo et Chœur avec accompagnement d'Orchestre.)
[Ce morceau fut dirigé par l'auteur.]
SOLO.—Melle. JOLY.

Ave Maria, etc.

CHŒUR.

Sancta Maria, etc.

XII.—*Tantum ergo,* en *ut mineur* ....Lambillotte.
(Chœur avec accompagnement d'Orchestre.)
XIII.—*Laudate Dominum,* 5e ton ....Plain-Chant.
(Chœur et Orgue.)
XIV—*Grande Marche de la Victoire*..............................Vico.
(Bande Hardy.)

Munis de la bénédiction du Dieu des armées, que pouvaient désormais craindre ces valeureux défenseurs de la
Papauté ? Cette bénédiction fera leur force et leur salut ;
elle sera la terreur de leurs ennemis. Dans les moments
d'ennuis, dans les épreuves inséparables du genre de vie
auquel se sont dévoués nos jeunes compatriotes, ils se
rappelleront avec bonheur cette bénédiction solennélle
reçue aux pieds des autels, de la main vénérable d'un
prélat de l'Église, et au milieu des prières et des vœux de
tout le peuple canadien. Cette pensée les encouragera et
les consolera.

La grande démonstration était déjà finie depuis longtemps, et la foule ne s'écoulait qu'avec lenteur ; elle semblait vouloir rester encore un instant dans l'immense
basilique pour contempler plus longtemps les beautés de
cette solennité qui venait de se terminer, pour ne jamais,
probablement, se renouveler dans des circonstances semblables. Enfin, peu à peu, l'église se vida, et les Zouaves,
drapeau en tête, purent se frayer une route, précédés de
la musique des *Chasseurs Canadiens,* et ils se rendirent
jusqu'à l'Institut-Canadien-Français. Sur leur passage,
par la Place d'Armes et la Petite rue St. Jacques, le plus
grand enthousiasme se manifesta ; ils passèrent au milieu
des acclamations du peuple, heureux de reconnaître et de
saluer un dévouement qu'il admirait. Ce fut un vrai
triomphe, auquel le calme de la nuit ne fit qu'ajouter une

plus grande solennité. Plusieurs, dans cette foule religieuse, se précipitèrent sur les Zouaves, les serrèrent dans leurs bras, et baisèrent avec respect ces fortes mains qui venaient de se consacrer à la défense de la plus auguste des causes. Deux jeunes zouaves qui nous racontaient ces scènes sublimes, ne pouvaient retenir leurs larmes à la vue d'une foi si vigoureuse et d'une piété si pure. En même temps, ces témoignages les remplissaient de joie, car ils y voyaient une preuve que l'esprit et la nature de leur sacrifice était compris.

A l'Institut-Canadien-Français, le capitaine Taillefer, sur l'invitation du Président du Comité, adressa à la foule quelques paroles bien senties, que les journaux ont résumé comme suit :

« Messieurs, dit-il, je suis trop ému ce soir pour m'exprimer longuement. Qu'il me soit permis, au nom des Zouaves, de remercier les citoyens de Montréal pour ce qu'ils ont fait pour nous. Depuis notre arrivée, nous avons marché d'étonnement en étonnement. Ce drapeau, dont vous nous avez gratifiés, nous vous promettons de le rapporter sans tache, et s'il ne revoit pas le Canada, c'est qu'il aura servi de linceuil au dernier d'entre nous ! »

La foule répondit par des acclamations enthousiastes, et les Zouaves se retirèrent à leurs logis pour passer leur dernière nuit en Canada.

XV.

LA JOURNÉE DU MERCREDI.

Le lendemain, à 9 heures, les Zouaves se réunirent au Collége des Jésuites pour recevoir le reste de leurs accoutrements et leurs dernières instructions. De là, ils allèrent porter leurs bagages à la gare du chemin de fer, et se dispersèrent vers midi pour le dîner, avec ordre de revenir à 2 heures dans la grande salle du Collége pour le départ.

Profitons du temps que nos héros sont allés prendre leur dernier repas dans la patrie, pour raconter ce qui se passait à la même heure au palais épiscopal.

La fête de Mgr. de Montréal, (1) que l'on célèbre ordinai-

____

(1) Mgr. Ignace Bourget.

rement le 1er février, jour où l'Eglise fait la fête de St.
Ignace, martyr, avait été remise au jour du départ des
Zouaves. On ne pouvait certainement pas choisir une
meilleure circonstance : le Pape et l'Evêque de Montréal,
qui ont plus d'un trait de ressemblance, ne pouvaient
être associés dans nos vœux dans une occasion plus appropriée ni plus solennelle. Et puis, le nombreux clergé,
qui est venu assister à la grande démonstration du 18
février, donnait un nouvel éclat à la fête, et lui prêtait la
grandeur d'une véritable solennité. L'Evêché, aussi, n'a
pas manqué l'occasion pour faire une nouvelle démonstration catholique, conséquence pour ainsi dire de la première. Un grand dîner y a eu lieu, auquel le clergé a
pris part, ayant à sa tête Mgr. Laflèche, et pour com-
mensaux les membres du Comité Canadien des Zouaves
Pontificaux. Un excellent dîner est déjà une excellente
chose au point de vue purement humain, mais quand on
en profite pour faire un acte de foi catholique, et une
protestation d'attachement inviolable au Pontife-Roi, il
est encore meilleur, et vraiment méritoire. C'est dîner
en chrétien, tout en dînant comme homme, et remercier Dieu admirablement d'avoir répandu les trésors de sa
Providence sur cette terre.

Donc, pendant le dîner, on a fait la lecture d'une touchante adresse au St. Père, à l'occasion des soldats que le
Canada lui envoie. Elle fut unaniment approuvée et
reçue avec foi et enthousiasme. C'est un nouvel hommage de notre foi à la Souveraineté de Dieu sur l'univers, et à celle de son Vicaire sur la terre. Elle parle
dignement pour les catholiques du Canada, confirme
bien l'action du Comité et, en l'entourant de la confiance
du clergé tout entier, le revêt d'une grande autorité pour
les affaires ultérieures qu'il pourra avoir à traiter à Rome,
avec le gouvernement pontifical.

Voici cette belle adresse avec les noms de ceux qui
l'ont signée, et qui n'ont fait dans cet acte important
qu'exprimer les vœux unanimes des vrais enfants du
pays :

A Notre Très-Saint Seigneur et Père, le Pape Pie IX.

Très-Saint Père,

Les Evêques et Prêtres soussignés des divers Diocèses de la Province Ecclésiastique de Québec, en Canada, se prosternent humblement aux pieds sacrés de Votre Sainteté, qu'ils baisent avec une pro-

fonde vénération ; et ils prennent, d'un commun accord, la respectueuse liberté de lui témoigner :

1o. Que c'est avec une amère douleur qu'ils ont appris que Votre Sainteté avait été exposée à d'imminents dangers dans les trop déplorables événements qui se sont passés dans les Etats Pontificaux, en octobre et novembre derniers ;

2o. Qu'ils se sont empressés de commencer à ce sujet les prières ordonnées par Votre Sainteté, dans le *Triduum* qui se fait partout avec une ferveur bien consolante, et qui donne à espérer que le Ciel se laissera enfin toucher, en accordant à sa sainte Eglise le triomphe éclatant que lui auront mérité ses longues souffrances ;

3o. Qu'ils sont heureux de voir que les fidèles confiés à leurs soins se montrent singulièrement dévoués au Saint-Siège et à l'auguste personne de Votre Sainteté, par les sacrifices qu'ils s'imposent, pour donner à leurs jeunes gens les moyens de se rendre à Rome, pour s'enrôler sous l'étendard pontifical, et par des démonstrations splendides, qui sont la preuve éclatante de leur attachement pour le Siège Apostolique.

4o. Qu'ils n'ont pu voir, sans une consolation indicible, l'ardeur que montrent les jeunes gens du Canada pour aller s'associer à ceux des autres pays, qui se réunissent à Rome, pour offrir leurs services à Votre Sainteté ;

5o. Que c'est pour eux un bonheur de pouvoir annoncer à Votre Sainteté qu'aujourd'hui même environ cent quarante de ces jeunes gens dévoués doivent partir, sous la direction d'un comité de citoyens qui ont déployé un zèle digne de tout éloge, pour préparer ce premier départ qui sera suivi prochainement, il faut l'espérer, d'un second, afin de répondre, autant que possible, à l'ardeur de ces jeunes guerriers qui veulent, en grand nombre, se dévouer à la défense d'une cause qu'ils considèrent comme étant celle de tous les vrais enfants de l'Eglise ;

6o. Qu'ils profitent de la circonstance qui les réunit dans cette ville, par une brillante démonstration, faite en signe de dévouement à Votre Sainteté et d'encouragement aux Volontaires Canadiens qui s'en vont prendre sa défense, pour attester que l'on peut, à Rome, ajouter une foi pleine et entière aux opérations du dit Comité, qui se sont faites consciencieusement et dans la seule vue du plus grand bien de la Religion ; et que la liste des dits volontaires qu'il dépose aux pieds de Votre Sainteté, présente des renseignements certains et qui mérite toute confiance.

Daigne maintenant Votre Sainteté répandre ses abondantes bénédictions sur tout le clergé et le peuple canadiens, qui lui sont tout dévoués, afin que la foi et la piété continuent à régner dans cette contrée, et pour que les mauvais principes, qui bouleversent les autres pays du monde, et qui cherchent à s'y introduire, n'y viennent jamais répandre leur funeste contagion.

Montréal, le 19 février 1868.

† Ig. Bourget, Evêque de Montréal.
† F. R. Laflèche, Evêque d'Anthédon.
A. F. Truteau, chanoine, V. G. Montréal.
J. O. Paré, chanoine, secrétaire, Montréal.
L. T. Plamondon, chanoine, Montréal.

H. Moreau, chanoine, Montréal.

E. Fabre, chanoine, Montréal.

P. LeBlanc, chanoine, Montréal.

B. C. Bochet, prêtre, curé de Saint-Patrice, Trois-Rivières.

J. Perron, S. J., supérieur à la mission du Canada.

P. Quinn, prêtre, curé de Ste. Bibiane de Richmond.

L. Villeneuve, prêtre, St. Sulpice, Montréal.

Ls. A. Masson, curé de Ste. Anne de Danville, Trois-Rivières.

Grégoire Chabot, prêtre, chapelain de l'Asile de la Providence, Montréal.

L. J. Guyon, prêtre, curé de St. Eustache, Montréal.

J. Vignon, Rect. Collège Ste. Marie, Montréal.

Jean-Baptiste Bédard, prêtre, vicaire de Notre-Dame de Grâce, Montréal.

J. B. Ol. Guy, prêtre, vicaire de Ste. Marie de Monnoir, St. Hyacinthe.

P. J. H. Bérard, prêtre, vicaire de St. Ignace, Côteau du Lac, Montréal.

J. Durocher, prêtre, du petit séminaire de Ste. Marie de Monnoir, St. Hyacinthe.

Ant. Gauvreau, prêtre, aumônier de l'Archevêché de Québec.

Delavigne, prêtre, Montréal.

J.-Bte. Marcotte, prêtre, curé de St. Théodore d'Acton, Trois-Rivières.

J. B. Chartier, prêtre, missionnaire de St. Thomas d'Aquin, Compton.

P. E. Gendreau, prêtre, curé de St. Bernardin de Waterloo.

J. A. Jr. Douville, prêtre, professeur au Séminaire de Nicolet, Trois-Rivières.

T. Brassard, prêtre, curé de Vaudreuil, Montréal.

M. G. Proulx, prêtre, directeur du Séminaire de Nicolet.

L. G. G. Plamondon, vicaire de St. Constant.

J. B. Rioux, prêtre, vicaire de l'Enfant-Jésus, Montréal.

C. Crevier, prêtre, vicaire de Châteauguay.

P. Billaudelle, vicaire-général, Montréal.

J. Gravel, curé de Laprairie.

P. C. Dubé, prêtre, curé de St. Martin.

V. Rousselot, prêtre, curé de Notre-Dame, Montréal.

J. P. Lacan, prêtre, curé de St. Jacques, Montréal.

Méd. Bélanger, Ecclésiastique, Longue-Pointe.

A. L. Sentenne, prêtre, Montréal,

P. Lévesque, prêtre, professeur au Séminaire de St. Hyacinthe.

J. N. Trudel, prêtre, curé de St. Isidore, Montréal.

I. Singer, prêtre, Montréal.

R. Larue, prêtre, Séminaire de St. Hyacinthe.

P. T. Hurteau, prêtre, curé de Repentigny, Montréal.

F. Bourgeault, prêtre, curé de St. Joachim de la Pointé-Claire, Montréal.

Chs. Oliv. Caron, prêtre, vicaire-général, Trois-Rivières.

Antoine Duranseau, prêtre, Montréa..

Provençal, prêtre, curé de St. Césaire, St. Hyacinthe.

Etienne Blyth, curé de St. Martine, Montréal.

J. J. A. Vinet, prêtre, curé de St. Malachie d'Ormstown, Montréal.

M. D. Caisse, prêtre, curé de St. Raphaël, Montréal.

J. H. Dorion, prêtre, curé de St. Anne de Yamachiche, Trois-Rivières.

F. Chagnon, prêtre, curé de St. Joseph du Lac, Montréal.

L. N. Barbarin, prêtre, Montréal.
S. Tassé, prêtre, curé de St. Rémi, Montréal.
F. Morrison, prêtre, curé de St. Cyprien, Montréal.
Féréol Dorval, prêtre, supérieur du Collége de l'Assomption, Montréal.
Jos. Elie Panneton, prêtre, supérieur du Collége des Trois-Rivières.
L. Beaudry, prêtre, Trois-Rivières.
N. Charpeney, prêtre, Montréal.
Frs. Michon, prêtre, curé de Ste. Anne, St. Hyacinthe.
Arsène P. Dubuc, S. D.
Jos. Graton, prêtre, curé de Terrebonne, Montréal.
Félix Rochette, curé de St. Anicet, Montréal.
T. Caron, V. G. Supérieur du Séminaire de Nicolet, diocèse des Trois-Rivières.
F. X. Côté, prêtre, procureur du Séminaire de Nicolet, Trois-Rivières.
Jos. Brissette, prêtre, curé de Ste. Scholastique, Montréal.
D. Paradis, curé de St. Antoine de la Baie du Febvre, Trois-Rivières.
L. Misaël Archambault, curé de St. Hughes, St. Hyacinthe.
J. H. J. Soly, curé de St. Jean-Baptiste, St. Hyacinthe.
J. B. Durocher, curé de Ste. Victoire, St. Hyacinthe.
C. Poulin, curé de St. Dominique, St. Hyacinthe.
C. Caisse, prêtre, préfet des études au Collége de l'Assomption, Montréal.
L. D. Charland, curé de Beauharnois.
Jos. U. Leclerc, Assist.-Chap. de la Prison de Réforme, St. Vincent de Paul, Montréal.
L. H. Lassalle, prêtre, vicaire à Belœil, St. Hyacinthe.
F. Perrault, chapelain des sœurs Ste. Anne, Lachine.
L. M. Lavallée, curé de St. Zotique, Montréal.
L. J. Piché, prêtre, vicaire de la Pointe-aux-Trembles, Montréal.
P. L. Lapierre, curé de la paroisse de St. Henri, banlieue, Montréal.
Chs. Boucher, curé de St. Hilaire, St. Hyacinthe.
J. Primeau, prêtre, curé à Sherrington, Montréal.
J. M. Légaré, prêtre, Professeur au Collége de l'Assomption.
Th. E. Dagenais, prêtre, curé de St. Edouard, Montréal.
F. X. Bourbonnais, prêtre, ancien curé, Montréal.
N. Lavallée, V. G., curé de St. Vincent-de-Paul, Montréal.
James J. Sherry, prêtre, curé de Malone, Etats-Unis.
Hercule Thos. Clément, ancien curé, Montréal.
Edmond M. de Paun, curé de Châteauguay, Etats-Unis.
Ths. Pepin, prêtre, curé de la Ste. Famille J. M. J. de Boucherville, Montréal.
J. B. Couillard, prêtre, Montréal.
Théophile Pepin, prêtre, Montréal.
L. H. L. Vezina, prêtre, curé de St. Justine de Newton, Montréal.
L. M. Taillon, prêtre, desservant de Ste. Anne de Varennes, Montréal.
A. O'Donnell, prêtre, curé de St. Denis, St. Hyacinthe.
G. Huberdault, curé de St. Hubert, Montréal.
Jos. Théoret, prêtre, curé de Ste. Julie, Montréal.
F. J. Prud'homme, curé de Ste. Sophie, Montréal.
Pierre Bédard, curé de l'Epiphanie, Montréal.
Jos. Rézé, S. S. C. supérieur du Collége St. Laurent, Montréal.
P. Veniard, prêtre, curé de St. Laurent.

L. Geoffrion, S. S. C. Collége de St. Laurent, Montréal.
D. J. Lefebvre, prêtre, S. S. Collége de Montréal.
H. L. Girouard, prêtre, St. Hyacinthe.
J. N. Maréchal, curé de Notre-Dame de Grâce.
J. B. Langlois, curé de St. Vincent de Paul, Montréal.
F. X. Geoffroy, prêtre, vicaire de Beauharnois.
S. Nantel, prêtre, Prefet des Etudes au Séminaire de Ste. Thérèse, Montréal.
J. O. Godin, prêtre, procureur au Séminaire de Ste. Thérèse, Montréal.
L. C. Lussier, prêtre, curé de St. Joachim de Chateauguay, Montréal.
N. Piché, prêtre, curé de Lachine, Montréal.
G. M. Leblanc, prêtre, professeur au Séminaire de Ste. Thérèse, Montréal.
Aug. Lemay, prêtre, curé de Belœil, St. Hyacinthe.
Louis Jos. Huot, curé de St. Paul l'Ermite, Montréal.
Joseph Louis Mongeau, prêtre, Montréal.
J. D. Michon, prêtre, St. Jean-Baptiste de Roxton, St. Hyacinthe.
A. Dupuis, prêtre, de Ste. Elizabeth.
J. G. Watier, prêtre, curé de St. François de Sales, Montréal.
Ant. Labelle, prêtre, curé de Lacolle, Montréal.
N. P. Ritchot, prêtre, missionnaire de la Rivière Rouge.
R. Bruneau, prêtre, ancien curé, Montréal.
Chs. Champoux, curé de Ste. Anne de Plaines.
F. Thérien, Oblat, M. I., missionnaire à la mission Iroquoise du Sault St. Louis.
L. O. F. Monet, curé de St. Barnabé, St. Hyacinthe.
J. N. Dupuy, prêtre, vicaire à la cathédrale de St. Hyacinthe.
F. R. S. P. Porlier, curé de la Pointe aux Trembles, Montréal.
Victor Gatineau, vicaire à Notre-Dame de St. Hyacinthe.
Martin Jasmin, vicaire de Lavaltrie, Montréal.
J. S. Gaudet, directeur, Collége l'Assomption.
F. Barnabé, prêtre, Montréal.
Jos. Aubin, prêtre, vicaire de St. Janvier de Blainville, Montréal.
P. O. Allaire, prêtre, Laprairie, Montréal.
F. X. Bouvier, prêtre, St. Mathias, St. Hyacinthe.
J. C. MacDonald, prêtre, St. Anne de Lapocatière, Québec.
Ch. Clément, prêtre, Bourbonnais, Illinois.
J. Hevey, prêtre, curé de St. Grégoire, St. Hyacinthe.
J. S. Raymond, prêtre, du Séminaire de St. Hyacinthe.
P. Fortin, prêtre, vicaire de la paroisse de St. François de la Longue-Pointe, Montréal.
P. B. Champagne, prêtre, vicaire de la paroisse de St. Guillaume d'Upton, Trois-Rivières.
M. Piette, prêtre, curé de St. Bruno.
B. Cousineau, prêtre, curé de St. Louis-de-Gonzague.
A. Groulx, prêtre, curé de St. Jérôme, Montréal.
Ed. Lecours, prêtre, curé de Notre-Dame de St. Hyacinthe, diocèse de St. Hyacinthe.
D. A. Maréchal, curé de St. Jacques de l'Achigan, Montréal.
C. Martin, prêtre, chapelain des Sœurs de la Miséricorde.
C. A. Beaubien, prêtre, vicaire de St. Vincent-de-Paul, Montréal.
J. O. Routhier, prêtre, préfet de discipline de l'Ecole Normale Jacques-Cartier, Montréal.
J. C. A. Desnoyers, curé de St. Pie, diocèse de St. Hyacinthe.

Azarie Desnoyers, missionnaire de Bolton, St. Hyacinthe.
L. C. Blanchard, curé de St. Ephrem d'Upton, St. Hyacinthe.
P. Bélanger, prêtre, curé de Ste. Magdeleine de Rigaud, Montréal.
L. A. Charlebois, prêtre, curé de Ste. Thérèse, Montréal.
A. L. Charbonneau, prêtre, vicaire de Longueuil, Montréal.
J. C. Daignault, prêtre, vicaire de Verchères, Montréal.
Louis Girard, prêtre, séminaire de St. Hyacinthe.
F. Woods, prêtre, curé de St. Patrick de Hinchinbrook.
F. Caisse, prêtre, procureur du Collége de L'Assomption. •
A. Thibault, prêtre, curé de St. Joseph de Chambly, Montréal.
T. Quinn, prêtre, vicaire de St. David.
J. E. Dumontier, prêtre, curé de St. Aimé, diocèse de St. Hyacinthe.
T. S. de Carufel, prêtre, vicaire de Ste. Anne d'Yamachiche.
G. Jeannotte, prêtre, curé d'Ogdensburg de Montréal.
F. X. Laberge, prêtre, vicaire de St. Roch de l'Achigan.
F. VandenBerghe, O. M. I., Montréal.
J. E. Antoine, Supérieur des Pères Oblats de Montréal.
O. Blanchard, prêtre, curé de Ste. Béatrix, Montréal.
C. Beaudry, prêtre, C. St. V., curé du St. Enfant Jésus du Côteau
St. Louis.
L. Pothier, prêtre, curé de St. Médard de Warwick, Trois-Rivières.
H. Beaudry, prêtre, curé de St. Constant de Montréal.
G. F. Chevrefils, prêtre, curé de Ste. Anne du Bout-de l'Isle, Mont-
réal.
G. Lamarche, prêtre, Evêché de Montréal.
M. McAuley, prêtre, curé de Granby, diocèse de St. Hyacinthe.
P. Ménard, prêtre, ancien curé du diocèse de Montréal.
P. E. Lussier, prêtre, vicaire de Boucherville.
J. M. Mathieu, prêtre.
J. Alary, acolythe.
J. N. Beauregard, prêtre, curé de la Présentation, St. Hyacinthe.
T. V. Papineau, prêtre, ancien curé. Montréal.
A. C. Lebel, prêtre, assistant, Lachenaie.
L. G. Brunel, eccl., professeur au Collége des Trois-Rivières.
L. Trahan, prêtre, curé de St. Zéphirin, Trois-Rivières.
M. Beaudry, prêtre, St. Hyacinthe.
L. J. Dozois, prêtre, directeur du collége de Varennes.
P. Beaudry, prêtre, curé du B. Alphonse de Rodriguez.
E. Cazaubon, prêtre, St. Timothée, Montréal.
Alphonse Séguin, prêtre, St. Jean Dorchester, Montréal.
J. Lauzon, prêtre, curé de St. Philippe, Laprairie.
J. B. Bourget, prêtre, vicaire d'Hochelaga, Montréal.
J. Octave Lassalle, prêtre, Champlain, E.-U.

Cette magnifique adresse de notre clergé agissant au
nom du pays, disait le *Nouveau Monde*, restera assurément
dans notre histoire ecclésiastique comme un témoignage
de notre dévouement au St. Siége. C'est aussi une page
marquante dans les saintes inspirations de Mgr. de Montréal. Et comme le juste comprend le juste et peut lire
aisément dans son cœur, le St. Père sera certainement
touché des sentiments dévoués de notre bon Evêque

parlant pour lui et pour tous les fidèles confiés à sa garde
pastorale. Mgr. d'Anthédon, si digne lui aussi d'estime
et de vénération, a bien voulu s'unir dans cette démonstration au nombreux clergé de Montréal, et la rehausser
de l'éclat singulier qui s'attache à son nom.

Revenons à nos Zouaves qui se sont tous réunis à 2 h.,
en costume complet, avec sacs et havresacs, dans la grande
salle du Collége Ste. Marie, prêts à partir pour la Ville
Sainte, et quelques-uns peut-être pour l'éternité. Longtemps avant l'heure du départ, une foule considérable
s'était massée dans la rue Bleury, anxieuse de voir encore
une fois ces valeureux jeunes gens. La foule s'étendait
jusqu'à la rue Dorchester, tout le long de cette rue ; en
arrivant à la rue du Cimetière et surtout dans cette dernière rue, elle remplissait complètement tout l'espace.
Les environs de l'Evêché et la Cathédrale étaient remplis
de monde, et ce n'est pas sans quelque difficulté que les
Zouaves parvinrent jusqu'au grand escalier du palais
épiscopal, par où ils passèrent pour se rendre dans la
Cathédrale. L'Evêque de Montréal avait voulu les réunir
encore une fois avant leur départ, pour leur donner ses
dernières recommandations et faire avec eux les prières
de l'Itinéraire. Les Zouaves se massèrent dans le chœur
de l'église, le président du Comité, M. Olivier Berthelet,
entouré des membres du Comité, occupant dans le sanctuaire la place d'honneur. Un clergé considérable remplissait tout le reste de l'espace disponible.

Aussitôt que l'ordre eut été établi, Mgr. d'Anthédon
adressa la parole aux généreux soldats de la foi. L'éloquent évêque leur parla fortement de l'esprit qui doit
avant tout les animer dans les grands combats du Seigneur. La cause de Dieu, la cause de l'Eglise est aussi
celle de la société civilisée, et elle demande qu'on la
défende avec un autre esprit que celui qu'inspirent les
simples intérêts matériels.

D'ailleurs, ils allaient aussi combattre contre la barbarie, comme les Canadiens d'autrefois qui nous ont
laissé tant de traits héroïques, où ils opposèrent le courage au nombre de leurs ennemis. Mais en allant combattre pour la Religion, on va aussi combattre pour la
société et pour la patrie dont elle est le rempart. Une
défaite de la Religion à Rome se ferait sentir par tout
l'univers. « Le Canada, dit-il aux Zouaves, vous confie
un drapeau, rapportez-le glorieux. Portez l'honneur du
pays dans la vieille Europe. Les vœux de vos concitoyens

vous suivront au Trône du Très-Haut, et vos mères qui vous ont sacrifiés, prieront pour que vous soyez fidèles à votre mission. Vous serez forts dans ces combats, et la patrie, pour qui vous aurez combattu, s'énorgueillira de vous. »

Mgr. d'Anthédon, dont la parole est si bien faite pour traiter ces grandes questions de l'ordre religieux en rapport avec l'ordre social et national, a eu des mouvements admirables. Plus d'un assistant a senti tomber quelques larmes.

Mgr. de Montréal, qui avait prévu que le temps ne lui permettrait pas de dire aux Zouaves tout ce que son cœur lui inspirait, avait fait imprimer, en brochure, l'allocution qu'il avait préparée pour cette circonstance. Aussi Sa Grandeur ne leur adressa-t-elle que quelques paroles, et elle procéda immédiatement à la distribution de cette allocution et de chapelets bénits par Sa Sainteté elle-même, et que nos Zouaves ont reçus comme un gage des secours du Ciel dans les dangers auxquels ils seront exposés. Jadis aux croisades, remarquait un journal à ce propos, on distribuait des croix pour mettre sur la poitrine des soldats chrétiens. Aujourd'hui, dans ce siècle de Marie Immaculée, les nouveaux croisés reçoivent des chapelets, au nom de la Mère de Dieu, qui est la protectrice de l'Eglise et la Mère des chrétiens. C'est ainsi qu'ont agi, dans leurs dernières guerres, les soldats pieux de la France. Et l'on ajoute même que ceux de l'Angleterre n'y sont pas tout à-fait restés étrangers. Ces exemples nous élèvent au-dessus de la conscience ordinaire du siècle, et nous montrent que l'arbre social n'est pas encore sec dans toutes, ses racines ni dans toutes ses branches.

C'était un beau spectacle que de voir le vénérable Evêque de Montréal passer par les rangs pressés des Zouaves, qui se jetaient à genoux aussitôt que Sa Grandeur arrivait à eux, baisaient humblement sa main bénie, et en recevaient respectueusement les chapelets et la brochure contenant son allocution. Cette brochure sera pour eux un souvenir de la patrie, un guide et un conseil dans les périls de la vie des camps. Les Zouaves purent la lire et la méditer pendant le voyage ; ils en ont peut-être ainsi retiré plus de profit que si le discours qu'elle renferme eut été simplement prononcé verbalement, malgré toute la vénération et le prestige religieux attachés à la parole de Sa Grandeur.

Voici, du reste, le texte de cette belle allocution qui est digne de passer à la postérité. Nos arrières-neveux la liront avec le même respect que nous l'avons lue nous-mêmes, et ils y puiseront la connaissance du sentiment qui animait les Zouaves Pontificaux du Canada, en 1868.

ALLOCUTION DE MGR. L'ÉVÊQUE DE MONTRÉAL AUX ZOUAVES CANADIENS
A LEUR DÉPART POUR ROME (19 FÉVRIER 1868.)

Braves et dévoués enfants de la Religion et de la Patrie,

C'est avec un sujet d'émotion indicible que je vous vois, dans ce moment solennel, réunis au pied de cet autel, tout prêts à partir pour Rome, et bien déterminés à surmonter toutes les difficultés, à endurer toutes sortes de maux, à faire les plus pénibles sacrifices, à affronter les plus grands dangers, et à souffrir même la mort, s'il le faut, pour la défense de l'Eglise et de son immortel Pontife.

Pour arriver ici aujourd'hui, il vous a fallu vous mettre au-dessus de tout respect humain, fouler aux pieds les railleries de ceux qui sont incapables d'apprécier votre dévouement à sa juste valeur, risquer votre avenir d'après certains calculs humains, renoncer à des espérances plus ou moins flatteuses, vous séparer de vos pères qui vous aiment et que vous aimez, vous arracher à la tendresse de vos bonnes mères dont les larmes ont vivement touché vos cœurs, sans pouvoir ébranler votre constance, faire vos adieux à des parents, amis et concitoyens chéris, avec la pensée que peut-être vous ne les reverrez plus au sein de la patrie.

Or, pour rompre tous ces liens si sensibles pour des enfants bien nés et pour des cœurs nobles et généreux, il vous a fallu du dévouement, de l'héroïsme et du patriotisme religieux. Que Dieu soit béni de vous avoir inspiré ce généreux sentiment dont la Religion et la Patrie ont bien droit d'être fiers! Qu'il daigne, dans son infinie bonté, achever ce qu'il a si heureusement commencé, en vous inspirant un tel dessein.

C'est pour obtenir une si grande faveur que nous nous sommes réunis ici, pasteurs et brebis, afin d'adresser à Dieu tous ensemble la belle prière que l'Eglise a faite pour ses enfants en voyage: tout à l'heure donc nous nous prosternerons au pied du saint autel de Marie, la brillante étoile de la mer, en face de la vénérable image de son très-saint et immaculé Cœur, source intérissable de grâces, dans ce temple dédié à l'Apôtre St. Jacques qui, le bourdon à la main, passa par les lieux que vous allez bientôt parcourir, pour supplier humblement le Seigneur de diriger vos pas, dans le grand voyage que vous entreprenez, et de vous donner ses bons Anges pour vous éclairer, vous garder, vous conduire et vous gouverner, sur terre et sur mer, dans les villes et les campagnes, dans les camps et dans les combats. Et pour que nos prières soient plus sûrement exaucées, nous les ferons passer par le Cœur de son Immaculée Mère, en lui consacrant les vôtres, pour qu'ils lui soient toujours fidèles.

Mais le dévouement, qui a ses sacrifices, a aussi ses consolations. Vous les éprouverez, sans doute, ces consolations, en pensant à la splendide démonstration qui eut lieu hier dans l'église de Notre-Dame, et dont vous étiez l'objet, précisément parce que vous vous êtes dévoués à la défense d'une cause qui est celle de tout le catholicisme. Mais inutile de vous en dire ici quelque chose, puisque vos cœurs en sont tout imprégnés. Qu'il me suffise donc de vous faire observer que c'est ainsi que la divine Providence entremêle ici-bas les maux et les biens, faisant succéder la joie à la douleur, le repos au travail, l'honneur à l'opprobre, le centuple enfin au dévouement qui porte à tout sacrifier.

Il vous a donc fallu du dévouement, pour nous préparer au départ. Eh! bien, il vous en faut encore et beaucoup pour partir et faire le voyage, que vous êtes sur le point de commencer. Oui, l'heure de ce départ est arrivé; le bruit de la vapeur vous l'annonce; et vos vœux ardents vont enfin être accomplis. Mais de nouveaux sacrifices s'offrent à votre dévouement.

Et, en effet, vous partez, non pour chercher des honneurs, des places, des dignités, car vous n'avez pas d'autre ambition que d'être soldats. Ce n'est pas non plus pour chercher à faire fortune par de grandes spéculations; car vous allez vous engager au service d'un Roi qui a été sacrilégement dépouillé de la plus riche partie de ses états, et pour lequel l'univers catholique se met à contribution pour lui envoyer des secours dont il a un pressant besoin.

Que prétendez-vous donc faire en allant voous enrôler sous l'étendard pontifical? Vous prétendez, d'abord, vous exposer aux fatigues, aux ennuis, aux dangers du voyage, sur terre et sur mer, et traverser des pays qui vous sont inconnus, ce qui entraîne nécessairement des misères et des souffrances qui révoltent la nature. Vous n'ignorez pas de plus ce qui vous attend, au terme de votre voyage, savoir : tout ce qu'il y a de dur dans une vie de caserne et de camp, dans les longs exercices de l'art militaire, dans les privations des douceurs de la famille, dans le régime de vie auquel vous n'êtes pas accoutumés, dans le changement de climat qui va vous obliger à vous faire des habitudes toutes nouvelles, dans la nécessité de vous plier à toutes sortes de caractères plus ou moins bizarres, pour le bien de la paix. Ce que vous ambitionnez, c'est de verser votre sang dans cette terre sainte qui a été arrosée de celui de plusieurs martyrs. Ce que peut-être vous rêvez dans vos préoccupations de Zouaves Pontificaux, c'est de mourir pour Dieu, pour l'Eglise, pour le Pape, dans le champ de la victoire. Ce que du moins vous voudriez, ce serait de revenir dans votre patrie, couverts de glorieuses blessures.

J'ai donc raison de dire que, pour partir, sous de telles circonstances, il faut un grand dévouement. Or, grâces à Dieu, vous en donnez des preuves éclatantes.

Mais si, d'un côté, le dévouement vous présente, dans un avenir prochain, tant et de si grands sacrifices, il vous fait apercevoir en même temps les charmes qui en adoucissent toute l'amertume. Voyez-vous, braves jeunes gens, comme toute cette ville, ou plutôt tout ce pays, est sous l'empire d'un enthousiasme inouï? Notre histoire nous offre-t-elle un départ qui se soit jamais accompli avec des circonstances si émouvantes? A-t-on jamais vu une population toute entière se porter si spontanément à des démonstrations si éclatantes? S'il vous était permis de voir tout ce qui se passe à l'heure qu'il est, vous vous convaincriez que vous êtes entourés des plus vives sympathies; que les cœurs se livrent à des impressions inexplicables; que sur les visages rayonnent des émotions inconnues jusqu'ici; qu'il s'échappe de tous les yeux des larmes qui ne sont pas ordinaires, des larmes d'attendrissement, d'admiration, de joie et d'espérance.

Tous les prêtres et laïques, vieillards et enfants, compatriotes et étrangers, vous comblent de bénédictions. Il n'y a pas, jusqu'à nos frères séparés, qui ne donnent de justes éloges à votre dévouement, et qui ne disent tout haut que vous faites très-bien d'aller au service du Pape.

Ces vives émotions se font sentir dans nos séminaires et nos colléges, dans nos hôpitaux et nos hospices, dans nos pensionnats et nos académies, dans nos asiles et nos institutions charitables, et jusque dans nos maisons religieuses, ces paisibles retraites où les nouvelles du monde ne sauraient pénétrer. Là aussi, au bruit qui s'y est répandu que vous partiez pour aller défendre le Père de la grande famille chrétienne et religieuse, on s'en est fortement préoccupé, pour s'imposer de généreux sacrifices, afin de contribuer à l'œuvre de dévouement que vous avez entreprise. C'est même au fond de ces solitudes qu'ont été travaillés, par des mains vierges, vos habits de zouaves. Vous dire les transports de ces anges de la terre en travaillant pour leurs frères, chargés par leur pays d'aller à la défense de Rome, la patrie du monde chrétien, c'est chose impossible. Car la pensée que ces habits seraient un jour arrosés de vos sueurs et peut-être teints de votre sang, s'est bien des fois présentée à leur esprit et les a vivement pénétrées d'un respect religieux. Il en sera de même de vous, en vous en revêtant ; car, n'en doutez pas, ils sont tout imprégnés du parfum des prières qu'elles ont commencé à adresser au ciel pour vous, et qu'elles vont continuer à faire pour obtenir que vous reveniez victorieux au sein de la patrie.

Vous allez rencontrer partout sur votre route ces mêmes sympathies, si propres à vous fortifier de plus en plus dans le dévouement qui vous anime. Car il sera facile de s'apercevoir que vous allez voyager en pieux pèlerins qui vont au tombeau des Saints Apôtres, en vaillants croisés qui vont se dévouer à la délivrance de la terre sainte, en braves soldats qui vont combattre pour le Seigneur et pour son Christ, en hommes de foi qui ne cherchent que la gloire de Dieu, en héros chrétiens qui vont s'associer à ces milliers de jeunes guerriers qui accourent à Rome de toutes les parties du monde, pour s'enrôler sous l'étendard pontifical, enfin, en bons Canadiens qui vont faire connaître au monde entier, que le Canada, malgré ses longs et rigoureux hivers, ne reste pas engourdi, pendant que l'univers entier s'embrase de zèle et d'ardeur pour la défense du Père de la grande famille chrétienne.

Avec de tels sentiments, il est visible que votre voyage, sur terre et sur mer, sera sanctifié par la prière, par le Saint Sacrifice de la Messe, par la communion, par le chant des hymnes et des cantiques, qui retentiront sur les vaisseaux qui vous transporteront au-delà des mers, dans les ports où il vous faudra arriver et d'où il vous faudra partir. C'est ainsi que voyagent les zouaves pontificaux, et qu'ils laissent après eux de profondes émotions. Ce voyage, écrivait un membre du Comité des Zouaves à Gand, que j'ai fait avec 160 volontaires Hollando-Belges, 60 soldats de la Légion d'Antibes et plusieurs jeunes gens des premières familles de France, qui vont s'enrôler dans le régiment des Zouaves Pontificaux, restera parmi les meilleurs et les plus précieux souvenirs de ma vie. Voici le détail de cette traversée, de Marseille à Civita-Vecchia, la même que que vous aurez bientôt faire :

« On détache les ancres, un chant majestueux et grave s'élève. Ce sont les passagers qui, d'une voix unanime, entonnent le *Magnificat*. On passe devant le môle, la foule y était accourue pour saluer le départ des soldats de l'Eglise. Sur le rivage et sur le vaisseau retentissent les cris de *Vive Pie IX ! Vive le Pape-Roi !* C'est l'adieu des Catholiques Marseillais ; c'est le mot d'ordre des futurs défenseurs du Trône Pontifical.—Le lendemain, en vue de Civita-Vecchia, le soir au milieu du calme des grandes eaux, de nouveaux cantiques se font entendre. C'est par l'*Ave maris stella* qu'on salue les côtes bénies du royaume du Vicaire de Jésus-Christ. ›

Tout naturellement, on se demandera de quel pays viennent ces nouveaux Zouaves. Ce ne sera pas sans surprise que l'on apprendra qu'ils ont quitté la lointaine région du Canada et franchi le vaste océan, pour combattre, eux aussi, sous le drapeau pontifical, au nom de leur patrie, pour la défense de notre commune Mère, la sainte Eglise. Ce dévouement produira nécessairement son fruit sur ceux que l'exemple de leurs compatriotes n'aurait pas encore ébranlés. Car aucun homme de cœur n'aime à se laisser vaincre en générosité. Oui, oui, le dévouement excite le dévouement, comme le feu embrase le feu. Quelle consolation donc pour vous, si votre exemple peut en quelque chose contribuer au recrutement de l'armée pontificale.

Mais ce sera surtout lorsque vous serez rendus à Rome qu'il vous faudra redoubler de dévouement pour remplir votre noble et importante mission. En voyant de loin s'élancer, dans les airs, le dôme de St. Pierre, qui abrite la Chaire Apostolique, en contemplant la ville des martyrs, qui se déroulera petit à petit à vos regards empressés de saisir ses antiquités et ses immenses ruines, en fixant tous les points culminants de la Ville Eternelle, que vous allez défendre, de profondes émotions ravivront en vous le dévouement qui vous fait faire tant de sacrifices. Chacun de vous, en entrant dans cette capitale du monde chrétien, s'écriera dans l'intérieur de son âme : *C'est ici que je vais me dévouer, m'immoler, me sacrifier pour Dieu, pour l'Eglise, pour le Pape.* Votre propre cœur vous dira ce que devra être votre dévouement.

Dévouement, en vous faisant simples soldats, ce qui, il n'y a pas à en douter, répugne souverainement à la nature, pour des jeunes gens de famille qui peuvent par leur éducation et le rang qu'occupent leurs parents dans la société, aspirer à des emplois lucratifs et honorables.

Mais là-dessus votre sacrifice est déjà fait, et envisageant toutes choses des yeux de la foi, vous dirigez vos nobles ambitions vers un but bien plus sublime, et, en conséquence, vous n'aspirez à rien autre chose qu'à être soldats du Pape ; parce que ce dernier grade, dans l'armée Pontificale, vous paraît plus honorable que le premier dans toute autre armée. Vos convictions seront encore plus intimes, quand une fois enrôlés, vous vous trouverez à côté de quelque noble et riche seigneur, ou de quelque officier supérieur devenu simple soldat, ou enfin, de quelque fils de famille se dévouant généreusement à la vie de soldat, au lieu d'entrer dans la vie publique à laquelle l'appellerait sa position dans le monde. Chacun de vous aura à se dire souvent dans l'intérieur de son âme : *Saint-Louis, Roi de France, s'appelait sergent de Jésus-Christ, et moi je suis soldat de son Vicaire.* Et en effet, être soldat du Pape, et ce fut toujours un beau titre aux yeux des vrais chrétiens. Mais aujourd'hui, même pour ceux qui ne voient que le côté humain, c'est une gloire incontestable.

Dévouement en vous montrant des soldats braves et pleins de courage. Or, cette bravoure, elle coule déjà dans vos veines ; c'est un héritage de famille ; vos pères vous l'ont transmise par le canal de la réputation sans tache ; ils l'ont acquise au prix de leur sang, lorsqu'ils sont morts en défendant la croix qu'ils avaient plantée, pour prendre possession de ce pays infidèle. Néanmoins, il en coûte singulièrement à être de braves soldats du Pape ; et c'est précisément ce qui vous fera pratiquer un noble dévouement, tout le temps que durera votre expédition. Mais que de moyens vous aurez à Rome de vous retremper dans ce généreux sentiment !

Bientôt, en effet, vous serez sur les lieux, et vous verrez de vos yeux Valentano, Bagnorea, Subiaco, Farnese, Nerolo, Monte-Libretti, Monte-Rotondo, Mentana, qui ont été les théâtres des sanglants combats qui ont signalé l'héroïque défense du territoire pontifical, menacé de vingt côtés à la fois. Quelques-uns de ceux qui prirent part à ces glorieux engagements, vous montreront où et comment les Zouaves firent ces charges brillantes et impétueuses qui firent l'admiration des vainqueurs de Sébastopol et de Solferino : comment, en face d'un ennemi bien supérieur en nombre, ils s'élançaient, traversaient les vignes, gravissaient les côteaux, escaladaient les rochers, gagnaient enfin la crète des montagnes d'où ils débusquaient l'ennemi, et le faisaient reculer, la baïonnette au dos.

C'est là où vous irez retremper votre courage, en explorant des lieux devenus si fameux et où le sang canadien a déjà coulé. Ce sera aussi en allant prier sur les tombes qui renferment les restes des jeunes héros qui succombèrent dans ces actions mémorables, que vous vous sentirez embrasés du désir de vous immoler comme eux.

Ces tombes sont glorieuses et ornées des palmes du martyre ; elles resplendissent d'espérances et d'immortalité. Elles ne sont pas encore fermées ; aussi, font-elles entendre des voix bien touchantes, qui révélent les brillantes qualités et le courage héroïque de ceux que vous aimerez à prendre pour modèles, afin de marcher avec une nouvelle ardeur dans la voie du dévouement. Car ces admirables jeunes gens sont aujourd'hui l'honneur de leurs familles, la gloire de leur patrie, les héros de la catholicité, la joie du paradis ; et ils sont, par conséquent, bien dignes de nos affectueux hommages.

Dévouement en vous comportant toujours comme de braves soldats, c'est-à-dire selon l'expression du Comte de Maistre, comme de *fervents et admirables Catholiques.* Car c'est la foi qui doit inspirer votre dévouement, et vous rendre fidèles à tous vos devoirs religieux. Vous allez servir Pie IX, mais ce sera sans doute, et avant tout, par amour pour Jésus-Christ dont Pie IX est le Vicaire.

Il vous faut pour cela un grand dévouement religieux, parce que partout, même à Rome, il en coûte à vaincre ses penchants et se mettre au-dessus de tout respect humain. Là comme ailleurs il y a des scandales à craindre ; et il ne faut pas s'en étonner, puisqu'il y a eu, dans le ciel, de mauvais anges, et dans le Cénacle un Judas, un apostat. Il faut donc vous prémunir d'avance contre ces scandales toujours à craindre, à quelque degré de vertu que l'on soit parvenu.

Mais s'il y a des pierres d'échoppement qu'il vous faudra éviter, il y a des moyens innombrables offerts à la vertu pour se conserver. Rome est comme le paradis de la terre, par le Souverain Pontife qui y exerce la divine autorité de Jésus-Christ dont il est le représentant, par la multitude de ses temples richement ornés, par ses fêtes pompeuses qui se succèdent sans interruption, par ses chants harmonieux qui sont comme les échos des cantiques du ciel, par ses institutions sans nombre, faites pour conserver la foi, propager la piété et exercer la charité, par les admirables Quarante Heures qui font le tour des églises de la cité, dans le cours de l'année. Il y a donc abondamment tout ce qu'il faut pour vous fortifier dans la pratique du bien. Aussi, ne négligerez-vous aucun des moyens qui vous paraîtront nécessaires pour vous faire persévérer dans la pratique de la vertu.

Vous trouverez d'ailleurs dans les Zouaves Pontificaux d'admirables modèles des vertus que vous avez à pratiquer, des chrétiens fervents qui se confessent et qui communient souvent, qui fréquentent les saints offices et visitent les églises, qui sont de pieux congréganistes de la Vierge Immaculée, établie parmi eux, et à laquelle vous tiendrez à honneur d'appartenir ; qui, sur le champ de bataille, sont terribles comme des lions, et doux comme des agneaux auprès des malades quand il s'agit de leur prodiguer les soins de la charité. Aussi a-t-on vu vu se renouveler parmi eux cet admirable commandement qu'on n'avait plus entendu, dans les armées, depuis les croisades. « *Il s'agit maintenant d'aller mourir. Au nom du Père, et du Fils, et du St. Esprit, en avant !* » ils s'élancent, et ils meurent. En tombant ils font le signe de la croix et crient *Ave Maria*. Tels sont les hommes avec lesquels vous aurez à pratiquer le dévouement religieux, c'est-à-dire, à vivre en soldats chrétiens et à mourir en héros intrépides.

Soyez donc dévoués, braves enfants de la religion et de la patrie ; dévoués à Dieu, en l'aimant de tout votre cœur ; dévoués à Marie, en l'honorant comme la meilleure de toutes les mères ; dévoués à la religion, en pratiquant fidèlement ses commandements ; dévoués au Pape, en le défendant vaillamment. Soyez-lui « dévots, » comme le disait un célèbre ministre protestant converti ; soyez-lui « dévots, » car Jésus-Christ se perpétue, vit, agit, parle, instruit, gouverne en lui et par lui.

Pour que ce dévouement se soutienne, et s'élève même jusqu'à l'héroïsme, vous avez besoin de force ; et vous savez que la force produit le dévouement.

Soyez donc unis intimement, et ne faites tous qu'un cœur et qu'une âme, vivant comme de bons frères, qui n'ont qu'une seule chose à cœur, le bien commun de la famille. Portez-vous, au besoin, de mutuels secours ; consolez-vous dans vos peines, visitez-vous dans vos maladies, assistez-vous les uns les autres par de prudents avis et de sages conseils. Qu'il y ait entre vous tous amitié, cordialité et fraternité religieuse. Pénétrez-vous bien, dans vos rapports mutuels, que vous êtes exclusivement « Canadiens, » c'est-à-dire, que vous n'appartenez pas plus à Montréal qu'à Québec, aux Trois-Rivières, à St. Hyacinthe, à Ottawa, à Rimouski. Visitez ensemble et étudiez sous les habiles maîtres qui vous seront indiqués, toutes les antiquités et institutions de la Ville Éternelle. Rendez-en des comptes fidèles au Comité chargé de vous diriger et de faire vos affaires ici et à Rome, afin que votre pays tout entier profite de vos recherches scientifiques, comme de votre dévouement pour la défense du Saint-Siège. Que vos chapelains vous servent de traits d'union entre vous, par les rapports de respect, d'affection, de confiance que vous entretiendrez avec eux. Car ils vous tiendront lieu, pendant ce long voyage, de pères, de mères, de frères, d'amis et d'anges gardiens visibles. Enfin, nous tous, vos pasteurs, présents et absents, nous vous bénissons au nom de Dieu, le Père des miséricordes, le Dieu de toutes les consolations, l'auteur de tous les dons parfaits. C'est avec toute l'affection de nos cœurs, et dans toute l'effusion de nos âmes que nous levons nos mains suppliantes vers le ciel, pour demander à Notre-Seigneur, en qui réside la plénitude de tous les trésors célestes, par son Immaculée Mère, et par tous les bons Anges et les Bienheureux, qu'il vous accorde un heureux voyage, de la santé, du courage, de la bonne volonté ; qu'il vous conduise et vous protège en tous lieux ; qu'il vous ramène sains et saufs dans votre chère patrie, afin que tous, pasteurs, mères, parents, amis, concitoyens, aient la consolation de vous revoir, chargés de lauriers et comblés de mérites, de vous embrasser et arroser des douces larmes que fait couler la joie du retour, après les fatigues et les dangers d'un long voyage.

Encore une fois, vous partez : mais n'oubliez jamais et souvenez-vous toujours que la Religion et la Patrie s'attendent que vous ferez votre devoir et que vous vous montrerez, en tous lieux et en toutes occasions, dignes du Canada qui a produit tant de bons chrétiens et de vaillants guerriers.

Au nom du Père, et du Fils et du Saint-Esprit. Ainsi soit-il.

Après les allocutions des deux évêques, on récita les prières de l'*Itinéraire* que l'Eglise a consacrées pour attirer la bénédiction de Dieu sur ceux qui voyagent pour la gloire de son nom.

En même temps que l'évêque de Montréal distribuait cette touchante allocution, un autre ami de la jeunesse, un savant, admirateur enthousiaste du dévouement et du sacrifice partout où il se trouve, faisait donner aux Zouaves une petite adresse, qui a dû être, avec celle de Sa Grandeur, un précieux souvenir de la patrie pour tous les jeunes voyageurs. Cet opuscule, qui emprunte à l'histoire du Canada quelques uns de ses plus jolis traits, doit son existence à une pensée délicate de M. l'abbé Verreau, principal de l'Ecole Normale Jacques Cartier. Elle contient deux lettres, l'une de M. de Contrecœur à son fils, enrôlé sous les drapeaux de Montcalm et Lévis ; l'autre de M. de Pambrun, adressée également à son fils, voltigeur sous M. de Salaberry, toutes deux remplies de conseils inspirés par la foi la plus vive et le patriotisme le plus pur. C'était bien la plus belle occasion d'exhumer du précieux recueil de notre archéologue canadien ces deux pièces aussi recommandables en elles-mêmes que convenables à la circonstance. A ce double titre, et à bien d'autres, cette brochure mérite d'être conservée ; aussi nous faisons-nous un devoir de la reproduire ici.

AUX ZOUAVES.

DERNIER ADIEU.

Aime Dieu et va ton chemin.

Vos adieux sont faits : demain vous serez sur la route. Vous emporterez bien des souvenirs ; nous en garderons aussi. Mais pour vous, il en est un qui doit vous suivre partout et primer tous les autres, c'est celui de la patrie, du Canada français et catholique.   Vous êtes de la race de St. Louis et de Bayard. Les noms de Dollard et de d'Iberville doivent vous rappeler que pendant près de deux siècles le Canada comptait autant de soldats et de héros qu'il comptait d'habitants. Bien avant vous, ils connaissaient cette belle devise que vous avez inscrite sur votre drapeau.   Regardez bien : sur tous nos champs de bataille, du Long Sault à Chateauguay, vous la verrez écrite avec le sang de vos ancêtres: AIME DIEU ET VA TON CHEMIN, c'est-à-dire CATHOLIQUE ET FRANÇAIS.

Moins qu'à tout autre, il m'appartient de vous donner des conseils ; mais peut-être aimeriez-vous à entendre un vieux soldat, un brave de 1759, issu d'une race de braves, M. de Contrecœur. Son grand-père avait reçu 22 blessures et avait été trépané trois fois ; son père servit pendant quarante quatre ans.   Lui-même avait déjà 35 ans de service quand il fut repousser Braddock, au fort Duquesne ; il avait deux fils, l'un de 19 et l'autre de 20 ans, qui s'étaient déjà distingués. A ce dernier, au moment où il allait entreprendre une campagne de 1200 lieues à travers les bois, il écrivait une lettre remplie du plus beau sentiment. Vous la lirez avec plaisir ; et peut-être ferez-vous comme le jeune de Contrecœur qui l'avait recopiée avec soin et recouverte d'un modeste bougran, afin, sans doute, de toujours la porter sur son cœur. Je l'ai sous les yeux en ce moment ; il suffit de l'ouvrir pour voir combien ces sages conseils ont été lus, relus, et médités. La voici :

Mon cher fils,

« Pensez que voilà votre première campagne et qu'elle peut décider de votre sort ; ainsi, comportez-vous-y de façon que vos supérieurs puissent rendre un compte favorable de votre conduite.

« Pour cela il faut que vous ayez bien de la déférence pour tous les officiers avec lesquels vous serez, et alliez au-devant de tout ce qui peut leur faire plaisir.

« Vous rendre serviable et actif pour tout ce qui regarde le service, et ne point vous embarrasser de tout ce que vos camarades pourraient vous dire à ce sujet.

« Demandez à être employé souvent, et le sollicitez : ne pas faire comme quelques-uns, qui disent : « C'est toujours à mon tour, mes camarades ne font rien.» Etre toujours charmé de la préférence que l'on vous donne, si cela arrive. Vous figurer toujours de mieux faire que les autres, en exécutant les ordres que l'on vous donnera avec toute la ponctualité et diligence possible.

« Qu'aucun plaisir ni divertissement ne vous fasse négliger votre devoir.

« Ne point vous rendre la bête hargneuse du parti, en cherchant querelle à tout le monde : au contraire, vivre avec tous avec une grande politesse envers vos supérieurs, et déférence avec vos camarades ; et lorsque vous serez chargé de faire exécuter quelques ordres, que ce soit toujours avec politesse et douceur, mais de la fermeté en tout.

« S'il se faisait par hasard quelques ligues, donnez-vous bien garde de vous en mêler : tenez-vous attaché à vos supérieurs et ne vous avisez jamais de blâmer leur conduite. Il faut écouter tout net et ne rien dire, c'est le bon parti ; car souvent nous comptons parler à un ami confidemment, point du tout; nous parlons à une personne qui va répéter toute la confidence que nous lui avons faite, et toujours plus mauvaises que nous lui avons dite : ainsi, pour ne point tomber dans ce cas, le meilleur parti est de se taire.

« Surtout ayez la crainte de Dieu devant les yeux. Pensez que si vous abandonnez Dieu, il vous abandonnera, et que le moyen de prospérer est de le servir.

« Ne vous abandonnez point au libertinage. Si Dieu n'est pas capable de vous arrêter, craignez les suites du libertinage, qui vous feront perdre votre âme et ruiner votre corps.

« Avoir toujours bien de la bonté pour tous ceux sur qui vous aurez de l'autorité; les traiter doucement; avoir soin de ceux qui pourraient se trouver malades, les assister en tout ce que vous pourrez.

« Surtout ne vous laissez point aller à la paresse : soyez toujours alerte et toujours dans l'action, et par ce moyen vous verrez que votre santé s'en trouvera bien et que cela engagera vos commandants à vous employer utilement.

« Donnez-vous bien garde de faire la sottise de vous faire *piquer*,— je vous le défends, et envisagez que c'est un père qui vous aime tendrement qui vous demande en grâce tout ce qu'il a écrit ici ; et qui vous le demande, non par rapport à lui, mais par rapport à vous, parce que si voulez suivre ce que je vous marque, vous aurez infailliblement l'applaudissement de tous les officiers du parti, qui ne pourront s'empêcher de rendre de bons témoignages de vous à M. le général, qui ne vous pourra être que très-avantageux, et le vrai moyen de me prouver que vous m'aimez.

« Quelle satisfaction n'aurais-je pas si je pouvais entendre dire que vous vous êtes comporté comme vous le deviez dans votre campagne, et que ces Messieurs en purent dire du bien avec justice. Au contraire, ce serait un coup de poignard pour moi, vous aimant comme je fais, si j'entendais dire le contraire.

« Ainsi, mon cher fils, j'espère que vous vous comporterez de façon à nous donner toute la satisfaction que nous pouvons désirer de vous.

« Donnez-vous bien garde de vous amuser à jouer, c'est la perte de toute la jeunesse : ainsi de la sobriété dans les partis de plaisir que vous pourrez prendre avec vos camarades. Je vous recommande de vous tenir sur vos gardes sur ces deux articles, comme de vous ressouvenir de ce que je vous ai dit bien des fois, qui est de ne jamais mentir, pour quelque chose que ce soit. »

Voici maintenant une autre lettre écrite à un jeune soldat qui servait sous Salaberry. La date qu'elle porte, le grand nom quelle rappelle, les sentiments si admirables qu'elle exprime ne pourront manquer de ranimer votre courage, si parfois les difficultés semblaient au-dessus de vos forces.

M. de Pambrun s'était engagé dans les Zouaves de l'époque, les *Voltigeurs Canadiens*, compagnie du capitaine Jacques Viger.

« Vaudreuil, 28 octobre 1812.

« Monsieur,

« La vôtre de St. Philippe en date du 12 du courant m'est parvenue, il y a quelques jours. J'y réponds en qualité de père et d'ami sincère, qui désire ardemment votre bonheur ; mais vous ne sauriez parvenir à ce bonheur qu'en employant le secours de la divine providence, et en ne vous éloignant jamais des principes d'un honnête homme.

« Je suis charmé que vous ayez pris le parti des armes, pour servir votre roi, votre religion et votre patrie. C'est l'état le plus honorable dans lequel un jeune homme vertueux et courageux peut se distinguer et se faire un sort. Mais, monsieur, il faut bien du mérite pour parvenir dans le militaire.

« Une éducation libérale est nécessaire, et, malheurement, vous en êtes dépourvu par votre propre faute ; vous devez à présent en sentir les mauvaises conséquences. Dans les douze lignes qui composent le contenu de votre lettre, il n'y en a pas une seule où il n'y ait 5 à 6 fautes d'orthographe ; c'est pourquoi je vous supplie de vous occuper souvent à lire de bons livres qui traitent de la guerre et des voyages.

« Il faut aussi un courage et une bravoure au-dessus du commun, pour faire son chemin dans la profession des armes. Vous êtes né sans fortune, c'est à vous à améliorer votre sort. Dans la guerre la fortune a un grand pouvoir, j'entends par fortune la divine Providence, qui dispose tout selon la nature des choses et de la justice. C'est Dieu qui donne le mouvement à tout ; s'attribuer le bon succès des événements, c'est une ignorance très-criminelle.

« La valeur d'un vrai militaire n'est qu'un vif et noble sentiment par lequel il expose sa vie aux dangers les plus évidents, pour des choses justes et légitimes, dans l'espérance à une vie plus heureuse, si l'ordre de la Providence veut qu'il succombe : tel doit être celle d'un chrétien et par conséquent la vôtre.

« Si mes avis et conseils peuvent avoir quelques effets sur vous pour votre propre félicité, je vous exhorte à être exact à tous vos devoirs ; d'obéir avec zèle à tous vos supérieurs ; de vous distinguer de tous vos camarades par une conduite sage et vertueuse. Cherchez à vous faire aimer de votre commandant en chef qui est un militaire de mérite, de votre capitaine ainsi que de tous les officiers de votre compagnie ; et si jamais vous vous trouvez dans une action avec eux, ne les abandonnez pas d'un seul pas ; exposez même votre vie pour sauver la leur. Si par malheur votre chef, ou aucun de vos officiers est tué, ne quittez pas le champ de bataille sans avoir vengé leur mort. Suppléez à votre manque d'éducation par votre bravoure.

« Évitez les mauvaises compagnies et les lâches, dont le cœur corrompu soupire après la débauche ; ils ne peuvent que vous jeter dans les principes affreux où conduit le vice.

« Vous me demandez d'écrire en votre faveur à votre commandant ; je ne le puis. C'est vous seul qui devez vous recommander par votre zèle et dévouement à votre roi.

« Votre commandant est un militaire respectable et d'un mérite distingué (1) ; en conséquence, il se fera un devoir de récompenser le mérite et de punir le vice. Il commettrait une injustice en vous préférant à ceux qui le méritent plus que vous. La gloire est chère à tout individu, de quelque rang qu'il soit. Je suis même surpris que l'on vous ait donné la place de caporal, dans le si peu de temps que vous avez le bonheur de servir Sa Majesté ; tâchez de vous maintenir dans cet emploi ; c'est votre conduite future et principalement votre bravoure qui pourra m'exciter à demander la protection des personnes respectables pour votre avancement.

(1) Le Colonel de Salaberry.

« Réfléchissez sur la conduite de votre commandant, qui n'est parvenu que par ses talents et son mérite. Trois de ses frères ont suivi la même carrière et sont morts glorieusement au service du roi et de leur patrie. Dites à votre commandant que je le prie bien d'agréer mes sincères respects et que je lui souhaite de tout mon cœur, toutes sortes de prospérité à la tête de ses Voltigeurs.

« Votre pauvre infortunée mère ne va pas mieux. Vos sœurs et toute la famille vous souhaitent une parfaite santé et bien du succès.

« Je suis sincèrement, Monsieur,

« Votre affectionné père,

(Signé)					« A. D. PAMBRUN. »

« M. P. C. Pambrun, Caporal dans le corps }
    des Voltigeurs à St. Philippe. }

Lisez ces choses, jeunes Zouaves ; méditez-les ; mais surtout faites-les parler si haut que non-seulement l'Italie, mais encore l'Europe les entende avec admiration : le Canada n'attend pas moins de vous.

Maintenant partez : nos vœux, nos prières vous accompagnent. Vous nous reviendrez couverts de gloire. Oui, nous vous reverrons triomphants, sinon ici dans cette patrie dont vous devez être fiers, du moins dans cette autre patrie dont vous êtes si dignes. Partez.

H. A. V.

De plus, un citoyen aussi pieux que généreux a fait tenir à chaque Zouave une copie de cette prière :

DEO ET PATRIÆ.

Souvenir du 19 *février* 1868.

C'est une chose commune aux élus et aux réprouvés de commencer toutes sortes de biens ; mais c'est le propre des élus de mener à une fin meilleure ce qu'ils avaient bien commencé.

ORAISON.

Faites, s'il vous plait, Dieu Tout-Puissant, qu'ayant connu la force qui glorifia vos martyrs, quand ils confessaient votre nom, nous sentions, en les invoquant, s'allumer aussi dans nos cœurs le feu sacré de votre divin amour. Par Notre Seigneur Jésus-Christ. Ainsi soit-il.

La Persévérance.—Priez pour les Soldats Chrétiens.

A. M. D. G.

40 jours d'indulgences.

† IG. ÉVÊQUE DE MONTRÉAL.

C'est munis de tous ces souvenirs qui leur rappèleront si vivement la religion et la patrie, que les Zouaves, drapeau en tête, laissèrent la Cathédrale pour se rendre aux chars qui devaient les emporter à New-York Il était trois heures, la vapeur grondait dans la bouilloire, et il ne leur restait plus que le temps de donner une dernière poignée de main à leurs amis en se rendant à la gare. Une foule immense les y attendait. Toute la rue du Cimetière jusqu'à la rue Bonaventure, cette rue, la cour de la gare, la rue St. Antoine, toutes les rues voisines aboutissant au terrain occupé par les chars, tout était rempli, encombré, foulé, obstrué d'une multitude que les journaux ont diversement estimée, et plutôt au-dessous qu'au dessus, à 20 ou 30,000 personnes. Depuis la visite du Prince de Galles, on n'avait jamais vu, à Montréal, une masse aussi imposante. Ce n'est pas sans de grandes difficultés que les Zouaves, accompagnés du Comité, purent se frayer un chemin au milieu de ces flots pressés. Partout sur le passage de ces fils des croisés éclatèrent les marques du plus grand enthousiasme et de la plus vive sympathie. Les acclamations succédèrent aux acclamations ; les Zouaves furent comme portés en triomphe par la multitude jusqu'à la gare. Là se firent les derniers adieux, et là eurent lieu bien des scènes déchirantes ; plus d'une larme fut versée par les parents ou les amis venant embrasser pour la dernière fois des Zouaves auxquels les attachaient les liens du sang ou de l'amitié. Mais, chose admirable, pendant que les parents et les amis ne retenaient qu'avec peine leurs larmes ou même les laissaient couler abondamment, les Zouaves, eux, pénétrés de la grandeur de leur mission, répondaient à ces témoignages d'affection avec un bonheur, une gaieté de cœur qui étonnaient tous ceux qui les virent. C'étaient eux, pourtant, qui faisaient le sacrifice de la patrie, de la famille, peut-être d'une position avantageuse et d'un avenir brillant ; mais la grâce de Dieu les remplissait ; aussi le sacrifice était fait joyeusement.

Plus d'une pauvre mère, qui s'était réservée la consolation d'embrasser son fils, à la gare, fut cruellement déçue de cette douce espérance. « Laissez-moi approcher, criait l'une ; je veux voir mon enfant. » Mais le flot impitoyable ne leur permit pas de se rendre aux wagons, et elles virent, de loin, le train s'éloigner lentement sans qu'elles pussent, une dernière fois, presser leur fils chéri sur leur cœur.

Les acclamations n'avaient pas cessé dans la foule immense, et elles semblèrent redoubler lorsque le train partit, emportant nos Zouaves vers la Ville-Eternelle. C'était enfin le départ, le moment solennel, plein d'émotion et de grandeur.

Au-dessus de ses acclamations de la terre, on entendait celles de la religion, représentées par les joyeuses volées de toutes les cloches catholiques de la ville. Le carillon de Notre-Dame surtout était imposant. Le cœur battait dans la poitrine de ceux mêmes qu'avait amenés la curiosité toute pure ; on ne se défend pas de certaines émotions. Les Zouaves étaient aux fenêtres de leur quatre chars, saluant parents, amis et patrie. Puis, au sortir de la gare, ils traduisirent leurs derniers adieux dans un cri enthousiaste de : *Vive le Pape !* auquel une immense acclamation répondit : *Vive Pie IX !* A chaque rue qu'ils passaient, les mêmes acclamations s'élevaient vers le ciel. Quand le calme fut un peu rétabli, on entendit les Zouaves chanter à voix fortes l'*Ave Maris Stella !* C'était une prière au ciel, et en même temps comme un salut anticipé à la ville de Rome. Puis, naturellement, on pensa au Canada, et comme on devait y penser, c'est-à-dire, joyeusement, et en chantant quelques jolies chansons nationales. Ah ! ces refrains, d'autant plus doux qu'on est plus loin de la patrie, rappelleront bien des fois à nos Zouaves le souvenir du Canada. Puissent-ils, tous et glorieux, revenir vers nous en chantant ces mêmes airs et au milieu du même enthousiasme.

Voici la liste exacte des hommes composant le premier détachement des Zouaves Pontificaux du Canada :

AUMÔNIER, M. l'abbé Edmond Moreau.
ASSISTANT-AUMÔNIER, M. l'abbé Eucher Lussier.

Arsenault, Thomas, Baie des chaleurs.
Auger, Onésime, Montréal.
Allard, Hector, Québec.

Barnard, James, arpenteur, Drummondville.
Bastien, Alfred, Montréal,
Beauchesne, Joseph Ulric, Bécancourt.
Beaudoin, Moïse, Montréal.
Bédard, Jean-Baptiste, St. Rémi.
Bégin, Théodule, Lévis.
Bernier, Romuald, Lévis.
Bertrand, Charles G., avocat, Québec.
Bissette, Eugène, Ste. Elizabeth.

Blackburn, Jean Fraser, Beauport.
Bourget, Achille, Lévis.
Bourget, Alphonse, Lévis.
Bourget, Marcel, notaire, village Lauzon.
Brunet, Léonidas, Montréal.
Brunelle, Edouard, Batiscan.
Brunelle, Elie Pierre, Pointe-Lévis.

Campbell, Emery, Malmaison.
Caron, Charles, Lennoxville.
Chalût, Joseph, Sault-au-Récollet.
Champagne, Joseph, commis, Montréal.
Charbonneau, George, St. Vincent de Paul.
Cherrier, Benjamin, St. Hyacinthe.
Chouinard, Pierre, Lévis.
Cloutier, Elzéar, Ste. Julie de Somerset.
Comte, Pascal, Montréal.
Connolly, Félix Edouard, Danville.
Cormier, Moïse, Bécancourt.
Courval, Charles Marie Louis Barthélemy, Terrebonne.
Coutlée, Cyprien, St. Polycarpe.
Couture, Alphonse, Ste. Thérèse de Blainville.

D'Auray, Télesphore, Côteau-du-Lac.
De Bellefeuille, Lieutenant Charles Henri Lefebvre, St. Eustache.
Décarie, Léon, Notre-Dame de Grâce.
De Hempel, Casimir, Montréal.
De La Croix de Creitz, Alexandre, St. Charles.
Desjardins, Guillaume Henri, Terrebonne,
Despatis, Adolphe Forget, Montréal.
Despatis, Alphonse Marie Forget, Terrebonne.
Demers, Louis David, étudiant, Montréal.
D'Estimonville, Arthur, Montréal.
DeCazes, Capitaine Charles, Sherbrooke.
Dufresne, David, St Barthélemy.
Dupras, Pierre Urgel, avocat, Montréal.
Dupras, Stanislas, étudiant, St. Laurent.
Dupuis, Barthélemy, St. Constant.
Dusseault, Epiphane François-Xavier, Trois-Rivières.

Forget, Lucien, Ste. Marie de Monnoir.
Fortin, Augustin, Islet.
Francœur, Alfred, Sorel.
Fréchette, Edmond, Arthabaska.

Gadbois, Alphonse, St. Césaire.
Garneau, Elzéar, Québec.
Gaumont, Alfred, Ste. Julie de Somerset.
Gendron, François Xavier, St. Théodore d'Acton.
Gervais, Gualbert, Montréal.
Gosselin, Louis, St. Laurent de Québec.
Grosleau, Athanase, Montréal,
Gouin, Moïse, La Baie du Febvre.

Hughes, George Ed., St. Maurice.
Hurtubise, Edwin, Montréal.

Jauron, Napoléon, St. Joseph d'Ely.

Labelle, Joseph Toussaint, notaire, Montréal.
Lachapelle, Sévérin, St. Rémi.
L'Anglais, Charles François Xavier, Kamouraska.
Lamarre, Basile, Longueuil.
Lamarche, Adolphe, Montréal.
Langevin, Théophile A., St. Isidore.
Laporte, Jérémie Denis, Sorel.
Lavigne, Théophile, Montréal.
Larivière, Joseph, St. Alexandre.
Leclaire, Etienne, St. Hyacinthe.
Leclaire, Damien, Ste. Thérèse de Blainville.
Legris, Joseph, St. François-de-Salles.
Leblanc, Louis Joseph, Montréal.
Leblanc, Edouard, commis, Montréal.
Lebel, Charles, Paspébiac.
Lefort, Jérémie, étudiant, l'Assomption.
Lemieux, Edouard, Québec.
L'Heureux, Thomas, St. Hyacinthe.
Lupien, Adélard, Bécancourt.

Marchand, Alfred H., St. Jean-Dorchester.
Marion, Placide, Ste. Scholastique.
Martineau, Herman, Kamouraska.
Massicotte, Alphée, Ste. Geneviève de Batiscan.
McKenzie, Jacques Joseph Edouard, Terrebonne.
Meunier, Laurent, St. Jean-Dorchester.
Morisette, Jean-Baptiste, Québec.
Morisette, Théophile, Québec.
Moreau, Ulric, Montréal.
Munro, Henry, commis, Montréal.
Murray, Guillaume, Québec.

Normandin, Thomas, Boucherville.

Olivier, Louis, St. Nicholas,
O'Meara, Alfred, Québec.

Papillon, Rémi, Ste. Anne de la Pérade.
Papillon, Siméon, Outaouais.
Pâquet, Louis, St. Henri de Lauzon.
Paré, Stanislas A., Lachine.
Paré, Louis Gédéon, Lotbinière.
Paré, Pierre, L'Ange-Gardien.
Pattenaude, François, St. Rémi.
Pelletier, Evariste, Nicolet.
Peloquin, Adélard, St. Jude.
Perrault, Gilbert, Montréal.
Perrin, Emery, avocat, Ste. Scholastique.

Pepin, Emile, St. Césaire.
Provost, Léandre, Montréal.

Raymond, Narcisse Noé, St. Hyacinthe.
Renaud, Alphonse, St. Remi.
Rheault, Luc, St. Grégoire.
Richer, Euclide Henri, Montréal.
Roy, Capitaine Cyrille, Lévis.
Roy, Jean-Baptiste, St. Félix de Kinsey.
Roy, François Xavier, Somerset.
Rousseau, Oscar, Nicolet.
Rosseling, Etienne, Lavaltrie.

Schiller, Louis Guillame Charles, Montréal.
Senécal, Alfred, St. Césaire.
Sincennes, Félix, Montréal.
St. Germain, Léopold Napoléon, St. Eustache.
Stella dit L'Etoile dit l'Italien, Joseph, Sherbrooke.
Surprenant, Alphonse, St. Constant.

Taillefer, Capitaine Joseph, Ste. Martine.
Taschereau, Ant. Charles, Ste. Marie de la Beauce.
Têtu, Jean Etienne, Trois-Pistoles.
Toussaint, François Xavier, Québec.
Trudelle, Charles, Québec.

Vallée, Charles, St. Roch de Québec.
Varin, Joseph Eugène Adélard, Terrebonne.
Verreult, Jules E., Lévis.
Villeneuve, Léon Gilbert, Lachenaie.
Vohl, Cyprien, Québec.

Le détachement avait été placé par le Comité sous la
conduite des deux aumôniers, qui devaient s'adjoindre l'un
des Zouaves, pour participer avec eux au commandement.
Le capitaine Joseph Taillefer fut celui qu'ils choisirent.

Ces cent trente-cinq jeunes gens, dont nous venons de
donner les noms, ont été choisis parmi un beaucoup plus
grand nombre, dont la plupart étaient également recommandables et fortement recommandés. Mais sur les offres
de service présentés au Comité, il fallait nécessairement
faire un premier choix, et, pour se guider dans cette
délicate opération, le Comité s'attacha aux diverses considérations qui ont été indiquées plus haut. Cependant
le Comité croit remplir un devoir de justice envers tous
ceux qui se sont offerts spontanément, en disant que le
plus grand nombre d'entre eux méritait, à tous égards,
de former partie du corps d'élite envoyé au secours
du Saint-Père. Quatre cent vingt-neuf offres de service
n'ont pu être acceptés par le Comité ; ce chiffre ajouté au

cent trente-cinq hommes envoyés à Rome donne un total
de cinq cent soixante-quatre offres de service pour le premier détachement.   De plus environ deux cent quarante
jeunes gens se sont offerts depuis le départ de ce détachement

RÉSUMÉ.

Hommes acceptés pour le 1er détachement............ 135
Hommes non acceptés pour le 1er détachement...... 429
Offres de service pour les détachements subséquents 240
                                                    ——
                                                    804

Ces chiffre sont leur éloquence ; elle parle plus haut en
faveur de la foi et du dévoûement du Bas-Canada que tout
ce que nous pourrions ajouter.

XV.

EN ROUTE.

Trois membres du Comité accompagnaient le premier
détachement des Zouaves, entre autres MM. C. A. Leblanc
et Jos. Royal.   Ces messieurs devaient les suivre jusqu'à
New-York et ne les laisser que lorsque les Zouaves
seraient à bord du *St. Laurent*, et que le vaisseau lui-même
se serait éloigné des rives américaines.

Nous empruntons au *Nouveau-Monde* le récit que ce
journal a publié du voyage des Zouaves à New-York,
jusqu'au moment de leur départ (1).

....
...............Les Zouaves arrivèrent à la gare Bonaventure
après mille peines et mille misères.   Une foule de plus de
20,000 personnes accourues pour les acclamer leur fermait
le chemin par son affluence compacte.   Ils furent ainsi
plus de cent trente qui traversèrent, le bagage au dos, le
chapelet dans le cou, la main serrée par tout le monde,
l'espace compris entre la rue et le convoi fumant qui les

(1) Cet écrit est dû a M. Joseph Royal, rédacteur-en-chef du *Nouveau-*
Monde et l'un des secrétaires du Comité Canadien des Zouaves Pontificaux.

attendait. Les cloches de la ville sonnaient, le soleil était resplendissant, et de minute en minute les vivats de la rue répondaient aux acclamations de l'enceinte de la gare. Un grand nombre pleuraient, le voyage est si long ! Les Zouaves se montrèrent héroïques et leur contenance fut impassible. Ils consolaient leurs parents et leurs amis. Tout à coup, à trois heures et demie, le signal est donné, le convoi s'ébranle et nos Zouaves, la tête nue, entonnent l'*Ave Maris Stella !*

De temps à autre, le train traversait une rue toute couverte d'hommes, de femmes et d'enfants acclamant les Zouaves, leur souhaitant bon voyage et cherchant à les voir. Des chants, des hourrahs leur répondaient, et on s'étonnait de ne trouver que la gaieté et le contentement là où on s'attendait à voir éclater la douleur et la tristesse.

Plusieurs amis et parents des Zouaves avaient voulu les accompagner jusqu'à St. Jean ; on y arriva bientôt. Il y avait grande foule à la gare ; les bannières des Sociétés flottaient au vent : c'était une réception en règle. On fit descendre aussitôt le drapeau des Zouaves, escorté d'un petit détachement ainsi que de l'aumonier, et M. Charland, avocat, en l'absence du maire de la ville, lut l'adresse suivante qui fut à plusieurs reprises couverte d'applaudissements :

Zouaves Pontificaux,

Permettez aux catholiques de St. Jean de vous dire quelques mots à votre passage au milieu d'eux.

Deux des nôtres sont parmi vous ; puis, c'est bien ici qu'il faut se dire adieu ; car à une prochaine étape, vous serez déjà sur une terre étrangère ; vous aurez perdu de vue tout ce vous avez aimé depuis l'enfance.

Mais vous et les êtres chéris que vous laissez, vous vous consolerez en songeant que bientôt vous serez au service de Celui pour lequel il faut tout quitter : famille et patrie. Car la cause du Pape, c'est bien la cause de l'Eglise, la cause de Dieu.

Vous allez servir Dieu, jusqu'à l'immolation de votre vie, s'il le faut, en défendant les droits les plus respectables et les plus anciens qui soient au monde. Vous ne soutiendrez pas seulement le catholicisme dans la personne de son Chef, mais vous soutiendrez l'ordre et le droit de propriété, dans leur représentant le plus vénérable sur la terre.

Si la foi peut transporter les montagnes, que ne pourra pas faire une armée peu nombreuse, il est vrai, mais recrutée dans le monde catholique tout entier, parmi les hommes au cœur généreux et à la foi vive ; une armée qui ne sera pas étrangère cependant, et qui combattra pour ses foyers ; car Rome est bien une patrie pour tous les catholiques.

Partez donc avec une sereine confiance et un indomptable courage.

pour la défense de l'Eglise et la gloire de votre pays. Nous vous
suivrons par le cœur et par la pensée dans votre noble carrière. Tous
les jours, des milliers de supplications s'élèveront pour vous vers le
Ciel. Vos pères et vos pasteurs vous ont bénis ; vos mères et vos
sœurs, en vous pressant sur leurs cœurs, vous ont offerts à Dieu avec
cette sublime résignation de la femme chrétienne ; bientôt vous incli-
nerez vos fronts sous la bénédiction du représentant de Dieu et vous
vous relèverez invincibles. Vous ne redouterez ni les glorieuses
blessures, ni même une glorieuse mort ; tombés martyrs sur les
sommets de la catholicité, ne seriez-vous pas plus près du ciel ?—
Aimez Dieu et allez votre chemin !

St. Jean, 19 février 1868.

M. l'aumônier Moreau répondit au nom des Zouaves, et
le fit avec beaucoup de bonheur et d'à propos ; il parla
surtout de leur belle mission, disant qu'ils se rendraient
dignes du pays qui les envoyait, dignes de la cause à
laquelle ils s'offraient.

Le train se remit en marche, la population de St. Jean
acclama les Zouaves qui entonnèrent le *Laudate Dominum
omnes gentes, laudate eum omnes populi.*

M. Louis Beaudry, qui était venu accompagner ses
autres collègues, MM. C. A. Leblance et J. Royal, et les
Zouaves, se sépara de nous à St. Armand ; les Zouaves lui
dirent adieu en criant trois vivats en son honneur.

Cependant, chacun s'arrangeait dans son coin ; les uns
lisant, les autres écrivant ; on se montrait les cadeaux et
les souvenirs du départ ; on fumait, on causait et on riait
dans plusieurs groupes ; sur quelques siéges on chantait
à demi-voix ; plus loin on feuilletait les trois brochures
distribuées aux Zouaves, la *Démonstration* ; *Aux Zouaves,
Dernier Adieu,* et l'allocution finale de Mgr. de Montréal ;
on s'entretenait des événements de cette grande journée
que l'on achevait sur le sol étranger. Car, déjà, la vapeur
emportait au loin nos Zouaves à travers les campagnes
américaines. Partout régnait la bonne humeur, l'entrain,
les bonnes dispositions. De temps à autre passait l'aumônier, liant connaissance avec ses braves jeunes soldats, ou
quelque membre du Comité, porteur d'un ordre ou d'une
lettre pour un Zouave.

Le souper eut lieu et tout le monde tira de son havresac
de quoi satisfaire son appétit. Les rations furent largement entamées.

Vers huit heures, le silence se fit dans les chars, et les
Zouaves se mirent à réciter le chapelet. Jamais je n'oublierai ce spectacle donné si spontanément, si simplement, de

ses convictions.   Je retrouvais là l'ancien croisé dans toute sa foi naïve et forte, le Hollandais de nos jours traversant toute l'Europe en chantant des cantiques, pour voler à la défense du Saint Siége ; et, certes, je n'avais rien à envier aux vieux pays ; nos Zouaves Canadiens les valaient, les égalaient.   Je pensai à nos évêques, à nos prêtres, à nos généreux citoyens, qui envoyaient ces jeunes soldats, et je me réjouis pour eux de leur succès, de leur choix, et de ma foi et de mon pays qui produisent de tels hommes.

La nuit arrivée, chacun de s'arranger comme il le put, des sentinelles furent postées à la garde des portes des chars, afin d'empêcher les accidents, et tout le monde tâcha de dormir.

On se réveilla le lendemain matin dans les montagnes du Vermont. Evidemment on courait vers le midi, la neige diminuait et le froid aussi.

A un certain endroit, le train qui était en retard de plusieurs heures, dut attendre le passage d'un autre convoi ; nos Zouaves en profitèrent pour descendre des chars et aller se rafraîchir la figure et les mains dans la neige.

Le dîner eut lieu à Springfield ; déjà les rations de plusieurs étaient épuisées et il fallut y pourvoir ; tous les *sandwiches* du restaurant de la gare y passèrent sans suffire, car les membres du Comité, après avoir demandé à chacun ce qu'il avait eu pour dîner, trouvèrent à partager largement leurs propres provisions de voyage.

Il y a une certaine population canadienne à Springfield ; le président de la Société St. Jean-Baptiste du lieu, M. Lapierre, ayant appris notre arrivée se hâta de venir nous voir, et nous assura que les Zouaves auraient eu une réception, si leur passage eût été connu.

Pendant que l'on attendait ainsi le moment du départ, un Américain respectable par sa mise et ses manières, s'approcha du Zouave en faction près du char et lui demanda ce qu'il était et où il allait ainsi.

— Je suis du Canada, répondit ce dernier, et je m'en vais à Rome, avec cent trente-cinq autres de mes compatriotes, m'enrôler sous les étendards du Saint-Père.

— Sans doute, reprit l'Américain, la prime d'engagement doit être fort élevée pour vous déterminer ainsi à tout quitter pour faire un si long voyage. Quelle est votre solde ?

— Nous allons à Rome, répond le Zouave, à nos propres

frais ; nous'ne touchons aucune prime d'engagement ; nous apportons même au Saint-Père de quoi subvenir à toutes nos dépenses. Nous allons combattre pour l'ordre et le salut du monde chrétien ; qu'avons-nous besoin de prime et de solde ?

— Braves jeunes gens, que Dieu vous bénisse, reprit l'Américain, les yeux tout mouillés de larmes.

De Springfield on manda l'arrivée des Zouaves par le télégraphe au R. P. Loysance, supérieur du collége de St. François-Xavier, à New-York.

Bientôt le train se mit en marche, et quelques heures après, les lumières de la grande cité de New-York se laissaient distinguer, la locomotive cédait le pas à des attelages de chevaux, et tout le monde débarquait en bon ordre et en silence au dépôt du chemin de fer de New-Haven. Sa Grandeur Monseigneur Pinsonnault et le R. P. Loysance nous attendaient. Les escortes de bagage furent organisées, on divisa le détachement en deux, on forma les lignes, et nos Zouaves s'acheminèrent vers le collége St. François-Xavier, situé à près d'un demi-mille.

En arrivant, on les fit monter dans la grande salle académique de l'institution, l'appel des hommes eut lieu, chacun se fit un bout de toilette et les tables se dressèrent. Le souper eut lieu à neuf heures et demie du soir. Ceux qui voulurent écrire, en eurent le loisir avant de se coucher.

La salle académique du Collége St. François-Xavier est très-vaste et bien chauffée. Il est vrai que nos Zouaves n'eurent point de matelas ni d'oreillers pour se coucher ; mais ils avaient leur couverte et leur havresac, et bientôt, lorsqu'après la prière du soir, l'ordre de faire silence fut donné, ils prouvèrent par des ronflements sonores qu'ils ne craignaient point la vie dure de la caserne.

Tous cependant ne dormirent pas ; plusieurs obtinrent d'écrire une dernière lettre au pays, et lorsque le lendemain je passai dans les rangs pour recueillir les lettres, je fis une moisson qui aurait rempli de joie le plus ambitieux des facteurs de poste.

Un certain nombre de ces lettres étaient écrites au crayon ; quelques unes contenaient des objets envoyés comme souvenir du départ de la terre d'Amérique ; on était joyeux de pouvoir faire ce dernier adieu.

Après le déjeuner, les Zouaves descendirent à la messe qui fut célébrée pour eux dans l'Eglise du Collége par Sa Grandeur Mgr. Pinsonnault. Dès que Sa Grandeur, qui réside à Albany, avait su l'arrivée des Zouaves, Elle n'avait pas hésité un seul instant à se rendre à New-York pour saluer ces braves enfants du pays et venir les bénir une dernière fois avant de s'embarquer pour l'Europe.

Les Zouaves chantèrent à la messe plusieurs cantiques avec un ensemble et un effet magnifiques : l'*Ave Maris Stella*, le *Je mets ma confiance, Vierge en votre secours*, sur l'air de *Partant pour la Syrie*, le *Nous vous invoquons tous*, sur l'air du *God Save the Queen*, et quelques autres excitèrent l'admiration. L'orgue accompagnait et le chœur était dirigé par le zouave Edmond Fréchette.

Après la messe, Monseigneur Pinsonnault s'adressa d'abord en anglais aux nombreux élèves du collége et à l'assistance des fidèles. Sa Grandeur expliqua le but et le caractère de l'expédition de ces jeunes gens venus à travers des centaines de lieues pour prendre la mer et se rendre à Rome. Sa Grandeur fit la louange de leur zèle et de leur foi catholique et demanda en terminant à tous de prier Dieu pour donner à ces soldats du Christ de rester fidèles à leur religion et de remplir leurs nouveaux devoirs.

Le distingué prélat prit ensuite la parole en français.

Mes chers enfants, mes bien-aimés compatriotes, dit-il, en s'adressant aux Zouaves,—je ne saurais vous dire combien je suis heureux de pouvoir vous dire quelques mots au nom de la Religion qui nous a faits tout ce que nous sommes, au nom de la Patrie dont vous et moi sommes les heureux enfants. Il vous a été donné de concourir à l'accomplissement d'un grand mystère, et il importe que vous en ressentiez tout le poids de même que toute la gloire : *Vobis datum est scire mysterium Dei, cæteris autem in parabolis.* Vous allez travailler à l'œuvre de Dieu, vous allez défendre le pouvoir temporel, vous vous sacrifiez pour une cause faible en apparence, vous n'espérez rien en ce monde ; c'est pourquoi personne ne vous comprendra. Vous serez vous-même un mystère ; votre dévouement sera un mystère pour le plus grand nombre. Ouvriers dans le plan divin, vous voulez vous associer à la vérité de Dieu qui soutient l'Eglise et qui a triomphé du monde païen par l'esprit d'abnégation, de dévouement et de sacrifice. On avait cru le souffle des convictions éteint, l'antique chevalerie morte avec le dernier croisé du moyen-âge, ensevelie à jamais sous les préoccupations de la matière et les jouissances de la civilisation moderne. Voyez : Dieu parle, et les cœurs s'enflamment d'un bout du monde à l'autre, en Europe, en Amérique, au Canada. Partout la jeunesse se lève et dit : «Nous voici, prêts à défendre le St. Siége ; nous ne demandons ni solde, ni pillage, ni places.» Eh ! bien, mes chers et bien-aimés compatriotes, c'est là le mystère que vous vous êtes chargés de porter par le monde en vous consacrant à la sainte Eglise comme vous l'avez fait. On envie votre bonheur, et on a raison ; car vous êtes les prémices du Canada, de mon pays, dans ce grand mouvement. J'en remercie le ciel et je suis tout glorieux de notre Canada.

Je le répète, dans cet empressement universel des hommes à chercher leurs intérêts et leurs plaisirs, à épouser la cause du plus fort, à s'attacher aux plus gros bataillons, votre conduite paraîtra étrange; vous ferez aux yeux de ces hommes une folie; vous serez un mystère, car Dieu ne dévoile pas ses vérités à tous. Tâchez donc de vous rendre dignes de ce choix divin, de cette noble mission. Correspondez à la grâce de Dieu.

Aujourd'hui, l'enthousiasme vous anime; vous êtes comme naturellement portés à l'immolation de vous-mêmes: prenez garde, l'heure du plus grand sacrifice n'a pas encore sonné. Ce moment fatal arrivera avec le doute de votre mission, l'ennui, le désappointement, les exercices fatigants du service, les dédains de ceux qui vous entoureront; vos propres camarades vous donneront de tristes exemples: c'est alors que vous ferez votre sacrifice en restant fidèles à votre Dieu, à votre pays et à l'honneur de vos promesses. Il faut que vous soyez tentés comme les saints l'ont été; vous ne pouvez sans cela fortifier votre vertu, ni donner à votre sacrifice le dernier cachet. Or, la grande tentation qui vous attend c'est de perdre l'esprit de votre sacrifice. Soyez comme la troupe des Judas Machabées, et rappelez-vous ce texte qui sera votre sauvegarde: *Vobis datum est scire mysterium Dei, cæteris autem in parabolis.* Recourez à la prière, fréquentez souvent les sacrements, entretenez-vous les uns les autres dans le voyage, à la caserne, au camp, dans vos saintes résolutions; ayez toujours devant les yeux votre sacrifice et l'honneur de la patrie, surtout lorsque l'ennui, le découragement et la tiédeur menaceront votre esprit et vos cœurs. Il vous a été donné de connaître les desseins de Dieu et d'y coopérer, restez toujours dignes de votre mission en demeurant parfaits catholiques; ce sera le meilleur moyen d'être de bons soldats de l'Eglise.—Ainsi soit-il.

Ce resumé n'est, il est vrai, qu'une pâle analyse du discours de Sa Grandeur; il donne cependant une idée des paroles chaleureuses et pleines de prudence que le prélat canadien adressa à ses jeunes compatriotes. Monseigneur les bénit ensuite.

Les Zouaves entonnèrent alors: *Nous vous invoquons tous,* et ils sortirent de l'église pour faire leurs apprêts de départ. Bientôt les malles furent bouclées, descendues et empilées sur les voitures qui partirent sous escorte pour se rendre au navire. Les Zouaves vinrent ensuite se ranger dans la cour du Collége; on passe l'inspection pendant que le Comité demande à Mgr. Pinsonnault, au R. P. Loysance, à ses élèves, de venir recevoir les adieux du détachement.

M. C. A. Leblanc fait quelques pas au-devant de Mgr. et du R. P. Supérieur, et les remercie vivement de l'accueil qu'ils ont fait aux Zouaves Pontificaux du Canada; puis, se tournant du côté de ces derniers, il leur propose trois vivats en l'honneur de Sa Grandeur et du Rév. Père. A chaque vivat, le drapeau s'inclinait. Ce fut ensuite au tour des élèves qui acclamèrent vigoureusement les Zouaves. Ceux-ci leur répondent en chantant dans un ordre excellent : *Malborough s'en va-t-en guerre.* Chaque couplet est accueilli par les plus vifs applaudissements. Le défilé se fit ensuite ; les élèves se précipitaient sur les mains des Zouaves pour les leur serrer et leur dire un dernier adieu. Le détachement se mit en marche vers le navire, accosté à la 50e jetée, en bas de Morton St., sur l'Hudson.

Le *St. Laurent,* de la Compagnie Générale Transatlantique des steamers français, est un magnifique navire très-spacieux, très-bien installé et commandé par un marin d'une grande réputation, M. Bocandé. L'équipage et les officiers sont polis et des plus sympathiques à nos Zouaves.

Pendant que ces derniers s'installent, emportent dans leurs cabines leurs petites malles et font connaissance avec la cuisine du bord qui leur paraît excellente, le Comité se multiplie pour régler une foule de questions de détail, de visites, de courses, d'organisation et de dernières instructions. Les *reporters* de la presse de New-York assiégent chacun de nous ; c'est le *New-York World,* c'est le *Herald,* c'est l'*Evening Express,* c'est la *Tribune,* c'est notre distingué et catholique confrère, M. MacMaster, du *New-York Freeman,* c'est enfin l'artiste du *Harper's Weekly,* à qui nous livrons un de nos beaux Zouaves tout équipé, avec le drapeau, et qui nous promet une illustration pour la livraison du 29 février.

Le soir, après avoir visité les gardes, nous laissons le navire rempli du chant et du bruit de nos braves.

Sa Grâce l'Archevêque de New-York, Mgr. McClosky, nous avait manifesté son désir de voir nos Zouaves avant leur départ, et le digne M. Quinn, curé de St. Pierre, nous avait instamment invités à venir assister à une messe dite dans son église. La cérémonie eut lieu le lendemain, 22, à 8 heures du matin. L'autel de la belle église de St. Pierre était resplendissant de lumières et l'orgue rempli de musiciens. Nos Zouaves entonnèrent quelques-uns de leurs chants, puis Mgr. McClosky monta à l'autel d'où Sa Grâce leur adressa la parole en anglais :

Je ne vous appellerai pas mes frères, leur dit l'illustre prélat, mais soldats de la croix. Avant de quitter les rives d'Amérique, vous êtes venus vous agenouiller au pied des saints autels pour offrir à Dieu le saint sacrifice et implorer ses bénédictions sur votre voyage. Moi aussi, je me suis rendu dans ce sanctuaire, non pas tant pour vous adresser la parole que pour mêler mes prières aux vôtres et invoquer sur vos têtes les bénédictions du ciel les plus abondantes, pour jouir du bonheur de contempler cette jeunesse chevaleresque, votre brave troupe, l'honneur de vos familles et de votre pays, qui s'en va offrir au St. Père son secours et sa vaillance. Vous êtes dès aujourd'hui enrôlés sous la bannière du St. Père, le père de tous les catholiques, et dont le nom inspire à tous l'enthousiasme et le courage. Vous allez défendre une sainte et grande cause ; vous allez protéger le St. Père et vous faire les champions de ses droits sacrés. Ceux qui l'attaquent cherchent par là à atteindre l'Eglise dont il est le Chef apostolique. Car, quoique nous sachions que le pouvoir temporel n'est pas essentiel à l'Eglise qui appuie son existence sur la vérité éternelle, cependant nous tenons que l'indépendance du St. Siége est nécessaire à la libre action de l'Eglise pour diriger les fidèles dans la voie du salut. Vous vous montrerez sans nul doute dignes de la noble cause à laquelle vous vous sacrifiez, et vous deviendrez ainsi l'honneur de vos familles et de votre catholique et généreux pays. L'exemple que vous nous donnez est magnifique, et je puis dire que des milliers de catholiques aux Etats-Unis vous portent envie. Cette grande ville et tout le pays renferme une foule de catholiques qui seraient prêts à se dévouer aussi. Si nous n'avons encore rien fait, c'est que le St. Père ne demandait pas tant des hommes que de l'argent pour soutenir ceux qu'il a déjà. Cependant, qu'un mot parte de Rome et on verra nos catholiques se lever en masse. Le gouvernement américain n'a pris aucune part dans les persécutions dont N. S. P. le Pape a été la victime ; il s'abstient d'intervenir dans les affaires européennes. Nous avons confiance qu'il s'attachera à cette politique ; autrement, arriverait alors pour les catholiques le moment d'élever la voix et d'agir......... Puissiez-vous voir votre entreprise couronnée de succès ! Toutes les bénédictions du monde entier vous suivent ; les prières des catholiques montent au ciel pour vous, et si Dieu veut accepter le noble sacrifice de votre vie, alors vos noms seront associés à ceux de ces héroïques zouaves pontificaux déjà tombés ; ils seront honorés et vos mémoires seront chéries et vénérées dans le cœur de toute la catholicité.

L'Archevêque donna ensuite sa bénédiction aux Zouaves, et Sa Grâce leur dit en quittant l'autel : « Je vous souhaite à tous un heureux voyage, du succès et un heureux retour dans vos familles. »

Le Rév. M. Quinn célébra alors le saint sacrifice de la messe et donna aux Zouaves la bénédiction du Très-Saint Sacrement ; il était assisté de l'aumônier, M. l'abbé Moreau.

Le Rév. M. Quinn ne voulut pas se séparer des Zouaves sans leur adresser quelques mots :

Je ne saurais, leur dit-il, me refuser de vous exprimer la reconnaissance dont mon cœur déborde pour l'honneur que vous m'avez fait, ainsi qu'à cette congrégation, en venant prier ici ce matin à la veille de votre départ pour une lointaine contrée. Non, l'esprit de la chevalerie n'est pas mort. Il vous anime, vous et d'autres, des sentiments qui enflammèrent jadis Pierre l'Ermite, et pour une cause tout aussi pure, tout aussi noble. Quel ne sera pas votre bonheur, lorsque, dans quelques jours, vous irez vous agenouiller aux pieds de celui qui commande le respect de ses amis et de ses ennemis, le glorieux et immortel Pie IX ! Oui, nous envions le bonheur de votre entrevue. Nous prions pour vous, braves jeunes gens canadiens, enfants du même continent et de la même foi que nous, pour que Dieu vous donne une heureuse traversée et un retour plein de gloire ; nous prions le ciel de nous laisser assez vivre pour vous recevoir à votre retour et offrir avec vous au Très-Haut, notre tribut d'actions de grâce pour sa miséricorde et sa protection.

A leur sortie de l'église, plus d'un Zouave fut embrassé sur les deux joues par de pieuses femmes de l'église St. Pierre. Tout le monde était dans l'enthousiasme, et de temps à autre des mains serraient celles de nos Zouaves qui s'entendaient dire : « *Brave Youth ! Bully for the Canadian Zouaves ! Hurrah for the Holy Father !* »

A leur retour au steamer, le détachement prit le déjeûner, et les préparatifs du départ se firent. Malgré un vent violent du nord, les Zouaves se réunirent sur le pont du navire, l'appel fut fait et M. C. A. Leblanc fit les adieux du Comité au détachement. Mgr. Pinsonnault prit ensuite la parole et donna aux hommes une dernière bénédiction. C'est alors que les Zouaves présentèrent au Comité, par l'entremise de leur aumônier, la belle adresse suivante :

ADRESSE DES ZOUAVES CANADIENS A L'HONORABLE COMITÉ CANADIEN
DES ZOUAVES PONTIFICAUX.

Messieurs,

Au moment de quitter pour longtemps le continent américain, au moment de nous séparer définitivement de nos amis canadiens qui nous ont accompagnés jusqu'à New-York, permettez-nous, messieurs, de vous adresser un dernier témoignage d'estime et de reconnaissance. Par votre zèle, par votre dévouement, par votre infatigable activité, vous avez dignement mérité l'approbation de votre pays ; par la sollicitude paternelle avec laquelle vous avec veillé aux besoins et aux commodités de notre voyage, vous avez gagné la reconnaissance des Zouaves.

Le Canada a répondu avec enthousiasme à l'appel qui lui a été fait par les principaux catholiques de Montréal ; le sentiment chevaleresque qui a toujours porté les Français à la défense du Saint-Siége, s'est réveillé avec une vie nouvelle parmi les populations françaises des bords du Saint-Laurent. Nous avons eu l'insigne honneur d'être les représentants choisis de cet élan religieux et guerrier ; et plus que jamais nous sommes décidés à répondre à l'attente de nos compatriotes et à votre confiance, Messieurs du Comité.

Mais ce n'était pas tout d'éprouver de l'enthousiasme et d'offrir le service de nos bras ; il fallait régulariser le mouvement et le rendre utile en dirigeant son cours. Cette tâche délicate et difficile vous l'avez acceptée, Messieurs ; vous l'avez acceptée de votre propre mouvement et vous vous en êtes acquittés à la satisfaction du public et, nous devons le dire hardiment, à la satisfaction des Zouaves. Tous les comforts que peut procurer l'argent et l'activité pleine de sollicitude que vous avez déployée, nous les avons eus ; et vous avez veillé sur nos moindres besoins avec une bienveillance paternelle. Nous vous en remercions ici, Messieurs, nous vous en remercions ; nous regrettons sincèrement de ne pas pouvoir vous témoigner notre reconnaissance d'une manière plus efficace, plus palpable. Mais nous en laissons le soin au Dieu des armées, à celui qui n'oublie jamais ceux qui ont confiance en lui et qui travaillent pour sa gloire. Comme le disait il y a quelques jours à peine la voix d'un illustre prélat canadien, le Seigneur est généreux, le Seigneur ne vous oubliera pas ; et si la courte prière d'un soldat peut trouver accès à son trône, croyez-bien que les Zouaves Canadiens n'oublieront pas de prier pour ceux à qui ils doivent le suprême bonheur de pouvoir combattre pour la cause du Père commun des fidèles.

Et maintenant, Messieurs, maintenant que l'heure du départ approche, acceptez nos derniers adieux. Bientôt toute la largeur de l'immense Atlantique va nous séparer des lieux de notre naissance, de nos parents, de nos amis. Dites-leur donc de notre part que parmi les mille nations qui combattent côte à côte à Rome pour une même cause, les Canadiens seront toujours dignes de leurs ancêtres, de leur patrie et des saints enseignements reçus par eux de la bouche de leurs pasteurs. Dites-leur de ne pas cesser de prier tandis que nous allons agir ; car la prière est l'unique soutien de l'Eglise militante dans ce monde d'iniquités, l'unique comfort du juste contre les embûches des méchants.

Offrez aussi nos plus tendres et plus respectueux hommages au saint et vénérable Evêque qui a bien voulu nous accompagner jusqu'aux derniers moments du départ, et qui nous a béni avec une si tendre sollicitude. Puissions-nous à notre retour le retrouver encore plein de cette vigueur de l'âge avancé, qui a tous les charmes de la jeunesse et tout l'aspect vénérable des cheveux blancs. En attendant, nous travaillerons avec zèle et courage à nous rendre dignes de lui, dignes de notre pays et dignes de vous, Messieurs, qui nous avez conduits et dirigés jusqu'à présent, et qui, nous l'espérons, continuerez à faire ainsi dans l'avenir.

A bord du *Saint-Laurent*,

New-York, ce 22 février, 1868.

Marcel Bourget, Edwin Hurtubise, Moïse Gouin, Capitaine Taillefer, M. Casimir de Hempel, Edmond Fréchette, Pierre Urgel Duprat, Chs. H Lefebvre de Bellefeuille, Chs. de Cazes, etc., etc.

A une heure et demie de l'après-midi le navire levait majestueusement ses ancres, la foule sur le quai acclamait nos Zouaves qui couvraient le pont, agitaient leurs mouchoirs et chantaient l'*Ave Maris Stella !*

Oui, partez, braves fils du Canada, héroïques jeunes gens ! Allez porter sur la terre étrangère l'honneur de

notre foi, le nom de votre pays, et revenez-nous glorieux
et comblés des bénédictions du Vicaire de Jésus-Christ.
Vous avez l'âme haute et le sang vaillant, allez votre chemin.   Le Canada n'est pas riche, il n'est pas grand ; mais
il vous a produits, et il ne lésine pas le plus pur de son
sang, pour les causes comme celles que vous allez défendre
Partez, et que vos vieux chants d'église, que vos vieux
refrains du pays, étonnent le monde sur votre passage ;
qu'on apprenne du même coup les miracles de votre histoire et les destinées de votre nationalité. Vous êtes dignes
de faire la gloire de nos familles, car vous êtes notre
honneur et l'élite de notre jeunesse.   Oui, aimez Dieu et
allez fièrement votre chemin !

XVII.

LA PRESSE AMÉRICAINE.

Les journaux de New-York n'ont pas manqué de signaler un événement aussi remarquable que le passage, dans
leur ville, de cent trente cinq jeunes gens en route pour
l'armée pontificale.   Ce fait a été diversement apprécié
par eux, suivant qu'ils sont catholiques ou protestants ;
mais hâtons-nous d'ajouter que leur ton, à tous, a été bienveillant.   Quelques-uns, cependant, laissèrent percer un
sentiment d'étonnement à la vue d'une si grande manifestation de foi et de dévouement religieux, de la part d'un
pays si petit, si pauvre, comparé aux Etats-Unis.   Nous
avons cru que nos lecteurs aimeraient à voir ces différents
articles et à les conserver ; c'est dans cette pensée que
nous les reproduisons ici, en commençant par le *Courrier
des Etats-Unis* : (1)

Aujourd'hui s'embarquent sur le vapeur *Saint-Laurent* les cent
cinquante Zouaves recrutés dans le Canada-Français pour l'armée
pontificale.   Nous souhaitons une heureuse traversée aux jeunes gens
vaillants et dévoués qui se consacrent à la défense du trône chancelant
du Saint-Père.   On peut ne point partager leur foi, mais il est impossible de ne pas rendre hommage à la sincérité de convictions qui se
traduisent par de tels actes.   Nous ne faisons pas profession, comme
on le sait, d'être partisans du pouvoir temporel, mais nous savons
honorer le vrai courage et les nobles sacrifices partout où nous les
rencontrons.
Il se trouvera, et il s'est déjà trouvé des railleurs des Zouaves

(1) 22 février 1868.

Canadiens. On a même prononcé le nom de mercenaires. Ce sont de singuliers mercenaires que ces Zouaves qui s'équipent à leurs frais, et qui ne coûteront rien à Pie IX, pendant les deux ans qu'ils resteront à Rome. Il faut croire que les mots de la langue anglaise ont bien changé de valeur, si les mercenaires, au lieu d'être ceux qui reçoivent de l'argent, sont au contraire ceux qui en donnent. Non, ce ne sont pas des aventuriers, ceux qui se sont enrôlés au Canada : on compte parmi eux des médecins, des avocats, et, en un mot, les membres des familles les plus considérées. Leur abnégation est d'autant plus grande que tous ont quelque chose à perdre : le dévouement étonne moins dans les rangs de révolutionnaires qui, en général, n'ont rien à perdre, mais ont tout à gagner ....

Les Zouaves Canadiens ne pensent pas assurément comme nous, et outre la foi, ils ont le bonheur d'avoir l'espérance : ce serait un crime que de chercher à les leur ôter. La foi qui les inspire fait leur consolation comme leur force. Quant à leur bravoure, la foi fut-elle absente, le sang français qui coule dans leurs veines nous est une ample garantie. Les fils de ceux qui ont combattu avec Montcalm et que l'ancienne monarchie a lâchement abandonnés, n'ont pas dégénéré de leurs ancêtres.

Aujourd'hui, avant leur départ, les Zouaves Canadiens entendront la messe à l'Eglise de St. Pierre, Barclay street, à sept heures et demie du matin. L'Archevêque McClosky sera présent et leur donnera la bénédiction.

C'est par erreur que plusieurs de nos confrères américains ont annoncé que le jeune Iturbide, qui se trouve en ce moment à New-York avec sa mère, se disposait à se joindre aux Zouaves Canadiens. Le jeune homme en question n'est pas en âge de faire un soldat, car il a dix ans à peine. C'est son cousin, le prince Iturbide, que Maximilien avait adopté, petit-fils de l'avant-dernier empereur du Mexique, qui s'est engagé comme simple dragon pontifical et qui se trouve actuellement à Rome.

La *Tribune* du 22 février s'exprime en ces termes : (1)

.........C'est à l'appel de Rome que ces jeunes Canadiens ont bien voulu partir pour aller offrir leurs services au Saint-Père. Le corps se compose de cent trente-six hommes, choisis parmi un bien plus grand nombre qui s'étaient offerts. Plusieurs d'entr'eux ont laissé les bancs du collége pour partir, tandis que d'autres ont abandonné des professions lucratives. Ce sont tous des jeunes gens de bonne famille, pour la plupart des cantons ruraux du Bas-Canada, et à l'exception de deux, ils sont tous d'origine française. Cinquante d'entr'eux sont des gradués des écoles militaires, et un plus grand nombre ont porté les armes pendant la dernière excursion des fénians. Il ne sont encore que soldats d'intention et ne portent l'habit militaire que pour indiquer leur but.

Nous lisons ce qui suit dans le *New York World* du 22 :

(1) La traduction de cet article et des autres extraits de la presse américaine est empruntée au *Nouveau Monde.*

Le corps des Zouaves Pontificaux Canadiens, au nombre de cent trente-six, est arrivé en cette ville jeudi soir en route pour l'Italie, où ils vont offrir leurs services au Pape. Ils sont prêts à servir dans n'importe quel corps où l'on voudra les placer, quoiqu'ils s'attendent à être placés dans les Zouaves. Ils se sont embarqués presqu'aussitôt sur le *Saint-Laurent*, et devront partir à 11.30 h. p. m., pour le Havre. Du Havre ils se dirigeront sur Marseille par Paris, et de là à Civitta Vecchia. Ils sont tous munis de passeports, comme sujets anglais.

Le corps présente une belle apparence et se compose d'hommes choisis, tant au moral qu'au physique. Chacun d'eux a dû subir une inspection médicale scrupuleuse et fournir un certificat de bonne conduite. Plusieurs d'entr'eux sont des jeunes gens favorisés de la fortune, et les trois-quarts au moins ont reçu une éducation classique. Tous sont célibataires. Ils n'ont encore aucune organisation militaire et sont sous la conduite paternelle de leurs aumôniers, les Révérends MM. Moreau et Lussier. Leur caractère de gentilhomme et l'esprit de corps qui les anime sont des garanties suffisantes de leur bonne tenue jusqu'en Italie.

Comme ils n'ont pas encore été acceptés comme Zouaves ils ne portent pas l'uniforme de ce corps, mais un simple uniforme temporaire très-joli. Cet uniforme consiste en une tunique à plis, avec parements bleus, pantalons retenus au-dessus du genou, juste au corps, le tout en drap gris du Canada, feutre rond à l'espagnol, guêtres blanches et souliers bas.

Par prudence et par délicatesse, ils se sont abstenus ici de toute démonstration qui eût put choquer une portion du peuple. Ils suivront la même ligne de conduite tout le long de leur passage à travers la France surtout, vu l'état critique des relations de ce pays avec l'Italie.

Voici maintenant comment le *New-York Herald* rend compte du séjour de nos Zouaves dans la grande Cité :

Une partie de l'organisation qui s'est formée depuis quelques mois en Canada, sous les auspices du clergé catholique et de laïques riches et influents, est arrivée ici jeudi soir de Montréal par le train de New-Haven. Ce corps d'à peu près cent cinquante hommes était accompagné de MM. Leblanc et J. Royal, que l'on avait envoyés pour voir aux besoins des hommes durant le voyage. Ils furent reçus au débarcadère par l'Evêque Pinsonnault, qui avait fait un voyage exprès d'Albany ; le Père Loysance était aussi présent avec d'autres prêtres attachés au Collége St. François-Xavier.

L'hospitalité leur fut offerte au Collége durant leur court séjour dans cette ville, ce qui fut accepté avec reconnaissance. Les volontaires défilèrent quatre de front à la seizième avenue, où, ayant pris le souper, ils furent installés pour la nuit dans une grande salle de l'institution. Le lendemain matin ils assistèrent à la messe qui fut célébrée dans la chapelle du collége par l'Evêque Pinsonnault ; il leur adressa une courte et éloquente allocution en français. Il les félicita sur ce qu'ils étaient choisis pour être les instruments de Dieu, chose qu'ils devraient apprécier comme un grand privilège, pour défendre le Saint-Siège des incursions et des déprédations de ces gens barbares et sans conscience qui ne manqueront pas bientôt de renouveler leurs tentatives sur le territoire du Souverain Pontife. Nul doute qu'ils seront reçus convenablement dans la Ville Eternelle, par le Pape, dont on connaît l'aménité, ainsi que par les membres de son gouvernement.

Il les pria de ne se laisser aller à aucun excès; d'être sobres, honnêtes et sincères; de maintenir la plus sévère discipline, et par-dessus tout, de ne jamais oublier Celui qui mourut pour leur salut et qui, pendant leur expatriation temporaire, les préservera des blessures morales et physiques. Enfin il adressa une brièvé exhortation aux collégiens réunis, les priant de se rappeler de leurs frères qui partent, dans leurs prières journalières.

Les Zouaves se dirigèrent alors, le sac au dos, à la salle du Collége et se préparèrent au départ. L'appel fut fait, chacun répondit à son nom et au milieu des félicitations et des bons souhaits des prêtres assemblés, ils laissèrent le Collége pour l'embarcadère au quai No. 50 où le *Saint-Laurent* attendait, et dans lequel ils vont faire voile pour le Hâvre, après avoir assisté au service divin et reçu de nouveaux encouragements de la bouche de l'Archevêque.

Quoique l'engagement, signé à Rome, soit de deux ans, néanmoins quand le pays requerra leur service pour défendre leur sol, ou prendre part à l'organisation de la milice. ils seront libres de retourner. Quant à la discipliue et au physique, l'apparence des Zouaves est admirable. Dès leurs premières évolutions on s'aperçoit qu'ils sont familiers avec la manœuvre; on dit qu'un certain nombre d'entr'eux ont reçu des diplômes à l'école militaire de Montréal, où l'on a adopté, à quelque chose près, un système tel que celui de notre West Point où de l'école Polytechnique de Paris.

On nous assure que les recrues ne recevront aucune solde, que l'organisation se soutiendra par elle-même et qu'elle n'entraînera aucune dépense au gouvernement papal. La plupart de ces Zouaves sont dans de bonnes positions ou ont des parents riches; mais seraient-ils empêchés par leur pauvreté ou autrement de fournir les fonds nécessaires pour se supporter pendant leur service, les gens de leur paroisses respectives leur avanceront ce dont ils auront besoin. Leur uniforme sera changé en arrivant à Rome.

Avant leur départ de Montréal un superbe et précieux étendard fut présenté à ce corps par les Sœurs-Grises, de cette ville. Il est de la grandeur ordinaire d'un drapeau de régiment et est composé de forte soie blanche. D'un côté sont les armes du Canada, un Castor, entouré de feuilles d'érables, portant l'inscription : « Aime Dieu et va ton chemin » et sur le revers sont les armes du Pape, une tiare et les clefs, en or, et orné de vingt-deux joyaux précieux, comprenant des diamants, des rubis et des émeraudes d'une grande valeur. En arrivant à Rome les recrues seront complètement armées et équipées,

Le *New York Tablet* du 29 février a publié sur le même sujet l'article suivant :

Un matin de doux et longs souvenirs est celui que nous avons passé samedi dernier à l'Eglise Saint-Pierre de la rue Barclay. Et comme une heureuse coïncidence, c'était la fête de la Chaire de Saint-Pierre à Antioche, et le Saint Sacrifice était offert pour les braves jeunes canadiens qui s'en vont joindre l'armée papale.

Lié, comme nous le sommes au Canada catholique, par des liens nombreux et chers, et gardant encore le profond souvenir des jours que nous avons passés au milieu du peuple hospitalier, courtois et vraiment civilisé de cette province, c'est avec de grands sentiments de fierté et de joie que nous sommes entré à St. Pierre, et que nous avons vu la moitié des bancs occupés par les jeunes Zouaves pontificaux, dans leur complet uniforme. Le reste de l'église était rempli par des centaines de nos catholiques venus pour jeter un coup d'œil sur les volontaires canadiens de l'armée pontificale. L'autel était radieux, toute l'église solennelle et imposante, remplie tout autour d'une foule croyante ; mais rien n'était grand, rien ne faisait impression comme les braves soldats chrétiens qui ont laissé famille, amis et patrie pour aller défendre bien loin la cause de la vérité, du droit et de la justice, la cause de la religion contre l'impiété et de la civisation contre la barbarie.

Avant la messe, l'Archevêque a fait aux Zouaves un éloquent discours, et il a donné sa bénédiction. Puis les Zouaves ont chanté l'*Ave Maris Stella*, avec cette mélodie solennelle qui pénètre le cœur. La messe a été chantée par le Rév. Père Quinn, le pasteur de cette église, et deux Zouaves eux-mêmes sont allés la servir.

Après la messe, il y eut bénédiction du Saint Sacrement : il était bien édifiant de voir inclinées les têtes de ces braves jeunes hommes rendant hommage à la présence divine dans ce sacrement de vie et d'amour. Ensuite, le Rév. M. Quinn adressa quelques mots aux jeunes soldats chrétiens, et leur rappela que l'ère de la chevalerie n'est pas encore entièrement passée. Il espéra aussi qu'à leur retour du service, il pourra chanter dans la même église et en leur présence un *Te Deum* en leur honneur, pour remercier Dieu de leur gloire acquise dans la défense de la plus sainte des causes. Alors les Zouaves chantèrent ensemble une autre hymne accompagnée du chœur de l'orgve. L'effet n'en peut être décrit, et nous sommes sûr qu'aucun catholique, témoin de cette scène, ne pourra l'oublier. La musique a été digne de cette grande occasion.

En laissant l'église, les Zouaves se rendirent au quai du *St. Laurent*, à l'extrémité de Marton Street, sur le North River. Une foule immense s'y était déjà assemblée pour être témoin du départ et leur dire le *God Speed*. Au moment du départ, M. C. A. Leblanc adressa la parole en français aux Zouaves, et fut suivi par Mgr. Pinsonnault, qui s'était rendu d'Albany pour voir partir les braves enfants de son pays natal. Lorsque l'évêque eût fini de parler, tous les Zouaves s'agenouillèrent pour recevoir une dernière bénédiction. Ils présentèrent ensuite une adresse à M. Leblanc pour le remercier, avec tous les membres du Comité, de tous leurs bons offices, et le charger de rapporter à leur «cher et beau Canada» l'assurance qu'ils n'oublieront jamais ni la patrie ni les amis. Des hourrahs sont criés en l'honneur du Rév. Père Quinn de St. Pierre, pour le Comité, pour M. Leblanc, et le noble steamer prit enfin le courant au milieu d'un concert de *Good bye, God speed you* et de «bon voyage» répétés par la foule émue. Les Zouaves se tinrent sur le pont jusqu'à ce qu'enfin on les perdit de vue. Nous sommes sûrs que tous les lecteurs du *Tablet* enverront une prière au Seigneur et à Marie, l'Etoile de la Mer, pour qu'ils arrivent au but de leur voyage sains et saufs. Oui, puissent-ils arriver gais et heureux à la Cité Eternelle où les conduisent leur foi et leur dévouement, abandonnant la patrie et leurs familles qu'ils ne reverront peut-être jamais.

Les Zouaves, au nombre de 137, étaient accompagnés par MM. C. A. Leblanc et J. Royal (le rédacteur-en-chef du *Nouveau Monde*), envoyés par le Comité pour veiller à l'embarquement. M. Leblanc, qui est un des membres les plus distingués du barreau de Montréal, a un fils et un neveu parmi les Zouaves. Les Révérends MM. Moreau et Lussier accompagnaient aussi le corps, le premier comme aumônier et le second assistant-aumônier. M. Taillefer a le commandement.

Les Zouaves sont tous du Bas-Canada et Canadiens-Français. Les quatre diocèses de Montréal, Québec, Trois-Rivières et St. Hyacinthe partagent l'honneur d'avoir envoyé ces nobles volontaires ; des quatre, celui de Montréal peut se vanter d'en avoir donné le plus grand nombre..

....

Ils ne vont pas à Rome attirés par l'appât du gain, mais pour offrir généreusement leurs services au Chef de l'Eglise dans la tribulation et le besoin ; pour grossir les rangs de cette petite, mais vaillante armée, qui s'est recrutée dans toutes les parties de la catholicité pour venir former un rempart vivant autour du Vénérable Pontife. Qui osera dire que les temps de foi sont passés ? Ils dureront tant que l'Eglise elle-même subsistera.

Cet esprit qui anima les soldats de la croix durant les croisades du moyen-âge ; cet esprit qui conduisit les chevaliers de St. Jean à des exploits qui vivront à jamais dans les fastes de la chevalerie chrétienne ; cet esprit est le même qui supporta les zouaves d'Albano dans le sacrifice de leurs personnes ; qui soutint le bras des soldats du Pape à Mentana, et a soufflé cet esprit, cette généreuse émulation parmi la jeunesse catholique du Canada, de la France, de la Belgique, de l'Espagne et de l'Irlande.

Fidèles à leur haute mission comme soldats spirituels de la croix, les Pères Jésuites se sont hâtés d'aller au-devant des Zouaves pour leur souhaiter la bienvenue et leur offrir une généreuse hospitalité. Les Zouaves ne pouvaient refuser et ils acceptèrent avec reconnaissance. C'est au Collége de St. François-Xavier que ces braves jeunes gens passèrent cette seule nuit dans New-York. Ce ne sera pas l'un des souvenirs les moins glorieux dans les annales du Collége.

A la même date, le *New-York Freeman's Journal* publiait l'article suivant :

New-York vient d'être favorisé d'un événement qui a produit une profonde sensation et a réveillé au fond plus de sentiments qu'il n'en apparaît à la surface. Nous avons parlé, il y a quelques mois, de la formation, au Canada, d'un bataillon pour la défense du St. Père. Eh ! bien, le premier détachement est déjà sur l'Océan. A cette saison de l'année, le port de New-York est le point de départ le plus favorable. Environ 140 Canadiens, la plupart d'origine française, laissaient ce port samedi dernier, à bord du steamer français le *St. Laurent*.

Mardi de la semaine dernière, 20,000 personnes assistaient à la consécration de ces nouveaux *croisés* dans l'église de Notre-Dame de Montréal. La plupart d'entre eux avaient suivi les exercices d'une retraite dans

l'église des Jésuites de cet endroit. D'autres étaient venus plus tard.
Tous étaient animés du même noble esprit. L'église de Notre-Dame,
à raison de sa vaste enceinte, avait été choisie pour la bénédiction du
drapeau. L'immense édifice était littéralement rempli et même un
grand nombre de personnes ne purent y pénétrer............

A la demande de l'Evêque de Montréal, ces soldats du Pape répondirent qu'ils étaient résolus de mener une vie édifiante comme soldats,
et de donner leur vie, s'il était nécessaire, pour la défense du St. Siége
et pour l'indépendance de la religion catholique.........Ils laissaient
Montréal au son de toutes les cloches de la ville.

Ils portaient avec eux une belle bannière ayant d'un côté les armes
du Pape, de l'autre cette devise: *Aime Dieu et va ton chemin.*

Ces braves jeunes gens atteignirent New-York jeudi soir. Ç'aurait
été un réjouissant spectacle pour les militaires que de les voir. Ils
étaient 140 vigoureux jeunes gens non mariés, pleins de vie et de
gaieté. Ils n'étaient pas encore enrôlés soldats. Ils n'étaient point
mercenaires. Une grande partie d'entre eux, appartenant à de riches
familles, payant leur propre voyage, n'étaient sujets, pour le moment,
à aucune discipline militaire, si ce n'est qu'en autant qu'ils le voulaient.

Vont-ils profiter de leur séjour à New-York pour aller voir le *Black
Crook*, ou le *White Fawn*, ou autres semblables outrages à la morale
publique qui s'étalent tous les soirs à la honte de l'humanité?

Non, mille fois non! ces infamies, auxquelles aucun catholique ne
peut assister sans un grave scandale, et il est déplorable que quelques
catholiques insensés y aient assisté sans savoir qu'il est impossible
d'échapper à une grave censure pour l'avoir fait, n'ont exercé aucune
attraction sur cette chevaleresque jeunesse du Canada.

Les bons Pères Jésuites du Collége St. François-Xavier leur offrirent
l'hospitalité. Jeudi soir, ces 140 *soldats de la Croix* étaient bivoua-
qués et soupaient dans la grande salle de ce Collége. Ils y déjeûnèrent
le lendemain matin, et, après quelques manœuvres parfaitement exé-
cutées, ils se dirigèrent vers le vaisseau français qui devaient leur
faire traverser l'océan. Ils passèrent tous la nuit sur le navire. Le
lendemain matin, ils allèrent en corps à l'église St. Pierre, rue Barclay,
pour y entendre la messe. L'évêque s'y était rendu pour les féliciter.
Il exprima sa joie de rencontrer un corps d'hommes aussi entièrement
dévoués. L'évêque n'a pas dit que nos Etats montraient la même
vivacité de foi qui, dans la nécessité présente du St. Père, n'ont ni été
comme le brave Carroll Tavis, à leurs propres frais, défendre la liberté
de la Religion, ni secourir, selon leurs moyens, ceux qui défendent le
St. Père et l'Eglise catholique. Après la messe, M. Quinn, curé de
l'église St. Pierre, leur adressa des paroles d'admiration et d'affection
sincère.

Et ainsi, ces vaillants jeunes gens s'embarquèrent et firent voile,
samedi dernier, sur le vaisseau français le *St. Laurent.* Ils avaient
choisi pour leur capitaine, comme font les gentilshommes, à cause de
son éminente capacité, M. Taillefer. C'est la manière française de
l'épeler, comme Talivor est l'ancienne manière de prononcer Taglio
ferro. M. Taillefer est un homme qui, n'importe où, et avec n'importe
quel habit, serait reconnu comme un véritable et habile soldat; sa
figure étant presque la seule qui portât des rides dans tout le détachement. Il en imposait. La plupart des gens qui composent ce corps
sont Canadiens-Français, mais il y a comme de raison plusieurs Irlan-

dais parmi eux. L'un d'eux est le frère du Canadien Murray, qui s'est déjà distingué parmi les Zouaves pontificaux, à Mentana. Un autre est un O'Meara, et un autre, un converti encore, est le jeune, le beau et le grand porte-drapeau, du nom de Hughes.

Ces soldats canadiens du Pape sont venus, sont partis, et ont laissé derrière eux des souvenirs extrêment agréables.

Il y a quelque chose de vraiment chevaleresque dans toute l'affaire, telle que conduite par nos frères du Canada. Il y a en même temps quelque chose de très-humiliant pour les associations catholiques de New-York. Les *soldats de la Croix* ont passé à travers cette ville comme à travers une place où la religion catholique est en danger d'être insultée du moment qu'elle se manifeste en public. Il n'est pas ainsi. New-York est une ville catholique. Nous suggérons à quelques sociétés catholiques de cette ville et à plusieurs d'elles de s'adresser à nous à ce sujet. Dans quelques semaines, il y aura un autre détachement de Zouaves Canadiens qui passera par ici, comme étant le port le plus favorable pour aller défendre notre religion. Iront-ils à travers New-York, comme a fait le premier détachement, comme si la ville était habitée par des Turcs et non par des chrétiens? Nous faisons la question aux hommes de *société*. Nous ne sommes pas des leurs. Nous n'allons pas aux théâtres, ni aux opéras, ni aux dîners. Nous n'en avons pas le temps. Mais il y a assez de sociétés catholiques à New-York qui désireront exprimer leurs fraternelles félicitations au prochain détachement de volontaires du Canada pour la défense du St. Père et de la liberté de notre sainte foi sur la terre.

Nous faisons ces suggestions aux sociétés de New-York afin que les âmes brûlantes des jeunes messieurs du Canada ne passent pas de nouveau à travers New-York en allant combattre pour Notre Saint-Père le Pape, avec l'idée qu'ils passent à travers une ville païenne où la religion est simplement tolérée.

Dans un article subséquent, où le sarcasme innocent perce à chaque ligne, le même journal semble prendre à tâche de piquer l'émulation des catholiques de la cité impériale :

Pendant le bivouac des Zouaves Canadiens au Collége Saint François-Xavier, un ancien élève de cette institution avait trouvé moyen, comme familier de la maison, de se mettre en relation avec cette chevaleresque jeunesse. Aussitôt il luï saute à la tête qu'il a, luï aussi, aussi bien que n'importe qui d'entre eux, le droit de partir et d'aller croiser l'épée pour la défense du Souverain Pontife. Il en parle au bon Père Thiry, attaché à l'église du Collége et son directeur spirituel.

— Certainement, répond celui-ci, qui prend d'abord la chose pour une plaisanterie, c'est impossible ; mais n'importe, allez toujours.

Cependant la proposition était autre que ne l'avait pensé le Père Thiry ; le jeune homme était sérieux, déterminé. En vain, le bon Père lui exagéra tous les obstacles et toutes les difficultés, il répond à tout.

— Il vous faut payer votre voyage.

— C'est bien ainsi que je l'entends.

— Il vous faut tant d'or, ou une traite sur les banques étrangères.

C'était le samedi matin, et toutes banques étaient fermées en l'hon-

neur de notre rebelle de l'Amérique, George Washington. Malgré
tout, notre jeune homme trouve le moyen de se pourvoir, et même au-
delà du nécessaire. C'est à ses propres frais, et *indépendant* sous le
rapport de l'entretien, qu'il va se présenter à Rome comme défenseur
du Saint-Père. Nous avons eu le plaisir de lui serrer la main et
d'échanger avec lui notre carte. Nous avons aussi eu le bonheur de
voir la mère qui a produit ce noble caractère. Elle était toute souriante
en présence de ce fils que sa foi de catholique la porte à offrir au
Seigneur. Et cependant, nous comprenons toute l'étendue du sacrifice de cette bonne et vénérée mère. C'est dans le ciel qu'elle recevra
sa récompense.

Le nom de ce jeune homme qui sacrifie tous ses autres jeunes rêves
de gloire dans le but d'aller défendre le Saint-Père, est Charles Jerche.
Né sur les bords du Rhin, c'est à New-York qu'il a été élevé. Nous le
réclamons comme le premier zouave pontifical de New-York. Nous,
citoyens de New-York, au nombre de six cent mille catholiques, avec
notre archevêque et nos vieilles paroisses, et tout, nous nous sentons
fiers, très-fiers. Nous avons envoyé au Pape *un* soldat de la ville de
New-York! Nous l'envoyons, bien entendu, même dans l'hypothèse
où, comme c'est le cas ici, il va à ses propres frais, se sacrifier pour le
Pape et pour la liberté de l'Eglise catholique. La gloire de ce dévouement rejaillit sur nous.

Pour être juste, il faut rappeler ici un mot du discours
de Monseigneur McClosky cité plus haut, et dans lequel,
parlant de l'exemple magnifique donné aux catholiques
des Etats-Unis par les Zouaves Canadiens, Sa Grâce disait
entr'autres choses :

Cette grande ville et tout le pays renferment une foule de catholiques qui seraient prêts à se dévouer aussi. Si nous n'avons encore
rien fait, c'est que nous croyions que le Saint-Père ne demandait pas
tant des hommes que de l'argent pour soutenir ceux qu'il a déjà.
Cependant, qu'un mot parte de Rome, et on verra nos catholiques se
lever en masse.

XVIII.

APRÈS LE DÉPART.

Le dimanche qui suivit le départ des Zouaves, le 23
février, Monseigneur de Montréal fit lire dans toutes les
églises de son diocèse la circulaire suivante :

ANNONCE A FAIRE AU PRONE DE TOUTES LES ÉGLISES DU DIOCÈSE DE MONT-
TRÉAL OU SE FAIT L'OFFICE PUBLIC, LE PREMIER DIMANCHE APRÈS SA
RÉCEPTION, PAR ORDRE DE MONSEIGNEUR L'ÉVÊQUE.

Nos Très-Chers Frères,

Nous avons à vous parler, dans cette *Annonce*, du départ des *braves
enfants de la Religion et de la Patrie*, qui s'en vont à Rome, en pre-

nant le nom de *Zouaves Pontificaux*, avec la ferme résolution de verser, s'il le faut, leur sang, pour la défense de l'Eglise et de son Chef. Nous empruntons la forme de simple *Annonce au Prône*, afin de la faire plus en famille, en empruntant la voix amie et bien connue de vos pasteurs ordinaires.

Nous avons à vous témoigner d'abord, Nos très-chers frères, combien Nous avons été sensible à la piété filiale avec laquelle vous avez répondu, non pas à un ordre, non pas même à un désir de notre part, mais à un simple acte de complaisance, que Nous donnions au mouvement laïque dont Nous vous parlions, dans notre lettre du 8 décembre dernier.

Ce mouvement qui portait alors quelques-uns de nos jeunes gens à aller offrir leurs services à Notre Saint-Père le Pape, Nous paraît un de ces souffles mystérieux de l'*Esprit Principal* qui, en se faisant entendre au monde entier, éclaire les intelligences et embrase les cœurs. Nous le bénîmes donc, en lui souhaitant un plein succès.

Cent trente-cinq de nos dévoués jeunes gens ont été dociles à ce souffle divin ; et déjà ils cheminent avec courage vers la Ville Eternelle. Les pères et les mères de ces bons enfants ont cru que c'était Dieu qui les voulait à Rome, pour en faire les défenseurs du Trône Pontifical ; et ils se sont soumis humblement à cette adorable volonté. Le peuple canadien en masse a entendu le son doux et puissant de ce souffle, venu d'en haut ; et il s'est mis à contribution, pour faire les frais de cette étonnante expédition.

Des démonstrations aussi cordiales que splendides sont venues, de toutes parts, imprimer à ce mouvement prodigieux le cachet de l'accueil inouï que lui fait le public. Inutile de vous en parler ici, presque partout l'on ne parle que de cet événement, avec de tels transports, et en des termes si émouvants, que déjà il est gravé dans tous les esprits, pour passer à la postérité la plus reculée, comme un des plus mémorables événements de notre histoire et sans avoir à craindre l'oubli du temps. Qu'il nous suffise donc de vous faire remarquer, combien il était saisissant de voir avec quelle piété ces admirables jeunes gens recevaient ensemble, à la fin d'une retraite, le Pain des forts, qui est aussi le Pain des voyageurs ; avec quel enthousiasme ils promettaient de ne jamais déshonorer le drapeau que la Religion et la Patrie leur mettaient en mains ; avec quelle dévotion ils se consacraient, au moment du départ, au *Très-Saint et Immaculé Cœur de Marie*, et s'armaient, chacun, d'un chapelet indulgencié par le Pape, et orné d'une médaille, représentant d'un côté cet immortel Pontife et de l'autre les martyrs de Gorcum, canonisés le 29 juin dernier, jour à jamais solennel où l'Eglise célébrait le 18e anniversaire séculaire du martyr des apôtres St. Pierre et St. Paul. Puisse le chapelet, qui faisait remporter aux chrétiens alliés, à Lepante, une éclatante victoire, les rendres forts et puissants, dans leurs travaux et leurs combats !

Aujourd'hui qu'ils sont en route et déjà en pleine mer, Nous sommes heureux de vous apprendre que les autorités romaines ont eu pour agréable le mouvement qui s'est opéré ici ; et que N. S. P. le Pape lui-même a exprimé là-dessus sa vive satisfaction. Nous devons ajouter que nos braves jeunes gens sont attendus à Rome et qu'on a hâte de les voir arriver. Ces bonnes nouvelles montrent que l'intérêt que nous leur portons, avec tant de raison, a déjà traversé les mers, et leur prépare à Rome même une réception honorable et singulièrement encourageante.

Pour achever de consoler les parents et les amis, ainsi que tous les concitoyens de nos Zouaves Canadiens, Nous pouvons leur dire, en toute confiance, que des mesures ont été prises pour que rien, autant que possible, ne manque aux soins qui leur seraient nécessaires, en maladie comme en santé ; et que ceux qui sont chargés d'y voir, feront tout en leur pouvoir pour que ce voyage, entrepris principalement pour la défense de l'Eglise, soit en même temps profitable et à ces chers enfants et au pays tout entier. Car tout le monde sait que c'est toujours sur la jeunesse bien disciplinée et animée de bons sentiments qu'il faut compter pour l'avenir d'un pays.

Mais pour atteindre ces heureux résultats, nous ne manquerons pas d'offrir à Dieu, chaque jour, nos prières, nos vœux et nos sacrifices, pour qu'il daigne bénir le dévouement qui a déterminé cette noble entreprise. Vos pasteurs vous en donneront l'exemple, n'en doutez pas, N. T. C. F., parcequ'ils sont eux-mêmes trop affectionnés à ces chers enfants de la religion et de la partie, et qu'ils ont d'ailleurs été trop émus de leur généreux dévouement, pour ne pas leur donner toutes religieuses sympathies.

Quand à vous, bons pères et bonnes mères, amis sincères et généreux concitoyens, vous ferez cause commune avec votre clergé et vos ferventes communautés, pour suivre ces jeunes parents et compatriotes chéris, dans leurs courses lointaines, leurs durs travaux et leurs pénibles fatigues, et pour leur prodiguer les secours réunis de la prière, du jeûne, de l'aumône et du sacrifice.

La pensée surtout que ces jeunes gens, à l'âge où d'ordinaire on ne songe qu'aux plaisirs, portent continuellement le poids de la chaleur et du jour, pour l'amour de notre sainte Mère l'Eglise, fera sur vous tous, Nous n'en doutons pas, de fortes et salutaires impressions. Car, avec la bonté de cœur qui vous caractérise, vous vous sentirez pressés de ne pas vous laisser aller au jeu, au luxe, à la danse, à ces principes impies, que colportent les mauvais journaux, aux divertissements, aux excès de boisson, à de dangereuses fréquentations, pendant que vos parents et amis travaillent, souffrent et combattent pour notre sainte religion. Le désir de leur être plus utiles vous imposera le devoir bien légitime d'assister plus régulièrement à la messe, de fréquenter plus souvent les sacrements, de paraître plus régulièrement à la sainte table, de réciter plus dévotement le chapelet.

Avec une telle pensée profondément gravée dans votre cœur, vous ne souffrirez pas que l'on blasphème en votre présence la religion et ses ministres, pour lesquels ces braves et dévoués Canadiens sont prêts à verser jusqu'à la dernière goutte de leur sang.

Telles sont, nos très-chers frères, les pratiques que vous pouvez embrasser pour aider les Zouaves qui sont maintenant en route, ainsi que ceux qui les suivront, à bien remplir leur noble mission. Par ces diverses pratiques, vous les aurez toujours présents à l'esprit ; et le désir que vous aurez de leur être utiles vous incitera jour et nuit à être vous-mêmes de bons chrétiens.

C'est ce que nous demandons ensemble, chaque jour, en faisant à la fin de la messe, les prières qui se disent aux intentions de Notre Saint-Père le Pape, et pour tous ses généreux défenseurs, au nombre desquels nous verrons désormais nos bons parents et nos chers concitoyens. Ce sera pour vous tous un motif de plus d'assister chaque jour, s'il est possible, à la messe, et pour ne pas sortir de l'Eglise, avant que ces prières soient terminées, vous souvenant d'ailleurs qu'en les disant avec le prêtre, qui vient de célébrer la sainte messe, vous gagnez, chaque fois, une indulgence de 300 jours, et une indulgence plénière, tous les mois, si vous les avez récitées tous les jours, pourvu que ce jour-là vous receviez la sainte communion et fassiez les autres œuvres prescrites.

Puissent, nos très-chers frères, ces paroles que Nous vous adressons, du fond de notre cœur, adoucir l'amertume du sacrifice que le Seigneur a exigé de vous ! Puisse la bénédiction que nous vous donnons, de tout notre cœur, produire les fruits les plus abondants, en attendant celle que recevront, pour eux et pour nous, nos chers enfants, quand ils se prosterneront aux pieds sacrés de notre Père commun.

XIX.

LES FÊTES DE FAMILLE.

Nous avons jusqu'ici raconté l'origine, les développements et la réalisation de l'œuvre des Zouaves Pontificaux en Canada. Pour suivre rigoureusement notre sujet principal, nous avons dû omettre bien des détails intéressants, laisser de côté plusieurs scènes touchantes, dont quelques uns de nos Zouaves ont été les héros, soit en prenant congé de leurs paroisses, ou en se séparant d'anciens amis, amis d'enfance, amis de collége, souvent. Le cadre que nous nous sommes tracé nous a forcé de rejeter à cet endroit de notre travail, tous ces gracieux et édifiants tableaux, dans lesquels nos Zouaves ont commencé à cueillir les lauriers dont, nous l'espérons, ils reviendront chargés. Le temps est maintenant arrivé de répondre à l'attente de plus d'un de nos lecteurs, et de satisfaire bien des légitimes curiosités.

Il est juste de commencer ce récit par Québec qui a fourni, outre un don généreux, un contingent de trente-trois hommes pour le premier détachement des Zouaves Pontificaux.

Voici comment un correspondant raconte la touchante cérémonie qui a eu lieu dans l'antique église de Notre-Dame des Victoires, à l'occasion du départ de ces fils des croisés :

Une foule immense se pressait lundi, le 17 février au soir, sur les dalles de la vieille chapelle, pour être témoin de la consécration et de l'engagement des croisés de Québec et des paroisses environnantes. Il est impossible de peindre l'émotion de cette foule agenouillée et recueillie, priant dans le sanctuaire vénéré de la Reine des Anges, pour ces braves Zouaves auxquels plusieurs sont unis par des liens très-puissants. Bien des pleurs ont coulé silencieux, lorsque l'orgue a fait retentir sous les voûtes resplendissantes de lumières, ses notes graves et harmonieuses et que le puissant chœur des élèves de l'Ecole Normale a entonné le beau cantique : « *Pourquoi ces vains complots.* » Les Zouaves étaient réunis aux pieds de la statue de Notre-Dame des Victoires, qu'ils choisissaient pour leur patronne et leur protectrice, par la bouche de M. Charles Bertrand, qui, au nom de ses compagnons, lut l'acte de leur consécration. Sur leurs figures énergiques, éclairées par l'auréole lumineuse qui entoure la statue de leur protectrice, brillaient une noble audace et une indomptable résolution ; et j'en suis certain, au jour de la bataille, les fils de la vieille cité de Champlain, porteront dignement le glorieux nom de leurs ancêtres, et seront toujours au plus fort de la mêlée.

Monseigneur l'Archevêque de Québec, avant de venir les bénir, leur adressa une touchante allocution à peu près dans les termes suivants :

Messieurs et bien chers enfants, les missionnaires avant de partir pour aller répandre les lumières de la foi au milieu des peuplades sauvages de l'Amérique, venaient ici s'agenouiller aux pieds de la statue de Notre-Dame des Victoires et lui demander de terrasser l'esprit du mal qui régnait sur ces malheureuses nations. Aujourd'hui, avant d'aller combattre les ennemis du Saint-Siége, vous venez, vous aussi, vous consacrer à cette vierge que l'Eglise appelle « terrible comme une armée rangée en bataille, » et qui vous donnera la victoire. C'est avec la plus grande joie que j'ai entendu faire votre acte de consécration à notre Bonne Mère, et je me joins à vous pour la prier de vous accorder sa protection. Que vos parents et vos amis se consolent, la Sainte-Vierge qui a entendu votre fervente prière vous protègera, et ceux qu'elle protège ne périssent pas.

J'ai reçu votre engagement au nom du Saint-Père, dont vous êtes devenus les soldats et pour la cause duquel vous allez combattre. Elle est belle ; c'est celle du droit contre la force, de l'ordre contre l'anarchie et la révolution, de Dieu et de son représentant contre ses ennemis. Vous êtes les soldats de l'Eglise et de Jésus-Christ ; quel noble titre ! et vous allez combattre les combats de Dieu. N'oubliez pas que *noblesse oblige,* que vous devez porter bien haut l'honneur religieux et l'honneur du soldat. Je dis bien haut, parce que le courage vient de Dieu et que c'est une cause sainte et noble. L'honneur du soldat est aussi dans une conduite irréprochable et dans le fidèle accomplissement de tous ses devoirs religieux. Vous êtes les fils du Canada catholique, et la cause de Dieu pour laquelle vous allez combattre est la sienne. Vous allez représenter la patrie auprès du Saint-Siége, et je n'ai pas besoin de vous dire de faire votre devoir. Dans ce beau régiment des Zouaves où vous allez entrer, dans ce régiment composé des nobles rejetons des plus anciennes familles de l'Europe, au milieu de ces jeunes gens dont l'éducation comme la vôtre a été soignée, dont les sentiments si religieux les ont engagés à voler pour la défense du Vicaire de Jésus-Christ, il y en aura peut-être qui ne se conduiront pas toujours en dignes soldats du Saint-Siége ; éloignez-vous d'eux, mes enfants, et comportez-vous toujours et partout en dignes fils du Canada catholique.

Partez, soldats de Jésus-Christ, partez, enfants de la patrie ; allez combattre les combats du Seigneur ; allez nous représenter auprès du Saint-Siège ; allez dans la protection de Marie, vous qui êtes ses enfants, et que le Dieu de bonté et de miséricorde envoie ses saints anges ; qu'ils vous accompagnent dans toutes vos voies, qu'ils vous protègent dans tous vos combats ; c'est la grâce que je vais appeler sur vous dans la bénédiction solennelle que je vous donne.

Au milieu de l'émotion générale qui régnait dans toute l'assemblée, notre vénérable Archevêque appela la protection de Dieu sur les Zouaves que Québec a envoyés pour défendre le Saint-Siége.

A leur sortie de l'Eglise, les volontaires furent salués de hourras enthousiastes et une suite immense alla les reconduire jusqu'à la gare de la Pointe-Lévis.

Plusieurs milliers de personnes étaient déjà rendues aux chars ; tous voulaient dire un dernier adieu, et serrer une dernière fois la main aux amis qui partaient, et leur souhaiter un heureux retour.

En traversant le pont, les Zouaves chantaient des hymnes patriotiques comme adieu à la ville de Québec ; tous étaient joyeux et contents, et ils partirent avec la détermination bien arrêtée de faire mordre la poussière à tout garibaldien qui osera passer la frontière pontificale.

A huit heures, un formidable hourra salua le départ et la vapeur les emporta vers leurs compagnons de Montréal.

La ville des Trois-Rivières, qui a fourni trois Zouaves au premier détachement, n'a pas voulu, non plus, laisser partir ces représentants de sa foi, sans leur faire une démonstration digne de leur dévouement.

Les trois Zouaves se rendirent d'abord au Collége des Trois-Rivières. Comme on le sait, deux d'entr'eux, MM. Brunel et Epiphane Dussault, étaient des élèves de cette institution. Leurs confrères ne voulurent pas les laisser partir sans leur exprimer les sentiments qui agitaient leurs cœurs, à l'occasion de leur départ. M. Ep. Nobert leur présenta une touchante et noble adresse, au nom de toute la communauté.   M. Epiphane Dussault y répondit d'une voix empreinte d'émotion.   Quand il fit ses adieux plusieurs élèves versèrent des larmes.   La figure des Zouaves, cependant, était ferme et énergique, et bien qu'il fut facile d'y lire que leurs cœurs n'étaient pas indifférents à la douleur d'une semblable séparation, néanmoins le sentiment qui semblait prédominer chez ces trois jeunes gens en ce moment, était celui d'un noble et grand sacrifice volontaire et généreusement accompli.

La salle avait été bien décorée.   Outre les prêtres de cette ville, on remarquait encore les Révds. MM. Prince, Noiseux et Dauth. Une cantate composée pour la circonstance fut bien exécutée par les élèves.

Du collége on se rendit à l'église paroissiale.   Les trois Zouaves vinrent se jeter au pied des autels pour y recevoir la bénédiction de Sa Grandeur Monseigneur d'Anthédon.   L'église était encombrée.   Sa Grandeur Monseigneur Laflèche était assisté de M. le Grand-Vicaire O. Caron et du Révd. M. J. E. Panneton.   Le Révd. M. Baillargeon, curé de la paroisse, adressant la parole à Sa Grandeur, dit :

Monseigneur,

Ce sont trois jeunes gens qui partent pour une mission lointaine, pour aller soutenir la cause du chef de la chrétienté. Avant de partir, ils viennent se jeter aux pieds des autels pour protester de leur dévoûment à la cause qu'ils vont défendre.   Monseigneur, ils se présentent dans des circonstances telles que vous ne refuserez pas de leur adresser quelques paroles d'encouragement et de leur donner une bénédiction spéciale qui attire sur eux, sur leurs familles et sur tout le pays les grâces célestes les plus abondantes.

Après l'exécution d'un morceau de chant par les élèves du collége, Sa Grandeur Monseigneur d'Anthédon prononça une éloquente allocution que nous résumons en quelques mots.

Après avoir démontré la puissance du sentiment religieux par les démonstrations qu'on faisait dans toutes les parties de l'univers pour la cause de l'Eglise, par les sacrifices que s'imposaient volontairement et généreusement les populations catholiques, Sa Grandeur dit aux Zouaves qu'ils devaient se considérer heureux d'avoir été choisis pour combattre les combats du Seigneur.   Il prouva en racontant la manière dont Dieu avait formé l'armée de Gédéon, que le Seigneur choisit spécialement ses soldats.

Puis, après avoir exhorté les Zouaves à se montrer toujours courageux, et adressé quelques paroles de consolation à leurs parents, Sa Grandeur termina en disant qu'Elle allait prier pour eux à l'autel et les bénir.

Sa Grandeur se rendit ensuite à l'autel et bénit solennellement les Zouaves.

Après la cérémonie, on défila en procession par les différentes rues de la ville. Il y avait près de cent voitures. Dans la première, qui ouvrait la marche, se trouvait un étendard sur lequel étaient incrits les mots suivants : « En avant, nos Zouaves, à Rome. » Dans la deuxième, le Révd. M. Baillargeon, curé de la paroisse tenait un autre drapeau sur lequel on lisait : « Vive Pie IX. » Puis venait la voiture des Zouaves. La procession présentait le plus magnifique coup-d'œil. Les musiciens de la ville réunis à ceux du collége faisaient retentir l'air des sons d'une musique vive et joyeuse, et de toutes les poitrines s'échppaient de distance en distance des vivats enthousiastes et chaleureux. La procession s'arrêta devant l'Evêché et les trois Zouaves allèrent saluer Sa Grandeur Monseigneur Thomas Cooke qui les bénit et leur donna à chacun une médaille.

On se rendit ensuite à la gare du chemin de fer où se trouvait réunie une foule considérable. Une seconde adresse fut présentée aux Zouaves par M. X. Gauthier, étudiant en droit, au nom de leurs anciens confrères du collége. M. Ep. Dusseault y répondit en proposant trois chaleureuses acclamations pour Pie IX.

Malheureusement les Zouaves ne purent s'embarquer vendredi, le train d'Arthabaska n'ayant pu venir ce jour-là. Ils ne sont partis que samedi après-midi.

Telle a été la brillante démonstration que la ville des Trois-Rivières a faite aux Zouaves qu'elle envoie au secours du Saint Père. Les citoyens en garderont longtemps le souvenir. (1)

Les Zouaves de St. Hyacinthe voulurent avant leur départ assister une dernière fois au divin sacrifice dans leur paroisse. Les élèves du Collége chantèrent à l'orgue, la milice forma une garde d'honneur, tandis que les paroissiens se pressaient en foule sous les voûtes sacrées.

Après la messe, ils se rendirent à l'Evêché. Monseigneur l'évêque de St. Hyacinthe était malade, mais Monseigneur de Germanicopolis leur donna sa bénédiction en leur

(1) Journal des Trois-Rivières, 18 février 1868.

disant avec affection : « Allez, mes enfants, soyez bons chrétiens et bons soldats. »

A la gare du chemin de fer, les citoyens leurs présentèrent une adresse de félicitation :

Jeunes amis,—Permettez-nous, à l'accasion de votre départ pour l'Italie, de vous témoigner nos plus vives sympathiès pour votre dévouement à la belle cause que vous embrassez.

Quoique nous éprouvions un profond regret en vous voyant laisser nos rangs, nous sommes fiers de votre décision et nous sommes convaincus que si l'occasion se présente sur le champ de bataille, vous ajouterez de nouvelles gloires au nom canadien, vous ferez l'honneur de St. Hyacinthe que vous allez représenter en défendant, au prix de votre sang, s'il le faut, la plus belle cause, la cause que tout Canadien noble et généreux voudrait défendre, la cause de Notre Saint Père le Pape.

En nous séparant, veuillez croire en notre affection la plus sincère, et espérons qu'un jour nous viendrons vous recevoir ici couverts des lauriers que vous aura mérité votre courage.

Au revoir, jeunes amis, soyez braves et courageux.

Bientôt après, le convoi partait au milieu des acclamations de la foule qui les suivit longtemps du regard, et se dispersa profondément émue en faisant des vœux pour leur heureux retour.

Le *Nouveau Monde* (1) a raconté dans les termes suivants les scènes touchantes qui se sont passées au Collége de Montréal, lorsque quatre Zouaves, élèves de cette antique maison, ont été faire leurs adieux à leurs anciens professeurs et condisciples. L'un d'eux est M. Adolphe Forget qui a rendu des services au Comité en tenant le bureau, dans la rue St. Vincent.

Lundi dernier avait lieu, au Collége de Montréal, une scène qui a produit sur tous ceux qui en ont été témoins la plus profonde impression. Un professeur et trois élèves de cette maison venaient y faire leurs adieux, avant de partir pour Rome : M. Adolphe Forget, ancien élève et professeur pendant neuf ans ; M. Adolphe Lamarche, élève de philosophie ; MM. Sévérin Lachapelle et Léonidas Brunet, élèves de rhétorique. Après avoir visité, en particulier, chacun des prêtres du Collége, ils prirent le souper avec la communauté. Ils furent reçus avec des applaudissements vifs et prolongés. A la vue de ces jeunes gens sous l'uniforme des Zouaves, un sentiment indéfinissable saisit tous les cœurs. L'estime, l'affection, une joie mêlée de tristesse, et même une vénération religieuse se

(1) 22 février 1868.

manifestaient sur toutes les figures. On sentait que le dévouement avait imprimé à leurs personnes un caractère de grandeur qui commande l'admiration.

Après le souper, la communauté, sous l'empire d'une vive émotion, se presse silencieuse autour des quatre Zouaves. M. Forget attirait surtout l'attention et les regards ; car il avait été pour tous un ami tendre et dévoué, pour plusieurs, un père et un mentor plein de charité et de sagesse, pour la maison, un professeur intelligent et habile. De plus, la force d'âme, l'esprit si éminemment chrétien qu'il avait montrés pendant tant d'années, en supportant la maladie qui le retenait aux portes du sanctuaire où le portaient tous ses désirs, avaient donné un nouvel éclat à toutes ses belles qualités et avaient achevé de lui gagner les sympathies les plus cordiales. Jamais il n'eût consenti à faire le sacrifice de son habit ecclésiastique, s'il eût dû l'échanger pour un autre que pour le costume du Zouave Pontifical, qu'il paraît maintenant si fier de porter avec ses trois compagnons.

Au milieu du plus profond silence, un élève s'avance vers eux et leur dit :

Chers amis, vous allez donc bientôt nous quitter ! Permettez-nous de vous dire les impressions que nous éprouvons en vous voyant vous éloigner de nous. Nous ne pouvons vous le cacher, chers amis, votre départ nous cause beaucoup de peine. Nous sentons que nous nous séparons d'amis bien chers, et ces séparations, vous le savez, font toujours du mal au cœur. Nous sommes donc vivement affectés. Mais, chers amis, nous faisons volontiers notre sacrifice, quand nous pensons à la belle cause pour laquelle vous allez vous sacrifier si généreusement. Oui, partez, nobles amis, puisque Dieu vous appelle, accomplissez votre grande mission, et nos cœurs vous accompagneront partout, nous penserons bien souvent à vous dans nos prières, vous serez toujours présents dans nos souvenirs. Nous aimerons à nous rappeler les chers condisciples avec lesquels il nous était si doux de vivre, un maître bien-aimé qui a été le professeur d'un grand nombre d'entre nous, l'ami de tous et comme un frère pour plusieurs. Mais, chers amis, nous ne pouvons pas vous dire tout ce que nos cœurs ressentent en ce moment. Vous sentez vous-même tout ce que nous pouvons éprouver en vous voyant partir.

Permettez-nous de vous offrir quelques objets qui vous rappelleront le souvenir de vos amis, quand vous nous aurez quittés. C'est une petite croix pour chacun de vous. C'est pour la croix que vous allez combattre, c'est pour elle que vous voulez vivre et mourir, vous Zouaves du Vicaire de Jésus-Christ crucifié. Elle sera le signe et le lien de notre union. Ce sont vos professeurs et vos condisciples de classes qui vous présentent ce *memento*. Et vous, M. Forget, c'est la communauté entière qui n'a pas voulu vous laisser partir sans vous donner au moins ce faible témoignage de son affection.

Souvent ces paroles furent entrecoupées par l'émotion

trop forte pour être complètement maîtrisée. Déjà de grosses larmes montaient des cœurs et remplissaient les yeux d'un grand nombre.

On distribua aux Zouaves les croix qu'ils baisèrent amoureusement en les recevant, et depuis ce moment elles brillent sur leurs poitrines. On leur présenta aussi une somme d'argent. Puis M. Forget qui, quelques instants auparavant, avait dit à ses compagnons : « Mes amis, soyons Zouaves jusqu'au bout, » ne peut déjà plus dominer son émotion, et au milieu des larmes qui s'échappent de ses yeux, il épanche en ces termes son cœur si vivement impressionné :

Ah ! mes bien chers amis, je comprends aujourd'hui plus que jamais qu'il y a des choses qui se sentent et ne peuvent se dire. Je comprends qu'il y a des émotions que la langue ne peut exprimer. Non, il ne m'est pas possible de dire tout ce que ressent mon âme en ce moment.

Il me faut donc contenter de vous remercier tout simplement, mais certes bien cordialement, du bon témoignage de sympathie affectueuse que vous voulez bien nous donner avant notre départ.

Ah ! mes chers amis, j'ai toujours cru au bon cœur des élèves du Collège de Montréal. Oui, et j'en ai eu bien des preuves, et la délicatesse avec laquelle vous en agissez, ce soir, envers nous, les beaux et nobles sentiment, que vous venez de nous exprimer par un si digne interprète, tout cela ne peut être pour moi qu'une *confirmation* d'une chose déjà prouvée depuis longtemps, je veux dire de la bonne éducation et de la politesse qui vous distinguent. Je vous remercie donc, encore une fois, de tous vos bons sentiments à notre égard. Je vous remercie du don que vous nous faites. C'est le fruit et tout à la fois le gage de votre générosité. Je sais avec quel cœur et quelle libéralité vous donnez toujours.

Vous me dites que vous avez déjà pensé bien des fois aux Zouaves dans vos prières, et que vous ne les oublierez jamais. Je vous en suis bien reconnaissant. Le Zouave Pontifical, ah ! il a bien besoin du secours du ciel. Il ne s'agit pas seulement pour lui d'être un brave et courageux soldat, un soldat prêt à donner volontiers son sang, à vendre chèrement sa vie sur le champ de bataille, mais encore et surtout à être un excellent chrétien ; et certes, il est plus difficile de bien vivre pour Jésus-Christ que de mourir pour lui.

Vous trouvez du dévouement dans notre démarche et vous semblez l'admirer. Pour moi, mes chers amis, j'estime que s'il y a quelque mérite dans notre départ, c'est le mérite d'accomplir un devoir et rien que cela. Pie IX, notre Père commun, appelle à son secours un certain nombre de ses enfants. C'est la voix de Dieu qui se fait entendre. Notre saint Evêque fait appel à son tour aux enfants de son diocèse ; c'est encore la voix de Dieu. Dieu lui-même parle au fond de l'âme de quelques-uns et leur dit : « Partez. » Et ceux-là, il faut qu'ils partent. C'est un devoir pour eux d'aller à Rome, rendre témoignage à la justice, au droit, à la vérité. C'est un devoir pour eux d'aller combattre pour toutes ces grandes choses, et, s'il le faut, de mourir pour elles.

Le devoir, je le sais, demande le sacrifice. Le sacrifice est une conséquence inévitable du devoir. Ah ! que vous avez eu une bonne et belle pensée de nous faire présent, à chacun, d'une croix. C'est là l'emblême du sacrifice. Rien de bon, rien de grand, ne peut se faire sans le sacrifice, sans la croix. Oui, c'est bien là l'arme avec laquelle nous devons combattre dans la cause dont il s'agit. Si la victoire est due au sacrifice, c'est bien assurément dans la cause de Jésus-Christ. Lui, notre chef, n'a pas combattu autrement. Le Zouave Pontifical, qui a conçu un véritable amour pour son devoir, pour la noble et sainte cause qu'il va défendre, doit accepter de bon cœur toute espèce de sacrifices. Il doit tout sacrifier généreusement pour Jésus-Christ et le triomphe de son Eglise.

Oui, il doit tout sacrifier, non-seulement tout son sang, mais encore tout son cœur. La patrie, les lieux qui l'ont vu naître, les lieux si pleins de souvenirs de son enfance, de sa jeunesse, ses amis dont la présence lui est si chère, son vieux père, sa tendre mère qu'il ne reverra plus ici-bas, peut-être, il doit tout quitter, il doit tout sacrifier ! Ah ! le sacrifice du cœur ! Mes chers amis, laissons-là ces pensées. Je ferais paraître quelques faiblesses devant vous et ce serait indigne d'un Zouave Pontifical.

M. le Directeur, vous avez toujours été bien bon pour nous, pour moi en particulier, permettez-moi de vous renouveler ici, devant toute la communauté, ainsi qu'à tous les autres Messieurs de la maison, l'expression de ma vive reconnaissance pour l'intérêt que vous m'avez toujours porté. Veuillez recevoir mes adieux avec l'hommage de mon respect filial.

Pour vous, chers confrères, avec qui j'ai vécu si paisiblement, si joyeusement, agréez aussi mes adieux et mes amitiés les plus affectueuses.

Et vous, mes jeunes amis, je vous dis aussi adieu, car il faut vous quitter. Ah ! comptez toujours sur mes meilleures amitiés, vous surtout avec qui j'ai eu des rapports plus particuliers, dont j'ai été le professeur.

Mon cœur me fait ici un devoir de faire une mention spéciale.

Je veux parler de vous, chers amis, qui finissez votre cours d'étude cette année. J'ai été longtemps avec vous. Je n'ai jamais eu qu'à me féliciter de vos bons procédés, de votre délicatesse à mon égard. Je veux parler aussi de ceux dont le souvenir est peut-être encore plus vivant chez moi, parceque je viens de les quitter. J'ai été plus longtemps avec eux ; j'étais heureux d'être avec ces chers élèves, ils savaient si bien se faire aimer.

Et pour vous, jeunes amis, qui m'avez montré plus de confiance et d'amitié que les autres, ah ! croyez que je ne vous oublie pas. L'amitié est une chose trop sacrée pour moi ; soyez bien persuadés que j'y serai fidèle et toujours fidèle.

Quand M. Forget eut fini de parler, M. Lamarche, d'une voix émue et les yeux remplis de larmes, exprima les sentiments de reconnaissance et d'amour dont ils étaient animés, lui et ses deux compagnons, envers leurs maîtres et leurs chers condisciples, et il termina en disant :

Ce crucifix qui est devenu pour nous l'emblème de la religion, de l'amitié et du souvenir; ce crucifix auquel vous avez attaché tous vos cœurs, nous est un gage assuré de votre éternel souvenir.

Les élèves ne répondirent à ces épanchements que par des pleurs. Plusieurs même éclataient en sanglots. C'était le spectacle d'une famille réunie auprès de la tombe qui va se fermer sur un père tendrement aimé.

M. le Directeur adressa ensuite aux Zouaves ces quelques paroles :

Mes bien chers amis, nous vous remercions très-cordialement de votre bonne visite et des beaux sentiments que vous venez d'exprimer. Vous n'avez pas voulu partir pour votre noble mission sans venir nous faire vos derniers adieux. Cette délicate attention de votre part sera pour nous tous un souvenir toujours précieux. Dieu vous appelle à défendre le Saint-Père. Ah! vous ne pouvez faire un meilleur usage de vos jeunes années qu'en les consacrant à la défense de la plus noble et de la plus sainte des causes. Cet exemple si touchant de sacrifice et de dévouement que vous nous donnez aujourd'hui, jamais nous ne l'oublierons. Partez donc, généreux amis, partez avec les bénédictions les plus affectueuses de tous les prêtres de cette maison, avec les vœux et les prières de tous. Veuillez, s'il vous plaît, vous souvenir de nous lorsque vous serez aux pieds de Pie IX, dans vos pieux pélerinages aux tombeaux des Saints apôtres et martyrs. Bien chers amis, nous ne vous désirons pas la mort, nous serions si heureux de vous revoir, mais s'il arrivait à quelqu'un d'entre vous de succomber dans la lutte, oh! que le collége de Montréal bénirait le ciel de lui avoir donné un martyr.

M. Forget reprit aussitôt :

Nous vous sommes très-reconnaissants, M. le Directeur, pour les bonnes paroles que vous venez de nous adresser. Ah! oui, nous nous souviendrons toujours du Collége de Montréal. Pour moi, quelque part que je sois, que je sois au beau pays de France, sous le beau ciel d'Italie, au milieu des monuments et des souvenirs de Rome, sur le champ de bataille, je penserai à mes chers amis, je me souviendrai d'eux. Je verrai sans doute bien des jeunes gens, bien des élèves; mais il ne seront pas pour moi les élèves du Collége de Montréal. J'entendrai de bien belles voix, mais elles ne seront pas pour moi les voix accoutumées des élèves du Collége de Montréal. Allons, mes chers amis, adieu.

Puis s'adressant à M. le Directeur :

Ajoutez, s'il vous plaît, M. le Directeur, une nouvelle faveur à toutes celles que nous avons reçues de vous, daignez nous donner votre bénédiction ; elle nous obtiendra la protection de Dieu et nous portera bonheur.

Alors les quatre Zouaves allèrent s'agenouiller aux

pieds de M. le Directeur qui, tout attendri, appela sur eux les bénédictions du ciel avec effusion de cœur. La communauté était vivement touchée et édifiée.

Quand ils se furent relevés, au milieu d'un silence qui avait quelque chose de lugubre et de solennel, les prêtres du Collége, les maîtres et les élèves s'approchèrent tour à tour de ces généreux amis et les embrassèrent affectueusement. Là, la main dans la main, le cœur pressé sur le cœur, on échangea à l'oreille des souhaits, des paroles et des larmes. Cependant on remarquait sur la figure des Zouaves, à travers l'expression d'une profonde tristesse, une sérénité, un calme et même un épanouissement qui disaient à tous qu'ils avaient fait leur sacrifice de grand cœur.

L'heure du départ était arrivée. *Hilarem datorem diligit Deus*, dit alors M. Forget ; mes amis, s'il vous semble qu'en nous laissant partir vous faites quelque don, quelque sacrifice, faites le joyeusement ; *Hilarem datorem diligit Deus*. Et il ajouta : Nous partons, mais nous nous reverrons. Nous vous donnons tous rendez-vous au ciel ; le voulez-vous ? Tous levèrent la main en signe d'adhésion.

Les voix étaient trop fortement comprimées par le sentiment pour répondre par des acclamations.

En voyant l'attitude de la communauté reconduisant jusqu'à la porte ces chers Zouaves, on s'apercevait qu'elle était sous l'empire de deux sentiments qui se combattaient dans les cœurs : la douleur et la joie. La séparation était cruelle ; mais le motif était glorieux. Mais surtout depuis les dernières paroles de M. Forget, la joie qu'inspirait la vue de leur courage et de leur dévouement, commençait à prédominer dans tous les esprits. Enfin le sacrifice était fait de part et d'autre ; la séparation était consommée ; ils avaient franchi le seuil du Collége de Montréal peut être pour la dernière fois.

A la date du 18 février, le *Journal des Trois-Rivières* a raconté en ces termes les démonstrations faites par les paroisses de Nicolet et de Bécancourt à l'occasion du départ de leurs Zouaves :

Mercredi, le 12 de février, fut un jour bien solennel pour la paroisse de St. Grégoire. Un jeune monsieur du nom de Luc Rheault, étudiant au Collége de Nicolet, fils de M. Pierre Rheault, cultivateur notable du lieu, partait pour aller joindre, à Montréal, le bataillon de Zouaves qui doit prochainement s'embarquer pour Rome. Le village de St.

Grégoire était ravissant de beauté, tant il était magnifiquement orné et richement pavoisé. Des drapeaux de toutes sortes, placés au sommet des cloches et sur les plus hauts édifices, flottaient dans les airs. De splendides banderoles aux couleurs vives, traversant le chemin, étaient placées de distance en distance depuis la rue La Fabrique jusqu'à la rue Royale. Sur la première, près de l'Eglise, on lisait en gros caractères : « Vive Pie IX !» sur la seconde : « Vive notre Zouave Pontifical !» sur la troisième, au milieu de laquelle figurait une croix, on lisait : « A ce signe tu vaincras ; » plus loin ; « Honneur aux braves, » Enfin : « Nos souhaits vous accompagnent jusqu'à Rome. »

La réunion était très-nombreuse, et à cette pompeuse démonstration venait se joindre une foule immense de citoyens de Nicolet qui accompagnaient M. Oscar Rousseau, fils du Dr. Rousseau, partant aussi pour la capitale du monde catholique. Comme on attendait ces derniers, on avait eu le bon goût de placer sur le chemin, à l'entrée du village, cette invitante inscription : « Soyez les bien venus. » Or les Nicolettins se joignirent aux citoyens de St. Grégoire ; puis la foule s'étant rendu à l'Eglise où se tenaient pieusement agenouillés au pied des autels les deux Zouaves, un chœur bien organisé fit entendre le chant du *Veni creator.* Ensuite eut lieu le départ ; et l'on vit défiler une nombreuse suite de voitures se dirigeant vers la gare du chemin de fer. Celles qui portaient les Zouaves marchaient en tête et étaient attelées chacune, de deux magnifiques chevaux. Dans la première où se trouvait le Zouave Rheault accompagné du Révérend M. Harper, curé de St. Grégoire, on remarquait un joli drapeau aux couleurs pontificales.

Avant de partir de l'Eglise de St. Grégoire une adresse d'adieu fut présentée au jeune Rousseau par ses amis de Nicolet. Et en attendant l'arrivée des chars à la station, les jeunes gens de St. Grégoire, ayant à leur tête M. Amédée Brassard. fils du Lieutenant-Colonel Brassard, présentèrent au jeune Rheault, l'adresse suivante :

A Monsieur Luc Rheault, de la paroisse de St. Grégoire, Etudiant au Collége de Nicolet, partant pour Rome.

Il est donc vrai, cher ami, que toi aussi, tu pars pour la Ville Eternelle. Oui, nous l'avons appris avec peine, tu vas nous quitter. Cependant nous éprouvons aussi une joie mêlée d'un sentiment d'orgueil bien légitime, puisqu'à cette occasion il nous est donné d'admirer en toi qui fus notre compagnon d'enfance, un si beau zèle, un si noble dévouement, en un mot des sentiments dignes du cœur le plus généreux et le plus sincèrement chrétien.

Comme Monseigneur d'Anthédon nous le disait dernièrement, tout catholique est soldat de l'Eglise militante, et chacun, selon la mesure de ses forces, est appelé à prendre part à la guerre qu'elle soutient contre ses ennemis. Mais toi, plus heureux que nous, parce que tu es plus courageux, tu vas avoir la meilleure part,; plus fortuné que nous parce que tu es plus généreux ; privilégié entre nous tous, parce que, sans doute, ta foi est plus vive, tu vas être admis dans la glorieuse phalange chrétienne catholique, tu vas te joindre à cette poignée de soldats d'élite choisis par la Providence pour soutenir et défendre la cause de notre Religion. En allant offrir tes bras, ton sang et ta vie au Père Commun des fidèles pour la défense de ses droits, tu auras l'honneur de marcher dans ce sillon profond et ensanglanté, tracé par les combats de la chrétienté, tel que Monseigneur Laflèche nous l'a montré en termes si pleins de feu. Nouveau croisé, tu vas marcher sur les traces de tes illustres devanciers, ces guerriers intrépides, à l'exemple desquels tu sacrifies tout, tu renonces à tout ce que tu as de plus cher ici pour aller t'enrôler dans la milice chrétienne, sous l'Etendard de l'Immortel, de l'Illustre Pie IX.

Va donc, jeune et vaillant soldat, va combattre contre ces vils et infâmes spoliateurs, ces esprits rébelles qui, animés du souffle de satan, osent attenter aux droits les plus légitimes et les plus sacrés de l'Eglise, en s'efforçant de détruire la souveraineté temporelle du Pape. La cause que tu vas défendre est noble et belle et la victoire sera glorieuse. Une fois de plus il va être prouvé à l'univers entier que le Vicaire du Christ ne doit pas seulement être couronné de la Tiare Pontificale, mais aussi que son front doit être ceint du diadème royal. Le Pape est roi, et il doit être roi. Roi et souverain temporel dans ses états, comme il est le roi et le souverain spirituel de tous les fidèles catholiques.

Adieu donc, cher ami ; pars et sois courageux. Nos vœux t'accompagnent jusqu'à Rome. Que Marie, l'Etoile de la mer, te guide à travers les océans ! Que le Dieu des armées te bénisse, te conserve et donne à ton bras la force d'écraser l'ennemi ! Tels sont les souhaits les plus ardents de tes jeunes amis et, nous en sommes surs, de tous tes co-paroissiens qui avec nous te disent adieu et au revoir !

(Signé,)   AMEDÉE BRASSARD,
      J. A. POIRIER,
      ISAIE BERGERON, etc.

St. Grégoire le 12 février 1868.

Messieurs, chers amis,

Je suis bien sensible aux marques d'estime et de bienveillance que vous me témoignez si hautement.

Cependant, je ne suis nullement surpris. Avant ce jour, j'ai appris à connaître vos cœurs en apprenant à vous aimer. Aussi les dangers, les sacrifices nombreux, tout cela s'efface à la seule pensée de vous quitter. Oui, me séparer de vous, abandonner ma famille, laisser la belle paroisse de St. Grégoire, voilà ce qui émeut la nature, ce qui fait gonfler le cœur. Mais je me trompe, je ne me séparerai pas de vous ; je vous réunis et vous emporte tous dans mon cœur. De plus, vous le savez, l'amitié ne connaît ni le temps ni l'espace.

Quoi séparés de vous depuis quelques années, soyez persuadés, que les liens d'enfance et de co-paroissiens qui nous unissaient, ne sont pas rompus. Je crois, au contraire, qu'ils deviennent plus fermes, quand des circonstances voudraient les briser et les rompre ; c'est du moins ce que j'éprouve aujourd'hui à votre égard.

Il y a à peine deux mois, assistant avec vous à une réunion semblable, partageant les mêmes sentiments que faisait naître le départ des deux amis dont j'aurais voulu partager le sort, je me suis dit que je saluerais avec un bien vif plaisir le jour qui verrait se renouveler cette scène qui fit alors tant d'impressions sur mon cœur. Ne pouvant con-

tenir toute ma joie et jaloux de leur bonheur, je demandai à Dieu le
coùrage d'imiter leur exemple. Ma prière fut entendue ; mes espérances
sont réalisées, je suis au comble de mes vœux.

Oh ! que la Providence me fait un grand don ! Veut-elle relever sa
gloire en se servant d'un instrument aussi faible et aussi fragile que
moi ? Non, sans doute, mais nous manifester sa bonté et nous faire
voir qu'aucun n'échappe à ses regards ; que sa sollicitude ne connaît
souvent le plus indigne de ses enfants. Ainsi favorisé, je ne dirai pas
avec ces preux chevaliers du moyen age. « Nous partons sans espoir,
comme sans peur, » mais je pars avec espérance et sans peur.

Que cette démarche, messieurs, ne vous paraisse point téméraire et
irréfléchie. Si le petit enfant n'attend pas qu'il soit homme pour dire
à son père qu'il l'aime, il n'attend pas non plus qu'il soit fort pour le
défendre s'il tombe sous les coups d'un assassin. Il sait opposer la
faiblesse à la force, et le bras d'un enfant qui défend son père est
toujours redoutable. Ici c'est le père de tous les catholiques qui fait
appel à ses enfants dévoués. Mes oreilles ont entendu sa voix ; mon
âme a senti le poids de sa douleur ; c'en est assez, je pars. Adieu, bien
aimé pasteur, et vous aussi, chers amis, adieu ! Permettez-moi de réclamer avec instance le secours de vos prières. Demandez à Dieu de
me conduire sûrement à Rome, unique objet de tous mes désirs.
Agenouillé aux pieds de l'illustre et immortel Pie IX, je ne vous
oublierai pas.

Recevez tous mes sincères remerciments, vous surtout, vénéré pasteur, qui avez une si large à ma reconnaissance. Le souvenir de ces
marques de sympathie ranimera mon courage sur le champ de
bataille, fortifiera mon âme contre les ennuis de la patrie absente, et si
Dieu accepte ma vie, vos prières m'ouvriront la porte du ciel.

Luc Rheault.

St. Grégoire 12 février 1868.

La réponse du jeune zouave fut acclamée par de chaleureux hourras,
qui furent suivis du chant de quelques strophes appropriées à la circonstance. Ce chant habilement exécuté par les amateurs de St.
Grégoire eut un très-bel effet. La musique de Nicolet contribua
beaucoup à rehausser l'éclat de la fête pour les airs mélodieux
qu'elle exécuta à diverses reprises. Mais ce qui intéressait le plus, ce
qui parlait le plus au cœur, c'était cet air de fermeté, de courage
qu'on remarquait chez ces jeunes et nouveaux soldats du Pape, qui
disaient un solennel, peut-être un dernier adieu à leurs parents
éplorés, à leurs amis, et à tout ce qu'ils ont de plus cher ; et qui, cependant, partaient joyeux et contents de leur sort.

Vers cinq heures du soir arriva le train à bord duquel se trouvaient
un grand nombre des citoyens les plus notables de Bécancourt qui
accompagnaient jusqu'à St. Grégoire trois jeunes Zouaves de leur
paroisse, Messieurs Beauchêne, Lupien et Cormier, auxquels se joignirent à bord, ceux de Nicolet et de St. Grégoire.

Ainsi se trouvaient réunies, dans un même but, partageant les mêmes
sentiment, ayant la même pensée, le même désir dans le cœur, la même
prière sur les lèvres, formant les mêmes vœux, les trois plus belles et
plus grandes paroisses du comté de Nicolet. Or, s'il est vrai que
l'union fait la force, on peut dire en toute sureté que ces nouveaux
défenseurs de la Papauté seront invincibles.

Mercredi matin, (1) une foule considérable remplissait l'église de Bécancourt, pour entendre la messe à laquelle assistaient trois jeunes Zouaves, qui venaient pour la dernière fois, avant leur départ. implorer le secours de la Divine Providence, de leur donner les forces nécessaires pour remplir dignement la tâche qu'ils voulaient bien s'imposer. La messe fut entendue avec le plus grand recueillement par la foule, qui comprenait toute l'étendue du sacrifice que faisaient ces jeunes défenseurs du Saint-Père, en laissant leurs parents et amis pour aller exposer leur vie pour la plus sainte des causes. Le chant conduit par MM. Blondin, Arcand et Leclerc ne laissait rien à désirer et contribuait à rendre plus solennel encore le spectacle que nous offraient ces jeunes soldats agenouillés au pied des saints autels. Avant l'heure fixée, plus de cent voitures encombraient la place publique. A une heure précise, la cloche invita les bons habitants de Bécancourt à venir une fois encore implorer Dieu de veiller sur ceux qu'ils envoyaient comme leurs représentants pour défendre la cause commune de la religion. Le *Veni Creator* fut chanté par les mêmes messieurs et eut tout l'effet que l'on pouvait attendre de ce sublime morceau. Immédiatement après, M. le curé adressa la parole en termes touchants; il félicita ces jeunes braves de l'empressement qu'ils avaient montré à se rendre à l'invitation faite à tout le monde catholique par le Souverain Pontife, de venir en aide à l'Eglise menacée par les bandits garibaldiens, il parla aussi en termes très-éloquents de la beauté de la cause qu'ils allaient défendre, en les mettant à un rang plus élevé que les Croisés ; 'en ce que ceux-ci ne faisaient que voler à la défense des lieux qui leur étaient chers par les souvenirs religieux, tandis que les Zouaves vont défendre la religion menacée dans sa base. Il termina en leur disant qu'il était persuadé qu'ils reviendraient, couverts de gloire pour eux et pour le Canada, car, combattant auprès des Français dont le sang coulait dans leurs veines, ils ne manqueraient pas d'en être les dignes émules. Ensuite les jeunes zouaves sortirent de l'Eglise, drapeau en tête, suivis des notables et d'une foule considérable pour delà se rendre au Doucet's Landing, ou fut lue l'adresse ci-dessous, par A. O. Désilets, Ecr., N. P.

A MM. Joseph Beauchêne, Adélard Lupien et Moïse Cormier, Zouaves
    Pontificaux.

Messieurs,

A l'occasion de votre départ pour la Ville Eternelle, nous, vos parents, vos amis et vos co-paroissiens, avons cru de notre devoir de vous accompagner jusqu'ici, en faible témoignage des regrets que nous fait éprouver votre éloignement d'au milieu de nous, et en même temps pour vous remercier de l'honneur que vous procurez à la paroisse de Bécancourt, en lui fournissant dans vos personnes trois représentants dans l'armée pontificale et vous féliciter de la noble démarche que vous faites en ce moment en volant au secours de notre Père commun.

N'eussions-nous, messieurs, une connaissance personnelle de la pureté des sentiments qui vous animent, et de votre dévouement à la religion, le fait que vous n'avez pas hésité à quitter la patrie, des

(1) 12 février.

parents et des amis qui vous sont chers, et que vous n'avez pas reculé devant la perspective d'un lointain voyage, de la pénible vie des camps et du péril des combats, nous serait un gage suffisant que vous serez les fiers imitateurs de ceux de nos braves compatriotes qui vous ont devancé et ont déjà illustré leurs noms et les dignes émules de vos compagnons d'armes, dans la défense de la plus sainte des causes, qui est à la fois la cause du droit, de l'honneur et de la civilisation.

Comme l'a si bien remarqué notre vénérable curé, dans les belles et encourageantes paroles qu'il vous a adressées dans l'église, il y a quelques instants ; nouveaux croisés, vous serez comptés parmi ceux que la Providence a désigné pour travailler au maintien de cette grande institution, qui a d'ailleurs pour elle les promesses de son Divin Fondateur.

Recevez, messieurs, avec nos adieux, l'expression de nos souhaits les plus sincères et de nos vœux les plus ardents pour un bon voyage, un entier et un heureux retour.

RÉPONSE.

A M. le curé, à nos parents, nos amis et nos co-paroissiens.

Messieurs,

C'est avec respect et reconnaissance que nous recevons l'expression de vos sentiments, et nous éprouvons un sensible plaisir en songeant que vos vœux nous accompagneront jusqu'à notre retour de Rome ; en même temps, nous sommes vraiment confus de la démonstration dont nous sommes l'objet ; mais nous comprenons que l'honneur en revient à la cause que nous allons défendre. En effet, nous savons que le Souverain Pontife a toutes vos sympathies et que vous seriez prêts à faire le sacrifice de vos personnes pour sa défense. Mais il n'est pas donné à tous de s'enrôler sous ses saints étendards, et nous vous remercions bien cordialement de l'honneur que vous nous faites en nous demandant de vous représenter dans l'armée pontificale.

Nous sollicitons spécialement le secours de vos prières afin que Dieu nous inspire le courage et l'ardeur nécessaires pour combattre dignement les combats du Seigneur.

Impossible de dire autrement, la séparation est dure. Il nous en coûte de laisser Bécancourt où se trouvent tant d'objets chers à nos cœurs ; mais nous nous consolons en pensant que notre but est de nous rendre utiles dans la mesure de nos moyens, à la grande cause que nous embrassons.

Ces quelques mots ne sont qu'un faible reflet de nos sentiments à votre égard, et nous aurions désiré être plus éloquents pour répondre à votre adresse d'une manière digne de vous.—Adieu !

JOSEPH BEAUCHÊNE,
ADÉLARD LUPIEN,
MOÏSE CORMIER,

Un correspondant du même journal, racontait dans le no. du 31 janvier une scène analogue qui s'est passée dans la paroisse de St. Antoine de la Baie, à l'occasion du départ du zouave de cette paroisse, M. Moïse Gouin.

Notre paroisse, écrivait le correspondant, vient d'être témoin d'une bien belle démonstration. Elle est heureuse de pouvoir compter un de ses enfants au nombre des défenseurs du Saint-Siége, et à l'occasion de son départ elle a voulu prouver à ce jeune soldat, que sa détermination d'aller combattre pour la plus sainte des causes, était pour elle un légitime sujet de joie et d'orgueil.

Le nom du nouveau zouave est M. Moïse Gouin, fils de M. Moïse Gouin, un des cultivateurs les plus respectables de la Baie. Depuis longtemps ce brave jeune homme, qui a obtenu ses diplômes de 1ère et de 2me classe, à l'école militaire, brûlait du désir de s'enrôler dans l'armée pontificale ; mais son père, déjà vieux, n'ayant que ce seul fils, hésitait à en faire le sacrifice. Un dimanche, cependant, après avoir entendu son curé exposer la situation du Saint-Père, il se rendit au presbytère et déclara qu'il était maintenant prêt à faire le sacrifice de son unique fils.

Le 19 du courant, le jeune homme fit lui-même une collecte dans l'église, pendant l'office divin, collecte qui, avec les autres dons de la journée, s'éleva a $80.

Le départ eut lieu le 24 du courant. On s'efforça de lui donner autant de solennité que possible. Tous les jeunes gens de la paroisse se réunirent au village, vers les 9 heures du matin, au nombre de cinquante. Ils se rendirent ensuite processionnellement à la demeure de leur jeune ami, à une lieue environ de l'église. Un magnifique drapeau papal fait par les dames de la Baie, flottait en tête. Tous les parents se trouvaient réunis. Avant de se dire adieu, une première adresse fut présentée au nouveau zouave. A deux heures, on se mit en route pour St. Grégoire, et plusieurs voitures de Nicolet se réunirent à celles de La Baie. Arrivés à la station de St. Grégoire, un grand nombre de personnes vinrent nous rejoindre. Plus de 100 personnes se trouvèrent présentes. A quatre heures, le Dr. Lahaie, comme ami du jeune zouave et au nom des jeunes gens, présenta l'adresse suivante :

Les amis qui vous ont accompagné jusqu'à cette gare, pensent qu'il est de leur devoir et ne veulent pas se priver de la légitime satisfaction de vous exprimer avant votre départ l'estime et l'intérêt tout particulier qu'ils ont pour vous. Je crois être l'interprète de tous en disant que nous sommes sous l'influence de deux sentiments bien différents, sentiment de regret et sentiment de satisfaction ; de regret, parcequ'il est toujours pénible de voir sortir de nos rangs un de ceux qu'une démonstration comme celle d'aujourd'hui n'est qu'un faible écho de la haute considération que nous lui portons ; sentiment de satisfaction, parce que nous sommes certains que le représentant de la paroisse de La Baie ne le cèdera en rien à tous les braves et généreux défenseurs du Saint-Siége, parcequé surtout nous avons la certitude que la cause que vous embrassez est la plus juste et la plus sainte de toutes les causes.

Placés entre ces deux sentiments nous vous disons, cependant, partez, oui, partez, puisque votre générosité et votre dévouement vous le conseillent. Nos meilleurs souhaits vous accompagneront partout et s'il plaît à Dieu de les réaliser, vous sortirez sain et sauf des dangers qui vous attendent et vous reviendrez au milieu de votre famille et de vos amis combler le vide que fait votre départ.

Signatures :—P. B. Lalime, médecin, William Smith, médecin, Louis Blondin, cl. notaire, A. Bellecourt et un nombre d'autres.

Réponse à l'adresse des jeunes gens de St. Antoine de La Baie.

Chers amis et chers co-paroissiens,

Ce n'est pas sans éprouver de vives émotions que je vois l'intérêt et l'estime que vous me portez. Les démonstrations de ce jour me prouvent combien votre foi est vive, puisqu'elle vous fait voir dans mon humble personne le défenseur de la plus juste et de la plus sainte des causes.

Comme moi, à l'appel paternel de l'immortel Pie IX, vous avez, chacun de vous, senti votre cœur battre plus vite qu'à l'ordinaire et vous'avez dit : Que ne puis-je voler au secours d'un aussi bon père. Sans des circonstances incontrôlables, au lieu d'un seul zouave, St. Antoine de La Baie en compterait huit. Si, malgré mon indignité, Dieu m'accorde la palme du martyre, j'ai l'intime conviction qu'un de vous viendra prendre ma place. En partant, je vous demande le secours de vos prières, afin de pouvoir vous représenter dignement dans la plus sainte des armées. Adieu donc, cher père, qui n'avez pas reculé devant le sacrifice que la religion vous demandait ; adieu, chers amis ; toujours je me souviendrai de vous ; adieu, chers co-paroissiens, qui avez fait avec bonheur les sacrifices nécessaires pour donner un défenseur au Saint-Siége. Adieu, la séparation est toujours pénible, mais je pars avec joie puisque Dieu le veut.

Moïse Gouin, Z. P.

Après la réponse du jeune zouave des hourrahs enthousiastes s'échappèrent de toutes les poitrines pour le Pape et pour la famille Gouin. M. O. de Chatillon, l'éminent artiste attaché au séminaire de Nicolet, improvisa ensuite une chanson de circonstance qui électrisa toute la multitude. On attendit à St. Grégoire le départ des chars qui ne se fit qu'à six heures, puis la foule se dispersa faisant des vœux sincères pour la cause du Pape et l'heureux voyage du jeune et courageux zouave canadien.

Honneur au diocèse des Trois-Rivières, à la paroisse et à l'heureuse famille qui donne aujourd'hui un nouveau défenseur à l'église !

XX.

EN MER.

Partis de New-York le 22 février, à bord du *St. Laurent,* dont le nom était plein d'à propos pour des Canadiens, les Zouaves touchèrent à Brest dans la nuit du 3 mars. Nous empruntons à plusieurs lettres les détails les plus intéressants de ce rapide voyage.

« Tant que nous naviguâmes, écrivait l'un des Zouaves,(1)
entre les rives de l'Hudson et les îles dispersées à son
embouchure, les légers balancements du steamer ne nous
affectèrent nullement. Mais une fois en pleine mer
plusieurs d'entre nous commencèrent à ressentir les
atteintes de ce mal mystérieux, sans cause apparente,
comme sans remède possible, qui sévit d'une manière si
pitoyable sur le voyageur inexpérimenté. Néanmoins,
malgré les pronostics funestes de quelques mauvais
plaisants, c'est à peine si un tiers des Zouaves souffrit
réellement du mal de mer ; les autres tinrent bon et secou-
rèrent autant qu'il était en leur pouvoir leurs camarades
moins heureux. D'ordinaire, les passagers souffrent de
cinq à six jours et quelque fois davantage, avant de s'accou-
tumer au roulis du vaisseau ; mais comme si les éléments
eux-mêmes eussent voulu faire exception en notre faveur
dans cet heureux voyage, le calme de la mer permit, dès
le troisième jour, à nos Zouaves malades, de monter sur
le pont et de reprendre leur santé et leur bonne humeur
au souffle rafraîchissant de la brise marine.

« Le lendemain de notre départ de New-York se trou
vant être un dimanche, le révérend M. Moreau, notre
aumônier, se prépara à nous dire la Sainte-Messe. Un
autel portatif fut érigé dans le salon et tout était prêt,
quand, au moment de commencer, M. Moreau fut saisi
d'une violente attaque de mal de mer ; et, à son grand
regret, son état l'empêcha de célébrer le saint sacrifice ce
jour-là

« Un triste événement vint jeter un nuage sur la gaieté
des voyageurs ; un pauvre Français, revenant de New-
York dans son pays, après avoir été ruiné dans toutes ses
espérances, mourut pendant la nuit d'une mort si subite
qu'il n'eut pas le temps de voir un prêtre avant de rendre
son âme. Pour diminuer autant que possible l'impression
d'un tel événement sur l'esprit des passagers, le capitaine
donna ordre de faire ses funérailles en secret ; à cinq
heures du matin il fut cousu dans un linceul de grosse
toile et lancé dans les flots avec un boulet de trente-six
livres aux pieds ; tels sont les usages de la mer et tel est le
tombeau de ceux qui meurent loin de leur patrie sur le
vaste océan. Son corps deviendra la proie des monstres
marins ; aux chrétiens pieux incombe le devoir de prier
pour son âme.

(1) M. de Hempel

« Le 26, jour du Mercredi des Cendres, M. Moreau se trouva suffisamment bien pour nous dire la Sainte-Messe ; et nous eûmes la consolation de commencer ainsi par des actes religieux cette époque de pénitence et de mortification qu'on nomme le carême, et qui, par les obligations de prière et d'abnégation qu'elle impose, est comme le résumé de tous les devoirs du chrétien. Les autorités ecclésiastiques, toujours indulgentes, ont dispensé d'avance les Zouaves des lois de l'abstinence ; les fatigues d'un voyage sur mer et les fatigues plus grandes qui nous attendent dans l'avenir rendent un régime substantiel éminemment nécessaire ; et sous ce rapport nous n'avons qu'à nous louer des cuisiniers et des maîtres d'hôtel de la compagnie transatlantique. Mais il nous reste encore la faculté d'observer le temps du carême par des prières et des pratiques de dévotion ; et quand nous serons à Rome, nos devoirs militaires nous fourniront amplement les moyens de suppléer par des services actifs au défaut des observances religieuses qui sont le partage des fidèles menant une existence paisible. Dimanche dernier, c'est-à-dire le premier de mars, nous avons encore eu la messe, et nous avons célébré le jour du Seigneur par une parade militaire sur le pont du steamer dans la matinée, et le soir par toute la franche gaieté qui peut animer une réunion de Canadiens-Français.

« L'organisation des Zouaves à bord était calculée de manière à faire observer la régularité et l'ordre le plus parfait. Vous savez déjà que l'autorité militaire appartient au commandant Taillefer ; par ses soins le détachement a été divisé en deux compagnies : la première sous les ordres du capitaine Charles de Cazes, et la seconde sous ceux du capitaine Edmond Fréchette. Comme la salle à dîner n'est pas assez vaste pour contenir les deux compagnies à la fois, elles prennent leurs repas l'une après l'autre ; les ordres du jour du commandant sont affichés tous les matins dans cette même salle ; en outre, dans chaque compagnie, il y a un sergent du jour qui est chargé de faire maintenir les règlements, et des garde-malades auxquels incombe le soin de veiller aux besoins des quelques zouaves qui continuent encore à souffrir du mal de mer. Vous voyez donc que tout se passe à bord avec un ordre tout militaire ; et maintenant je vais vous donner un tableau, heure par heure, de nos journées de voyage sur l'océan.

« Le lever était fixé à six heures et demi, et, sauf ceux

qui étaient plus ou moins indisposés, chacun s'y conformait strictement. Quand on avait la sainte messe elle avait lieu à sept heures du matin : puis on se promenait sur le pont en respirant la fraîcheur du matin jusqu'à l'heure du déjeûner. A neuf heures on sonnait le déjeûner pour la première compagnie, et, aussitôt que celle-ci avait fini, c'était le tour de la seconde. On avait pour ce repas deux plats de viande, desserts, et vin français à discrétion ; et je vous assure que les Zouaves y faisaient bien honneur. A 1 heure on avait un lunch composé de bouillon en tasse, de pain et de beurre ; à quatre heures on dînait dans le même ordre que pour le déjeûner ; enfin à huit heures du soir on prenait le thé. Je puis ici rendre hommage, au nom de tous les Zouaves, aux rostbeafs succulents préparés par les cuisiniers de la compagnie ; à la prévenance polie de notre maître d'hôtel, et à l'activité empressée des hommes de service.

« D'ordinaire, entre les repas, chacun vaquait à ses affaires de la manière qu'il l'entendait ; les uns lisaient, les autres fumaient, se promenaient sur le pont, ou nonchalamment étendus sur les sofas, causaient du Canada qu'on quittait pour si longtemps, et de leurs amis ou parents éloignés de toute la largeur de l'océan. Mais c'est le soir que nos réunions étaient les plus bruyantes et les plus animées ; rassemblés dans le salon des secondes, nous passions le temps de la manière la plus agréable du monde. Des bons mots d'une verve toute gauloise ; des chansons du pays chantées avec un entrain merveilleux, et des histoires drôlatiques contées par les loustics de la bande, faisaient resonner le navire de joyeux éclats de rires. Nos chers aumôniers, le RR. MM. Moreau et Lussier, venaient s'asseoir au milieu de nous et, par leur présence, tout en encourageant notre gaîté, faisaient éviter jusqu'aux plus légères inconvenances. Enfin le temps du voyage nous a passé aussi rapidement et aussi agréablement que nous pouvions le désirer.

« C'est aujourd'hui, c'est-à-dire dans la nuit du 2 au 3 mars, juste à l'heure de minuit, que les marins aperçurent les premières lumières sur les côtes de la Bretagne. A la première nouvelle de cette vue si insignifiante qu'on avait de la France, un enthousiasme universel s'empara des Zouaves ; tous coururent sur le pont en poussant des cris de joie et en agitant leurs mouchoirs vers les côtes encore éloignées de plusieurs lieues. Mais ne sont-ce pas là les côtes de la France ! cette France d'où partirent, il y a trois

siècles, les ancêtres des Canadiens, pour fonder une nouvelle nationalité, basée sur le respect et la fidélité aux
lois divines. Ah ! leur enthousiasme est bien justifiable ;
et la France elle-même a le droit d'être fière de ses enfants
du Canada ; ils ont conservé fidèlement la devise de ses
anciens chevaliers : «Dieu et patrie,» et ils pourront traverser la patrie de leurs ancêtres le front haut et le cœur
joyeux.

« L'ancre est descendue avec bruit au fond des flots et
nous retient pour quelques heures dans la pittoresque
rade de Brest. M. Moreau doit nous quitter ici pour un
ou deux jours ; il se rendra directement à Paris afin d'y
tout préparer pour notre arrivée. M. Lussier reste avec
nous et nous accompagne au Hâvre, où nous allons arriver
probablement dans le courant de la nuit prochaine. Nous
traverserons la France en uniforme et drapeau déployé ;
le capitaine nous a assuré que les autorités impériales,
loin d'y mettre obstacle, feraient tout en leur pouvoir pour
nous aider. Tant mieux pour nous et tant mieux pour
l'empereur Napoléon III ! »

Quelques extraits de deux correspondances d'un zouave
publiées dans la *Minerve* du 23 mars, complèteront peut-
être, dans certains détails, la lettre de M. de Hempel.

« Le 22 du mois dernier, vers une heure de l'après-midi,
le *Saint-Laurent* laissait le port de New-York au milieu
des applaudissements des nombreux spectateurs accourus
sur la rive pour être témoins de notre départ. L'*Ave Maris
Stella* se fait entendre : nous invoquons l'*Etoile de la mer*
et la prions de protéger notre route. Le sentiment religieux
qui nous anime fait place au sentiment guerrier pour
un instant, et nous entonnons d'un commun accord l'air
populaire de *Malb'rough s'en va-t-en guerre.* Les applaudissements redoublent sur le rivage, les mouchoirs s'agitent
avec frénésie. Nous saluons de loin les membres du
Comité des Zouaves et Monseigneur Pinsonnault qui
venait de nous bénir. Bientôt nous n'apercevons plus
que la grande cité de New-York et les villes voisines qui
offrent un coup d'œil enchanteur. Nous nous dispersons
sur le pont et chacun, en contemplant la mer, s'abandonne
aux diverses pensées qui assiégent son âme. Le vaisseau
commence à se balancer sous l'impulsion de vagues plus
fortes, et nous ne tardons pas à nous ressentir des effets
du tangage. La plupart d'entre nous payons le tribut à

Neptune. Ceux qui ne sont pas atteints du mal de mer—
et ils ne sont pas légion—prennent soin des autres et se
font Sœurs de Charité. M. Victor Hudon, en compagnie
duquel nous fesons la traversée, se multiplie en cette
occasion et met à profit l'expérience de ses voyages précé-
dents. Nous le voyons partout où il se fait sentir des
besoins. Aussi s'est-il acquis parmi nous une reconnaissance qui durera longtemps.

« Le lendemain de notre départ, nous rencontrons un
trois-mâts qui passe à une distance assez rapprochée de
nous. Nous le suivons de l'œil ; son volume diminue de
minute en minute. Bientôt il n'apparaît plus à nos regards
que comme une mouette balancée sur le crête d'une
vague, puis il disparaît dans le lointain vaporeux.

« Nos amusements à bord, continue le même correspondant, étaient variés. Les uns s'adonnaient à la lecture
de livres que fournissait la bibliothèque du navire,
d'autres jouaient aux cartes, et c'était le grand nombre.
Le soir, il y avait réunion dans le salon, et là nous chan-
tions des hymnes et des chansons du pays. Plus d'un
farceur a égayé la monotonie de la traversée par des
chants comiques que n'auraient pas dédaignés Trottier ou
Boucher. Nous avions nos concerts. L'orchestre se composait de deux flûtes, d'un flageolet et d'un violon. En
somme, les amusements n'ont pas manqué.

« Ainsi, disait un autre Zouave en terminant sa lettre,
honneur et louange à Marie Immaculée qui nous a conduit avec tant de sollicitude, tant de bonté maternelle.
Nous avons eu une traversée des plus heureuses et des
plus rapides, puisque nous avons filé avec une vitesse de
quatorze à quinze milles à l'heure, pendant tout le voyage ;
toujours un vent favorable. Jamais le *Saint-Laurent* n'a
fait une traversée aussi belle, au rapport des matelots.
« Il faut, nous disaient quelques-uns, que votre entreprise
« soit bonne : vous êtes protégés par la Providence. »

XXI.

LA PRESSE FRANÇAISE SUR LES ZOUAVES.

Comme à New-York, on a fort remarqué en France le
passage des Zouaves Canadiens, et la presse française a
parlé d'eux favorablement.

Leur drapeau, leur uniforme, leur tenue militaire, leurs

manœuvres commandées en anglais, chose qu'on n'avait
pas entendu en France, sans doute, depuis l'invasion des
alliés, tout a contribué à attirer l'attention publique sur
nos cent trente-cinq compatriotes.   Voici ce qu'en ont dit
quelques journaux.

Le *Monde* du 7 mars a publié ce qui suit :

Nous avons vu passer les jeunes Canadiens qui se rendent à Rome
pour la défense de l'Eglise catholique et du Souverain - Pontife :
d'autres, et en aussi grand nombre, sont en route pour les suivre. Qui
n'admirerait ce pieux élan? C'est l'ancienne France qui se retrouve avec
son esprit de foi et ses hautes vertus.   Le Canada reste fidèle à des
mœurs que nous désertons chaque jour ; il n'a pas été comme la mère-
patrie, ravagé par les révolutions.

Nous lisons dans l'*Union* de Paris du 6 mars ;

Environ cent trente-cinq Canadiens sont arrivés hier soir à Paris, se
rendant à Rome.   Tous sont de beaux hommes, d'un air calme et
martial, et paraissent appartenir aux classes aisées et instruites de la
société.   Leur uniforme, qui n'est que pour le voyage et pour rendre
la discipline plus facile, est d'un aspect sévère et élégant à la fois.
Tous portaient le sac militaire, mais pas d'armes. Dans les rues où ils
passaient, le public se rassemblait et l'on s'interrogeait sur l'origine
de ces uniformes inaccoutumés.   Les Canadiens répondaient en très-
bon français, et avec beaucoup de politesse, aux questions qu'on leur
adressait.

On lisait dans le *Journal de Paris* du 7 mars :

Un corps de cent trente-cinq Zouaves Pontificaux, venus du Canada,
a traversé Paris hier, se rendant à Rome. On a pu les voir hier matin,
visitant à la hâte les principaux monuments de la capitale française,
en attendant le départ du convoi qui devait les transporter à Marseille.
Ce sont, pour la plupart, des jeunes gens appartenant aux meilleures
familles canadiennes, des avocats, des étudiants, quelques collégiens,
et j'ai même retrouvé parmi eux, non sans quelque surprise, deux
journalistes.   De plus, ils sont presque tous gradués des écoles militaires de Québec et de Montréal. Déjà ils sont organisés militairement,
et leur tenue de voyage a excité assez vivement la curiosité des Pari-
siens, pendant qu'hier ils se rendaient à la gare de Lyons à pied et
drapeau canadien en tête.

Voici une partie de l'article qu'a consacré au même
sujet le grand écrivain catholique, M. Louis Veuillot, dans
son journal, *L'Univers*, du 6 mars :

Cent trente-six jeunes gens du Canada, enrôlés volontaires dans
l'armée pontificale, sont arrivés hier soir à Paris, et reprennent aujour-
d'hui même la voie de Marseille, d'où il s'embarqueront aussitôt pour
Rome.   De la gare de l'Ouest à l'hôtel Fénélon, près de l'Eglise Saint-

Sulpice, ils ont traversé la ville, drapeau en tête. Ils portent un uniforme et sont déjà organisés militairement. Ce sont tous des enfants de famille de noble mine et de très-belle prestance. Ils servent à leurs frais, leur voyage ni leur service ne coûteront rien au trésor pontifical ; le comité catholique canadien a pourvu à tout.

Ils se sont donné des chefs pour le voyage. Celui qui les commande, M. Taillefer, membre distingué du barreau de Montréal, est un homme remarquable par sa vigueur et sa gravité. Leur tenue est d'ailleurs parfaite. Il suffit de les voir pour reconnaître des gens de bien qui font une œuvre de bien. Le grand sentiment qui les anime se lit sur leurs visages.

Le vénérable évêque de Montréal, après les avoir bénis, leur a donné deux aumôniers, dont l'un est chanoine de la métropole. Leur voyage a été jusqu'ici constamment heureux. Sur mer, le temps a été si beau qu'ils ont pu avoir la messe tous les jours. Il se louent de la bienveillance et de la sympathie qu'ils ont rencontrées partout. En Canada, leur passage à travers chaque village était véritablement un triomphe. On leur présentait des adresses toutes vibrantes des plus mâles accents de la tendresse, de l'honneur et de la foi. Nous donnons plus loin une des pièces éloquentes. On y verra que ces généreux enfants sont vraiment le cœur de la noble nation qui les envoie.

C'est un spectacle auquel Paris ne devait pas s'attendre, de voir passer une troupe de croisés. Cependant les voici.

Terminons ces reproductions par quelques extraits d'un article qui a été publié vers la même date dans la *Semaine des Familles*, revue dirigée par M. Nettement.

Nous avons vu arriver les volontaires canadiens en France, et nous avons dit l'accueil sympathique que ces nouveaux auxiliaires du Saint-Siége ont partout reçu ; les lettres et les journaux du Canada nous les les montrent au départ. Rien de plus intéressant que les détails que nous y trouvons sur l'enthousiasme de Montréal à la vue de ces braves gens, dont on peut dire, comme des Horaces, qu'ils portent en eux l'âme de tout un peuple. Le collège de Ste. Marie de Montréal a été le nid d'où cette volée d'aiglons est partie. C'est à Montréal que s'est formé le Comité Canadien qui a fait un appel à la foi et au dévouement des catholiques pour fournir aux frais de cette nouvelle croisade : nous en trouvons la preuve dans les paroles que nous extrayons de l'adresse que les cent trente-sept Zouaves, déjà embarqués à bord du *Saint-Laurent*, ont fait remettre aux membres du Comité : « Le Canada a répondu avec enthousiasme à l'appel qui lui a été fait par les principaux catholiques de Montréal, etc. »

Ah ! si la grande tradition de la langue française se perdait chez nous sous l'avalanche des idées fausses et des sentiments mauvais, nous savons maintenant où il faudrait l'aller chercher. Non-seulement le Canada a conservé le dépôt des saines doctrines, mais il parle la langue du dix-septième siècle.

L'écrivain raconte ensuite les cérémonies qui ont accompagné le départ des Zouaves : le discours de Monseigneur d'Anthédon, la bénédiction du drapeau, le serment des nouveaux croisés, leur communion générale, puis leur voyage à New-York et l'accueil extrêmement sympathique qu'ils y ont reçu de la part de la population catholique. L'auteur conclut son article par ces paroles si vraies et si religieuses :

Que dites-vous de ces scènes? Ne remuent-elles pas profondément le cœur? Ne parlent-elles pas à tous les sentiments généreux de l'âme? Ne vous produisent-elles pas l'effet d'un religieux et héroïque *Sursum corda?* Des deux côtés de l'Atlantique les catholiques s'entendent et se répondent. Ce n'est pas sans raison que la grande voix qui s'élève à Rome envoie sa bénédiction à la ville et au monde (*Urbi et Orbi*). Le monde s'incline devant la bénédiction qui part de la ville éternelle, et quand le pasteur universel des âmes est en péril, les secours lui viennent de tous les points de l'univers.

XXII.

LE VOYAGE EN FRANCE.

Il serait trop long, et peut-être un peu fastidieux pour nos lecteurs, de rapporter ici toutes les paroles bienveillantes publiées par la presse française à l'occasion du passage des Canadiens. Les extraits que nous venons de donner indiquent d'une manière exacte l'esprit avec lequel on les a accueillis; partout on a applaudi à leur dévouement, on a admiré un sacrifice aussi généreux de la part du Canada. « Paris a vu passer une troupe de croisés, » s'est écrié Louis Veuillot. La plupart des journaux ont parlé dans ce sens, et se sont montrés extrêmement sympathiques. La population a fait preuve du même sentiment et l'a chaudement manifesté, comme nous allons le montrer en racontant le voyage des Canadiens à travers la France. Pour faire ce récit, nous voulons résumer et condenser ce que nous avons vu de plus intéressant dans les lettres et les journaux qui nous ont été communiqués.

Les Zouaves, comme on l'a vu plus haut, touchèrent au Havre le 3 mars. Parfaitement accueillis dans cette ville, où ils débarquèrent, ils arrivèrent à Paris le lendemain soir, à six heures. M. Moreau, qui les avait précédé, et quelques catholiques prévenus d'avance, les y attendaient, pour les diriger dans la grande ville.

Pendant l'espace de près d'une lieue, c'est-à-dire de la gare du chemin de fer de l'ouest, jusqu'à l'hôtel Fénélon et l'hôtel Saint Joseph, où des logements leur avaient été préparés par les soins bienveillants du Comité de Paris, ils traversèrent la ville en rangs et en costume complet, drapeau déployé. Tout le monde admirait leur noble mine, leur belle prestance, la vigueur, la haute stature et la gaîété de leur commandant, M. Taillefer. « Il suffit, disait M. Veuillot dans l'*Univers* du 6 mars, il suffit de les voir pour reconnaître des gens de bien qui font une œuvre de bien ; les grands sentiments qui les animent se lisent sur leurs visages. »

Dans les hôtels où on les a logés, les Zouaves n'ont eu qu'à se louer de la manière dont ils y ont été traités. Après le souper qu'ils prirent en arrivant, ils furent répartis quatre par quatre dans des chambres où ils trouvèrent, écrit l'un d'eux, un comfort qu'ils ne rencontreront pas souvent dans leur carrière militaire.

Le lendemain, jeudi, ils entendirent la messe à l'Eglise Saint-Sulpice. M. Louis Veuillot se trouvait là, avec son frère, sa sœur et ses filles, avec plusieurs des rédacteurs de l'*Univers*, des rédacteurs du *Monde* et des autres journaux religieux de Paris, avec M. Keller, dont le dévouement au Saint-Siége est si connu, et avec d'autres notabilités catholiques. Une foule de paroissiens de Saint-Sulpice s'étaient aussi porté à l'église pour voir les Canadiens.

« C'est bien dans cette église, disait l'illustre écrivain que nous venons de nommer, M. Veuillot, que leurs genoux devaient toucher la terre, et leurs fronts s'y incliner sous la bénédiction du Dieu de leurs ancêtres.

« Dans la vieille patrie française, Saint-Sulpice est le lieu natal de Montréal. De là furent envoyés les fondateurs, de là sont partis les apôtres. Une pauvre cabaretière, Marie Rousseau, paroissienne de Saint-Sulpice, fut le principal instrument dont Dieu se servit pour pousser la civilisation chrétienne vers ces contrées où l'Eglise la planta de ses mains et l'arrosa de son sang. L'on voit dans l'*Histoire de M. Olier*, le grand rôle que remplit cette humble femme pour parvenir à une œuvre dont les difficultés ne pouvaient être surmontées que par la foi. Après deux siècles, le Canada se montre fidèle à son origine.

« Dans la paroisse de Marie Rousseau, continue le même écrivain, les Zouaves Pontificaux du Canada ont retrouvé à l'autel un fils de M. Olier. Le vénérable M. Hamon, (curé de Saint-Sulpice) leur a dit la messe, et, après leur avoir donné la bénédiction, les a exhortés avec la même ardeur et le même esprit de foi qui durent animer la parole de M. Olier, lorsqu'il envoyait ses frères dans les régions sauvages du Canada. »

Voici comment M. Veuillot a rapporté de mémoire, la brève et chaleureuse allocution de M. le curé de Saint-Sulpice.

Le mélange de Français et d'Irlandais a formé au Canada, il y a deux cents ans, une nation vigoureuse, solidement assise dans la foi et toute remplie d'un généreux dévouement.

Nous en avons devant nous un bel exemple. Qui sont ces jeunes gens? Ils ont quitté leur patrie, leur famille, leurs biens. Pourquoi? Pour aller défendre l'Eglise et son Chef auguste. Déjà de nobles Canadiens sont tombés à Monte-Libretti et à Mentana. Leur sang a germé. Voici de nouveaux martyrs! Ils ont dit comme Judas Machabée: *Dieu me garde de songer à la vie, lorsque me frères se sacrifient.........* Qu'on ne dise pas qu'il n'y a plus de martyrs et que nos jours ne voient plus de miracles. Ne sont-ils pas prêts pour le dernier et suprême témoignage, ceux qui se dévouent ainsi? N'est-ce pas un miracle que cet élan qui répond d'un autre hémisphère à l'élan de la France?

Oui, vous êtes des martyrs, et la France vous salue. La France, dont vous êtes les fils par le cœur et par cet amour de l'Eglise qui vous entraîne à Rome pour la défense du Christ immortel. Allez donc, nobles enfants, allez glorifier le nom chrétien et illustrer deux patries. Que Dieu, qui a déjà béni votre voyage, vous protége encore. Que tous les chemins vous soient ouverts; que les vents et les flots vous soient favorables; que partout et à Rome vous fassiez l'édification des peuples, et que vous soyez dignes de vos frères qui ont déjà combattu.

Une profonde émotion accueillit ces paroles. Après les avoir entendues, le public s'est porté aux portes de l'église, et sur deux rangs, le front découvert, il a regardé passer ces beaux et graves jeunes gens avec l'affectueux respect qu'inspire l'amour de la justice poussé jusqu'à l'abandon de la vie.

Sur leur passage, un ouvrier disait à ses camarades: « A la bonne heure, voilà des gens convaincus ; j'aime cela. »

A leur sortie de l'église, les Zouaves rencontrèrent les rédacteurs de l'*Univers* et plusieurs autres personnes amies qui s'offrirent de les conduire à travers les principaux monuments de Paris. Les Canadiens se divisèrent alors en plusieurs petits détachements que dirigeait chacun de leur côté, M. Chantrel, M. Roussel, M. Veuillot, M. Petit, M. Groth, neveu de M. Keller, etc. De la sorte, ils ont pu voir à la hâte Notre-Dame, la Sainte Chapelle, les Tuileries, la Place de la Concorde, l'Arc de triomphe de l'Etoile.

M. Taillefer fit une visite à M. Veuillot. Je n'ai pas besoin de vous raconter, remarquait M. Chantrel dans une lettre au *Nouveau Monde*, tout ce qui s'est dit dans cet entretien ; mais vous le savez aussi bien que moi. Il y avait là en présence deux hommes bien capables de se comprendre : le croisé qui porte si vaillamment l'épée, et cet autre croisé aussi dont la plume est une épée ; tous deux dévoués, à la vie, à la mort, au service de la sainte Eglise, et qui ne savent pas calculer quand il s'agit de combattre pour la plus sainte et pour la plus glorieuse des causes.

Vers deux héures de l'après-midi, le détachement canadien se massa dans la cour de l'hôtel Fénélon, puis il s'ébranla pour le départ. Alors se firent entendre les plus chaleureux *vivats* des jeunes gens catholiques venus là pour saluer une dernière fois leurs frères du Canada. A un signal du Capitaine Taillefer, ceux-ci poussèrent trois fois les cris de : *Vive Pie IX ! Vive la France !* puis le drapeau s'éleva et l'on se mit en marche. M. le curé de Saint Sulpice avait voulu bénir encore une fois les généreux défenseurs du Pape ; il était là et il pleurait.

Les Zouaves suivirent les boulevards, puis les quais jusqu'à la gare du chemin de fer de Lyon, distance d'à peu près trois milles. Sur leurs pas, la population accourrait, curieuse, étonnée, et demandant encore comme à leur arrivée : « Qui sont ces hommes ? »

Les jeunes catholiques qui faisaient escorte répondaient pour eux : « Soldats du Pape.» Et ce titre, remarque un témoin oculaire, qui excitait naguère encore des rires de mépris, ne provoquait plus que l'admiration et le respect ; les soldats du Pape ont prouvé à Monte-Libretti, à Nevola. à Monte-Rotondo, à Mentana, qu'ils sont de vrais soldats.

Rien de plus curieux, paraît-il, que d'entendre les propos de la foule qui se pressait à la suite des Canadiens dans la gare. «Les uns, dit le correspondant parisien de la *Minerve*, prenaient ces Zouaves pour des francs-tireurs des Vosges qui ont si fort intéressé Paris pendant l'Exposition ; les autres les prenaient pour des gardes mobiles ; personne ne s'avisait qu'ils pouvaient être des Français d'outre-mer, venus de plusieurs mille lieues pour aider à la défense d'un principe qui leur est cher. Leur commandant, M. Taillefer,—un nom que la taille athlétique et la robuste prestance de celui qui le porte feraient prendre pour un surnom—a quelque peu dérouté les curieux par ses commandements en langue anglaise. Ses *right about face* et ses *Stand at ease*, prononcés d'une voix de stentor, produisaient un singulier écho dans cette immense gare du chemin de fer du midi. »

« Il y avait là, continue le même correspondant, des hommes de toutes les classes et de toutes les opinions, grand nombre d'ouvriers et de bourgeois, et pourtant je n'ai pas vu la moindre manifestation hostile, je n'ai pas entendu un seul mot désobligeant. Au contraire, un immense cercle de curieux s'est formé autour du porte-drapeau ; M. Charles de Cases a expliqué aux assistants le sens des emblêmes, et tous l'écoutèrent avec un étonnement mêlé de respect. Deux ou trois jours de plus au milieu de nous, et les Zouaves Canadiens seraient devenus les lions du jour. »

La foule qui se pressait autour d'eux commentait avec éloges la belle devise : *Aime Dieu et va ton chemin.* Enfin l'heure du départ arriva ; le drapeau se replia, et comme le train s'éloignait, les Zouaves firent retentir la gare des cris de : *Vive Pie IX !* et *Vive la France !* pendant que ceux qui les avaient accompagnés criaient : *Vive le Canada !* En nous envoyant de loin leur salut, ajoute un témoin oculaire, ces braves jeunes gens nous crièrent : « Adieu, Rome nous « appelle, et nous allons ouvrir le chemin à nos frères. »

À Lyon, les volontaires arrivèrent le vendredi matin, à la gare de Perrache, avec un retard d'une heure ; ce qui ne leur laissaient que deux heures et demie à passer dans la ville. On ne savait que depuis la veille au soir qu'ils devaient venir ; malgré le peu de temps qu'on avait eu pour se préparer à les recevoir, une société d'élite, parmi laquelle on remarquait Monseigneur de Charbonnel, ancien évêque de Toronto, le R. P. Bertrand, dont on n'a pas oublié à Montréal l'éloquence et l'affabilité, MM. Sauzet, ancien président de la Chambre des députés sous Louis-Philippe, Victor de Laprade, etc., s'était porté à leur rencontre. Plusieurs des Zouaves étaient connus personnellement de Monseigneur de Charbonnel et du R. P. Bertrand. « Aussi, écrivait l'un d'eux, en répondant à leurs nombreuses questions sur le Canada, et les amis qu'ils y avaient laissés, nous nous sentions presqu'en famille, quoiqu'à quinze cents lieues de notre patrie. Les catholiques de Lyon avaient fait préparer pour les Zouaves un splendide déjeuner au grand hôtel Michel, voisin de la gare. Après le déjeuner, les Canadiens se formèrent en troupe sur le cours Napoléon, sous le commandement de leur chef, et déployant leur drapeau, ils se rendirent dans la cour de l'Archevêché Le vénérable cardinal de Bonald se mit à sa fenêtre, leur donna sa bénédiction, et la troupe guerrière reprit le chemin de la gare, accompagnée par l'escorte d'honneur qui l'avait reçue à son arrivée. Des curieux en grand nombre, et tous sympathiques, se pressaient sur le passage des modernes croisés. Une députation de dames les attendaient à la gare, et offrit, de la part de Madame la marquise de Laqueuille, née des Portes, un superbe bouquet au commandant, qui répondit par de chaleureuses paroles de remerciment. Le départ s'effectua aux cris répétés de *Vive Pie IX!*

C'est le lieu de reproduire la pièce de vers qu'a consacré l'illustre poète que nous venons de nommer aux Zouaves Canadiens, lors de leur passage à Lyon. Leur dévouement n'a pas inspiré de plus belles pensées que celles contenues dans cette poésie.

AIME DIEU ET VA TON CHEMIN.

Devise du Canada, inscrite sur le drapeau des Volontaires.

Allez votre chemin, Français du nouveau monde !
Race de nos aïeux tout à coup ranimée
Allez, laissant chez nous une trace féconde,
Offrir un noble sang au Dieu que vous aimez.

De nos jeunes croisés vous êtes deux fois frères,
Marchez aux mêmes cris et dans les mêmes rangs,
Faisant dire comme eux par vos œuvres guerrières :
Quand Dieu frappe un grand coup, c'est de la main des Francs.

De l'Océan dompté vous connaissez la route ;
Vous ne portez le frein d'aucune injuste loi ;
Venez donc et montrez à l'Europe qui doute,
La jeune liberté servant la vieille foi.

Lorsqu'hier, étonnant et charmant notre ville,
Comme chez des amis, joyeux et familiers,
Vous marchiez, jeunes gens au port mâle et tranquille,
J'ai reconnu le sang de nos preux chevaliers.

C'était leur franc visage et leur allure franche,
Toute l'antique France en un vivant miroir,
Tout : leur sainte devise et leur bannière blanche
Et ce noble parler sentant son vieux terroir.

Oui, c'est le même sang et le même génie
Gardés purs et sauvés de nos récents travers.
La France d'autrefois alerte et rajeunie
Par la liberté sainte et la vie aux déserts.

Allez votre chemin, celui de nos ancêtres,
Ce chemin des martyrs, qu'ils ont fait tant de fois ;
Gardez Rome éternelle au plus clément des maîtres,
Image de son Dieu trônant sur une croix.

Allez, comme eux, souffrir, mourir pour la justice,
Notre Europe est livrée aux plus sombres hasards ;
Au seuil de l'avenir, il faut que l'on choisisse
Entre le joug du Christ et celui des Césars.

Libres soldats, nourris près d'une république,
Fils d'une terre où l'homme a toute sa liberté,
Vous témoignez, au nom de la jeune Amérique,
A la fois pour le Christ et pour la liberté.

Portez au Roi-Pasteur votre sang et nos larmes :
Nos droits sont dans le sien confondus aujourd'hui.
Vous, qui baisez les pieds de ce Vieillard sans armes,
Nul César ne vous voit inclinés devant lui.

Amis, de vos forêts, à travers notre France,
Je ne sais quel parfum se répand sur vos pas ;
Une clarté vous suit, une fraîche espérance,
Un sacré souvenir qui ne périra pas.

Vous nous laissez heureux d'avoir revu des frères,
Fiers d'avoir pu serrer votre loyale main,
Dieu vous aime !... il fera tomber les vents contraires ;
Français du Nouveau-Monde, allez votre chemin !

Lyon, 1 mars 1868.

VICTOR DE LAPRADE.

A Marseille, où les Zouaves arrivèrent le vendredi, 6 mars, entre 10 et 11 heures du soir, la réception ne fut pas moins chaleureuse.

Malgré l'heure avancée de la nuit et un formidable mistral, un certain nombre de personnes se portèrent à la gare pour saluer les nouveaux soldats du Pape. Les Canadiens furent distribués, par bandes de trente ou quarante, dans quatre des meilleurs hôtels de la ville qui avaient été retenus pour eux.

Le lendemain matin, à onze heures, le bourdon de Notre-Dame de la Garde tintait en l'honneur des Canadiens, qui avaient voulu assister à la messe dans ce sanctuaire vénéré. Leur magnifique drapeau blanc et sans tache, écrivait un témoin oculaire, comme celui de la vieille France, portant d'un côté les armes et le nom du Canada, avec la devise : *Aime Dieu et va ton chemin*, de l'autre, l'écusson pontifical brodé d'or, flottait au milieu des rangs.

« Ils ont vraiment un air matial, ces jeunes gens, continue le même correspondant; leur tenue est digne sans raideur, fière sans jactance ; ce sont de belles physionomies intelligentes; le sang est vif et bien conservé ; on reconnait tout de suite le sang français mêlé chez quelques-uns de sang anglais ; ils sont complètement Français, et Français d'un autre siècle par leur politesse et par la pureté de leur langage. La population marseillaise, toujours si sympathique aux causes qui demandent du dévouement et de l'honneur, regardait avec complaisance passer ses hôtes ; on leur a fait cortège, et quand ils eurent pris place dans le sanctuaire, bien des amis de la Papauté se sont agenouillés auprès d'eux. J'ai remarqué dans la nef des officiers de notre armée. La messe a été servie par deux volontaires, et célébrée par un des aumôniers du corps. Les Canadiens ont chanté plusieurs hymnes de l'Eglise, notamment l'*Ave Maris Stella.*

« A l'élévation, le drapeau, élevé dans le chœur, s'est incliné devant l'autel. A la descente de la colline, l'affluence des spectateurs était encore plus considérable. La malveillance aurait difficilement trouvé à se faire jour: un quidam s'étant avisé de dire tout haut que c'était une honte pour de si beaux jeunes gens d'aller à la messe, un portefaix s'est vivement retourné, et on a vu le moment où le malencontreux observateur allait recevoir une verte correction. »

Dans l'après-midi, les volontaires canadiens allèrent spontanément offrir leurs devoirs à Monseigneur Place, évêque de Marseille. Monseigneur Place qui n'était pas prévenu, les reçut dans le salon d'honneur de son palais, les bénit et leur adressa des paroles toutes paternelles. Pressant tour à tour, sur son cœur, le commandant, M. Taillefer, et le porte-drapeau, il leur donna le baisement de paix et de reconnaissance. Puis Sa Grandeur exprima chaleureusement à tous la joie que faisait ressentir aux catholiques le spectacle de leur dévouement. Les applaudissements ont éclaté, ajoute une correspondance, quand le prélat a dit que si les Canadiens, volontaires du Pape, étaient pour Marseille et pour la catholicité un noble spectacle, ils étaient en même temps pour d'autres « un *dangereux* spectacle, » et les applaudissements redoublèrent quand Monseigneur Place, se tournant vers le portrait de

Pie IX qui orne son salon, ajouta qu'un si brillant drapeau méritait de recevoir le baptème de feu.

C'est le lieu de remarquer que pendant le trajet entre Paris et Marseille, les malles des aumôniers disparurent. Elles renfermaient, non-seulement des valeurs, mais encore, et surtout, les papiers des volontaires, d'autres papiers importants, les pièces pour le procès de canonisation de M. Olier. Cette disparition causa aux aumôniers et à tous les Zouaves de vives inquiétudes, qui ne finirent qu'à Rome, plusieurs jours après leur arrivée. Là, ils apprirent que les malles avaient été retrouvées. On a accusé l'excellente police française de s'en être emparées, pour en faire la visite. Depuis, elles ont été rendues à leurs propriétaires.

Samedi soir, les Canadiens passèrent la soirée au Cercle Religieux, qui avait préparé un concert expressément pour eux. Ils visitèrent avec intérêt les principales salles du Cercle et il leur fut offert de pieux souvenir de leur séjour à Marseille. Les Zouaves Pontificaux, en congé dans cette ville, s'étaient rendus à cette réunion, revêtus de leur uniforme, qui devait bientôt être aussi celui des Canadiens. Pendant la soirée, on tira pour ceux-ci une loterie dont chaque lot rappellera leur passage à Marseille.

Le Cercle Religieux de Marseille qui a voulu, avec une attention si délicate, recevoir dans ses salles les Zouaves Canadiens, est, si nous sommes bien informés, une société analogue à l'Union Catholique de Montréal. Placé comme celle-ci sous la direction des RR. PP. Jésuites, ce Cercle a voulu, il y a quelques années, nouer des relations amicales avec sa société sœur du Canada, et il l'a fait avec une générosité et une distinction que celle-ci ne saurait oublier. Aussi ne sommes nous pas étonnés de voir qu'il ait voulu profiter du passage des Canadiens à Marseille, pour leur renouveler les témoignages de sympathie qu'il avait auparavant donné à l'Union Catholique, dont plusieurs membres se trouvent dans les rangs des Zouaves Canadiens.

Après la soirée passée au Cercle Religieux, plusieurs notabilités de Marseille, parmi lesquelles on remarquait quelques dames de la plus haute distinction, attendaient les Zouaves à l'hôtel Béauveau, où une partie d'entre eux était logée. L'une de ces dernières, Madame la comtesse Guillaume de Sabran-Pontevés a présenté aux volontaires un magnifique bouquet aux couleurs pontificales, sur lequel on lisait, en lettres de fleurs : *Vive Pie IX !* En leur remettant ce témoignage, Madame la comtesse de Sabran a prononcé quelques mots émus, qui étaient, on peut le dire, l'expression des nobles sentiments des femmes chrétiennes et françaises envers les valeureux champions du siége pontifical :

« Recevez, commandant, ce bouquet aux couleurs si chères, comme témoignage de notre dévouement aux Saint-Père et de notre sympathie pour vous et vos héroïques compagnons. »

Le commandant, M. Taillefer, a répondu avec la fermeté du militaire et le tact de l'homme de bonne compagnie :

«Ce précieux souvenir, dit-il, nous est un second drapeau. Français par le souvenir et par le sang, nous sommes profondément touchés de l'accueil que nous recevons dans notre mère-patrie. Et vous, mesdames, vous nous rappelez nos mères et nos sœurs, qui nous ont bénis et qui nous accompagnent de leurs prières. Nous aimons la paix ; nous désirons la paix ; c'est dans cette paix que nous vous remercions aujourd'hui ; mais si elle venait à être troublée, oh ! alors, notre reconnaissance se montrerait sur le champ de bataille.»

Toutes les personnes présentes ont porté ensuite la santé du comité catholique de Marseille.

Le départ était fixé au lendemain, dimanche, 8 mars. A six heures et demi, les Canadiens se réunirent à l'église des Augustins pour assister à la messe, qui fut dite par leur aumônier. Avec un ensemble parfait, ils chantèrent en chœur le saint cantique *Que cette voûte retentisse !* puis, avant de quitter l'église, ils entonnèrent l'*Ave Maris Stella*, invoquant avec confiance la protection de celle que les marins et les soldats ne prient jamais en vain.

L'embarquement devait avoir lieu à huit heures du matin, à bord du vapeur *La Ville de Marseille*, qui avait été frété exprès pour eux. A ce moment, les Canadiens se rendirent au port de la Joliette par la Cannebière et la rue Impériale, recevant partout, sur leur passage, les adieux d'une foule sympathique de trois ou quatre mille personnes qui formaient la haie. Cette foule s'était transportée plus nombreuse aux alentours du port où stationnait le paquebot. Là les manifestations ont redoublé d'éclat. Le vaisseau était au large, et les Zouaves Canadiens s'y rendaient en chaloupe par escouade de dix à douze. Chaque volontaire était salué par de nombreux vivats, lorsqu'il se disposait à gagner le bord. Les cris ont éclaté avec plus d'énergie encore, à l'instant où le porte-drapeau s'est mis en mouvement. Mais ces manifestations prolongées ont exaspéré quelques garibaldiens égarés dans une foule, avec laquelle ils auraient dû au moins éviter de se confondre, si, malgré leur hostilité, ils avaient été capables de comprendre ce qu'il y a de grandeur dans le dévouement de la jeunesse catholique. Ces étrangers n'ont su ni s'éloigner d'un spectacle qui n'était point fait pour eux, ni contenir leurs sentiments haîneux qui hurlaient de se rencontrer avec l'explosion universelle des sympathies populaires.

M. Taillefer était encore à terre, quand trois coups de sifflet partirent au milieu des cris d'enthousiasme des Marseillais et des Canadiens. C'étaient trois Italiens et trois Piémontais qui faisaient ce bruit discordant.

— Que vous avons-nous fait pour que vous nous insultiez? dit M. Taillefer à l'insolent qui était le plus près de lui.

— Ce n'est ni vous ni vos compagnons que je siffle, répondit l'Italien, c'est votre drapeau.

A ces mots, M. Taillefer se redresse :

— Ah! dit-il, c'est notre drapeau que vous insultez. J'aurais pardonné une insulte adressée à moi seul, mais à notre drapeau c'est autre chose ; vous allez faire amende honorable.

En même temps, le capitaine Taillefer empoigne le Piémontais au collet, le soulève à bras tendu comme un gibier qu'on attache à la potence, et le transporte sur la berge du quai où il le force à s'agenouiller devant le drapeau.

Ce drapeau était déjà à bord, tenu haut, près du drapeau français. Notre Italien, dit un témoin oculaire, était vraiment intéressant à voir dans cette position. Il fallut que le commissaire de police du port vint l'arracher des mains du brave commandant, pour le faire filer je ne sais où. C'est, remarquait un journal de Marseille, une première victoire remportée sur l'Italie révolutionnaire, qui saura respecter désormais le terrible *Tagliaferro* et ses hommes.

En même temps, un sergent de la garnison de Marseille, qui était venu avec un bon nombre de soldats français, assister au départ des Canadiens, accostait le deuxième siffleur italien, et lui tenait à peu près ce langage :

— De quel droit accueillez-vous ainsi des étrangers passant à Marseille? S'ils ne vous plaisent pas, prenez un fusil et allez les attendre en Italie. Quant à moi, le jour où ils se rencontreront avec vous et les vôtres, je voudrais bien me trouver à côté d'eux pour aider à vous donner une râclée.

L'Italien baissa la tête et se tut. Quand au troisième siffleur, il désavoua sa nationalité qui, cependant, fut bientôt reconnue ; il en fut quitte pour être obligé de déguerpir.

Dans cette circonstance, nous aimons à constater que la police française a bien fait son devoir. Le commissaire du port, M. Migeon, qui est resté sur les lieux, depuis l'heure de l'embarquement jusqu'à celle du départ, a adressé aux quelques siffleurs des reproches fortement accentués et leur a fait observer qu'ils avaient manqué grossièrement au devoir de l'hospitalité.

«Ce petit incident, écrivait, quelques jours après, le correspondant parisien de la *Minerve*, a failli devenir une grosse affaire. Quelques journaux ont voulu y voir une atteinte à la liberté de penser, et M. Taillefer a reçu—de loin—de vertes réprimandes pour avoir aussi irrévencieusement empoigné un compatriote de Garibaldi. Je crois même que le *Courrier Français*, ou plutôt M. Ad. Royannez, professeur d'athéisme, a parlé de l'imminence d'une rixe sanglante entre les volontaires Canadiens et la population Marseillaise. Rien de plus malicieusement exagéré, rien de plus faux. J'ai reçu beaucoup de renseignements sur cette affaire, et je sais de bonne part que la foule qui accompagnait les Zouaves jusqu'à leur embarquement, n'a pas cessé un seul instant de leur témoigner la plus vive sympathie, et les trois drôles d'Italiens qui ont sifflé étaient si peu soutenus, si bien isolés, qu'on les a tout de suite montrés du doigt et désignés à la pitié plutôt qu'à la haine du public. Non-seulement les militaires, mais tous les hommes d'honneur, sans distinction de croyance ou d'opinion, s'accordent à dire qu'il était bien naturel aux Zouaves de ne pas laisser insulter leur drapeau, lorsqu'ils avaient à soutenir le nom de leur pays et l'honneur de leur cause sur une terre étrangère.»

Cependant, Monseigneur de Marseille avait bien voulu rendre aux Canadiens, à bord du navire, la visite qu'il en avait reçu la veille. Il leur adressa de bonnes paroles d'encouragement et de félicitation, et leur donna de nouveau sa bénédiction.

En montant sur le paquebot, les Canadiens emportèrent précieusement avec eux les trois bouquets d'honneur qui leur avaient été offerts à Paris, à Lyon et à Marseille.

Le départ n'eut lieu qu'à onze heures du matin. Depuis huit heures, la foule se pressait sur les quais ; elle attendit jusqu'au dernier instant, voulant accompagner de ses adieux la marche du paquebot. Le spectacle à ce moment devint grandiose. De toutes parts, les applaudissements, les cris éclataient, les mouchoirs s'agitaient sur les quais, à la passe de la Joliette et à l'extrémité du phare.

Au moment où le navire se mettait en mouvement, le capitaine Taillefer, debout sur la poupe, s'est découvert pour faire entendre encore une fois le cri de *Vive la France !* qui a été répété d'une seule voix par tous les volontaires, pendant que le drapeau des Canadiens s'inclinait pour saluer le rivage français.

Pendant ce temps, le navire sortait majestueusement du port ; les Canadiens réunis sur la dunette saluaient avec leurs bérets ; au milieu d'eux, et auprès du drapeau français, flottait leur magnifique étendard qui, fidèle à sa devise, les conduisait maintenant sur le chemin de la Ville-Éternelle. « Vivent les Zouaves Pontificaux ! vive le Pontife-Roi ! vive le Canada ! » leur criait-on. Et ils répondaient avec une voix vibrante, que le bruit des vagues n'empêchait pas de retentir dans les airs : « Vive Pie IX ! vive la France ! vive Marseille ! »

Il est juste de remarquer ici que quoique la ville de Marseille ait été prise au dépourvu par l'arrivée des Zouaves Canadiens, cependant l'accueil qu'on leur a fait a été admirable de bienveillance et de générosité. C'est le Comité des Zouaves de Marseille qui a préparé tous les détails de la réception.

Cette bienveillance, cette générosité, qui ont éclaté en France sur le passage des Canadiens, ne montrent-ils pas que la mère-patrie a reconnu son sang et sa foi dans ces jeunes gens qui sont allés faire appel à son hospitalité ? Bien plus, n'établissent-ils pas un lien nouveau d'affection entre nous et cette antique France, dont nous aimons toujours à nous entretenir, dont les gloires sont nos gloires, et avec laquelle nous ne cesserons d'être fiers de relier notre origine !

XXIII.

L'ARRIVÉE A ROME.

La traversée de Marseille à Civitta-Vecchia s'opéra en trente-six heures, par un très-beau temps et sans trop d'incommodités pour chacun, quoique les Zouaves fussent un peu à l'étroit à bord du paquebot. Le lendemain de leur départ, 9 mars, les Zouaves longèrent l'île de Corse, patrie de Napoléon I, et un peu plus tard l'île d'Elbe, où le grand capitaine fut relégué.

Ils arrivèrent le même soir, à Civitta-Vecchia, vers huit heures. Monseigneur Desautels et M. le chanoine Hicks les y attendaient, et aussitôt que le vaisseau eut mouillé, ils se rendirent à bord accompagnés des Zouaves Canadiens Alfred Larocque, Murray, Prendergast et Hainault.

« Un grand nombre d'entre nous, écrivait l'un des Zouaves, étaient de vieilles connaissances pour ces Messieurs ; en peu d'instants tout le détachement avait environné la petite troupe de nos compatriotes, et quelle bonne demi-heure de causerie nous passâmes ! »

On informa alors les Canadiens qu'ils ne descendraient à Civitta-Vecchia que le lendemain matin ; mais, par les soins de Monseigneur Desautels, tout avait été préparé afin que leur départ pour Rome eut lieu le lendemain, de manière à leur permettre d'arriver de jour dans la Ville-Eternelle. Ils couchèrent à bord du bâteau.

Le lendemain matin, 10 mars, les Zouaves descendirent à la hâte dans la *Vieille Cité*, où ils prirent le déjeuner. M. l'officier Caulier, chargé de recevoir les recrues, s'était donné une peine infinie pour tout préparer, et le détachement laissa Civitta-Vecchia pour Rome à 10 h. A. M., par train exprès. Tout le monde était frais et dispos ; on n'eut jamais imaginé que ces braves jeunes gens arrivaient d'un si long voyage.

« Notre aimable guide, M. Caulier, écrivait l'un d'eux, avait, conformément à ses ordres, télégraphié notre départ de Civitta-Vecchia au pro-ministre des armes, le général Kansler. Nous étions donc attendus. Aussi quel magnifique spectacle s'offrit à nos yeux en arrivant à la gare ! Le général de l'armée pontificale, le colonel Allet, le lieutenant-colonel de Charrette, une foule d'officiers et de sous-officiers, une multitude de Zouaves musique en tête, un peuple innombrable, et comme une belle couronne leurs Majestés, le Roi et la Reine de Naples, tous étaient là pour nous recevoir. M. le commandant Taillefer fit descendre ces hommes des chars et de sa belle voix les rangea en ligne. Tout le monde l'admirait à la tête de sa magnifique compagnie. On voyait, cependant, qu'il ne pouvait se défendre d'une certaine émotion, sous le feu des regards de tant d'illustres personnages. »

Après les présentations officielles, tout le monde se mit en marche pour se rendre à St. Pierre, le détachement Canadien étant précédé par le corps de musique des Zouaves Pontificaux qui jouait la marche de Mentana. On avait, de plus, avec une délicatesse bien honorable, fait remettre à nos Zouaves un drapeau pontifical, à leur arrivée à Civitta-Vecchia. C'est avec ce noble étendard et celui du Canada qu'ils traversèrent la Ville-Eternelle, se dirigeant vers la basilique de St. Pierre.

Au château St. Ange, une escouade de Zouaves présenta les armes aux volontaires Canadiens. En passant devant le Vatican, une fenêtre s'ouvrit et ceux-ci aperçurent l'illustre Vieillard pour lequel ils sont allés combattre. Sa vue produisit une profonde sensation parmi la foule.

Quant à nous, écrivait l'un des Zouaves, nous étions fous, nous pleurions.

Le Saint-Père avait, paraît-il, l'intention de donner sa bénédiction aux Canadiens, mais le bruit de la musique étouffa le commandement : halte ; et ainsi, par un regrettable mal entendu, ils ne purent recevoir, dès leur arrivée, cette précieuse faveur.

On rapporte qu'en regardant le corps des Zouaves Canadiens, le Saint-Père s'est écrié : *Le Canada est une terre privilégiée.*

Une minute plus tard les pas de nos volontaires retentissaient sur le pavé du temple de St. Pierre, et là, écrit l'un d'eux, au milieu d'un silence religieux, nous tombâmes à genoux pour prier devant le tombeau du prince des apôtres. Ah ! quelle émotion un cœur chrétien n'éprouve-t-il pas, en voyant cet édifice imposant qui durera aussi longtemps que le monde, élevé à la gloire de ces martyrs naguère bannis et méprisés par le paganisme ! Quelle consolation pour ceux qui de leur vivant se voient traités légèrement par les prétendus esprits forts, les sages insensés de ce monde.

Après avoir prié quelques instants, les Zouaves Canadiens, toujours accompagnés d'une foule considérable, se rendirent à la caserne qu'on leur avait préparée, dans le couvent de St. François, sous le toit même qui a anciennement abrité ce grand saint et au milieu de ses zélés imitateurs, les religieux franciscains.

Dans des corridors spacieux et bien aérés étaient alignés des lits de fer avec des matelats et des couvertures admirables de propreté. Dans le jardin du couvent, il y a un oranger six fois séculaire qui a été planté par le saint lui-

même ; et ses fruits sont tenus en grande vénération par
le peuple romain.   A côté est l'église, avec des messes
tous les matins jusqu'à midi ; enfin tout autour des Canadiens leur rappelait qu'ils étaient des soldats d'une cause
sacrée, et qu'ils ne devait jamais perdre de vue leurs devoirs de chrétiens.

Comme on n'avait pas eu le temps de préparer les
rations, à leur arrivée aux casernes, chaque homme reçut
vingt sols pour se nourrir. Tous étaient dans l'allégresse ;
anciens et nouveaux Zouaves fraternisaient à merveille.

L'arrivée des Canadiens, écrivait quelque temps après
l'aumonier du détachement, M. Moreau, a causé ici une
immense sensation. On ne parle partout que des *forestieri*,
les Zouaves étrangers, qu'on attendait avec tant d'impa-
tience.

On compte beaucoup sur les Canadiens et on a la plus
grande confiance dans leur courage, écrivait M. l'abbé Moreau.   Le colonel Allet a été jusqu'à dire qu'avec 10,000
Canadiens, il se fesait fort de parcourir toute l'Italie en
vainqueur. Le lieutenant-colonel de Charette est très-satis-
fait des hommes qui composent le détachement, et on l'a
entendu répéter à plusieurs reprises : «Ce sont de beaux
hommes.» Pour prouver aux Zouaves du Canada qu'il les
a en grande estime, il leur a donné de sa propre bourse
dix sous par tête, outre les dix sous fournis à chaque
homme par le gouvernement, à notre arrivée.»

Le lendemain de leur arrivée, 11 mars, ils furent conduits à la caserne St. Michel, où, après avoir remis leur
papiers, ils signèrent leur engagement pour deux ans dans
l'armée pontificale.

Ils avaient encore leur costume de voyage, qui les dis-
tinguait parmi tous les militaires stationnés à Rome.
Aussi étaient-ils l'objet de l'attention générale. L'uniforme
gris donne dans l'œil des oisifs, écrivait l'un de nos
Zouaves ; et ils sont nombreux ici. Sur le Corso et au
Pinchio, la foule s'arrêtait pour regarder les enfants du
Canada. On admirait leur taille svelte et élancée, et l'air
de santé répandu sur leurs figures ; on leur exprimait par
des marques non équivoques, les sympathies que l'on
éprouvait pour eux.

Le jour de l'engagement, le lieutenant-colonel de Charette invita M. Taillefer à déjeuner chez lui, le priant
d'amener deux de ses compagnons. M. Taillefer choisit
M. de Cazes et M. de Hempel. Pendant le repas, écrivait
ce dernier, M. de Charette nous interrogea beaucoup sur

le Canada et les Canadiens qui, en grande partie, sont ses compatriotes par descendance, lui-même étant Breton. Après le repas, on leur ménageait une surprise. Le colonel fit passer ses hôtes dans un appartement voisin, où il avait fait apporter un uniforme de zouave proportionné à la taille de M. Taillefer. Il le lui fit endosser, et tout le reste du jour visita Rome avec lui. Ils furent au Pincio, au Corso et enfin chez un photographe ensemble.

Le lieutenant-colonel des Zouaves Pontificaux est petit-fils de ce fameux Charette le Vendéen qui, devant être fusillé par les sans-culottes, commanda lui-même le feu d'une voix si ferme que ses bourreaux en pâlirent. Son petit-fils lui ressemble en tout point ; d'une conformation physique qui ferait envie à un lutteur antique, la force en lui n'exclut pas la beauté et la distinction ; et quant au courage, on sait qu'à Mentana il lança son sabre au milieu des Garibaldiens, et s'élança ensuite lui-même pour le reconquérir, de même que le grand Condé fit à Rocroy avec son bâton de maréchal. Son cheval fut tué sous lui dans cette bataille ; et ses Zouaves, qui, après l'avoir vu si terrible au feu, le voient tous les jours poli et affable avec eux, en sont tout-à-fait enthousiastes et se feraient hacher en morceaux plutôt que de paraître indignes de leur colonel au jour du combat. (1)

Le 16 mars, les Canadiens abandonnèrent le costume de voyage pour prendre à la place l'élégant uniforme de zouave. « Chacun, écrivait le correspondant de la *Minerve*, s'est revêtu avec joie de l'habit des croisés de 19me siècle, noble vêtement fait pour couvrir des cœurs nobles et généreux. Il se compose d'une veste juste au corps et d'un gilet ouvert sur le devant ; d'un pantalon large se resserrant au bas du genou ; d'une molletière en peau teinte en jaune, d'une guêtre en toile blanche pour l'été et en cuir noir pour l'hiver, avec manteau et képi d'un gris tendre comme le reste de l'uniforme. L'étoffe de l'uniforme des Canadiens est d'une qualité supérieure à celle portée jusqu'ici. On nous traite en véritables enfants gâtés. Nous espérons qu'il en sera de même sur le champ de bataille, et que l'on nous indiquera des positions favorites. »

« Le lendemain matin, écrivait un zouave, tandis que nous étions rangés en bataille pour l'exercice, notre capitaine, M. de Kermoël, vint nous annoncer que dans l'après-midi le Saint-Père nous accorderait une audience

---

(1) Correspondance spéciale du *Nouveau-Monde*.

particulière. Rendez-vous fut donné à tous à la salle des
Suisses au Vatican, pour quatre heures, et chacun s'y
rendit de son côté à pied, ou en voiture, mais en tenue
rigoureusement uniforme et le sabre-bayonnette au
côté. Nous y rencontrâmes Monseigneur Desautels, MM.
Hicks, Moreau, Lussier, ainsi que M. LaRocque et autres
Canadiens déjà zouaves depuis quelques temps. Le
colonel Allet, le lieutenant-colonel de Charette et le capitaine de Kermoël étaient également venus avec nous; et
comme pour couronner la solennité de cette audience, le
général Kanzler, commandant-en-chef des armées pontificales, voulut nous honorer aussi de sa présence.

« A quatre heures un huissier nous introduisit dans la
salle d'audience, décorée avec toute la magnificence qui
doit entourer un Pontife-Roi et ornée de peintures des
premiers maîtres de l'art italien.

« On nous plaça sur deux rangs, chaque côté de la salle,
les deux extrémités se trouvant réunies par un rang posté
en travers.

« Nous étions tous absorbés dans la contemplation des
beautés du lieu où nous étions, quand les battants de la
porte s'ouvrirent tout à coup, le brillant uniforme des
gardes-nobles fit son apparition d'abord, puis la soutane
violette des prélats, puis...... nous tombâmes à genoux et
Pie IX se montra à nos yeux éblouis et émus. Faisant
allusion à notre position, il nous dit gaiement : « Ah ! il
ne manquait plus que moi pour former le carré ; eh ! bien,
me voilà, mes braves. » Puis, allant se placer sur son
trône : « Relevez-vous, mes enfants, » nous dit-il de sa voix
à la fois douce et majestueuse.»

Quand les Zouaves se furent relevés, MM. les abbés
Moreau et Lussier allèrent s'agenouiller devant Sa Sainteté, et le premier donna lecture d'une adresse des évèques
de la province de Québec, dans laquelle ils recomman-
daient les Zouaves Canadiens au Père commun des fidèles.
Le Pape l'entendit avec un contentement manifeste, et
l'émotion le gagnant, ses yeux se mouillèrent de larmes.
Il répondit en français par un discours rempli d'onction
et de fermeté qui dura près de dix minutes ; on reconnais-
sait le roi sous l'habit du pontife. Voici comment un
correspondant a résumé cette allocution.

« Il commença par dire que l'arrivée à Rome des volontaires Canadiens, dans l'intention de défendre le siége de
la catholicité, contre les barbares du siècle, était une
grande consolation pour lui, au milieu des persécutions

dont il est l'objet. Le mouvement qui vient de s'opérer
au Canada, plaide beaucoup en sa faveur et l'Eglise le
regarde d'un œil très-favorable. « Je loue votre courage,
« mes enfants, nous dit-il. Nouveaux Gédéons, vous venez
« combattre les combats du Seigneur ; et je suis certain
« que vous marcherez sur les traces du grand capitaine
« dont je viens de vous donner le nom, si jamais l'occasion
« se présente. Mais quoiqu'il arrive, j'ai un conseil à vous
« donner : dans la guerre comme dans la paix, soyez chré-
« tiens, craignez Dieu et marchez hardiment. Maintenant,
« chers enfants, je vais vous donner une bénédiction qui
« vous accompagnera toujours sur le chemin de la vie ;
« une bénédiction qui va s'étendre à vos parents et à ceux
« qui ont contribué à vous envoyer au secours de l'Eglise.
« Ainsi, je vous bénis au nous du Père, afin qu'il vous
« inspire la force et le courage qui a fait triompher 500
« Israélites avec Gédéon à leur tête, contre un ennemi dix
« fois plus nombreux ; je vous bénis au nom du Fils, afin
« qu'il vous accorde de persister dans les bonnes résolu-
« tions qui vous animent aujourd'hui ; enfin, je vous bénis
« au nom du Saint-Esprit, afin qu'il vous donne la ferveur
« et la piété, pour que vous restiez toujours bons soldats et
« surtout bons chrétiens. »
« A ces mots, écrit M. de Hempel, nous mîmes un genoux
en terre et nous reçumes avec un recueillement et une
ferveur difficiles à décrire la sainte bénédiction du Souverain Pontife. Puisse-t-elle nous accompagner dans les
combats et dans tous les jours de notre vie !»
Après la bénédiction, le Saint-Père fit apporter par un
des prélats des médailles en argent, et, faisant le tour de
nos rangs accompagné de deux cardinaux, des aumôniers
et des officiers, il daigna les distribuer lui-même aux
Zouaves. En passant devant le capitaine Taillefer, le
général Kanzler dit à Sa Sainteté que c'était là le commandant des Zouaves pendant le voyage, et lui rappela
l'incident du port de Marseille, lorsque le capitaine fit
baisser la tête à un individu qui avait insulté le drapeau :
— Ah ! c'est ainsi que vous attaquez les ennemis du
Saint-Siége avant d'être à notre service, lui dit Sa Sainteté,
en lui prenant familièrement le bras ; eh ! bien, j'espère
que vous en ferez autant à l'avenir.
Après avoir donné à M. Taillefer sa médaille, il continua et en donna, de sa propre main, une semblable à
chacun de nous. Pendant cette distribution, le Saint-Père
fit diverses questions à plusieurs des Zouaves et s'appuya

familièrement sur leurs épaules. Ceux-ci étaient tout attendris de ces marques de bonté et de l'émotion visible qui agitaient le chef de l'Eglise.

A l'extrémité du détachement, se trouvaient six hommes qu'on avait laissés intentionnellement dans leur costume canadien. « J'étais par bonheur du nombre de ces six, écri vait un zouave, et le premier. Arrivé à moi, le Pape s'arrête, me pose la main sur l'épaule droite, et puis sur la poitrine, où il a dû sentir mon cœur battre ; comme une bonne mère, il voulait palper l'étoffe canadienne avec laquelle nous étions venus : « Voilà, a-t-il dit, de belle et bonne étoffe de laine. » Ensuite, prenant dans ses mains le béret de mon deuxième voisin ! « Mais c'est presque là la calotte du Pape, a-t-il dit en comparant avec sa propre coiffure. Comment, c'est ainsi qu'on empiète sur mes droits ! »

Puis, reprenant des mains du cardinal, qui l'en avait débarrassé, le précieux béret, il le remit avec la plus gracieuse amabilité sur la tête de mon cher voisin.

La médaille donnée aux Zouaves est en argent et de la grandeur d'une pièce de deux francs ; d'un côté est l'image de Pie IX avec ces mots : *Pius IX Pon. Max. An. XXII* ; sur le revers est celle de St. Pierre et St. Paul, avec cette légende en latin : *Romæ parentes arbitrique gentium.*

La distribution des médailles finie, le Saint-Père bénit de nouveau les Zouaves et les laissa tous attendris et joyeux d'avoir été l'objet de tant de sollicitude et de tant de bonté. « Qu'ils viennent maintenant, les garibaldiens ! » s'écriaient plusieurs Zouaves avec feu. Cette journée restera longtemps gravée dans leur mémoire et comptera parmi leurs plus beaux jours.

« Maintenant, un mot de notre vie de caserne, écrit un zouave. Ce n'est pas le moins intéressant pour nos bonnes mères, dont la tendresse s'alarme si facilement. Mais qu'elles se consolent, nous n'avons rien à envier au bonheur. Le clairon sonne le réveil à cinq heures ; on passe le café que l'on reçoit dans de petits gobelets en fer-blanc. Le lever a lieu une demi-heure plus tard, puis l'appel se fait à six heures et demie. L'exercice commence aussitôt et se continue jusqu'à neuf heures et demie. Il cesse alors pour nous permettre de prendre la soupe. A midi il recommence pour se terminer à $3\frac{1}{2}$ heures. Le reste du jour est à nous jusqu'à huit heures, et même jusqu'à dix heures, avec la permission de notre capitaine. A dix heures, les feux s'éteignent et la caserne rentre dans le repos.

« L'appétit ne nous fait pas défaut. L'exercice militaire

vaut mieux que toutes les absinthes du monde—voire
même le célèbre amer de Gianelli. Nous savourons avec
délices les sauces piquantes préparées d'après les ordres
du caporal d'ordinaire Drolet, sauces qui nous auraient
fait faire plus d'une grimace au pays.

« Lorsque nous fesons les becs fins—comme nos mères
nous disaient jadis—nous allons au café, et pour quelques
sous, nous fesons ripaille. Tout se vend à bon marché ;
ici les sous valent les chelins du Canada. Nous n'avons
actuellement que trois sous de solde par jour, en attendant
que notre masse soit au complet ; alors nous aurons six
sous par jour ; ce sera l'âge d'or—et nous irons faire un
voyage dans le pays de Cocagne. »

C'est ainsi que les Zouaves Canadiens furent rapidement
initiés à tous les détails de leur nouveau genre de vie. Ils
montrèrent en toute circonstance une soumission et
une abnégation admirables, se soumettant avec bonne
volonté à tous les sacrifices et à toutes les privations inséparables de la carrière militaire. Ils trouvèrent, sans doute,
ces sacrifices d'autant plus durs, que pour la plupart ils
ont été élevés dans le luxe et l'abondance ; cependant, ils
les acceptèrent avec courage, et la grande pensée qui les
avait conduits à Rome leur fit tout endurer facilement. A
la date du 7 mai un Canadien, qui se trouvait à Rome,
nous écrivait à nous-même: « Jamais troupe de volotaires
n'est arrivée ici sous de si beaux auspices. Un grand prestige est attaché aux Canadiens, et ce prestige ils le conservent, Dieu merci ; tous les jours j'entends faire, par les
officiers supérieurs, des compliments sur leur compte. On
les estime, on les aime ; il faut dire aussi que nos compatriotes se conduisent bien. »

Peu de temps après son arrivée, M. l'abbé Moreau,
d'après les instructions du Comité, loua des salles sur la
Place Farnèse pour l'usage des Zouaves Canadiens. Tout
auprès est une église, l'église Ste. Brigitte, dans laquelle
M. l'abbé Moreau eut son confessionnal. « J'ai entrepris,
écrivait-il plus tard, à la date du 9 mai, de donner le mois
de Marie à nos chers Zouaves Canadiens, et je m'en félicite, car les exercices sont très-régulièrement suivis, et la
chose a pour eux beaucoup d'attrait. Notre petite église
de Ste. Brigitte est transformée en une chapelle toute
canadienne. Nous y chantons des cantiques et des motets
du pays ; et M. Desjardins conduit son chœur à merveille.

« Les dames sont pour nous remplies des meilleures

attentions : elles nous envoient des fleurs pour orner notre autel, et la sœur de la reine de Naples, qui est ici notre voisine, nous a l'autre jour fait parvenir une corbeille comme on n'en voit qu'à Rome. »

Quelques mois après, M. Moreau dut abandonner ces salles pour en louer d'autres, plus vastes et mieux adaptées à la destination qu'on leur donnait. Les Canadiens prirent possession de leur nouveau cercle le 3 de juin, jour même de l'arrivée du second détachement. « Hier, écrivait M. Moreau à la date du 4 juin, était le jour fixé pour l'inauguration des nouvelles salles de réunion des Canadiens. Aussi à 6 h. P. M., nos jeunes gens au nombre de plus de cent, circulaient dans les nouveaux appartements de leur Cercle, les anciens faisait connaissance avec les nouveaux, leur faisant part des fruits de leur expérience de trois mois, et surtout s'informant de mille et mille choses sur le pays. Je profitai de la circonstance pour donner lecture à nos braves de la lettre que Monseigneur de Montréal leur avait adressée. Vous ne sauriez croire avec quelle religieuse attention et avec quelles émotions ils écoutèrent ces paroles paternelles, qui leur venaient d'un évêque vénéré et aimé de la patrie : les uns pleuraient, les autres battaient des mains. Ils ont été grandement touchés surtout en entendant Sa Grandeur leur dire que, par ses soins, une lampe brûlait pour eux, depuis leur départ, devant la statue de St. Jean-Baptiste de la Cathédrale, et continuerait à brûler jusqu'à leur retour.

« Mais il fallait terminer cette séance en zouzous et en zouzous canadiens. On crie : musique ! musique ! puis après quelques chansons le bal s'ouvre et la danse commence au son du piano ; car il faut que vous sachiez que cet instrument est un des meubles qui ornent nos salles de réunion

« Ces salles, continue M. Moreau, sont très-vastes, très-bien aérés, et je pourrais dire très-belles ; outre deux grands appartements, dont l'un pour les jeux et l'autre pour la lecture et l'écriture, il y a deux bons appartements pour votre serviteur (car je voulais demeurer avec mes zouzous), trois autres chambres à louer à ceux des nôtres qui veulent avoir une chambre à eux, deux petites pièces pour recevoir les malles et hardes du bataillon et enfin la salle dite *buvette*, où on sert à nos jeunes gens, le café, le vin, la bière, les trois boissons favorites de Rome. » « Les choses s'y donnent au prix coûtant, remarquait M. Moreau dans une autre lettre (1) au Comité. Le vin qui se vend trois sous le verre, ailleurs, ne se vend que deux sous chez nous, celui de deux sous se vend un sou ici. Il en est de même de la bière et du café. »

Deux pensées avaient engagé le Comité à donner aux Zouaves Canadiens les moyens d'avoir un Cercle à Rome : la première, de conserver chez eux le sentiment national, l'esprit de corps, en leur permettant de se voir et de se réunir souvent ensemble ; la seconde, d'augmenter leur comfort et leur bien être matériels, en leur procurant le vin et les autres objets de consommation en usage à Rome, aux prix les plus accessibles à leurs bourses. D'après les lettres reçues au Comité, nous devons reconnaître que ces deux pensées ont été appréciées par les Zouaves, et que le double but que se proposait le Comité a été parfaitement atteint.

XXIV.

LE SECOND DÉTACHEMENT.

Avant d'organiser les détachements qui devaient suivre le premier à Rome, le Comité crut prudent d'attendre quelques semaines, pour donner à son représentant dans la capitale de la catholicité, M. l'abbé Edmond Moreau, le temps de le renseigner d'une manière complète, sur les dispositions du gouvernement pontifical à l'égard des nouveaux Zouaves canadiens. Seraient-ils reçus volontiers, et seraient-ils admis dans les rangs de l'armée, aux mêmes conditions que le premier détachement ; ou bien, serait-il suffisant de défrayer leurs dépenses de voyage, aller et retour ? Dans le cours du mois d'avril, toutes ces questions furent résolues par plusieurs lettres et par deux télégrammes, qui furent envoyés au Comité, lui disant, en résumé, qu'on s'attendait à Rome que le Canada paierait les frais d'entretien des cent trente-cinq hommes du premier détachement ; mais que les autres seraient acceptés sans condition par le gouvernement pontifical, qui consentit ainsi à se charger de l'entretien des cent hommes composant les trois autres détachements. En conséquence, au commencement de mai, le Comité se crut suffisamment renseigné pour annoncer l'organisation de nouveaux détachements. C'est ce qu'il fit par la circulaire suivante :

(1) 8 juin 1868.

AVIS DU COMITÉ CANADIEN DES ZOUAVES PONTIFICAUX.

Le Comité Canadien des Zouaves Pontificaux se charge en ce moment de procurer aux jeunes gens qui désirent se rendre à Rome les moyens de le faire d'une manière régulière.

Les départs se font par petits détachements de douze à vingt-quatre ; il n'y a d'acceptés que ceux qui sont recommandés par leur curé, jouissent d'une forte santé, et font le versement de $100, entre les mains du trésorier.

Tous ceux qui, ayant les certificats requis de moralité, d'âge et de capacité physique, fournissent la somme ci-dessus, seront acceptés et partiront.

L'impossibilité de composer les détachements d'un plus grand nombre d'hommes que vingt-quatre, devra être prise en considération par les candidats. Le Comité leur recommande de prendre patience. Comme il tâche de prendre, pour chaque détachement, une proportion de zouaves dans chaque diocèse, tous peuvent s'attendre à partir sous un délai plus ou moins long.

Le premier départ a lieu à New-York le 16 du courant ; un prêtre accompagnera chaque corps ; le second le 30 mai courant, puis de 18 jours en 18 jours à peu près. Les Zouaves du premier départ devront être rendus à Montréal le 12 mai courant, après avoir accompli chacun dans sa paroisse ses devoirs religieux.

Le Comité, avant de prêter son aide aux nouveaux volontaires, a dû prendre des mesures de prudence qui ont retardé beaucoup son action. C'est la seule et unique cause de la longue interruption qui s'est écoulée entre le départ du premier corps de Zouaves et le second.

Les candidats acceptés recevront à temps une lettre des secrétaires qui les avertira de ce qu'ils ont à faire.

Le comité de Paris attend les détachements qui vont partir et leur prêtera en France le secours de ses services et de son zèle.

L'adresse à laquelle tous les journaux et lettres doivent être envoyés aux Zouaves Canadiens à Rome est celle-ci :

(Nom du zouave,)

95 Piazza Farnese,

ROME,

Etats Pontificaux. (1)

Le Comité prie instamment les journaux du Canada d'envoyer *gratis* à l'adresse ci-dessus un abonnement de leur feuille. Les nouvelles du pays transmises ainsi à époques régulières réjouiront ces braves enfants du Canada et leur prouveront que leurs compatriotes pensent à eux.

Le Comité transmet à la presse catholique, en même temps que le présent avis, copie de la lettre de Madame la Marquise de Laqueuille et de sa sœur Melle de Porte, au commandant Taillefer, et la réponse de ce dernier aux paroles si généreuses et si profondément catholiques des deux nobles dames à l'adresse de nos Zouaves.

(1) Cette adresse a depuis été changée, le Cercle Canadien ayant été transporté à la rue Dell Arco della Ciambella, No. 19.

La presse catholique du Canada est priée de reproduire le présent avis et les pièces qui l'accompagnent.

O. BERTHELET, Président,

JOSEPH ROYAL,
S. RIVARD,
   Secrétaires.

Montréal, ce 4 mai 1868.

Voici les deux lettres auxquelles il est référé dans cet avis.

Lettre de Madame la Marquise de Laqueuille au Commandant des Zouaves Canadiens.

M. le Commandant,

Nous lisons dans le *Salut Public de Lyon,* qu'au moment de faire photographier à Marseille le modeste bouquet que ma sœur et moi avons offert aux Volontaires Canadiens, vous avez paru contrarié de ne plus y voir le ruban que nous y avions attaché.

Emues jusqu'aux larmes du prix que vous avez bien voulu donner à l'expression de notre sympathie aussi profonde que spontanée, nous avons pensé que vous voudriez peut-être aussi accueillir favorablement aujourd'hui un second témoignage de notre enthousiaste admiration.

Votre rapide passage à Lyon, monsieur le commandant, ne nous ayant pas permis de mettre votre petit corps de héros sous la protection de Notre-Dame de Fourvières, et Monseigneur de Charbonnel nous ayant manifesté la peine que vous en avez éprouvée, la pensée nous est venue de faire bénir dans ce sanctuaire, un ruban et une médaille. Nous serons heureuses, Monsieur le Commandant, si vous voulez bien accepter l'un en souvenir et à la place de celui que vous avez semblé regretter, et si vous daignez agréer l'autre comme un gage de la protection que nous avons demandée pour vous et vos braves compatriotes, à la Vierge de Fourvières.

Vous nous avez prouvé que l'héroïsme et le dévouement sont de tous les pays, qu'il n'y a qu'une patrie pour les grandes âmes et les cœurs généreux : puisse cette médaille frappée et bénie pour elle, porter bonheur à votre petite armée et vous ramener tous dans votre patrie, où nos vœux et notre admiration, qui sont l'écho de la France entière, vous accompagneront. (1)

Permettez-moi, M. le commandant, de vous offrir l'expression de ma vive et sympathique admiration et d'y joindre celle de ma considération très-distinguée.

Marquise de LAQUEUILLE
Château de Collias.

18 mars 1868, près Rémoulin, Lyon.

(1) Cette médaille a été apportée au Canada par M. l'abbé Guilmette, des Trois-Rivières, et remise à Sa Grandeur Monseigneur de Montréal. Sur l'un des côtés de la médaille est gravée l'image de la Sainte Vierge avec cette inscription : *Notre-Dame de Fourvières, protégez-les;*—et sur l'autre on lit : *Aux volontaires Canadiens, Zouaves Pontificaux! Souvenir de leur passage à Lyon, 6 mars 1868. Mise. de L. Melle. de P.* Le bord de la médaille porte la devise : *Aime Dieu et va ton chemin.*
Ce précieux souvenir demeure suspendu à l'autel de l'Archiconfrérie de la Cathédrale de Montréal, où nos jeunes guerriers sont venus se consacrer à Marie, en partant pour la sainte croisade.

Réponse à la lettre de Madame la Marquise.

Madame,

Veuillez recevoir par mon entremise, pour vos bonnes paroles et votre précieux cadeau, les remerciements sincères de tout le détachement des Zouaves Pontificaux Canadiens.

J'ai lu votre lettre à mes amis, leur émotion a été vive ; j'ai vu plus d'une larme briller à la paupière de ces enfants qui iraient avec gaîté affronter la mort au-devant des ennemis de notre bien-aimé Pontife Pie IX.

Nous vous remercions tous, vous et votre noble sœur, pour la pieuse et délicate attention que vous avez eue de nous mettre sous la protection de Notre-Dame de Fourvières ; nous nous affligions de ne l'avoir pu faire nous-mêmes, lors de notre passage à Lyon. Mais nous voyons maintenant que nous y avons gagné.

Nous vous remercions tous cordialement aussi pour votre précieux cadeau, et ne sachant que faire pour exprimer notre gratitude, nous avons voulu que cette médaille précieuse fut elle-même le monument de notre reconnaissance : c'est-à-dire, que d'un commun accord, nous avons voulu qu'elle fut envoyée au pays pour être suspendue en *ex voto* à la chapelle de l'archiconfrérie de la Cathédrale de Montréal, où nous nous sommes consacrés à Notre-Dame des Victoires, au moment de quitter notre patrie.

En disposant ainsi de votre don si magnifique, nous payons à la Vierge une dette de reconnaissance que nous ne savions comment payer, et nous le plaçons dans un lieu qui nous semble le plus convenable, dans un des sanctuaires de Marie les plus vénérés de notre cher Canada.

Nos parents et amis vous béniront, lorsqu'allant prier à ce sanctuaire, ils verront de leurs yeux le monument de votre générosité pour nous ; et nous, nous le verrons avec une bien douce joie au retour à la patrie.

Veuillez, etc., etc.,

JOSEPH TAILLEFER.

Rome, mars 1868.

En même temps que la publication de cet avis, le Comité procéda à l'organisation du second détachement, dont le chiffre fut fixé à vingt-trois hommes outre l'aumônier. Ils furent convoqués à Montréal pour le 12 mai. Le 14, au matin, ils assistèrent à une messe basse à la chapelle de Notre-Dame de Pitié. Dans l'après-midi, à une heure et demie, on leur donna, dans la Cathédrale, la bénédiction du Très-Saint Sacrement. M. le Chanoine Fabre leur fit, avec sa verve ordinaire, une allocution appropriée à la circonstance. Puis, après un acte de consécration à la Sainte Vierge, et les prières de l'Itinéraire, ils se mirent en route et se rendirent aux chars accompagnés par les membres du Comité et une assez grande foule de parents et d'amis. M. Sévère Rivard, l'un des membres du Comité, les accompagna jusqu'à New-York. M. l'abbé J. Michaud, prêtre de St. Viateur, fut l'aumônier chargé de la conduite de ce détachement, qui se composa des hommes dont les noms suivent :

Eugène Poulin, Ste. Famille de l'Ile d'Orléans.
Elzéar Poulin, Ste. Famille de l'Ile d'Orléans.
Florian Lebel, Kamouraska.
Ephrem A. Brisebois, South Durham.
François Xavier Côté, Ste. Geneviève de Batiscan.
Adélard Loranger, Yamachiche.
J. Napoléon Hudon dit Beaulieu, Yamachiche.
Auguste Séguin, Montréal.
Benjamin Pierre Gélinas, St. Aimé.
Anastase Plamondon, St. Césaire.
L. Arthur Casgrain, St. Césaire.
J. Emmanuel Tassé, Ottawa.
Joseph Vincent, Ottawa.
C. Henri Desnoyers, Montréal.
Alfred Baby, Joliette.
George Panneton, Joliette.
Hilaire Thérien, Montréal.
Alphonse Daignault, Ste. Thérèse.
Elzéar Lachapelle, Epiphanie.
Joseph Pelland, St. Norbert.
Denis Monastesse, Verchères.
Ernest Hébert, Laprairie.
L. Jean Baptiste Durocher, St. Aimé.

Ce détachement s'embarqua le 16 de mai, à New-York, à bord de la *Ville-de-Paris*, et parvint heureusement à Rome le 3 de juin, à temps, comme nous l'avons dit, pour assister à l'inauguration des nouvelles salles du Cercle Canadien.

XXV.

LE TROISIÈME DÉTACHEMENT.

L'annonce officielle du second détachement en avait fait espérer un troisième, qui était, avec le quatrième, également nécessaire pour répondre aux nombreuses offres de services que possédait le Comité. Le troisième détachement fut organisé presqu'en même temps que le deuxième, et son chiffre fut fixé à trente hommes. Ils furent convoqués à Montréal pour mercredi, le 27 mai. Le soir de ce jour, ils assistèrent aux exercices du mois de

Marie au Gesù. Le R. P. Beaudry, qui conduisait ces pieux offices, s'inspira de leur présence, pour leur adresser des paroles pleines de chaleur et d'éloquence. Puis il y eut salut du Très-Saint Sacrement en musique.

Le jeudi matin, Monseigneur Grandin, vicaire apostolique du Nord-Ouest, dit la messe à Notre-Dame de Bonsecours pour ces Zouaves. M. l'abbé Routhier, qui a accompagné le détachement jusqu'à Rome, dit sa messe en même temps, à l'autel latéral de St. Joseph.

Monseigneur avait pour assistant le R. P. Charpeney. Ceux des Zouaves qui n'avaient pas fait leurs dévotions dans leur paroisse ont communié, ainsi qué toute l'Ecole Normale, professeurs et élèves. Ces derniers ont voulu donner ce nouveau et touchant témoignage de leurs ardentes sympathies pour les Zouaves Pontificaux.

La pieuse église de Bonsecours était magnifiquement décorée et illuminée, et la foule remplissait la nef.

Les membres du Comité Canadien des Zouaves Pontificaux assistaient à la messe avec leurs Zouaves.

Après l'office, Monseigneur Grandin s'avança vers les balustres et prononça une allocution de circonstance. Sa Grandeur, prenant pour texte les paroles que Dieu adressait à Abraham, lui enseignant de tout quitter pour obéir à sa voix, a fait un touchant rapprochement entre le missionnaire et le zouave pontifical, tous deux missionnaires de la cause de Dieu. L'un va dans les pays inconnus porter aux barbares la bonne nouvelle ; l'autre part pour aller défendre ce même Evangile attaqué par des barbares d'une autre espèce en plein pays civilisé.

Monseigneur Grandin, son grand-vicaire, le R. P. Charpeney, M. le chanoine Hicks, Messire Aubry, M. Guillemet, M. C. A. Leblanc, M. F. X. A. Trudel, les deux secrétaires et les Zouaves, ont été ensuite les hôtes de M. l'abbé Verreau, dont les adieux ont été fort beaux. Sa Grandeur a également pris la parole et l'a fait avec son bonheur ordinaire.

A deux heures, les Zouaves se réunirent dans le grand salon de l'Evêché, où Monseigneur de Montréal, Monseigneur Grandin et un clergé très-nombreux de la ville et de la campagne les accueillirent à leur arrivée. Bientôt après, la cérémonie religieuse commença ; on remarquait dans le chœur la présence de Monseigneur Lynch, évêque de Toronto ; la foule des fidèles remplissait la cathédrale, et les autels étaient magnifiquement illuminés. Les Zouaves occupaient les premières rangées des bancs de la nef. Le

chant et la récitation de l'Itinéraire eurent d'abord lieu ;
Monseigneur de Montréal et les Zouaves alternant dans ces
prières si magnifiques et si touchantes.

Puis, Sa Grandeur monta en chaire et parla pendant
une demi-heure à nos généreux volontaires sur la signification symbolique de l'épée, cette arme redoutable du
soldat courageux, les devoirs que leur imposait leur
dévouement et la solidarité de leurs actes ici, en voyage,
à Rome, dans leur vie de caserne ou de combat, qui en
fait les représentants de leur nationalité, des catholiques
du Canada et des fidèles du monde entier. « Partez, disait
« Sa Grandeur avec émotion, partez, jeunes gens, l'élite de
« nos enfants, allez droit votre chemin à Rome, ne regar-
« dez ni à droite, ni à gauche, ni en arrière de vous ; ne
« craignez jamais rien que Dieu. C'est sa cause que vous
« allez défendre ; craignez de n'en être jamais assez
« dignes ; pour le reste, soyez sans crainte, c'est le moyen
« d'être sans reproche. Allez votre chemin et craignez
« Dieu ! »

Les Zouaves s'avancèrent ensuite aux balustres, et,
chacun ayant un cierge ardent à la main, ils récitèrent
avec leur digne aumônier, M. l'abbé Routhier, l'acte de
consécration au saint cœur de Marie. Ils reçurent, en
même temps, divers objets de piété, brochure, prières,
chapelet, médaille, etc., à titre de souvenirs du départ.

Le salut du Très-Saint Sacrement fut chanté par le
chœur de la Cathédrale, après quoi le détachement revint
au salon de l'Evêché, où Monseigneur Lynch s'adressa aux
Zouaves dans les termes suivants :

On lit sur les armes des souverains d'Angleterre ces mots admirables, dignes des siècles de foi : « Dieu et mon Droit. » Braves jeunes
gens, l'élite de la nation canadienne, vous choisis entre mille pour
voler au secours du Souverain Pontife, cette devise, il me semble, est
la conséquence de celle que porte votre magnifique drapeau qui a
traversé triomphalement l'Europe jusqu'à la Ville Éternelle, et que je
viens de lire avec tant de bonheur sur la riche médaille commémora-
tive du passage de vos braves compatriotes dans la ville si catholique
de Lyon : *Aime Dieu et va ton chemin !* L'œuvre que vous allez
accomplir à Rome, n'est pas l'œuvre d'une nation isolée, c'est l'œuvre
de toutes les nations du monde, c'est l'œuvre de Dieu, parce que c'est
celle de son Vicaire sur la terre, le Père commun de tous les fidèles.
« Dieu et mon Droit. » Oui, c'est votre droit que vous allez défendre,
c'est celui des vénérables évêques qui vous envoient, c'est celui de
tous les évêques du monde, puisque c'est celui du Pape, celui même
de Dieu. Partez donc, braves jeunes gens, partez ; que les bénédictions du ciel vous accompagnent dans vos courses lointaines. Ne vous
arrêtez que dans la Ville Éternelle, pour y défendre d'abord son Pontife,

puis ses magnifiques monuments, monuments qui sont le droit de toutes les nations du monde catholique, puisqu'ils ont. été érigés et qu'ils sont maintenus par les largesses de la chrétienté, puisqu'ils contribuent à l'embellissement de la capitale du monde chrétien, monuments qui, sans vous, seraient souillés par des mains barbares.

Salut, bonheur, succès et victoire à vous, dignes descendants de ces preux colons, qui sont venus ici, non pour un gain sordide, mais pour y implanter et pour y consolider l'arbre royal de la croix !

Le voilà donc ce beau pays du Canada, lequel était naguère dédaigné comme ne contenant que quelques arpents de neige, le voilà maintenant qui, émulé de ceux des plus beaux siècles de l'Eglise, enfante des croisés ; et ces croisés, comme leurs devanciers, tournant le dos à ce qu'ils ont de plus cher, vont affronter les dangers de la mer et les hasards des combats pour affermir sur son trône le Pontife-Roi.

Honneur et gloire à vos bien chers parents pour avoir donné le jour à des enfants qui, en toutes occasions, se sont montrés dociles à leurs avis et à leurs commandements ; fidèles à leur Souveraine ; plus fidèles encore à leur Dieu ; et qui, aujourd'hui, pleins d'un zèle que leur envieraient les Godefroy de Bouillon et les St. Louis, roi de France, veulent à leur tour montrer leur dévouement aux Saint-Siége.

Mais, surtout, honneur et gloire à vos bien tendres mères qui, avec la vie, vous ont donné la vraie et solide piété. Oh ! que dans ce moment, elles doivent être fières de vous ! Pour moi, je les félicite du bonheur qu'elles doivent éprouver, bonheur mêlé, il est vrai, de quelqu'inquiétude ; mais qu'elles se rappellent que ce que Dieu garde est bien gardé, et qu'il est impossible que Dieu ne protège pas des enfants si chrétiens, si dévoués et si généreux.

Cet élan de générosité s'est aussi manifesté dans mon diocèse de Toronto.

Plusieurs de mes jeunes gens sont venus me supplier avec larmes de les laisser partir pour Rome. Des raisons tout à fait particulières et exceptionnelles m'ont empêché d'encourager leur générosité. Vous allez être les porteurs de leur adresse au Souverain Pontife. Plus tard, ils lui feront parvenir leur contribution en argent. Soyez bien persuadés qu'ils envient votre sort, et qu'ils vous accompagneront de leurs vœux et de leurs prières. Puissiez-vous, bien chers jeunes gens, revenir tous sains et saufs dans votre pays. Puissiez-vous, comme autrefois les croisés, qui apportaient de la Palestine de la terre bénite des Lieux Saints, nous apporter de Rome de la terre bénite du Vatican et du tombeau des Apôtres, afin de faire dans la grande ville catholique de Montréal ce qu'on fait à Pise, une terre sainte, *campo santo*, pour la sépulture des chevaliers de la croix !

Puis on renouvela les adieux ; Monseigneur de Montréal donna aux Zouaves une dernière bénédiction, et le départ s'effectua au milieu des serrements de main et de l'émotion générale. Les Zouaves furent accompagnés jusqu'au chemin de fer par Messire Paré, secrétaire de Sa Grandeur, plusieurs chanoines, et par un grand nombre de prêtres, ainsi que par la foule des parents et des amis. Les membres du Comité marchaient avec les Zouaves. Un peu après trois heures et demie, le convoi partit, et les vivats et les

acclamations d'adieu retentissaient encore dans la gare
que nos Zouaves étaient déjà loin. On pouvait néanmoins
entendre leurs voix réunies chantant avec force l'*Ave
Maris Stella*. Les gens les acclamaient et les saluaient sur
leur passage.

Ce troisième détachement se composait de l'aumônier,
M. l'abbé Joseph Onésime Routhier, professeur de l'Ecole
Normale Jacques-Cartier, et de vingt-huit hommes, dont
voici les noms :

Théodore Fauteux, Montréal.
Jean François Henry Faucher, Montréal.
Zéphirin Comtois, St. Hughes.
Louis Isaïe Oscar Melançon, Joliette.
Zacharie Bruneau, St. Hughes.
Fulgence Préfontaine, Belœil.
Paul Dumais, Kamouraska.
Thomas Michaud, Kamouraska.
Sidney Thomas, Berthier.
Honoré Giasson, L'Islet.
Louis Dusseault, Trois-Rivières.
Louis Thomas Garceau, Trois-Rivières.
Alfred Domptail Chaurette, Nicolet.
Auguste Marion, Joliette.
George Lionais, Montréal.
George Décarie, Notre-Dame de Grâce.
Alexandre Brousseau, Belœil.
Maurice Bélanger, (Rigaud,) Montréal.
Charles Alexandre Bigonnesse, Chambly.
Louis Bazinet, St. Vincent-de-Paul.
Eusèbe Branchaud, Huntingdon.
André Vandandaïgue Gadbois, St. Hilaire.
Denys Gérin-Lajoie, Nicolet.
Germain Germain, St. Vincent-de-Paul.
Fernand Violetti, Montréal.
François J. Damase Ricard, avocat, Montréal.
Sifroy Desjardins, Grande Côte, Terrebonne.
Eucher Jodoin, Boucherville.

M. de Bellefeuille, l'un des membres du Comité, accompagna le détachement jusqu'à New-York. En arrivant
dans cette ville, vendredi, le 29 mai, les Zouaves s'embarquèrent immédiatement à bord du navire l'*Europe*, dans
lequel Monseigneur Pinsonnault, vint les visiter le lendemain. Sa Grandeur voulut bien leur adresser quelques
paroles religieuses autant que patriotiques, auxquelles les
Zouaves répondirent par trois acclamations chaleureuses
pour le bienveillant évêque, et trois autres pour le Comité
Canadien. Puis, Sa Grandeur leur donna la bénédiction
avec toute l'effusion de son cœur, devant l'équipage et la

foule des passagers réunis pour voir ce spectacle inattendu, et, un instant après, trois coups de canon annoncèrent le départ, qui s'opéra au milieu des cris et des vivats des Zouaves.

La traversée fut heureuse quoiqu'un peu longue, puisqu'ils n'arrivèrent au Hâvre que le 12 juin. Le jour de la Fête-Dieu, 11 juin, M. l'aumônier avait célébré la Sainte Messe à bord, et la plupart des Zouaves s'étaient approchés de la Sainte-Table avec une piété et une ferveur qui édifièrent beaucoup les trois prêtres français qui accompagnaient M. Routhier.

Le 15, avant de laisser Paris, ils assistèrent à la messe que dit pour eux M. l'abbé Hamon, curé de St. Sulpice. Ce vénérable prêtre, qui avait déjà reçu le premier détachement, leur adressa, à la fin de la messe, quelques chaleureuses paroles d'encouragement qu'un auditeur a rapportées comme suit :

Nous avons déjà vu passer plusieurs de vos frères, nous sommes également heureux de vous recevoir. Saint-Sulpice de Montréal vous a bénis à votre départ, Saint-Sulpice de Paris vous bénit à votre passage : c'est l'esprit de M. Olier qui anime l'une et l'autre église, et tout ce qui intéresse Rome est sûr d'y trouver accueil empressé, amour et bénédiction.

Nobles enfants du Canada, nous saluons en vous de nouveaux défenseurs de la même cause. Vous êtes dignes de la France qui peupla votre pays. Français par la langue et par la race, vous l'êtes aussi par un même attachement à l'Eglise catholique et à Rome.

Vous allez dans la Ville-Eternelle, où se trouve déjà rassemblée l'élite des nations. Pour Rome, tout s'est ébranlé : la France et la Belgique, la Hollande et le Danemark, l'Angleterre avec l'Irlande et l'Ecosse ; le Canada lui apporte à travers les mers ses meilleurs enfants, et voici que l'Amérique se prépare à lui envoyer un bataillon tout entier.

Votre démarche, messieurs, est un grand enseignement : elle prouve à ceux qui ne l'auraient pas encore compris, que la cause de Rome est celle du monde et de la religion. Ce magnifique concert de la famille des nations est un hommage rendu à la vérité de l'Eglise catholique et de son Chef. A Rome, nous voyons un corps dont la tête est menacée et que tous les membres s'empressent à couvrir ; un père attaqué, dont la famille accourt pour le défendre.

Toutes les nations civilisées y sont venues, parce que Rome représente la cause de l'ordre et de la société. Le monde a vu presque sans émotion Venise et Naples devenir la proie de la conquête ; elle verrait de même Vienne et Berlin passer à d'autres maîtres : ces villes appartiennent à leurs peuples, c'est à eux de les défendre. Mais que l'ennemi menace Rome, l'univers s'émeut et s'alarme, parceque Rome est à lui.

Rome est une ville à part, une ville unique. Comme il n'y a qu'un soleil pour éclairer l'univers, il n'y a qu'une Rome au monde, d'où viennent, avec la lumière d'en haut, la règle et l'autorité. Prendre

Rome à elle-même et au monde, c'est arracher le soleil au firmament.

Insensés ceux qui voulaient s'emparer de la Ville-Eternelle, comme si elle était à eux ! Non, Rome n'appartient pas à l'Italie, parce que la Ville maîtresse du monde ne peut appartenir qu'à son Pontife-Roi ; Rome n'appartient pas à l'Italie, parce qu'elle est la reine des nations par l'antiquité et la majesté !

Elle doit demeurer à jamais ce qu'elle est, pour le bien de l'Eglise et du monde.

Continuez donc votre marche, vous, ses défenseurs accourus de si loin. Jamais plus noble cause n'arma un bras d'homme, et ne mérita mieux un si noble dévouement. Partez, que les anges vous accompagnent, et que les flots de la mer s'abaissent sur votre passage.

Arrivés au terme de votre voyage, restez toujours dignes de la cause que vous êtes venu servir, et soyez fidèles à votre mission.

Nous venons d'offrir à votre intention le saint sacrifice de la messe ; nous continuerons de prier pour vous, unis à votre œuvre, avec cette attachement que tout catholique doit avoir pour Rome, dans son cœur et dans sa foi.

Les Zouaves ne voulurent pas laisser Paris sans remercier M. Hamon de ses bonnes paroles, et ils lui firent parvenir l'adresse suivante :

Au Révérend Messire Hamon.

Monsieur,

C'est un beau jour pour les vingt-huit Zouaves du Canada que le 15 juin. Comment pouvons-nous vous remercier de tant de douces paroles qui jettent la paix dans l'âme ? Oui, Révérend Monsieur, nous avons laissé nos familles, notre patrie, nous foulons maintenant le sol de la noble France ; dans quelques jours, nous serons dans la capitale du monde entier. Nous avons fait un sacrifice bien naturel. Pourquoi donc tant de louanges ? A peine étions-nous dans ce monde que le signe de la croix nous fit enfants de l'Eglise. Plus tard, le beau jour de notre confirmation, nous fûmes soldats du Christ. Eh bien ! le général des armées du Christ nous appelle sous son drapeau. Comme le Français, le Canadien a senti que là était le devoir et l'honneur, nous y allons. Les bénédictions de nos évêques mirent notre cœur en paix ; nous étions calmes, la tempête ne nous effrayait pas, l'Etoile était là. Vos bénédictions et vos prières, Révérend Monsieur, nous font dédaigner le fer de l'ennemi. Faibles arbrisseaux au pied du chêne séculaire de la Papauté, nous braverons les vents révolutionnaires ; nous tomberons peut-être, mais avec honneur. Le Canadien est brave parce qu'il est Français. Quelle récompense alors, pour un sacrifice tout humain ! Ne nous louangez pas, ces louanges appartiennent à ceux qui sont tombés ; priez pour que nous soyions leurs fidèles imitateurs.

Après un heureux voyage à travers la France, le troisième détachement parvint à Rome le 19 de juin, quelques jours avant la fête St. Jean-Baptiste, dont la célébration

particulière par les Zouaves Canadiens a été racontée dans
les journaux d'une manière complète. Les Canadiens
se rappelleront longtemps, nous n'en doutons pas, cette
première fête nationale, chômée sur la terre étrangère, à
dix-huit cents lieues de la patrie. Lorsqu'ils seront revenus
dans leurs foyers, ce souvenir sera, sans doute, l'un des
plus doux de leur long voyage et l'une des plus agréables
réminiscences de leur lointaine expédition.

XXVI.

LE QUATRIÈME ET DERNIER DÉTACHEMENT.

Pendant que le Comité préparait l'envoi d'un quatrième
et dernier détachement, Monseigneur de Montréal adressa
à son diocèse une lettre pastorale, dans laquelle, unissant
d'une manière très-heureuse la pensée des Zouaves Canadiens à celle de la fête St. Jean Baptiste, qui, pour la
première fois, allait être célébrée solennellement par des
Canadiens dans la capitale de la catholicité, Sa Grandeur
engagea les fidèles de son diocèse à donner tout l'éclat
possible à cette fête, et conclut en ordonnant dans toutes
les églises une quête en faveur de l'œuvre des Zouaves.
Cette lettre, qui est très-belle, a été remarquée dans les
diocèses voisins, et elle contribuera puissamment à conserver vivante dans l'esprit de la population canadienne, la
pensée des braves jeunes gens qui représentent si bien le
nom canadien à l'étranger.

Il fut décidé que ce quatrième détachement serait le
dernier; en arrêtant le chiffre du contingent canadien à
environ deux cent cinquante hommes, le Comité crut se
conformer aux désirs du clergé et du peuple du Canada,
dont la part de dévouement ne paraissait pas exiger davantage pour le moment.

Le quatrième détachement se composa de quarante-huit
hommes et d'un aumônier, M. l'abbé Ph. H. Suzor, curé de
St. Christophe d'Arthabaska, qu'accompagnait M. l'abbé
Pierre Roy, curé de St. Norbert d'Arthabaska. Après avoir
assisté à la fête St. Jean-Baptiste, à Montréal, ils laissèrent
cette ville le lendemain, 25 juin, accompagnés de deux
membres du Comité, MM. Royal et de Bellefeuille. A
New-York, les Zouaves s'embarquèrent en arrivant à
bord du steamer, la *Ville-de-Paris*, où ils reçurent la visite
de Monseigneur Pinsonnault, qui les traita avec une bien-

veillance toute particulière. Samedi, le 27, ils assistèrent à la messe qui fut dite par leur aumônier à l'église St. Pierre. Avant le départ, Monseigneur Pinsonnault leur adressa de fortes paroles d'encouragement et leur donna sa bénédiction. A ce moment, un gracieux incident vint causer une agréable surprise aux Zouaves ; une dame, qui a voulu rester inconnue, leur envoya un magnifique bouquet aux couleurs pontificales.

Les Zouaves emportèrent avec eux ce bouquet, preuve de l'admiration qu'ils excitent partout sur leur passage.

Voici les noms des Zouaves du quatrième détachement :

Diocèse de Montréal.

Raymond Dostaler, Berthier.
Arthur Champagne, Berthier.
Charles Napoléon Munro, Montréal.
Ferdinand Favreau, Montréal.
Grégoire Bélanger, St. Martin.
Godfroy Demers, Ste. Geneviève de Montréal.
Adéodat Martin, Montréal.
Ulric Paré, St. Vincent-de-Paul.
Arthur Lefebvre, St. Vincent-de-Paul.
Stanislas Benoît, St. Cyprien.
Tancrède Zotique Allard, Châteauguay.
Aristide Champagne, Lanoraie.
Eusèbe Désormeau, St. Martin.
François Xavier Boilleau, Ste. Thérèse.
Joseph Alary, Ste. Anne des Plaines.
Joseph McGowan, St. Roch de l'Achigan.
Napoléon Mazurette, St. Vincent-de-Paul.
Charles Collin, Longueuil.
Agapite Bondy, Lavaltrie.

Diocèse des Trois-Rivières.

J. E. G. Prince, Nicolet.
Norbert Duguay, Nicolet.
Jean-Baptiste Drolet, St. Paulin.
Maxime Féron, St. Léon.
L. Alfred Dostaler, St. Narcisse.
Ernest Noël de Tilly, Arthabaska.
Louis Joseph Prince, L'Avenir, (St. Pierre de Durham.
Charles Lamontagne, St. Antoine, Rivière-du-Loup.
Ferdinand Bellemare, St. Antoine, Rivière-du-Loup.
Ludger Gaudet, St. Christophe d'Arthabaska.
Emery Cloutier, St. Norbert d'Arthabaska.
Joseph Benoît, St. André d'Acton.

Diocèse de St. Hyacinthe.

Louis Blanchard, St. Hyacinthe.
Jean-Baptiste Girard, St. Aimé.

Aristide Lavallée, St. Aimé.
Joseph Francœur, Sorel.
Napoléon Cabana, Sherbrooke.

Diocèse de Rimouski.

Alphonse Martin, Rimouski.
Joseph Gagnier, Rimouski.
Louis Pouliot, Rimouski.
Aimé St. Laurent, Rimouski.

Diocèse d'Ottawa.

J. Alphonse Martineau, Ottawa.

Archidiocèse de Québec.

George Fournier, St. Thomas de Montmagny.
Edmond Watters, St. Augustin.
Elzéar Hardy, Québec.
Arthur Pennée, Québec.
Calixte Gagnier, L'Anse-à-Gilles.
Guillaume Irvine, Ile Verte.

Nous empruntons à plusieurs lettres de M. l'abbé Suzor, aumônier, les détails du voyage du quatrième détachement.

Aucun incident remarquable ne signala la traversée, si ce n'est celui-ci :

En mettant le pied sur le navire, les Zouaves avaient remarqué un jeune nègre, qui paraissait cacher sous une noire enveloppe, une excellente âme, et un cœur animé des plus beaux sentiments. En peu de temps, on connut son histoire, et l'on sut que C. C*** était de l'état de Pensylvanie, et né de parents protestants et pauvres. Comme il laissait entrevoir des talents assez remarquables, une famille l'accueillit dès le bas âge, et lui fit suivre un cours classique dans un collège, à Philadelphie. Persuadée qu'il serait très-apte à exercer la charge de ministre, cette même famille lui avait assuré une somme de $500, pour terminer ses études théologiques. Elle ne s'était pas aperçue jusque-là, qu'en faisant avancer ce jeune homme dans la voie des sciences, elle le mettait en état de distinguer le chemin qui conduit au vrai bonheur. En effet, C. C*** ne tarda pas à comprendre qu'il avait marché dans l'erreur, et qu'il devait en sortir. Aussi, sans tarder, il alla trouver un prêtre à New-York, M. Louis Gouin, de la Compagnie de Jésus, qui l'instruisit dans la religion catholi-

que, reçut son abjuration et le baptisa le 17 juin dernier.
Dès ce moment, C. C*** n'eut qu'une pensée, celle d'utiliser pour la vérité les connaissances qu'il avait reçues. Or,
le 27 juin dernier, les Zouaves le rencontraient sur la
Ville-de-Paris, en route pour Paris et Rome.

—Vous avez, sans doute, lui dirent-ils, les fonds nécessaires pour entreprendre un si long voyage.

—Je n'ai que deux francs, répliqua le jeune homme,
c'est bien peu de chose à la vérité ; mais je me remets entre
les mains de la Providence, qui me protègera, je l'espère.

Voici, maintenant, comment ses vœux ont été exaucés.
La compagnie française a consenti à le conduire en France,
sans exiger d'autre payement que son travail. Du Hâvre
à Paris, il a voyagé aux frais de M. l'abbé Caragon, qui a
fait la traversée avec les Zouaves ; de Paris à Rome, il a
été aux frais des Zouaves. En apprenant ses aventu-
res et l'abnégation dont il avait fait preuve, en s'éloignant
de sa famille, pour suivre la voie qui l'appelait, tous se
sont dit avec enthousiasme :—« Nous lui ferons une part
de l'argent que nous avons pour nos menus plaisirs, et
nous le conduirons à Rome.» A l'heure où M. Suzor écrivait ces détails, il avait en mains la jolie somme de 115
francs, produit de la collecte.

« Après une période de onze jours passés sur l'eau, continue M. Suzor dans une autre lettre, vous n'avez pas
d'idée des désirs ardents que nous formions de voir la
terre ferme. Aussi, à la première nouvelle, personne
n'eut d'expressions assez enthousiastes pour chanter son
bonheur. A quatre heures du matin, le 7 juillet, nous
avions devant nous l'Isle *Ouessant,* distante de dix lieues
de la ville de Brest, en face de laquelle nous devions jeter
l'ancre. Trois heures plus tard, nous étions à quelques
arpents des côtes de la Bretagne.

« Le cadran du bateau marquait dix heures, lorsque le
capitaine Surmont donna l'ordre de lever l'ancre, et en
peu de temps nous étions en route sur la Manche pour le
Hâvre, où nous arrivâmes le 8, à huit heures du matin.
Nous fûmes accueillis par M. Masquelier, de la maison
Emile Masquelier et Cie., qui nous obtint l'exemption de
la visite de MM. les douaniers, et nous conduisit à la gare
du chemin de fer.

« A dix heures et demie du matin, nous étions dans les
chars, en route pour Paris. Nous traversâmes dans la
journée à peu près la Normandie toute entière, et nous

ne pouvions nous laisser d'admirer ses campagnes éclatantes de verdure et, en grande partie, couvertes de moissons
dorées qui n'attendaient que la faux du moissonneur.

« A six heures, nous avions parcouru une distance de
cinquante quatre lieues, et nous faisions notre entrée dans
Paris. A la vue des monuments gigantesques qui bor-
daient le chemin, des mille et une flèches qui s'élevaient
dans les airs, des boulevards grandioses encombrés de pro-
meneurs, il n'y avait à s'y méprendre, nous étions dans
la capitale de la France. M. Fallace, qui nous attendait à
la gare, donna immédiatement des ordres pour confier
nos bagages à un omnibus, et nous allâmes nous installer
à l'hôtel Fénélon, où nous attendaient M. Poussiègle et
plusieurs autres, et où nous reçûmes la plus franche et la
plus cordiale hospitalité. Nous en étions d'autant plus
aise que nous étions un peu fatigués, aussi Morphée n'eut
pas la peine de nous répéter l'invitation d'aller nous
reposer à l'ombre de ses pavots. Nous prîmes le souper,
un peu de récréation, puis le lit, pour nous préparer aux
courses du lendemain, car nous devions séjourner trente-
six heures à Paris.

« Comme vous avez pu le voir par ma dernière lettre et
ce que vous venez de lire, nous n'avions pas eu le bonheur
d'entendre la sainte messe depuis notre départ de New-
York. Vous comprenez sans peine combien il nous tardait
d'aller témoigner au Dieu trois fois Saint notre reconnaissance pour la belle traversée que nous avions eue, par
l'oblation du divin Sacrifice. Déjà à notre arrivée dans
notre hôtel, on nous avait désigné le sanctuaire, où, de
bonne heure le lendemain, nous dirigeâmes nos pas : c'était
l'église de Saint-Sulpice, qui était pour ainsi dire à notre
porte, et dont M. le curé, le vénérable M. Hamon, avait
donné tant de marques d'affection aux Zouaves Canadiens.

« Une bonne fortune m'était réservée pour le lendemain,
le premier ecclésiastique auquel je pus serrer la main
était le digne octogénaire dont je viens de prononcer le
nom. Il me conduisit lui-même à l'église, et, comme
pour mettre le comble à toutes les faveurs que nous avions
reçues depuis le commencement du voyage, il me fut
donné d'immoler la victime sainte sur l'autel de Marie
notre protectrice, notre mère à tous, et pour mes chers
Zouaves et pour moi. Ce n'est pas tout. M. le Curé de
St. Sulpice voulut bien nous dire la sainte messe, le jour
de notre départ de Paris, et adresser à nos chers Zouaves
des paroles dont ils garderont longtemps un touchant sou-

venir. Il parla de la foi vive qui animait les Canadiens, et qui se traduisait par des actes dignes des chrétiens du moyen-âge.

« Honneur, s'est-il écrié avec enthousiasme, honneur à « un pays qui a produit des enfants tels que vous ; honneur « à vous, messieurs, qui avez su si bien correspondre aux « desseins de la Providence. La France vous regarde avec « des regards d'envie, l'univers entier salue votre noble « dévouement, les anges vous contemplent et veillent sur « vos pas. Marchez avec courage où vous appellent la reli « gion et l'honneur ; marchez et que rien ne vous arrête. « Si vous succombez sur le champ de bataille, des couronnes « d'immortelles ceindront vos fronts pour l'éternité; si vous « retournez au pays natal, on vous bénira, chacun sera « trop heureux de vous serrer la main, vos compatriotes « s'écrieront avec bonheur en vous voyant : Ce sont là les « soldats de l'Eglise et de son Chef. Honneur à de tels « héros !»

« Ces paroles produisirent de vives impressions dans les cœurs de nos nobles croisés, et ils ne voulurent pas laisser la capitale de la France sans témoigner au vénérable prêtre, leur reconnaissance pour la bienvenue toute cordiale qu'il leur avait souhaitée. Voici à peu près leur adresse de remerciements qu'ils signèrent tous.

A M. Hamon, curé de St. Sulpice de Paris.

Vénérable Curé,

Nous sommes à la fois heureux et humiliés de l'accueil chaleureux et sympathique que vous venez de nous faire, à notre passage dans la capitale de cette belle France, que nos pères nous ont appris à chérir et à bénir. Si nous avons conservé ces nobles sentiments que vous vous êtes plu à admirer dans les démarches que nous avons faites pour voler au secours du bien-aimé pontife de l'Eglise catholique, nous les devons à ces hommes qui ont respiré leur amour de cette même Eglise sur le sol que vous habitez et que vous fécondez par vos vertus et vos travaux apostoliques.

Merci, vénérable curé, pour les bonnes paroles que vous nous avez adressées, merci au nom de la religion que nous voulons aimer et défendre, merci au nom de la France dont nous sommes les enfants, merci au nom du Canada que nous ne cessons de protéger !

Nous sommes vos enfants respectueux, Zouaves Pontificaux.

« Dans le cours de la matinée, on vint nous avertir qu'une grande faveur, que n'avaient pas eue les derniers détachements, nous attendait. Le nonce de Sa Sainteté à Paris, Son Excellence Monseigneur Chigi, désirait nous donner audience. Inutile de vous dire, que cette nouvelle fut accueillie avec bonheur. En effet, à onze heures de l'avant-midi, nous entrions dans le palais de Sa Grandeur, nous recevions dans un religieux silence les bonnes paroles qui tombaient de sa bouche, comme une douce rosée sur nos âmes, puis une bénédiction qui nous semblait descendre du ciel.

« A trois heures de l'après-midi, le 10 juillet, nous laissâmes Paris, emportant un précieux souvenir des monuments religieux et profanes que nous avions visités, pendant les deux jours passés dans cette grande ville. Quelques minutes plus tard, nous étions sur la voie ferrée en route pour Lyon, où nous arrivâmes le 11, à sept heures et demie du soir.

« Comme au Hâvre et à Paris, nous étions attendus. MM. P. Dugas, Louis Juster et plusieurs autres, nous serrèrent affectueusement la main, nous conduisirent à l'hôtel Michel, et de là à la cathédrale, où nous eûmes le bonheur d'entendre la sainte messe, après laquelle on nous servit un excellent déjeuner, auquel prirent part avec nous les deux messieurs qui nous avaient reçus à la gare, et de plus MM. Victor de Laprade, de l'Academie française, Ant. Mollière, avocat, et plusieurs autres notabilités de la ville.

« Comme vous le voyez, nous étions en bonne compagnie, et vous ne serez pas peu surpris quand je vous dirai qu'il fallut répondre à deux discours que nous adressèrent ces messieurs, le premier pour nous souhaiter la bienvenue, le second pour nous présenter un bouquet au nom des dames de Lyon. Jamais la charge d'aumônier n'avait pesé plus lourdement sur moi que dans cette circonstance. Il fallait pourtant bien s'exécuter, car l'honneur du détachement pressait. Je ne vous rapporterai pas ce que j'ai dit, je craindrais de nuire à la bonne idée que vous vous faites de la séance qui nous a tant édifiés ; je dis édifiés, car nous avons entendus, ce jour-là, des discours que ne désavoueraient nos chaires catholiques. »

Voici en quels termes, l'*Echo de Fourvières* signalait le passage du quatrième détachement à Lyon. On ne saurait assez admirer la bienveillance avec laquelle l'écrivain parle des Canadiens :

Samedi dernier est arrivé à Lyon un nouveau détachement de cinquante volontaires Canadiens, se rendant à Rome avec deux aumôniers. Ces braves jeunes gens, comme leurs dévanciers, nous ont charmés par leur saint enthousiasme et leur belle tenue. Aussitôt arrivés à la gare, ils se sont dirigés vers la Cathédrale et ont entendu la messe, pendant laquelle ils ont chanté le *Veni Creator*, suivi d'un cantique à la Sainte Vierge. Ils ont ensuite visité le trésor, qui leur a été montré par M. le maître des cérémonies, et ont vénéré avec une grande dévotion le cœur de Saint-Vincent-de-Paul.

Au déjeûner qui leur a été préparé, plusieurs Lyonnais ont eu le bonheur de s'asseoir dans leurs rangs et d'échanger avec eux ces sentiments d'affection qui naissent bien vite dans les cœurs animés de la même foi.

Des toasts vivement applaudis ont été portés au Saint-Père et aux volontaires du Canada, par MM. Victor de Laprade et Mollière.

L'un de MM. les aumôniers a répondu à ces vœux avec un tact, une courtoisie, un sentiment parfaits.

Plusieurs combattants de Mentana, parmi lesquels M. le capitaine Kersabiec, sont allés à la rencontre de cette troupe dévouée, dont ils ont, par leur exemple, excité la noble émulation. Les Canadiens les égaleront par leur courage ; ils les surpassent déjà par leur dévouement, qui les fait accourir des contrées éloignées du Nouveau-Monde.

Ils quittent, pour la plupart, des positions honorables et lucratives, et abandonnent leurs familles, qu'ils n'espèrent pas revoir avant la fin de leur service.

Deux cent cinquante de ces Français d'outre-mer sont maintenant enrôlés au service du St. Siége. Ce sont tous des gens d'élite, choisis entre des milliers qui demandaient à les suivre.

Braves Canadiens, il semblait, en vous quittant, que nous étions déjà de vieux amis, et c'est avec une cordialité parfaite que tous les Lyonnais présents se sont associés à l'adieu qui vous a été adressé par l'un d'eux : Au revoir ! à Lyon ou à Rome peut-être ; mais, pour plus sûr, au ciel !

« A dix heures et demie, continue M. Suzor, nous prîmes les chars pour nous rendre à Marseille, où nous arrivâmes le même soir à onze heures.

« Il y a dans cette dernière ville un homme qui s'est acquis, par son dévouement et son énergie pour la bonne cause, des titres à la reconnaissance de tous les catholiques qui passent chez lui avec un bon désir dans l'âme. Son nom est M. Paschal. Fidèle à sa mission de souhaiter la bienvenue à tous les Zouaves Canadiens, il était à son poste pour nous recevoir et nous conduire à l'hôtel Beauvau, où il avait fait préparer un souper copieux auquel nous fîmes honneur. Le lendemain, il nous conduisit à l'église St. Charles, où je célébrai la sainte messe pour implorer les bénédictions du ciel sur la continuation de notre voyage.

« Après le déjeuner, nous nous rendîmes au bateau *Comte de Baciocchi*, qui devait nous transporter à Civitta-Vecchia.

« Il y a, de Marseille à Civitta-Vecchia, une ligne de bateaux qui vont directement, en trente heures de marche, à ce dernier port de mer ; mais ils ne partent que le jeudi de chaque semaine. Comme nous étions arrivés à Marseille le samedi soir, et qu'il nous eut fallu demeurer là quatre jours, nous avons préféré prendre un bateau, qui ferait à la vérité le trajet en plus de temps, mais qui nous conduirait à Civitta-Vecchia deux jours plus tôt que le bateau du jeudi. C'est ce qui vous explique pourquoi nous avons stationné un jour devant Gênes et un jour devant Livourne.

« Nous étions encore en rade dans le port de Gênes, le capitaine était à la veille de donner le signal de lever l'ancre, lorsque le ciel commença à se noircir. D'épais nuages grisâtres vinrent s'amonceler au-dessus de nos têtes, et de leurs larges flancs s'échappaient des éclairs suivis de coups de tonnerre qui portaient la terreur au fond de l'âme. L'aquilon se mit à déchaîner les vents qui sifflaient autour de nous et agitaient notre navire, de manière à nous donner quelque crainte pour la nuit dans laquelle nous allions entrer. Chacun de se regarder en silence et de se dire : partirons nous à la veille d'une tempête ? Hélas ! nous comptions sans la hardiesse de nos marins. Les gaillards en avaient vu bien d'autres. Aussi, à peine le cadran du bateau eut-il marqué l'heure du départ, qu'ils étaient à l'œuvre pour nous lancer impitoyablement sur la mer.

« Vous pouvez croire sans peine que notre premier soin fut de nous humilier sous la main du Dieu des tempêtes, et de lui rappeler la sainteté de la cause que nous avions embrassée, et que nous allions défendre au péril même d'une vie qu'il devait nous conserver dans l'intérêt de son Eglise et de son chef. Nous nous adressâmes ensuite à Celle qui veille sur les voyageurs et les conduit toujours sûrement au port. Nos prières furent exaucées, nous fûmes bien ballottés par les vagues, mais nous pûmes dormir assez bien et nous réveiller le lendemain en face de Livourne.

« Il y avait deux jours et trois nuits que nous avions laissé Marseille, c'était le mercredi matin, 15 juillet. Chacun avait hâte de mettre pied à terre et, qui plus est, sur la terre de notre Saint-Père le Pape. Nous devions y arriver sur les cinq heures du matin ; mais par un retard forcé à Livourne, nous ne pûmes jeter l'ancre à Civitta-Vecchia qu'à huit heures. Nous n'avions pas les yeux assez grands pour regarder autour de nous. Nous aperçumes d'assez belles fortifications où stationnent quelques centaines de soldats français, qui sont là pour dire aux passants que la

France conserve encore un peu du sang de nos rois très-chrétiens.

« Mille et mille pensées se pressèrent dans mon âme à l'instant où il me fut donné de voir devant moi le port de Civitta-Vecchia ; mais il nous fallait penser à mettre pied à terre. Nous reçûmes à bord la visite de M. l'adjudant Caulier qui ne cesse de témoigner les plus grands égards aux Zouaves Canadiens, et surtout à leurs aumôniers. Nous lui serrions encore la main, lorsque je vis s'approcher du bateau M. Moreau et deux Zouaves Canadiens, qui venaient nous souhaiter la bienvenue. Je ne puis vous cacher l'émotion que je ressentis en ce moment ; et quelques larmes s'échappèrent de mes yeux. Rencontrer à 1700 lieues de son pays, des Canadiens, et des Canadiens qui viennent sympathiser avec nous, vous ne sauriez croire ce que l'on éprouve de bonheur dans ces moments fortunés. Nous nous embrassâmes comme des frères, et après quelques mots échangés sur la santé de nos chers Zouaves déjà dans les murs de Rome, nous nous rendîmes à terre.

« Nous prîmes à Civitta le café et le dîner, car le train du matin pour Rome était parti, et ce ne fut qu'à trois heures vingt minutes que nous pûmes nous embarquer pour la Ville-Eternelle, terme de notre voyage.

« Dès la veille de notre arrivée, M. Moreau avait fait dire aux Zouaves stationnés à Monte Rotondo et à Velletri qu'il allait recevoir le lendemain de nouveaux frères d'armes. Aussi, une cinquantaine de ces chers enfants du Canada, étaient rendus à la gare pour nous serrer la main, et c'est en leur compagnie que nous nous rendîmes, MM. Moreau, Roy et moi, au Cercle Canadien. Pour nos nouveaux Zouaves on les conduisit de suite à la caserne où on leur assigna un logement.»

Ce récit ne serait peut-être pas complet si nous ne parlions de l'audience accordée par le Saint-Père au quatrième détachement, à laquelle assistaient également le second et le troisième. Cette audience est en quelque sorte le couronnement du voyage. Du reste, le Souverain Pontife y a manifesté une telle bienveillance et une si grande bonté paternelle pour les Canadiens et le Canada, qu'on sera heureux, sans doute, d'en connaître tous les détails, pour les rappeler dans les années futures, et les conserver comme un des plus touchants souvenirs de nos Zouaves Pontificaux.

« Le 21 juillet, écrit M. l'abbé Suzors, nous reçumes

visite d'un officier qui nous prévint d'une manière officielle que nous verrions le Saint-Père à cinq heures du soir,
le même jour. Par bonheur j'étais présent au Cercle
Canadien au moment même de la visite du fonctionnaire.
Jugez de notre joie et de celle de nos chers enfants qui,
dans quelques heures, seraient aux pieds du vicaire de
Jésus-Christ.

« A cinq heures précises, nous arrivions au Vatican, MM.
Moreau, Lussier, Routier, Roy et moi, accompagnés de
nos chers Zouaves et du colonel Allet. Après avoir traversé de larges corridors et monté plusieurs escaliers en
marbre, aux pieds de chacune desquelles était une garde-
noble portant la lance au bras, on nous introduisit dans
une vaste salle, appelée la Salle du Trône, où le Saint-Père
donne ses grandes audiences. Il y avait une vingtaine de
minutes que nous attendions, lorsqu'un évêque vint nous
avertir que Sa Sainteté approchait ; en effet, deux ou trois
minutes plus tard, je vois apparaître plusieurs évêques et
au milieu d'eux le vieillard du Vatican portant une soutane blanche, une calotte, une ceinture et des bas de la
même couleur, un chapeau de soie rose avec galons d'or
et des souliers en maroquin rouge bordés en or. Il n'y
avait pas à s'y tromper, c'était l'immortel Pie IX.

« A cet instant une grande et agréable surprise nous
était ménagée. Sa Sainteté, au lieu d'entrer dans la salle,
passa outre, et dit à l'un de ceux qui l'accompagnaient de
nous dire de le suivre. Où allions-nous, vous ne sauriez
le croire ? Nous marchâmes, nous traversâmes d'immenses
salles ornées de tableaux, toujours précédés de notre Très
Saint-Père, et nous arrivâmes dans son jardin. C'était là
qu'il voulait recevoir ses enfants du Canada, qu'il aime
comme vous avez pu vous en convaincre et comme vous
allez le voir d'une manière toute particulière.

« C'est alors que commença une scène des plus touchantes et qui fera du jour où j'en ai été témoin le plus beau
de ma vie. Il nous fit tous approcher de lui, en nous disant
qu'il allait nous commander, qu'il en avait bien le droit.
Près de lui se trouvaient d'immenses plateaux chargés
d'oranges et de fleurs, et un troisième, plus petit, rempli
de médailles à son effigie.

« Pour qui ces fleurs et ces fruits ? C'est pour vous,
« enfants du Canada, nous dit le Saint Pontife, que j'ai
« fait préparer ces bouquets. Je vais d'abord vous les dis-
« tribuer et je vous bénirai ensuite.

Et le croirez-vous ? Pie IX, l'immortel Pie IX, voulut

de sa propre main donner à chacun de nos chers Zouaves un bouquet de fleurs cueillies dans ses jardins, une orange et une médaille. Ce n'est qu'après avoir vu entre les mains de tous ceux qui étaient là, les présents qu'il leur destinait que, revenant au milieu de nous, il nous adressa ces paroles qui resteront jusqu'au dernier moment de la vie, gravées dans le cœur de tous ceux qui les ont entendues :

« Maintenant, mes enfants, je vais vous bénir, et la béné-
« diction que je vais vous donner sera pour vous, vos
« familles et tous ceux qui vous sont chers. Cette bénédic-
« tion vous accompagnera dans les dangers de la vie, au
« moment extrême, et sera pour vous tous un gage de
« bénédiction pour la vie future. »

« A ce moment solennel, nous sommes tombés à genoux et nous entendîmes le chef de l'Eglise nous bénir au nom du Père et du Fils et du Saint-Esprit.

« Après nous avoir béni, notre Très-Saint-Père s'est informé du Canada, de son climat, de nos diocèses respectifs, et de ceux des jeunes soldats que nous lui présentions. Sur ce, je lui dis, qu'ils étaient de toutes les parties du Canada, et qu'ils étaient envoyés comme un témoignage de son attachement au Saint-Siège et de son ardent désir d'apporter quelqu'adoucissement aux douleurs dont son cœur était navré depuis si longtemps. A ces paroles, il leva les yeux au ciel en semblant dire que c'était de là qu'il attendait son courage et sa force. Je lui dis encore que j'étais du diocèse des Trois-Rivières, dont Monseigneur Cooke était le premier évêque.—Ah ! oui, répliqua Sa Sainteté, c'est moi-même qui l'ai créé, ainsi que plusieurs autres en Canada. Je ne sais pas pourquoi on n'a pas donné un nom de saint à ce diocèse, c'est sans doute par respect pour quelque ancienne tradition.

« Il avait fini de parler quand il nous fit signe de le suivre. Nous continuâmes notre marche dans les allées de son magnifique jardin, et nous arrivâmes à une grande porte, dans l'angle de laquelle il prit un siège qui s'y trouvait. Nous étions encore une fois tous en sa présence, et c'est là que se termina bien joyeusement l'audience du troisième et du quatrième détachement des Zouaves Canadiens. Voici comment :

« En face de la porte dont je viens de parler, on a fait pratiquer sous terre un jet d'eau que l'on fait jouer au moyen d'un ressort qui se tourne à l'extérieur et dont Notre Très-Saint-Père connaît le secret pour s'en être servi déjà dans une circonstance bien solennelle. Un des évêques assistants invita les Zouaves à s'approcher de la porte en question, sous prétexte de leur faire admirer quelque chose ; et juste au moment où la curiosité les avait à peu près tous attirés dans ses filets, Sa Sainteté voulut se donner le plaisir de les arroser pour voir quelle attitude ils prendraient. Inutile de dire que, ne sachant pas si ce n'était pas un second déluge qui venait les inonder, nos chers enfants s'enfuirent, à la grande joie du Saint-Père et de tous les évêques, qui riaient à gorge déployée.

—« Comment, dit Sa Sainteté, en s'adressant au Colonel qui était à ses côtés, vous m'avez amené des soldats qui ne savent pas résister à l'ennemi.

—« Ah ! répondit le Colonel, il n'y a rien d'étonnant, Très-Saint-Père, de les voir fuir devant un ennemi qu'ils ne s'attendaient pas à rencontrer ici ; mais quand ils auront à lutter contre le fer et le plomb, ils sauront bien se tenir à leur poste.

XXVII.

LA RECONNAISSANCE DU SAINT-SIÈGE.

On a vu en quels termes le Saint-Père daigna apprécier l'œuvre des Zouaves Canadiens, dans l'audience solennelle accordée au premier détachement. Sa Sainteté ne se contenta pas de cette marque de gratitude ; elle voulut bien en donner une autre, bien plus remarquable encore, qui montrera à tous que l'entreprise faite par les évêques du Bas-Canada et le Comité, répondait aux désirs et à un besoin réel du Saint-Siège.

Le Souverain Pontife, peu de temps après l'arrivée du premier détachement à Rome, fit adresser deux lettres, l'une à Monseigneur l'archevêque de Québec, et l'autre à Monseigneur de Montréal, dont voici le texte français.

Illustrissime et Révérendissime Seigneur.

C'est avec un extrême plaisir que j'ai reçu la lettre de votre Grandeur, en date du 17 février dernier ; car elle m'a fait connaître, à ma grande satisfaction, la foi et la piété du peuple de Québec, dont j'ai déjà eu, du reste, tant de preuves. Je n'ai eu rien de plus pressé que de la communiquer à Notre Saint-Père le Pape.

Sa Sainteté, voyant les sentiments de respectueux dévouement qui respirent dans votre lettre, et recevant de mes mains les sommes d'argent qui ont été recueillies parmi votre peuple pour le soutien des Zouaves, apprenant enfin qu'on lui envoyait des jeunes gens pour défendre les droits de la Chaire Apostholique, au prix de leur courage et de leur sang, m'a chargé d'exprimer sa profonde reconnaissance à Votre Grandeur, au Clergé et au peuple de votre diocèse, et en particulier à ces vaillants soldats pour tous ces témoignages de piété filiale; puis il vous a bénis tous avec une affection extraordinaire.

Je prie Dieu de vous conserver encore longtemps en parfaite santé.

Rome. Palais de la S. C. de la Propagande, le 26 mars 1868.

De votre Grandeur
Le très-dévoué serviteur
AL. C. BARNABO, Préf.
GIOVANI SIMEONI, Secrétaire.

A Monseigneur
CHARLES-FRANÇOIS BAILLARGEON,
Archevêque de Québec.

* ———

A Sa Grandeur Monseigneur l'Evêque de Montréal.

Illustrissime et Révérendissime Seigneur.

Votre Grandeur aura, je pense, déjà reçu les rescrits de Sa Sainteté, en date du 13 février dernier, vous accordant les dispenses et indulgences que vous aviez sollicitées. Vous trouverez ci-inclus trois autres rescrits, dont l'un pour donner aux prêtres chargés d'accompagner les soldats qui doivent venir ici défendre les droits du Saint-Siège, la faculté d'exercer le saint ministère pendant toute la traversée : et les deux autres ayant rapport à des dispenses de consanguinité et d'affinité.

C'est avec le plus grand bonheur que nous avons tous vu arriver les jeunes Canadiens qui sont jusqu'à présent venus s'enrôler dans l'armée du Pape.

Cette nouvelle, cette excellente, cette admirable preuve de dévouement filial et de respect envers le Saint-Siège, a singulièrement consolé le cœur de Notre Saint-Père et Seigneur, au milieu des grandes douleurs qui l'affligent et de ses nombreux sujets d'angoisse. Car, il n'est personne qui ne voie en ceci l'éclatant témoignage d'une foi extraordinaire.

J'ai reçu les prêtres que vous avez envoyés pour prendre soin de vos jeunes gens, avec toute l'affection de mon cœur, et je ferai pour eux tout ce qu'il me sera possible de faire.

Je prie Dieu qu'il vous ait toujours en sa sainte garde.

Je vous suis tout acquis comme un frère,
AL. CARD. BARNABO, Préf.
JEAN SIMEONI, Secrétaire.

Rome, S. Congr. de la Propagande, le 31 mars 1868.

———

Le Saint-Père a mis le comble à ses bontés en adressant

la lettre suivante à tous les évêques de la province, au sujet des Zouaves Pontificaux Canadiens :

A NOS VÉNÉRABLES FRÈRES LES ÉVÊQUES DE LA PROVINCE DE QUÉBEC ET A LEUR CLERGÉ.

[*Traduit du latin.*]

PIE IX, Pape.

Vénérables Frères et Chers Fils, Salut et Bénédiction Apostolique.

Nous avons déjà chargé la troupe d'élite des jeunes Canadiens qui ont dit adieu à leur patrie et traversé une étendue de terre et de mer, pour voler à Notre secours et défendre les droits du Saint-Siège, de vous dire avec quelle affection et quelle joie Nous avons reçu un si éclatant témoignage d'amour et de dévouement, et combien Nous avons été charmé des marques de respect que vous et votre peuple Nous avez données. Mais Nous ne pouvons Nous empêcher de vous l'écrire Nous-mêmes.

La douleur avec laquelle vous avez vu le trône pontifical injustement attaqué, les prières publiques que vous aviez recommandées, et qui ont été faites avec tant de piété dans le but d'implorer pour Nous le secours de Dieu, la joie universelle qui a éclaté partout à la nouvelle de Notre récente victoire ; l'ardeur avec laquelle,—vous Nous l'assurez,—votre jeunesse aspire à s'enrôler dans Notre milice, et leurs parents et les autres fidèles qui sourient et applaudissent à leur résolution : tous ces faits Nous prouvent si bien l'amour dont brûlent vos cœurs pour Notre personne, et montrent si clairement cette inébranlable solidité de l'unité catholique, qui fait notre joie, qu'ils demandent de Nous une preuve toute particulière de Notre reconnaissance. Cette preuve, Nous vous la donnons bien volontiers : et, en remarquant avec joie et bonheur dans ces circonstances le fruit de vos travaux, en constatant la foi, la religion et la piété avec lesquelles votre peuple répond à votre zèle et à vos soins, Nous prions Dieu de conserver dans tous les cœurs cette belle disposition, de confirmer par sa grâce et de promouvoir son œuvre, afin qu'il puisse un jour récompenser au centuple ce que vous faites pour la gloire de son nom. En attendant, comme une assurance de cette grâce d'en haut et comme gage de Notre bienveillance toute particulière, Nous vous accordons avec toute l'affection possible, Notre bénédiction Apostolique, à vous et à tous ceux dont vous êtes chargés.

Donné à Rome, près de St. Pierre, le 31 mars 1868, en la vingt-deuxième année de Notre Pontificat.

PIE IX, Pape.

XXVIII.

RÉSUMÉ ET CONCLUSION.

Nous avons raconté, dans les pages qui précèdent, l'origine et les développements de l'œuvre des Zouaves

Pontificaux en Canada. Nous avons esquissé les démonstrations de foi et de piété auxquelles ce mouvement a donné lieu. Nous avons dit les dévouements qu'il a faits naître pour la défense du Saint-Siége ; enfin, nous avons indiqué le complément de l'œuvre, c'est-à-dire l'arrivée des Canadiens à Rome et leur enrôlement spontané dans les rangs de l'armée pontificale. C'est une belle page de l'histoire de notre pays qui vient de se dérouler sous nos yeux.

Un succès aussi complet n'a pas été atteint sans un travail considérable ; c'est ce que l'on vient de voir. Bien plus, le Comité n'aurait pas osé espérer un résultat aussi important, s'il n'eût pû s'appuyer sur le haut patronage de l'épiscopat et le bienveillant concours de toute la population catholique. L'empressement avec lequel tous, (1) ecclésiastiques et laïques, particuliers et communautés ou institutions, se sont mis à la disposition du Comité, en tout ce qui pouvait favoriser son œuvre, a été admirable, et a puissamment contribué à assurer la réussite de l'entreprise. C'était le devoir bien doux du Comité de reconnaître publiquement un sentiment aussi unanime et de remercier toutes les personnes qui avaient bien voulu le manifester.

Le Comité renouvellerait encore aujourd'hui, par la voix

(1) On nous permettra peut-être de rapporter ici les paroles prononcées, dans la Chambre des Communes, par Sir George Etienne Cartier, le 31 mars 1868, afin de montrer le sentiment de bienveillance avec lequel les autorités elles-mêmes ont considéré le mouvement et l'œuvre des Zouaves Pontificaux en Canada :

Sir George Etienne Cartier, en proposant la première lecture du *bill* concernant la milice et la défense du Canada, fut interrompu dans son discours par M. Jones, député du comté de Leeds (Ontario), qui lui fit l'interpellation suivante :

" Des garanties seront-elles exigées des jeunes gens instruits dans nos écoles militaires, afin qu'ils ne quittent pas le pays, après avoir été gradués, pour aller servir à l'étranger ?"

L'orateur répondit comme suit :

" Aucune loi n'oblige les jeunes gens instruits dans nos écoles militaires
" à rester dans le pays. Ils sont libres d'aller où ils veulent, et le pays ne
" peut qu'être fier d'avoir donné à ceux qui partent une bonne éducation
" militaire. La jeunesse canadienne, je suis heureux de le dire, est d'humeur
" assez martiale. Il est notoire aujourd'hui que 50,000 Canadiens se sont
" enrôlés dans l'armée du Nord, durant la dernière guerre aux Etats-Unis.
" Cent cinquante jeunes gens viennent de partir volontairement pour
" s'enrôler dans l'armée pontificale. Ils vont combattre Garibaldi, qui est
" le grand Fénien de l'Italie. (Applaudissements.) Ils vont défendre Sa
" Sainteté le Pape qui est l'ennemi le plus déterminé des Féniens. Et je
" suis sûr de ce que j'affirme ici, car lorsque j'ai eu l'honneur, en compagnie
" de l'honorable T. D. McGee, d'obtenir une audience de Sa Sainteté, la
" première question qu'Elle m'adressa fut celle-ci : " J'espère, mon cher
" fils, que les Féniens Irlandais d'Amérique ont cessé de troubler la paix de
" votre pays." J'ajouterai, à ce propos, que toute l'Eglise Catholique est
" opposée au Fénianisme." (Applaudissements.)

de cette brochure, ces remerciements, s'il ne savait que les sacrifices que les catholiques du Bas-Canada se sont imposés, et ceux qu'ils sauront encore faire, jusqu'à ce que nos Zouaves aient été repatriés, ont été inspirés par la pensée d'un grand devoir patriotique autant que religieux, dont l'Église et notre jeune pays profiteront également. Cependant, le mot de reconnaissance a été prononcé pour montrer que le Comité, loin de s'attribuer le succès qu'il a obtenu, en renvoye, au contraire, tout le mérite à la généreuse et religieuse population canadienne. L'expression de ce sentiment de gratitude a d'abord été formulée dans la circulaire suivante, publiée peu de jours après le départ du premier détachement, et qui, en même temps, donnait un résumé des opérations du Comité jusqu'à cette date.

RAPPORT ANALYTIQUE DU COMITÉ CANADIEN DES ZOUAVES PONTIFICAUX.

Le Comité, désirant satisfaire au désir d'un grand nombre de personnes, publie aujourd'hui le résultat général du mouvement en faveur de l'œuvre des Zouaves Pontificaux du Canada jusqu'à la date du 19 février dernier.

1er détachement des Zouaves Pontificaux partis du Canada le 19 février 1868.

Cité de Montréal.

Auger Onésime, Bastien Alfred, Brunet L., Beaudouin Moïse, Champagne Joseph, Comte Paschal, de Hempell Casimir, Demers Ls. David, Despatis Alp. Forget, Dupras P. Urgel, D'Estimauville Arthur, Grosleau Athanase, Gervais Gualbert, Hurtubise Edwin, Lamarche Adolphe, Leblanc Edouard, Labelle Jos. Toussaint, Lavigne Théophile, Leblanc Joseph, Munro Henry, Moreau Ulric, Provost Léandre, Perreault Gilbert, Richer E. H., Schiller L. W. Chs., Sincennes Félix.

Paroisses du Diocèse de Montréal.

Bédard J.-Bte., St. Rémi ; Bissette Eugène, Ste. Elisabeth ; Couture Alphonse, Ste. Thérèse de Blainville ; Coutlée Cyprien, St. Polycarpe ; Chalût Jos., Sault au Récollet ; Charbonneau George, St. Vincent de Paul ; Courval Chs., Terrebonne ; Dufresne David, St. Barthélemi ; Décarie Léon, St. Barthélemi ; de Bellefeuille L. Chs. II., St. Eustache ; Dupras Stanislas, St. Laurent ; Despatis Alp. Forget, Terrebonne ; Desjardins Henri, Terrebonne ; Dauray Télesphore, Côteau du Lac ; Dupuis Barthélemi, St. Constant ; Lachapelle Séverin, St. Rémi ;

Lefort Jérémie, l'Assomption ; Legris Joseph, St. François de Salles ; Leclaire Damien, Ste. Thérèse de Blainville; Langevin F. A., St. Isidore; Lamarre Bazile, Longueuil ; McKenzie Jas., Terrebonne ; Marion J. P., Ste. Scholastique ; Marchand Alfd. H., St. Jean Dorchester; Meunier Laurent, St. Jean Dorchester; Normandin Thos., Boucherville ; Paré Stanislas, A. Lachine ; Patenaude Frs., St. Remi ; Perrin Emery, Ste. Scholastique ; Rossling Etienne, Lavaltrie; Renaud Alp., St. Remi ; Surprenant Alp., St. Constant ; St. Germain Léopold N., St. Eustache; Taillefer, capitaine, Ste. Martine ; Varin Eugène, Terrebonne ; Villeneuve L. G. Lachenaie.

Diocèse de Québec.

Allard Hector, Québec; Bégin Théodule, Lévis; Bertrand Chs. G. Québec ; Blackburn J., Beauport ; Bourget Achille, Lévis ; Bourget Alphonse, Lévis; Bourget Marcel, Lauzon ; Bernier Romuald, Lévis; Brunelle Elie, Pte. Lévis ; Cloutier Elzéar, Somerset Ste. Julie ; Chouinard Pierre, Lévis; Fortin Augustin, Islet ; Gosselin Ls. St. Laurent ; Garneau Elz., Québec; Gaumont Alf., Somerset Ste. Julie ; Langlais Chs. X., Kamouraska ; Lemieux Edouard, Québec ; Morissette J.-Bte., Québec ; Murray Wm. Québec ; Morissette Théophile, Québec ; Martineau Herman, Kamouraska ; Olivier Louis, St. Nicholas; O'Meara Alf., Québec ; Paré Ls. Gédéon, Lotbinière ; Paquet Ls.. St. Henri de Lauzon ; Roy Cyrille, capitaine, Lévis ; Roy Frs., Somerset; Toussaint F. X., Québec ; Trudelle Chs., Québec; Taschereau Ant. Chs., Ste Marie de Beauce ; Vohl Cyprien, Québec ; Verreault Jules E., Lévis. Vallée Chs., St. Roch de Québec.

Diocèse de St. Hyacinthe.

Caron Charles, Lennoxville ; Cherrier Benjamin, St. Hyacinthe ; Campbell Emery, Malmaison ; De la Croix de Creitz, St. Charles ; De Cazes, capitaine Chs., Sherbrooke ; Forget Lucien, Ste. Marie de Monnoir ; Francœur Alfred, Sorel ; Gadbois Alphonse, St. Césaire ; Jauron Napoléon, St. Joseph d'Ely ; Leclaire Etienne, St. Hyacinthe ; Laporte J. D., Sorel ; L'Heureux Thomas, St. Hyacinthe ; Larrivière Joseph, St. Alexandre ; Pepin Emile, St. Césaire ; Paré Pierre, l'Ange-Gardien ; Péloquin Adélard, St. Judes ; Raymond Noé Narcisse, St. Hyacinthe ; Senécal Alfred, St. Césaire ; Stella Joseph, Sherbrooke.

Diocèse des Trois-Rivières.

Barnard James, Drummondville ; Brunelle Edouard, Batiscan ; Beauchesne Jos. U., Bécancourt ; Connolly Félix E., Danville ; Cormier Moïse, Bécancourt ; Dusseault Ep. F. X., Trois-Rivières ; Fréchette Edmond, Arthabaska ; Gendron F. X. St. Théodore d'Acton ; Gouin Moïse, La Baie du Febvre ; Hughes G. H., St. Maurice ; Lupien Adél., Bécancourt ; Massicotte Alphée, Ste. Geneviève de Batiscan ; Papillon Rémi, Ste. Anne de la Pérade ; Pelletier Evariste, Nicolet ; Rheault Luc, St. Grégoire ; Roy Jean-Bte., St. Félix de Kingsey ; Rousseau Oscar, Nicolet.

Diocèse de Rimouski et Ottawa—Rimouski.

Arsenault Thomas, Baie des Chaleurs; LeBel Charles, Paspébiac; Tétu Jean, Trois-Rivières.

Ottawa.

Siméon Papillon.

RÉSUMÉ,

Cité de Montréal	26
Reste du Diocèse	36
Québec	33
St. Hyacinthe	19
Les Trois-Rivières	17
Rimouski	3
Ottawa	1
Grand Total	135

Le tableau suivant donne le chiffre des Zouaves et des sommes d'argent reçues par diocèse :

	Argent reçu	Bons Pontificaux		Total reçu	Zouaves envoyés	
		Nombre	Valeur		Nombre	Coût
Diocèse de Montréal						
Ville de Montréal	$6455.03	32	$2113	$8568.03	26	$2600
Paroisses rurales	4667.35	13	858	5525.35	36	3600
			Total	14,093.38		
Archevêché de Québec						
Souscriptions générales	2610.00	...	....	2610.00	33	3300
Diocèse de St. Hyacinthe	926.00	...	....	926.00	19	1900
Diocèse des Trois-Rivières	930.00	1	66	996.00	17	1700
Diocèse de Rimouski	240 00	...	....	240.00	3	300
Diocèse d'Ottawa	90.00	...	....	90.00	1	100

Le Comité profite de l'occasion pour reconnaître publiquement le don du drapeau des Zouaves fait par le Révérend M. Rousselot, Curé de Notre-Dame ; ce drapeau magnifique a été dessiné par M. N. Bourassa, et brodé par les RR. Sœurs Grises, de cette ville. Il remercie les communautés religieuses de Montréal d'avoir confectionné les costumes.

Le Comité reconnaît également l'aide puissante qu'il a reçue de toutes les personnes, tant religieuses que laïques, qui ont contribué si généreusement aux splendeurs de la grande démonstration du 18 février ; il tient compte avec reconnaissance de l'hospitalité que les Zouaves ont reçue dans les familles et les institutions publiques,—des réductions qui lui ont été faites par les diverses Compagnies de chemins de fer et par la Compagnie générale transatlantique pour le transport des Zouaves,—des services de la commission médicale,—de l'accueil si cordial de Sa Grâce Monseigneur McClosky, de Sa Grandeur Monseigneur Pinsonneault, des RR. PP. Jésuites et du Rév. M. Quinn, de New-York,—des sympathiques apprêts du Rév. M. Brown, de Troy, et de Sa Grandeur Monseigneur de Goësbriand, de Burlington, pour la réception des Zouaves sur la route.

Le Comité se plaît à rendre publics les services et générosités dont les Zouaves ont été l'objet, afin que les catholiques du Canada sachent jusqu'où s'étend la reconnaissance qu'ils ont déjà pour tous ceux qui, dans tous les rangs de la hiérarchie ecclésiastique et civile, ont donné à leur œuvre magnifique un appui aussi efficace que spontané.

Par ordre,

Les Secrétaires du Comité,

JOSEPH ROYAL,

SÉVÈRE RIVARD.

Montréal, ce 3 mars 1868.

Plus tard, au commencement du mois d'octobre 1868, le Comité publia le tableau suivant, dans lequel nos lecteurs verront la contribution de chaque diocèse, en hommes et en argent, à l'œuvre des Zouaves Pontificaux ; ce qu'a coûté l'expédition des quatre détachements, et enfin l'excès ou le déficit de la contribution de chaque diocèse sur le chiffre des hommes qu'il a fournis et que le Comité a expédiés.

Ce tableau, remarquait le *Nouveau-Monde*, sans prétendre à une exactitude absolue, a été préparé avec soin sur les livres et les notes du Comité.

En consultant ces chiffres, les catholiques du Canada se réjouiront du succès qui a couronné un si grand et si précieux mouvement. Il n'y a que la foi qui soit capable de telles œuvres, et on peut dire avec le plus légitime orgueil qu'un pays qui peut les accomplir est un pays sincèrement et profondément religieux. L'autre jour, un journal protestant de cette ville demandait à voir un miracle afin de croire à la divinité de l'Eglise ; en voici un que nous lui signalons et qui s'est passé sous ses yeux, à la lumière du grand jour et qui se continue encore.

Ces trente mille piastres que le Canada a souscrites généreusement pour donner des défenseurs au St. Père, se composent surtout de l'obole du pauvre ; ces deux cent quarante jeunes gens qui sont partis volontairement, spontanément, pour la Ville-Eternelle où ils étonnent tout le monde par leur foi, par leur élan et par leur vigueur, se sont recrutés surtout dans la campagne : l'obole a été donnée avec joie, et se multiplie tous les jours au sein d'une population comparativement gênée, dans une saison critique. Ces jeunes croisés se sont levés au sein de leur famille, et, abandonnant toute autre préoccupation que celle des intérêts du Père commun des fidèles, ils se sont mis en marche pour traverser la moitié du globe, sachant qu'ils sacrifiaient tout derrière eux, mais sûrs de trouver devant eux leur triomphe dans le triomphe de la Croix.

N'est-ce pas là un miracle bien plus éclatant que tous ceux que demandent les incrédules ? Quelle est l'entreprise matérielle qui a jamais produit des effets pareils à ceux-là ? Où sont les causes qui enfantent un tel enthousiasme dans l'âme des hommes ? Ces braves enfants qui sont partis allaient offrir leur sang ; il semble que le sacrifice était assez grand: non ; il leur a fallu payer de leurs propres deniers pour se rendre sur le lieu même de leur sacrifice. Double dévouement, double abnégation, double acte de vertu dont les pareils ne se retrouvent que dans l'histoire miraculeuse du christianisme.

Cependant les catholiques du Canada auraient tort de croire que leur œuvre est terminée : non, elle n'est que commencée et se continue encore. Mais qu'ils sachent aussi que Celui dont ils servent si bien la cause en ce moment ne se laisse jamais vaincre en générosité.

TABLEAU DONNANT LE CHIFFRE DES ZOUAVES ET DES SOMMES D'ARGENT FOURNIS PAR LES DIOCÈSES :

	Argent reçu	Bons Pontificaux		Total reçu	Zouaves envoyés	
		Nombre	Valeur		Nombre	Coût
Diocèse de Montréal						
Ville et parois. rurales..	$16,341	49	3,235	$19,576	107	$10,700.
Diocèse de Québec	3,640	......	....	3,640	44	4,400.
" de St. Hyacinthe	2,651	......	....	2,651	34	3,400.
" des Trois-Rivières	3,223	1	66	3,289	37	3,700.
" de Rimouski	640	......	....	640	6	600.
" d'Ottawa	485	2	132	617	4	400.
Cap Breton...............	120	......	....	120	120	....
	$27,100.	52	$3,433	$30,533 23,200	232	$23,200

Balance.................. .... $7,333

Par ordre,

JOSEPH ROYAL,
SÉVÈRE RIVARD,
Secrétaires.

Montréal, 10 octobre 1868.

Tels sont, en résumé, les travaux du Comité Canadien des Zouaves Pontificaux jusqu'à cette époque. Le contingent de près de deux cent cinquante hommes qu'il a choisis, organisés et conduits jusqu'à Rome, forme aujourd'hui partie de la glorieuse armée pontificale. Ses travaux restent donc suspendus ; mais son œuvre n'est pas terminée. L'année 1870 verra revenir au sein de la patrie ces nobles enfants du Canada. Tous ne reviendront pas ;

quelques uns, tombés glorieusement, dormiront leur paisible sommeil sur la terre étrangère. Cependant tous, en acceptant une aussi belle mission, ont donné un grand exemple au monde catholique, et cet exemple a été compris.

La vieille France a tressailli d'émotion en reconnaissant son sang et sa foi, dans ces enfants qu'elle avait oubliés depuis un si grand nombre d'années. Elle s'est rappelé sa propre piété et son dévouement, lorsque, il y a bien des siècles passés, elle allait elle-même au-delà des mers combattre l'ennemi du nom chrétien, et mériter le titre de Fille aînée de l'Eglise.

Puissent nos jeunes compatriotes l'imiter jusqu'à la fin, dans le rôle glorieux que la Providence semble avoir assigné à la patrie de Saint-Louis ! Ce serait une nouvelle démonstration de cette pensée favorite d'un de nos plus distingués prélats, que le Bas-Canada est appelé à être dans le nouveau monde, sur un théâtre plus étroit, ce qu'a été la France dans l'ancien. Depuis de longues années, en effet, notre pays ne fournit-il pas des évêques, des prêtres, des missionnaires, des religieuses, à toute l'Amérique du Nord ? le temps serait-il donc arrivé où Dieu l'appellerait à devenir le boulevard du droit contre la force, le défenseur du juste contre l'injuste, le partisan dévoué de la politique chrétienne contre la funeste doctrine des faits accomplis, de l'ordre enfin contre l'envahissement de la révolution ? Une aussi glorieuse vocation prouverait, une fois de plus, que lorsque Dieu veut accomplir un grand acte dans le monde, il se sert du bras des enfants de la France, *Gesta Dei per Francos !*

APPENDICE.

A   RÔLE DES PERSONNES QUI DÉSIRENT SE FAIRE

ZOUAVES PONTIFICAUX CANADIENS

Et qui souscrivent immédiatement aux conditions mentionnées dans la
lettre du Comité de Montréal, en date du 28 décembre 1867.

PAROISSE DE ....1867.

N. B.—Ce rôle devra être fait en double, une copie devant rester entre les
mains de M. le Curé.

No.	NOMS.	Cadets.	Volontaires.	Exercés.	Non exercés.	ÂGE.	Mesure sous les bras—par pouces.	Hauteur en pieds et en pouces.	Santé.	Occupation ou métier.	Habitudes.	AUTRES REMARQUES. Position sociale, etc.
1	2	3	4	5	6	7	8	9	10	11	12	13

Signature,..

PTRE. CURÉ.

NOTES.—*1ère colonne.*—Que l'homme que l'on considère le mieux qualifié
au service soit désigné sous le No. 1—et ainsi de suite. Si après avoir transmis ce rapport, il se présentait de nouveaux applicants, en donnant leurs
noms, etc., dans un supplément, il faudrait dire après quel numéro de
cette liste on croit devoir le placer.

3ème, 4ème, 5ème et 6ème colonnes.—Si l'applicant est cadet d'une école
militaire provinciale, placez le **I** vis-à-vis son nom dans la colonne No. 3.
S'il est volontaire ou s'il l'a été, dans celle No. 4. S'il a appris les exercices
militaires au collége ou ailleurs, dans le No. 5, et ceux qui n'ont jamais été
exercés, dans le No. 6.

La hauteur et la mesure de la poitrine devront être notées avec soin (dans
les colonnes 8 et 9) afin que l'on puisse juger du physique des hommes.

10ème et 12ème colonnes.—Si la santé ou les habitudes sont excellentes,
mettez la lettre E vis-à-vis le nom dans ces colonnes—pour bonnes, B—pour
passables, P—pour mauvaises, M; dans ce dernier cas dites (dans la colonne
No. 13) ce qui vous fait recommander une telle personne.

B

Paroisse de .... 1867.

Autant que je puis en juger, après avoir pris des renseignements préliminaires, je suis porté à croire que ma paroisse pourra fournir aux « Zouaves Pontificaux Canadiens : »

————Cadets des écoles militaires provinciales.

————Volontaires et autres, connaissant les exercices militaires.

————Autres personnes qui ne connaissent point ces exercices.

J'espère que nous pourrons prélever les sommes de

$———— 00 comptant.

$———— 00 d'ici à six mois.

$———— 00 d'ici à un an.

$———— total probable pour cette paroisse.

Signature, ...

Curé

RAPPORT DU VOYAGE DU PREMIER DÉTACHEMENT DES
ZOUÁVES CANADIENS, ADRESSÉ AU COMITÉ PAR M.
L'ABBÉ EDMOND MOREAU, AUMONIER DU DÉTACHE-
MENT.

Rome, 19 mars 1868.

A M. Olivier Berthelet, Président du Comité Canadien des
Zouaves Pontificaux.

Mon cher Monsieur,

Les Zouaves Canadiens sont rendus à Rome, casernés, enrégimen-
tés ;—l'œuvre dont m'à chargé votre Comité étant accomplie, je me
hâte de vous envoyer un petit compte-rendu, aussi exact que succint,
du voyage de New-York à Rome ; je pars de New-York, parceque déjà
votre Comité a dû être instruit, par MM. Leblanc et Royal, de ce qui
a été fait jusqu'au départ de cette dernière ville. Avant d'entrer
dans les détails, j'ai hâte de dire à votre Comité qu'il n'a qu'à se
féliciter de sa noble entreprise et qu'il doit se réjouir et même s'énor-
gueillir du succès qui a couronné la première partie de sa belle et
grande œuvre. On disait au Canada avant notre départ que le Comité
des Zouaves Pontificaux Canadiens travaillait à écrire une des belles
pages de l'histoire de notre pays ; ah ! lorsqu'on saura tout ce qui
s'est passé en France et surtout, ici, à Rome ; quand on connaîtra
l'impression qu'a fait le passage des Zouaves Canadiens dans la vieille
France et la brillante réception dont on les a honorés dans la Ville-
Eternelle, ils seront bien, en effet, obligés de s'écrier : « Voilà un des
plus beaux faits de notre histoire ! »

Rendons mille actions de grâces à Dieu qui, non-seulement, nous a
exemptés de tout accident fâcheux durant notre long voyage, mais
même nous a ménagé des joies et des honneurs auxquels nous ne
devions pas nous attendre. Mais je m'aperçois que je commence par où
je devais finir ; je retourne à New-York et me reporte sur notre vaisseau, le *Saint-Laurent*, qui nous a rendu si heureusement au Hàvre ;
et là, auprès du grand mât, entourés de tous nos Zouaves Canadiens,
je vous prie de nous laisser vous dire que vous ne pouviez choisir un
meilleur vaisseau, ni tomber sur un meilleur équipage ; depuis le dernier employé jusqu'au commandant du vaisseau, tous furent polis et
pleins d'égards pour les membres de la compagnie des Zouaves ; le
médecin, surtout, fut rempli d'attention pour nos malades ; les soins
les plus délicats leur furent prodigués : on alla jusqu'à porter du vin
de Champagne au plus affligés du mal de mer. « Vraiment, se disaient
ceux qui se portaient bien, vaut autant, ici, être malade qu'être en
bonne santé. » La traversée fut des plus heureuses ; les voiles se montèrent à la sortie du *Sandy Hook* et ne furent descendues des mâts qu'à

Brest. Nous entrâmes dans ce port le 3 mars, à quatre heures du matin ; la traversée avait été rapide comme vous le voyez. Plusieurs fois, le long de la traversée, nos jeunes gens s'étaient dit entr'eux, en voyant les voiles continuellement gonflées par une légère brise qui venait du côté du Canada : « Ce sont les *Ave Maria* de nos parents et « amis qui soufflent dans nos voiles. » Ainsi vous voyez qu'en priant pour nous, on n'a pas prié pour des ingrats.

A Brest, je crus devoir me séparer de mes chers Zouaves, pour prendre de suite le chemin de Paris, afin d'y arriver d'avance et de tout préparer pour l'arrivée et le séjour de la *Compagnie* dans cette ville ; M. Victor Hudon eut la complaisance de m'accompagner dans ce trajet. A mon arrivée à Paris, j'allai voir le R. P. Aubert, ancien supérieur des Oblats à Montréal, à qui nous avions écrit au sujet de notre passage à Paris ; je retrouvai dans le bon Père Aubert un vieil ami des Canadiens, qui se donna beaucoup de trouble et de peine pour m'aider ; déjà il avait parlé de notre arrivée prochaine à M. de Keller, ancien député de France. Ce Monsieur qui, dans les années dernières, a défendu si brillamment les droits de l'Eglise par ses écrits et par ses discours au Corps Législatif, ne s'occupe plus maintenant que de l'œuvre des Zouaves Pontificaux. Il est Président d'un Comité formé dans le but de favoriser l'enrôlement dans les armées pontificales et d'aider les caravanes de volontaires en route pour Rome. M. de Keller fut bon et gracieux pour moi, au-delà de toute expression ; il se chargea de trouver des hôtels pour loger nos hom[mes], de négocier des *demi-places* pour le trajet de Paris à Marseille, e[t] [de] [p]lus, il écrivit à son agent dans cette dernière ville, pour qu'il fî[t] [illegible] ne pour notre passage de Marseille à Civita-Vecchia. Mais ce[ci] [est] [illegible] [loi]n d'être tout ou plutôt ceci n'est encore rien.

On doit se rappeler qu'à Montréal, au lieu de [illegible] [don]ner une lettre de crédit qui m'autorisât à retirer de l'argent en [Eu]rope, on aima mieux envoyer cette lettre directement à Paris, m'ass[urant] que je la trouverais rendue à Paris chez les MM. de Rotschild. [Je] me rendis à cette banque pour y retenir les sommes nécessaires pou[r] les frais de voyage jusqu'à Rome ; or, jugez, s'il est possible, que[ls] [illegible] durent être mon trouble et mon inquiétude, lorsqu'on me dit que [la pe]tite lettre n'était pas arrivée. Je me voyais à Paris sur le point de rec[e]voir mes cent trente-six hommes, obligé de les défrayer et de les p[ro]duire jusqu'à Rome, et cela avec quelques centaines de francs qui [me] restaient.

Les premiers moments qui suivirent la réponse donnée par la banque, furent terribles pour moi, peut-être ne me trouverai-je jamais, de ma vie, dans une angoisse plus cruelle. Après être allé prier à l'église de la Madeleine, qui est la plus rapprochée de la maison Rotschild, j'eus l'inspiration d'aller exposer ma position à M. de Keller. Ce Monsieur sourit à la vue de mon embarras, et me reprocha mon peu de confiance en son Comité : « Soyez sans inquiétude, me dit-il, je « me charge de vous rendre à Rome avec tous vos braves, et je vous « donnerai pour Rome, une lettre par laquelle vous pourrez obtenir les « sommes qui vous seront nécessaires dans la Ville-Eternelle. » Comme ces bonnes paroles me soulagèrent ! C'est donc aux frais du Comité de Paris que les Zouaves Canadiens ont voyagé de Paris à Rome. Nous n'aurons qu'à rembourser, sans intérêt, lorsque sera arrivée ici cette lettre que j'attends de jour en jour.

Le quatre mars, la compagnie arrivait à Paris à six heures et demi du soir ; elle fut dirigée vers la place St. Sulpice et là, fut partagée en trois divisions pour les trois hôtels autour de cette place, l'Hôtel Fénelon, l'Hôtel du Vatican et l'Hôtel St. Joseph. Le 5 au matin, tous se rendirent à l'église St. Sulpice, où M. le Curé Hamon eut la bienveillance de nous dire la Sainte Messe et de nous adresser un petit discours en termes très-chaleureux et très-sympathiques. MM. Louis Veuillot et Loth, du journal l'*Univers*, M. Lamentré, rédacteur de l'*Union*, M. Keller et plusieurs autres catholiques distingués, assistèrent à cette messe et vinrent faire visite à nos Zouaves réunis, après déjeuner, dans la cour d'un de leurs hôtels ; puis ils s'offrirent à les accompagner dans la visite des plus intéressants endroits de la capitale. A trois heures de l'après-midi nous quittions Paris. Le lendemain, à huit heures du matin, nous arrivions à Lyon, où nous attendait l'élite de la société de cette ville si éminemment catholique ; en tête étaient Monseigneur de Charbonnel et le R. P. Bertrand, qui montraient avec éclat qu'ils étaient encore remplis d'affeçtion pour les Canadiens. Après un déjeuner qui nous fut offert à la gare, (le seul repas, soit dit en passant, que nous n'avons pas payé, durant tout notre voyage,) on nous conduisit au palais du Cardinal de Bonald qui nous donna audience et voulut bien nous bénir ; son grand âge ne lui permit pas de nous parler. Notre drapeau que nous promenions déployé, excitait grandement l'admiration des bons Lyonnais ; de toute part on le saluait par les cris : « Vive le Canada ! Vive Pie IX ! »

Avant notre départ, la Compagnie étant rendue à la gare du chemin de fer, plusieurs dames, la marquise de Laqueuille en tête, vinrent offrir aux Zouaves Canadiens un immense bouquet de cinq pieds et demi de contour ; M. Taillefer répondit galamment à ces dames, et Monseigneur de Charbonnel de s'écrier de suite : « Bravo, M. le Commandant, bravo ! pour *tailler le fer*, il faut savoir tailler dans le cœur. » On remercia aussi tous les citoyens de Lyon pour leur bienveillant accueil, et il leur fut rappelé que souvent, le vénérable évêque de Montréal, pour exciter ses fidèles aux bonnes et grandes œuvres, avait proposé pour modèle Lyon, connu au Canada sous le nom de « Ville aux bonnes œuvres » etc. Après plusieurs hourrahs, plusieurs « Vive le Canada ! Vive la France ! » échangés de part et d'autre, l'engin nous enleva à ces bons amis de Lyon.

A neuf heures et demie du soir du même jour, nous arrivions à Marseille ; là aussi nous attendaient des frères ; la Compagnie fut partagée dans quatre hôtels. Le lendemain à dix heures et demie de l'avant midi, nous montions au célèbre pélérinage de Notre-Dame de la Garde, où M. Lussier et moi dimes la Sainte Messe en même temps à nos bons enfants ; on chanta pendant cette messe les cantiques du pays. Dans l'après midi, nous allâmes faire visite à Monseigneur Place qui nous accueillit avec la plus grande bonté, nous adressa des paroles très-bienveillantes et très-flatteuses, embrassa les aumòniers, le commandant, le porte-drapeau, et nous bénit en pleurant. A Marseille aussi notre drapeau fut salué avec enthousiasme : « Vive le Canada ! Vive les braves Canadiens ! Vive Pie IX ! » tels étaient les cris qui s'élevaient de tout côté.

Le huit, à six heures du matin, nous entendîmes la messe dans l'antique église des Augustins et à huit heures nous étions au port, nous préparant à embarquer dans le paquebot *Ville-de-Marseille*, qui devait nous conduire à Civita-Vecchia. Là survint un petit incident qui déjà a du vous être rapporté par les journaux de France—il est exact. Une foule assez considérable nous environnait, on nous pressait la main, on nous faisait les plus beaux souhaits, etc., lorsqu'un sifflet se fit entendre. M. Taillefer, en se retournant, découvre le coupable, le saisit de suite par le collet et lui demande raison de sa conduite. « Ce n'est pas les hommes que je siffle, dit-il, c'est le drapeau. » M. Taillefer, sans le lâcher, lui répliqua : « Nous te pardonnerions si tes sifflets n'allaient qu'à nous, mais nous ne permettrons pas que tu insultes à notre drapeau, je veux que tu fasses réparation sur le champ ! » Et sous le bras de fer du commandant, le siffleur s'agenouilla, et fut ensuite vigoureusement repoussé derrière les rangs de la foule indignée.

Les dames marseillaises aussi offrirent à nos volontaires un bouquet colossal. A dix heures et demie, l'ancre était levée. La Méditerrannée fut pour nous aussi bénigne que l'avait été l'Atlantique. Etait-ce encore les *Ave Maria* du Canada qui calmaient les flots , ou bien Notre-Dame de la Garde à qui nous chantâmes un fervent *Ave Maris Stella*, en quittant le port ? Je ne sais, mais toujours est-il que nous nous crûmes sur notre beau fleuve St. Laurent, tant la mer était calme ; la traversée se fit au milieu d'un entrain et d'une joie magnifique. Le répertoire de chansons canadiennes étant épuisé, les joyeux zouzous se passèrent la fantaisie, le second jour, de simuler les élections du faubourg St. Roch de Québec ; le second pont devint le *husting*, et grand nombre d'orateurs y montèrent : finalement les élections furent annulées.

Lundi, le neuf mars, à huit heures et demie du soir, nous entrions dans le port de Civita-Vecchia ; lorsque notre vaisseau eut mouillé au beau milieu de la rade, nous chantâmes avec dévotion et reconnaissance le cantique *Magnificat*. Comme nous avions à glorifier et à remercier Marie qui nous avait protégé si visiblement durant tout notre voyage !

Les lois militaires ne permettant pas le débarquement après l'*Angelus* du soir, il fallut nous résigner à passer la nuit à bord. Environ une heure après notre arrivée, on vit se détacher du rivage une chaloupe ; nous ne tardâmes point à reconnaitre nos amis du Canada qui avaient obtenu des autorités militaires la permission de venir nous souhaiter la bienvenue : c'étaient MM. Desautels et Hicks, MM. les chevaliers Murray et LaRocque et MM. Désilets, Prendergast, Hainault et Têtu. Inutile de vous dire quelles furent les explosions de joie et d'amitié durant une couple d'heures à bord de notre vaisseau. A onze heures il fallut se séparer, nos compatriotes visiteurs pour retourner à terre, nous pour descendre dans nos cabines que nous aurions autant aimés laisser veuves ce soir-là.

Le lendemain, à cinq heures, tout le monde était sur pied à bord et se préparait au débarquement. A six heures, M. l'adjudant Caulier arrivait à notre bord avec des chaloupes pour effectuer le transbordement. A huit heures, le 10 mars, jour mémorable pour les Zouaves Canadiens, nous étions tous sur le territoire pontifical ; nos compatriotes qui étaient venus nous saluer la veille, nous attendaient. Après être allé prendre un déjeuner avec le meilleur appétit du monde, la Compagnie se rendit à la gare, d'où nous devions partir par un train spécial. Tous étaient en parfaite santé. Avant de quitter Civita-Vecchia, une grande marque de considération fut donnée aux Volontaires Canadiens. Après avoir fait ranger la Compagnie sur une double ligne, un officier du gouvernement militaire présenta, par ordre du Commandant de place, un drapeau pontifical, que le capitaine Taillefer reçut au milieu des acclamations de nos volontaires. On confiait ce drapeau aux Canadiens pour faire leur entrée à Rome ; tous nos jeunes zouaves comprirent quel honneur on leur faisait, aussi de toutes les poitrines s'échappa un cri vigoureux « Vive Pie IX ! » Et les yeux baignés de larmes, ils contemplèrent pendant quelques instants cet étendard, le premier du monde, qui devenait, à partir de ce moment, leur propre étendard, et que déjà, ils se promettaient bien de défendre au prix de leur vie. A dix heures et demie, le sifflet de l'engin annonçait notre départ pour Rome, pour Rome, le terme de notre longue course, pour Rome, dont nous avions prononcé le nom durant le voyage, peut-être aussi souvent que celui du Canada. A midi et demi, le train s'arrêtait et nous étions dans la Ville-Eternelle.

Ah ! on a bien raison de dire que Rome est la ville de tous les catholiques, car certes, nous n'y fûmes pas reçus comme des étrangers. En descendant sur le territoire de la ville mère de la catholicité, on a voulu nous faire comprendre que nous étions chez nous ; bien plus, on a accordé aux Volontaires Canadiens des honneurs tels qu'on n'en a jamais prodigués à aucun corps de volontaires entrant dans Rome.

Le général Kanzler, pro-ministre des armes, le colonel Allet, le lieutenant-colonel de Charette, grand nombre d'autres officiers, plu-sieurs centaines de zouaves et une bande de musique étaient rendus sur les lieux pour nous souhaiter la bienvenue. Pour couronner le tout, leurs Majestés le Roi et la Reine de Naples avaient aussi daigné se rendre à la gare pour faire honneur aux Canadiens. Aussitôt que M. Taillefer eut pu mettre sa Compagnie en rang, M. de Charette s'empara du commandement, et nous dit que nous allions de suite nous rendre à la Basilique St. Pierre, nous agenouiller sur le tombeau du premier des apôtres et ensuite nous jeter aux pieds du Saint-Père. Pouvait-on nous offrir quelque chose de plus doux et de plus capable de nous remettre de nos fatigues. Le corps de musique donna le signal du départ en exécutant la *Marche de Mentana*, et la compagnie canadienne escortée de l'état-major du corps des Zouaves Pontificaux, et suivie d'une foule nombreuse de militaires et de *civiliens*, se mit en marche à travers les principales rues de Rome se dirigeant vers St. Pierre ; le drapeau pontifical donné à Civitta-Vecchia flottait à côté du nôtre ; nos jeunes volontaires avaient une apparence magnifique sous leurs uniformes ; et les bons Romains, si démonstratifs de leur nature, s'exclamaient sur leur bonne tenue, sur leur belle mine. Arrivés à la grande place de St. Pierre, quelques uns s'aperçurent qu'une des croisées du Vatican s'ouvrait, et aussitôt y apparut la tête auguste de notre bien-aimé Pontife Pie IX ; un courant électrique parcourut les rangs de la Compagnie, on aurait voulu se jeter à genoux, mais la musique jouant à ce moment et M. le lieutenant-colonel de Charette, ne pouvant faire entendre son commandement, on continua la marche qui fut bien un peu dérangée par la vision du Vatican.

L'entrée dans la Basilique s'exécuta dans l'ordre militaire ; M. de Charette fit défiler la Compagnie autour de la Confession de St. Pierre et tous ayant pris place, nous nous prosternâmes à genoux. Ah ! comme tous étaient vivement impressionnés ! Et comme nous étions heureux, de nous voir trois semaines après avoir quitté notre pays, tous réunis sous la grande coupole de St. Pierre ; nous n'étions pas les seuls à verser des larmes, plusieurs des spectateurs pleuraient aussi. Il était bien touchant, en effet, le spectacle de ces cent trente-six jeunes gens venant de l'autre extrémité du monde, agenouillés sur le tombeau du premier des apôtres, lui offrant leur vie pour la défense de son deux-cent-cinquante-septième successeur, et lui demandant la vertu et le courage nécessaire au soldat chrétien !

La seconde partie du programme, je veux dire l'audience du Saint-Père, ne put être remplie, vu une indisposition momentanée survenue à Sa Sainteté. De St. Pierre, nos jeunes gens furent conduits, toujours précédés par la musique, à leur caserne située au delà du Tibre ; dès qu'ils furent rendus, on leur distribua à chacun un franc, pour leur dîner : c'était le gouvernement qui déjà commençait à les payer comme s'ils fussent enrôlés. C'est que déjà on les considérait comme tels, quoiqu'ils ne signassent leur engagement que le lendemain. C'est donc du 10 mars que date l'engagement des Zouaves Canadiens du premier détachement. C'est un monastère de Capucins *S. Francesco a ripa* qui leur sert de caserne. Ils y sont très-comfortablement logés ; depuis leur arrivée, c'est leur compatriote, M. Drolet, qui est leur caporal de cuisine, et qui leur fait accomoder, je ne dirai pas des plats, mais des gamelles dans le style canadien ; aussi est-il aimé, le bon caporal ! Leurs officiers sont tous des hommes très-recommandables et pleins d'égards pour eux. De toute part on manifeste de vives sympathies pour les Canadiens, et, de l'avis de tous, on fait plus pour eux, qu'il n'a jamais été fait pour aucun corps de volontaires.

Son Eminence le Cardinal Barnabo, à qui j'avais l'honneur d'être présenté ces jours derniers, me dit en me voyant : « C'est vous qui avez eu le bonheur d'être l'aumônier de ces jeunes braves qui ont ravi tous les cœurs ici ! Je vous en félicite, on ne parle que des Canadiens, à Rome, de ce temps-ci. » Si le compliment était flatteur pour moi, il l'était encore plus pour nos Zouaves Canadiens et pour vous surtout, Messieurs du Comité.

Je croirais être injuste si je ne rendais pas la part de louange due au mérite de MM. Desautels et Hicks, qui avaient tant travaillé auprès des autorités, pour que les Canadiens fussent, à leur arrivée à Rome, bien vus et bien accueillis. Ces Messieurs s'étaient donné beaucoup de peine, et certes ils ont bien réussi, et ils méritent la reconnaissance de leurs compatriotes. Ce n'est que lundi dernier, le 16 du courant, qu'on fit quitter à nos jeunes militaires leur uniforme du Canada, pour leur faire endosser le beau et pittoresque costume de Zouave Pontifical. Nos jeunes gens n'y ont pas perdu, car le nouvel habit leur va admirablement bien, et ils le portent fièrement.

Avant hier, le 17, on leur annonça la grande et heureuse nouvelle de l'audience auprès du St. Père ; la joie fut grande, indicible parmi nos jeunes gers. A quatre heures de l'après midi, tous étaient rendus au pied de l'escalier d'honneur du Vatican. Monseigneur Desautels, M. le Chanoine Hicks, et les sept Zouaves Canadiens venus avant les autres à Rome, n'avaient pas voulu manquer à cette audience, si mémorable pour le Canada. On nous conduisit à la grande salle, dite *Salle du Trône* ; nous y rencontrâmes son Excellence le général Kanzler, le colonel Allet, le lieutenant-colonel de Charette, le capitaine de Kermoël, qui étaient venus pour faire honneur aux Canadiens. La compagnie fut rangée en trois lignes, formant comme trois côtés d'un carré.

Après environ un quart d'heure d'attente, Sa Sainteté entra en souriant et en promenant ses regards sur la compagnie déjà agenouillé :
—Quel beau carré, dit Sa Sainteté ; c'est à moi de le compléter.

Puis Elle monta sur son trône, qui formait, en effet, le quatrième côté du quarré et nous donna une première bénédiction. Le maître de chambre de Sa Sainteté, Monseigneur Ricci, qui avait été prié d'obtenir pour les aumôniers la permission de lire une adresse du clergé dont ils étaient porteurs, nous donna alors le signal de nous approcher. Le bon Pontife nous permit, à M. Lussier et à moi, de nous tenir à genoux au pied de son trône, pendant que je lui lus cette adresse. Par ce document, vous le savez, le clergé de Montréal et de plusieurs autres diocèses du Canada, présentait au Saint-Père ses condoléances et lui faisait connaître le dévouement, l'esprit de foi et la grande prudence chrétienne qu'avaient déployés votre Comité dans toutes ses démarches.

Sa Sainteté daigna, après la lecture de notre adresse, prendre la parole, et se servant très-adroitement des paroles de l'adresse même comme de texte, Elle nous fit, du haut de son trône, une très-touchante allocution qui dura dix à douze minutes. J'espère pouvoir vous envoyer ce précieux discours *in extenso*, plus tard ; pour aujourd'hui je suis forcé de me borner à vous donner les principales idées : « Si beaucoup « de tribulations viennent assiéger mon âme, c'est, d'un autre côté, « une grande consolation pour moi de voir tant de bons chrétiens, de « tous les points de l'univers catholique, prêts à défendre la cause du « Saint-Siége par la plume et par l'épée. C'est pour moi une grande « consolation de voir des jeunes gens, venus de l'Amérique pour « m'offrir leur fidélité, leur foi et leur vie. Il y en a un parmi vous, je « le sais, qui se nomme Gédéon, (allusion à M. Gédéon Désilets) son « père m'a écrit une lettre pleine de confiance. Nous n'avons donc rien « à craindre ; car si, avant les siècles chrétiens, un Gédéon a pu avec « trois cents hommes, mettre en déroute une armée formidable des « ennemis du peuple de Dieu, que ne pourra pas faire une armée toute « composée de Gédéons. Je vous bénis et que cette bénédiction vous « fortifie dans les luttes que ce siècle pervers livre aux bons. Je vous « bénis, vous, vos familles, vos amis, tous ceux qui ont contribué à « votre envoi. Je vous bénis, afin que vous soyez toujours fidèles à la « cause du Siège Apostolique et que vous soyez toujours de bons et « fervents chrétiens. Je vous bénis, au nom du Père tout-puissant, afin « qu'il vous communique quelque chose de sa toute-puissance, pour « vous soutenir dans les combats contre les ennemis de la sainte Eglise. « Je vous bénis au nom du Fils, afin qu'il vous donne part à sa sagesse « infinie, pour vous faire éviter les piéges que vous tendront les « méchants. Je vous bénis au nom du Saint-Esprit, pour qu'il vous « confirme dans les sentiments élevés qui vous ont portés à vous « sacrifier pour son épouse la sainte Eglise. Que cette bénédiction « vous accompagne dans la paix comme dans la guerre, à Rome comme « au Canada, et que cette bénédiction soit toujours avec vous tous, « pendant toute votre vie. »

Tous s'agenouillèrent, et notre bien-aimé Pontife, levant vers le ciel ses mains et ses yeux baignés de larmes, prononça d'une voix forte et émue les belles paroles de la bénédiction : *Benedictio Dei omnipotentis, Patris et Filii et Spiritus Sancti descendat super vos et maneat semper*. Puis, descendant de son trône, il parcourut les rangs de la compagnie, distribuant à chacun, de sa propre main, de magnifiques médailles d'argent ; de temps en temps, pendant la distribution, il s'arrêtait pour dire à nos jeunes gens des paroles bienveillantes ; il rappela à M. Taillefer son incident de Marseille, et badinant comme un père avec ses enfant, il lui dit : « C'est comme cela que vous avez « voulu vous battre avec un de nos ennemis, avant même d'arriver à « Rome ; et il paraît même que vous allez jusqu'à les prendre par la

« gorge, » et, en disant ces derniers mots, le bon Père porta la main à
la gorge de notre commandant. Il examina très-attentivement l'uniforme du Canada qu'on avait laissé à dessein à six de nos jeunes gens,
prit dans ses mains le béret blanc apporté du pays ; puis, par un doux
badinage, reprocha aux Canadiens de vouloir s'habiller comme le Pape
et d'empiéter sur ses droits Il alla jusqu'à détacher de sa tête sa calotte,
qui est blanche, comme vous le savez, et la tenant d'une main et de
l'autre le bonnet blanc du zouave, il fit remarquer la ressemblance et
posa de sa main le bonnet sur la tête de notre soldat. Ce bonnet sera
conservé, vous ne devez pas en douter. Tous sortirent enivrés de
bonheur. Je m'arrête, car je m'aperçois que j'ai été trop long ;
j'aurais eu pourtant beaucoup d'autres choses à vous dire, il me
semble ; je remets à ma prochaine lettre de vous parler des sentiments
religieux de nos jeunes gens qui, presque tous, m'édifièrent beaucoup.
Veuillez recevoir l'assurance des sentiments de respect et d'amitié
pour votre Comité de la part de celui qui a l'honneur d'être

Votre tout dévoué serviteur,

EDMOND MOREAU, Prêtre.

LISTE GÉNÉRALE DE TOUS LES CANADIENS ENROLÉS
DANS L'ARMÉE PONTIFICALE JUSQU'A LA DATE DU 31
OCTOBRE 1868. (1)

Aumônier du premier détachement, M. l'abbé Edmond Moreau, Montréal.

Assistant-Aumônier du premier détachement, M. l'abbé Eucher Lussier, Montréal.

Aumônier du deuxième détachement, M. l'abbé J. Michaud, Joliette.

Aumônier du troisième détachement, M. l'abbé Joseph Onésime Routhier, Montréal.

Aumônier du quatrième détachement, M. l'abbé Ph. H. Suzor, St. Christophe d'Arthabaska.

Assistant-Aumônier du quatrième détachement, M. l'abbé P. Roy, St. Norbert d'Arthabaska.

Alary, Joseph, Ste. Anne-des-Plaines. 4
Allard, Hector, Québec. 1
Allard, Tancrède Zotique, Châteauguay. 1
Arsenault, Thomas, Baie-des-Chaleurs. 1
Auger, Onésime, Montréal. 1
Auray, Telesphore d', Côteau-du-Lac. 1

Baby, Alfred, Joliette. 2
Barnard, Jacques, arpenteur, Drummondville. 1
Bastien, Alfred, Montréal. 1
Bazinet, Louis, St. Vincent-de-Paul. 3
Beauchamp, Edouard, Montréal. ***
Beauchesne, Joseph Ulric, Bécancourt. 1
Beaudoin, Moïse, Montréal. 1
Beaulieu, J. Napoléon Hudon dit, Yamachiche. 2
Bédard, Jean-Baptiste, St. Rémi. 1
Bégin, Théodule, Lévis. 1
Bélanger, Grégoire, St. Martin. 4
Bélanger, Maurice, Rigaud. 3
Bellefeuille, Lieutenant Charles Henri Lefebvre de, St. Eustache. 1

(1) Pour permettre au public de distinguer l'époque de l'enrôlement de chaque homme, voici les signes qui ont été adoptés.
Les chiffres 1, 2, 3, 4, après le nom d'un homme, indiquent que cet homme faisait partie du premier, du second, du troisième ou du quatrième détachement, suivant le cas.
Le signe * indique que l'homme s'est enrôlé avant le premier détachement.
Le signe ** indique qu'il s'est enrôlé après le premier et avant le quatrième détachement, mais en dehors des détachements envoyés par le Comité.
Le signe *** qu'il s'est enrôlé après les quatre détachements.
Enfin, les hommes dont les noms sont en italiques, sont revenus au Canada.

Bellemare, Ferdinand, St. Antoine, Rivière-du-Loup. 4
Benoit, Joseph, St. André d'Acton. 4
Benoit, Stanislas, St. Cyprien de Napierville. 1
Bernier, Romuald, Lévis. 1
Bertrand, Charles George, avocat, Québec. 1
Bigonesse, Charles Alexandre, Chambly. 3
Bissette, Eugène, Ste. Elizabeth. 1
Blackburn, Jean Fraser, Beauport. 1
Blanchard, Louis, St. Hyacinthe. 4
Boilleau, François-Xavier, Ste. Thérèse de Blainville. 4
Bondy, Agapite, Lavaltrie. 4
Bourget, Achille, Lévis. 1
Bourget, Alphonse, Lévis. 1
Bourget, Marcel, notaire, village Lauzon. 1
Bourgeois, Benjamin, St. Grégoire (Trois-Rivières.) * * *
Branchaud, Eusèbe, Huntingdon. 3
Brisebois, Ephrem A., South Durham. 2
Brousseau, Alexandre, Belœil. 3
Brunet, Léonidas, Montréal. 1
Brunelle, Edouard, Batiscan. 1
Brunelle, Elie Pierre, Pointe-Lévis. 1
Bruneau, Zacharie, St. Hughes. 3

Cabana, Napoléon, Sherbrooke. 4
Campbell, Emery, Malmaison. 1
Caron, Charles, Lennoxville. 1
Cassegrain, L. Arthur, St. Césaire. 2
Cazes, Capitaine Charles de, Sherbrooke. 1
Champagne, Aristide, Lanoraie. 4
Champagne, Arthur, étudiant, Berthier. 4
Champagne, Joseph, commis, Montréal. 1
Chalût, Joseph, Sault-au-Récollet. 1
Charbonneau, George, St. Vincent-de-Paul. 1
Chaurette, Alfred Domptail, Nicolet. 3
Cherrier, Benjamin, St. Hyacinthe. 1
Chouinard, Pierre, Lévis. 1
Cloutier, Elzéar, Ste. Julie de Somerset. 1
Cloutier, Emery, St. Norbert d'Arthabaska. 4
Collin, Charles, Longueuil. 4
Comte, Pascal, Montréal. 1
Comtois, Zéphirin, St. Hughes. 3
Connolly, Félix Edouard, Danville. 1
Cormier, Moïse, Bécancourt. 1
Côté, François-Xavier, Ste. Geneviève de Batiscan. 2
Courteau, ——— Québec. '
Courval, Charles Marie Louis Barthélemy, Terrebonne. 1
Coutlée, Cyprien, St. Polycarpe. 1
Couture, Alphonse, Ste. Thérèse de Blainville. 1

Daignault, Alphonse, Ste. Thérèse de Blainville. 2
Décarie, Léon, Notre-Dame de Grâce. 1
Décarie, George, Notre-Dame de Grâce. 3

Demers, Godfroy, Ste. Geneviève de Montréal. 4
Demers, Louis David, étudiant, Montréal. 1
Désilets, Gédéon, Bécancourt. *
Desjardins, Guillaume Henri, Terrebonne, 1
Desjardins, Sifroy, Grande Côte, Terrebonne. 3
Desormeau, Eusèbe, St. Martin. 4
Desnoyers, Charles Henri Benjamin, Montréal. 2
Despatis, Adolphe Forget, Montréal. 1
Despatis, Alphonse Marie Forget, Terrebonne. 1'
Dostaler, Raymond, Berthier. 4
Dostaler, L. Alfred, St. Narcisse. 4
Drolet, Gustave, avocat, Montréal. *
Drolet, Jean-Baptiste, St. Paulin. 4
Dufresne, David, St. Barthélemy. 1
Duguay, Norbert, Nicolet. 4
Dumais, Paul, Kamouraska. 3
Dupras, Pierre Urgel, avocat, Montréal. 1
Dupras, Stanislas, étudiant, St. Laurent. 1
Dupré, Evariste, Contrecœur. * * *
Dupuis, Barthélemy, St. Constant. 1
Durocher, L. Jean-Baptiste, St. Aimé. 2
Dusseault, Epiphane François-Xavier, Trois-Rivières. 1
Dusseault, Louis, Trois-Rivières. 3

Estimauville, Arthur d', Montréal. 1 (1)

Faucher, Jean François Henry, Montréal. 3
Fauteux, Théodore, Montréal. 3
Favreau, Ferdinand, Montréal. 4
Féron, Maxime, St. Léon. 4
Forget, Lucien, Ste. Marie de Monnoir. 1
Fortin, Augustin, Islet. 1
Fournier, George, St. Thomas de Montmagny. 4
Francœur, Alfred, Sorel. 1
Francœur, Joseph, Sorel. 4
Fréchette, Edmond, Arthakaska. 1

Gadbois, Alphonse, St. Césaire. 1
Gadbois, André Vandandaigne, St. Hilaire. 3
Gagnier, Calixte, l'Anse-à-Gilles (Québec.) 4.
Gagnier, Joseph, Rimouski. 4
Garceau, Louis Thomas, Trois-Rivières. 3
Garneau, Elzéar, Québec. 1
Gaudet, Ludger, St. Christophe d'Arthabaska. 4
Gaumont, Alfred, Ste. Julie de Somerset. 1
Gelinas, Benjamin Pierre, St Aimé. 2
Gendron, François Xavier, St. Théodore d'Acton. 1
Germain, Germain, St. Vincent-de-Paul. 3
Gérin-Lajoie, Denis, Nicolet. 3
Gervais, Gualbert, Montréal. 1
Giasson, Honoré, L'Islet. 3

(1) Dédédé à Rome le 29 août 1868.

Girard, Jean-Baptiste, St. Aimé. 4
Gosselin, Louis, St. Laurent de Québec. 1
Gouin, Moïse, La Baie du Febvre. 1
Grosleau, Athanase, Montréal. 1

Hainault, Gaspard, Berthier. *
Hardy, Elzéar. Québec. 4
Hébert, Ernest, Laprairie. 2
Hempel, Casimir de, Montréal. 1
Hughes, George Ed., St. Maurice. 1
Hurtubise, Edwin, Montréal. 1

Irvine, Guillaume, Ile Verte. 4.

Jauron, Napoléon, St. Joseph d'Ely. 1
Jodoin, Eucher, Boucherville. 3

Labelle, Joseph Toussaint, notaire, Montréal. 1
Lachapelle, Sévérin, St. Rémi. 1
Lachapelle, Elzéar, Epiphanie. 2
La Croix de Creitz, Alexandre de, St. Charles. 1
Lamarre, Basile, Longueuil. 1.
Lamarche, Adolphe, Montréal. 1
Lamontagne, Charles, St. Antoine, Rivière-du-Loup. 4
L'Anglais, Charles François-Xavier, Kamouraska. 1
Langevin. Théophile A., St. Isidore. 1
Laporte, Jérémie Denis, Sorel. 1
La Rocque Alfred, Chevalier de Pie IX, décoré de la médaille d'or et
    de la Croix de Mentana, Montréal. *
Lavallée, Aristide, St. Aimé. 4
Lavigne, Théophile, Montréal. 1
Larivière, Joseph, St. Alexandre. 1
Leblanc, Louis Joseph, Montréal. 1 (1)
Leblanc, Edouard, commis, Montréal. 1
Lebel, Charles, Paspébiac. 1
Lebel, Florian, Kamouraska. 2
Leclaire, Etienne, St. Hyacinthe. 1
Leclaire, Damien, Ste. Thérèse de Blainville. 1
Lefebvre, Arthur, St. Vincent-de-Paul. 4
Lefebvre, Louis, ———— **
Lefort, Jérémie, étudiant, l'Assomption. 1
Legris, Joseph, St. François-de-Salles. 1
Lemieux, Edouard, Québec. 1
L'Heureux, Thomas, St Hyacinthe. 1
Lionais, George, Montréal. 3
Loranger, Adélard, Yamachiche. 2
Lupien, Adélard, Bécancourt. 1

Marchand, Alfred H., St. Jean-Dorchester. 1
Marion, Auguste, Joliette. 3

(1) Cet excellent jeune homme s'est noyé en se baignant dans le Tibre, le
7 juin 1868.

Marion, Placide, Ste. Scholastique. 1
Martin, Adéodat, Montréal, 4
Martin, Alphonse, Rimouski. 4
Martineau, Herman, Kamouraska. 1
Martineau, J. Alphonse, Ottawa. 4
Massicotte, Alphée, Ste. Geneviève de Batiscan. 1
Mazurette, Napoléon, St. Vincent-de-Paul. 4
McGowan, Joseph, St. Roch de l'Achigan. 4
McKenzie, Jacques Joseph Edouard, Terrebonne. 1
Melançon, Louis Isaïe Oscar, Joliette. 3
Meunier, Laurent, St. Jean-Dorchester. 1
Michaud, Thomas, Kamouraska. 3
Monastesse, Denis, Verchères. 2
Montigny, Benjamin Antoine Testard de, avocat, Montréal.
Moreau, Ulric, Montréal. 1
Morisette, Jean-Baptiste, Québec. 1
Morisette, Théophile, Québec. 1
Munro, Charles Napoléon, Montréal. 4
Munro, Henry, commis, Montréal. 1
Murray, Alphonse, Québec.
Murray, Guillaume, Québec. 1
Murray, Hugh, Lieutenant aux Zouaves Pontificaux, Chevalier de
    Pie IX, décoré de la Croix de Mentana, Québec.

Normandin, Thomas, Boucherville. 1

Olivier, Louis, St. Nicholas. 1
O'Méara, Alfred, Québec. 1

Palardy, François-Xavier, Verchères.
Panneton, George, Joliette. 2
Papillon, Rémi, Ste. Anne de la Pérade. 1
Papillon, Siméon, Outaouais. 1
Pâquet, Charles,————
Pâquet, Louis, St. Henri de Lauzon. 1
Paré, Louis Gédéon, Lotbinière. 1
Paré, Pierre, L'Ange-Gardien. 1
Paré, Stanislas A., Lachine. 1
Paré, Ulric, St. Vincent-de-Paul. 4
Pattenaude, François, St. Rémi. 1
Pelland, Joseph, St. Norbert. 2
Pelletier, Evariste, Nicolet. 1
Peloquin, Adélard, St. Jude. 1
Pennée, Arthur, Québec. 4
Perreault, Gilbert, Montréal. 1
Perrin, Emery, avocat, Ste. Scholastique. 1
Pepin, Emile, St. Césaire. 1
Plamondon, Anastase, St. Césaire. 2
Poulin, Elzéar, Ste. Famille de l'Isle d'Orléans. 2
Poulin, Eugène, Ste. Famille de l'Ile d'Orléans. 2
Pouliot, Louis, Rimouski. 4
Préfontaine, Fulgence, Belœil. 3
Prendergast, Alfred, avocat, Nicolet.

Prince, J. E. C., Nicolet. 4
Prince, Louis Joseph, marchand, St. Pierre de Durham. 4
Provost, Léandre, Montréal. 1

Raymond, Narcisse Noé, St. Hyacinthe. 1
Renaud, Alfred, Montréal.
Renaud, Alphonse, St. Rémi. 1
Rheault, Luc, St. Grégoire. 1
Ricard, François J. Damase, avocat, Montréal. 3
Richer, Euclide Henri, Montréal. 1
Rosseling, Etienne, Lavaltrie. 1
Rouleau, Charles, ⸺
Rousseau, Oscar, Nicolet. 1
Roy, Capitaine Cyrille, Lévis. 1
Roy, Jean-Baptiste, St. Félix de Kinsey. 1
Roy, François Xavier, Somerset. 1

Schiller, Louis Guillame Charles, Montréal. 1
Séguin, Auguste, Montréal. 2
Senécal, Alfred, St. Césaire. 1
Sincennes, Félix, Montréal. 1
St. Germain, Léopold Napoléon Lemaire, St. Eustache. 1
St. Laurent, Aimé, Rimouski. 4
Stella dit L'Etoile dit l'Italien, Joseph, Sherbrooke. 1
Surprenant, Alphonse, St. Constant. 1

Taillefer, Capitaine Joseph, Ste. Martine. 1
Taschereau, Ant. Charles, Ste. Marie de la Beauce. 1
Tassé, J. Emmanuel, Ottawa. 2
Têtu, Alphonse, Québec.
Têtu, Jean Etienne, Trois-Pistoles. 1
Thérien, Hilaire, Montréal. 2
Thomas, Sidney, Berthier. 3
Tilly, Ernest Noël de, Arthabaska. 4
Toussaint, François-Xavier, Québec. 1
Trudelle, Charles, Québec. 1

Vallée, Charles, St. Roch de Québec. 1
Varin, Joseph Eugène Adélard, Terrebonne. 1
Verreault, Jules E., Lévis. 1
Villeneuve, Léon Gilbert, Lachenaie. 1
Vincent, Joseph, Ottawa. 2
Violetti, Fernand, Montréal. 3
Vohl, Cyprien, Québec. 1

Watters, Edouard, St. Augustin de Québec. 4

TABLE DES MATIERES.

ERRATA.

Page 7, avant-pernière ligne, lisez *le* au lieu de *les*.
Page 137, ligne 31e, lisez *D'Estimauville*, au lieu de *D'Estimonville*
Page 140, chiffre du chapitre, *XVI*, au lieu de *XV*.
Page 210, dernière ligne lisez *Ciambella*, au lieu de *Ciambeila*.

Cette brochure se vend au profit de l'Œuvre des Zouaves Pontificaux en Canada. Tous ceux qui ont parmi ces derniers un parent, un ami; tous ceux qui ont souscrit à cette Œuvre; tous ceux qui lui portent l'intérêt qu'elle mérite, aimeront à en garder un souvenir, qui leur rappellera cette organisation, l'une des plus belles que la postérité enregistrera dans les fastes de l'histoire du Canada. Le Comité leur offre, à tous, cette brochure.

www.ingramcontent.com/pod-product-compliance
Ingram Content Group UK Ltd.
Pitfield, Milton Keynes, MK11 3LW, UK
UKHW022329090726
13658UKWH00001B/158